普通高等教育经管类专业"十三五"规划教材

审 计 学

（第三版）

杨明增　主　编
武恒光　副主编

清华大学出版社
北　京

内 容 简 介

本书以最新的审计执业准则为依据，以注册会计师现代风险导向审计理论为基础，从审计执业环境开始，阐述审计的执业规范体系、审计目标和审计计划，在此基础上介绍审计证据、风险评估和风险应对，以及审计抽样和审计报告等基础知识，然后以业务循环法审计为基础，讲述财务报表审计的基本内容，最后介绍企业内部控制审计的基本知识和程序。

本书主要介绍风险导向审计理论知识和实务操作，力求审计理论与实践相结合；根据审计准则和财务会计准则的最新变化，及时更新相关内容，力求知识新颖；章节内容介绍中配以例题、案例分析，每章的章末提供大量的练习题或案例，力求学员风险导向审计应用能力的培养。

本书可供会计学、审计学、财务管理等专业本科生及其他相关专业本科生学习之用，也可作为注册会计师考试参考用书，还可供广大实际工作者阅读参考。

本书对应的电子课件和课后习题答案可以到 http://www.tupwk.com.cn/downpage 网站下载，也可以通过扫描前言中的二维码下载。

本书封面贴有清华大学出版社防伪标签，无标签者不得销售。
版权所有，侵权必究。举报：010-62782989，beiqinquan@tup.tsinghua.edu.cn。

图书在版编目(CIP)数据

审计学/杨明增主编. —3版. —北京：清华大学出版社，2021.1（2024.1重印）
普通高等教育经管类专业"十三五"规划教材
ISBN 978-7-302-56566-6

Ⅰ. ①审… Ⅱ. ①杨… Ⅲ. ①审计学－高等学校－教材 Ⅳ. ①F239.0

中国版本图书馆 CIP 数据核字(2020)第 187217 号

责任编辑：胡辰浩
封面设计：周晓亮
版式设计：妙思品位
责任校对：马遥遥
责任印制：曹婉颖

出版发行：清华大学出版社
网　　址：https://www.tup.com.cn，https://www.wqxuetang.com
地　　址：北京清华大学学研大厦A座　　　邮　编：100084
社 总 机：010-83470000　　　　　　　　邮　购：010-62786544
投稿与读者服务：010-62776969，c-service@tup.tsinghua.edu.cn
质 量 反 馈：010-62772015，zhiliang@tup.tsinghua.edu.cn
印 装 者：三河市人民印务有限公司
经　　销：全国新华书店
开　　本：185mm×260mm　　　印　张：22.75　　　字　数：626千字
版　　次：2009年2月第1版　　　2021年1月第3版　　印　次：2024年1月第6次印刷
定　　价：79.80元

产品编号：088077-01

第三版前言

本教材第二版已使用两年,在过去的两年时间里,审计环境已发生巨大变化:一是财务报告环境日趋复杂,财务舞弊手段不断翻新,审计工作面临更严峻的挑战;二是为应对挑战,监管部门发布或修订了多项审计准则、指南或问题解答,审计的执业规范发生了许多变化;三是财务会计准则有许多修订,财务审计工作的判断标准也发生了许多变化。为了及时和全面地反映审计准则和会计准则的最新变化,也为了反映审计实务和理论的最新发展成果,我们对本书进行了全面的修订。与第二版相比,第三版所做的修订主要体现在以下几个方面:

1) 根据审计准则的最新变化及时更新了教材的相关内容。2019年2月财政部发出《关于印发<中国注册会计师审计准则第1101号—注册会计师的总体目标和审计工作的基本要求>等18项准则的通知》,财政部修订了18项审计准则,随后中国注册会计师协会发布了与之相关的24项应用指南,这些准则与指南于2019年7月正式实施,中国注册会计师协会还有针对性地修订了职业怀疑、货币资金审计等五项审计准则问题解答,并于2019年12月31日发布施行。根据审计准则的最新变化,编者全面细致地修订了本教材各章节的相关内容。

2) 根据会计准则的最新变化及时更新了教材的相关内容。自2018年以来,会计准则也有许多修订,例如金融资产、金融工具,甚至是报表项目,会计准则是审计人员判断财务报表是否合法、公允的标准。根据会计准则的最新变化,编者及时全面地更新了相关内容。

3) 根据现代风险导向审计框架调整了业务循环审计部分的内容及讲解逻辑。现代风险导向审计准则要求在风险评估基础上设计和实施进一步审计程序,本次修订的业务循环审计部分进一步坚持了这一原则,全面调整了业务循环审计部分内容的讲解次序和逻辑,并更新了部分内容,使其更有逻辑性和规范性。

4) 根据审计实践业务特点调整部分章节的次序或删减部分内容。近年来,我国上市公司年报审计业务中,非标准审计报告中过半的意见涉及企业持续经营的问题,为此,将持续经营审计的内容安排到第九章"审计报告"中讲解,同时考虑到在业务循环审计程序中,已涉及关联方交易的内容,因而删除了关联方及其交易审计方面的内容。

5) 根据审计实践中发生的诸多实例增添或更新了部分案例。对于初学者而言,比较普遍的现象是感觉审计学教材内容晦涩难懂,增强读者的学习兴趣和提高读者的理解水平,是编者多年审计教学中孜孜不倦的追求,为此也在历次教材修订中做过许多有益的尝试。基于同样的目的,本次修订,编者将诸多最新实务案例穿插到相关章节的内容中,例如2019年发生的"两康"事件、2020年年初发生的"瑞幸咖啡"事件,以及2020年发生的新冠肺炎疫情对审计产生的影响等案例。

6) 根据注册会计师资格考试政策及内容的最新变化及时更新或添加了部分习题。诸多读者希望每章能够提供适量的练习题,以助于理解和关注每章内容要点,另外如果读者在完成既定课程任务的同时,能够更好地理解和掌握注册会计师资格考试审计学课程的政策及内容,顺利通过注册会计师资格考试，那么也是双重收获。基于此，编者根据注册会计师资格考试政策及内容的最新变化及时更新或添加了部分习题。

本次修订由杨明增提出详细的修订大纲，并负责全书的总纂。参加本次修订的团队成员主要有：孙文刚、武恒光、张建刚、尚兆燕、朱彩婕、王勇、国赟、韩冬梅、李鸿雁、张锦、刘玉玉、刘杰、陈娇娇、张钦成、刘洁、蔡文春、徐贵丽、黄卉敏。

本次修订在内容安排方面做出了许多新的尝试，加上作者的水平所限，书中一定还有不少缺点乃至错误，欢迎各位同行、读者批评指正。我们的电话是 010-62796045，电子邮箱是 huchenhao@263.net。

本书对应的电子课件和课后习题答案可以到 http://www.tupwk.com.cn/downpage 网站下载，也可以扫描下方的二维码下载。

编　者

2020 年 8 月

目 录

第一章 审计概论 …………………… 1
第一节 审计的产生与发展 ………… 2
一、审计产生的客观基础 ………… 2
二、西方国家审计的起源与发展 …… 2
三、我国审计的产生与发展 ……… 5
第二节 审计的性质 ………………… 7
一、审计的概念 …………………… 7
二、审计业务要素 ………………… 8
三、审计的特征 …………………… 8
四、审计的职能 …………………… 9
第三节 审计分类 …………………… 9
一、按审计主体分类 ……………… 10
二、按审计目的和内容分类 ……… 12
习题 ………………………………… 12

第二章 注册会计师执业规范体系 …… 14
第一节 注册会计师执业准则 ……… 15
一、注册会计师执业准则的含义及其作用 … 15
二、注册会计师执业范围 ………… 15
三、中国注册会计师执业准则基本体系 … 16
第二节 审计职业道德规范 ………… 17
一、审计职业道德规范的含义 …… 17
二、职业道德基本原则 …………… 17
三、职业道德概念框架 …………… 21
四、专业服务委托 ………………… 22
五、收费 …………………………… 23
六、专业服务营销 ………………… 24
七、利益冲突 ……………………… 24
八、应客户要求提供第二次意见 … 25
九、利益诱惑(包括礼品和款待) … 26
十、应对违反法律法规的行为 …… 27

第三节 审计业务对独立性的要求 …… 29
一、基本要求 ……………………… 29
二、网络与网络事务所 …………… 29
三、经济利益 ……………………… 30
四、贷款与担保 …………………… 32
五、商业关系 ……………………… 33
六、家庭和私人关系 ……………… 34
七、与审计客户发生雇佣关系 …… 34
第四节 审计质量控制准则 ………… 35
一、审计质量控制的目标 ………… 35
二、中国注册会计师质量控制体系 … 35
第五节 审计人员的法律责任 ……… 38
一、法律责任与变化中的法律环境 … 38
二、注册会计师法律责任的成因 … 38
三、注册会计师法律责任的种类 … 40
四、会计师事务所及注册会计师
　　避免法律诉讼的措施 ………… 40
习题 ………………………………… 42

第三章 审计目标与审计过程 ………… 46
第一节 审计总体目标 ……………… 47
一、审计目标的决定因素 ………… 47
二、审计目标的历史演变 ………… 47
三、财务报表审计总体目标 ……… 48
第二节 具体审计目标 ……………… 49
一、认定 …………………………… 49
二、具体审计目标的分类 ………… 50
三、认定、具体审计目标与审计程序的关系 … 52
第三节 审计过程 …………………… 52
一、审计过程的含义 ……………… 52
二、注册会计师审计的过程 ……… 53

习题……………………………………54

第四章　审计计划……………………………56
　第一节　初步业务活动……………………57
　　一、初步业务活动的目的…………………57
　　二、初步业务活动的内容…………………57
　　三、审计业务约定书………………………58
　第二节　总体审计策略与具体审计
　　　　　计划………………………………60
　　一、审计计划的含义及作用………………60
　　二、总体审计策略…………………………60
　　三、具体审计计划…………………………61
　　四、审计计划的修改与记录………………62
　第三节　审计重要性………………………62
　　一、重要性的含义…………………………63
　　二、重要性水平的确定……………………63
　　三、实际执行的重要性……………………67
　　四、在审计过程中修改重要性……………67
　　五、评价审计过程中识别的错报…………68
　第四节　审计风险…………………………70
　　一、审计风险的含义………………………70
　　二、审计风险要素…………………………71
　　三、审计风险模型及其运用………………72
　　四、重要性与审计风险之间的关系………74
　　习题……………………………………74

第五章　审计证据和审计工作底稿…………76
　第一节　审计证据…………………………77
　　一、审计证据的含义………………………77
　　二、审计证据的类型………………………77
　　三、审计证据的特征………………………78
　第二节　审计证据的获取程序与方法……81
　　一、审计取证的一般方法…………………81
　　二、审计取证的技术方法…………………82
　　三、信息生成和存储方式对审计
　　　　程序的影响………………………………87
　第三节　审计工作底稿……………………87
　　一、审计工作底稿的含义及其作用………87
　　二、审计工作底稿的性质…………………88
　　三、审计工作底稿的编制…………………89
　　四、审计工作底稿的归档与保管…………91

　　五、审计报告日后对审计工作底稿的变更……91
　　六、审计工作底稿的复核…………………92
　　习题……………………………………92

第六章　风险评估……………………………95
　第一节　风险评估概述……………………96
　　一、审计模式的演变………………………96
　　二、审计风险准则的特点…………………97
　　三、风险评估的作用………………………98
　　四、风险评估的程序………………………98
　　五、项目组内部讨论………………………101
　第二节　了解被审计单位及其环境………102
　　一、了解被审计单位的行业状况、法律
　　　　环境和监管环境及其他外部因素……102
　　二、了解被审计单位的性质………………103
　　三、了解被审计单位对会计政策的
　　　　选择和运用…………………………105
　　四、了解被审计单位的目标、战略
　　　　以及相关经营风险……………………106
　　五、了解被审计单位财务业绩的
　　　　衡量和评价…………………………107
　第三节　了解被审计单位内部控制………108
　　一、内部控制的含义及其作用……………108
　　二、内部控制的构成要素…………………109
　　三、内部控制的局限性……………………112
　　四、了解内部控制的程序及其步骤………112
　　五、需要调查了解内部控制的内容………114
　　六、对内部控制进行初步评价和
　　　　风险评估………………………………116
　第四节　评估重大错报风险………………117
　　一、评估重大错报风险的程序……………117
　　二、识别两个层次的重大错报风险………117
　　三、识别特别考虑的重大错报风险………120
　　四、风险评估结果的修正…………………121
　　习题……………………………………123

第七章　风险应对……………………………125
　第一节　针对财务报表层次重大
　　　　　错报风险的总体应对措施………126
　　一、财务报表层次重大错报风险
　　　　与总体应对措施………………………126

二、增加程序不可预见性的基本方法……126
　　三、总体应对措施对拟实施进一步审计
　　　　程序的总体审计方案的影响……128
第二节　针对财务认定层次重大错报
　　　　风险的进一步审计程序……128
　　一、进一步审计程序的含义……128
　　二、进一步审计程序的性质……129
　　三、进一步审计程序的时间……129
　　四、进一步审计程序的范围……131
第三节　控制测试与实质性程序……131
　　一、控制测试……131
　　二、实质性程序……135
　　三、控制测试结果与实质性程序实施
　　　　结果的相互影响……137
习题……138

第八章　审计抽样……141
第一节　审计抽样概述……142
　　一、审计抽样的含义和特征……142
　　二、审计抽样的种类……142
　　三、审计抽样的适用情形……143
第二节　样本的设计、选取及抽样
　　　　结果的评价……144
　　一、样本的设计……144
　　二、样本的选取……147
　　三、抽样结果的评价……149
第三节　审计抽样的应用……151
　　一、审计抽样在控制测试中的运用……151
　　二、审计抽样在实质性程序中的运用……156
习题……160

第九章　审计报告……162
第一节　审计报告编制前的准备工作……163
　　一、评价审计中的重大发现……163
　　二、评价审计过程中发现的错报……163
　　三、获取管理层声明……164
　　四、执行分析程序……165
　　五、完成质量控制复核……165
　　六、评价审计结果……165
　　七、与治理层沟通……166
　　八、评价独立性和道德问题……167

第二节　审计报告概述……167
　　一、审计报告模式的发展沿革……167
　　二、审计报告的作用……169
　　三、审计报告的种类……169
　　四、审计报告的基本内容……170
　　五、在审计报告中沟通关键审计事项……172
　　六、注册会计师对其他信息的责任……175
第三节　审计报告基本类型……176
　　一、标准审计报告……177
　　二、非无保留意见的审计报告……179
　　三、在审计报告中增加强调事项段……187
　　四、在审计报告中增加其他事项段……189
第四节　持续经营审计对审计
　　　　报告的影响……190
　　一、管理层的责任和注册会计师的责任……190
　　二、计划审计工作与实施风险评估程序……191
　　三、评价管理层对持续经营能力做出的评估……192
　　四、超出管理层评估期间的事项或情况……193
　　五、进一步审计程序……193
　　六、审计结论……194
　　七、对审计报告的影响……195
　　八、与治理层的沟通……200
习题……201

第十章　销售与收款循环审计……204
第一节　了解销售与收款循环
　　　　业务流程及内部控制……205
　　一、了解销售与收款循环业务流程……205
　　二、了解销售与收款循环业务的
　　　　关键内部控制……207
　　三、评估重大错报风险……209
　　四、了解销售与收款循环内部
　　　　控制的主要工作底稿……212
第二节　销售与收款循环交易的
　　　　进一步审计程序……214
　　一、销售与收款循环交易的控制测试……214
　　二、销售与收款循环交易审计常用的
　　　　实质性程序……215
第三节　营业收入审计的实质性程序……216
　　一、审计目标……216

二、实质性程序……………………217
　第四节　应收账款审计的实质性程序……219
　　一、审计目标………………………219
　　二、应收账款-账面余额的实质性程序…220
　　三、应收账款-坏账准备的实质性程序…227
　习题………………………………………229

第十一章　采购与付款循环审计……………231
　第一节　了解采购与付款循环业务
　　　　　流程及内部控制…………………232
　　一、了解采购与付款循环业务流程……232
　　二、了解采购与付款循环业务的关键
　　　　内部控制………………………234
　　三、评估重大错报风险…………………235
　　四、了解采购与付款循环内部控制的
　　　　主要工作底稿……………………236
　第二节　采购与付款循环的进一步
　　　　　审计程序…………………………236
　　一、采购与付款循环交易的控制测试…236
　　二、采购与付款循环交易审计常用的
　　　　实质性程序………………………238
　第三节　应付账款审计的实质性程序……238
　　一、审计目标………………………238
　　二、实质性程序……………………238
　第四节　固定资产审计的实质性程序……241
　　一、审计目标………………………241
　　二、固定资产-账面余额的实质性程序…241
　　三、固定资产-累计折旧的实质性程序…245
　　四、固定资产-固定资产减值准备的
　　　　实质性程序………………………246
　习题………………………………………246

第十二章　存货与生产循环审计……………249
　第一节　了解存货与生产循环业务
　　　　　流程及内部控制…………………250
　　一、了解存货与生产循环涉及的主要业务及
　　　　控制流程………………………250
　　二、评估重大错报风险…………………252
　第二节　存货与生产循环的进一步
　　　　　审计程序…………………………252
　　一、存货与生产循环内部控制测试……253

　　二、生产成本审计常用的实质性程序……254
　第三节　营业成本审计的实质性程序……255
　　一、审计目标………………………255
　　二、实质性程序……………………255
　第四节　存货审计的实质性程序…………257
　　一、审计目标………………………257
　　二、实质性程序……………………257
　第五节　应付职工薪酬审计的
　　　　　实质性程序………………………262
　　一、审计目标………………………262
　　二、实质性程序……………………263
　习题………………………………………265

第十三章　筹资与投资循环审计……………267
　第一节　了解筹资业务流程及
　　　　　内部控制…………………………268
　　一、了解筹资业务的主要流程…………268
　　二、了解筹资业务的关键内部控制……268
　　三、评估重大错报风险…………………268
　第二节　筹资业务的进一步审计程序……269
　　一、筹资业务常用的控制测试程序……269
　　二、筹资业务常用的实质性程序………270
　第三节　筹资业务相关项目的实质性
　　　　　程序…………………………270
　　一、负债的具体相关项目审计…………271
　　二、所有者权益相关项目的审计………273
　第四节　了解投资业务流程及
　　　　　其内部控制………………………275
　　一、了解投资业务的主要流程…………275
　　二、了解投资业务的关键内部控制……275
　　三、评估重大错报风险…………………275
　第五节　投资业务相关项目的进一步
　　　　　审计程序…………………………276
　　一、投资业务常用的控制测试程序……276
　　二、投资业务常用的实质性程序………277
　第六节　投资相关项目的实质性程序……278
　　一、交易性金融资产审计………………278
　　二、债权投资审计………………………279
　　三、长期股权投资审计…………………280
　习题………………………………………281

目　录

第十四章　货币资金审计 …………… 283
第一节　了解货币资金流程及内部控制 …………… 284
一、了解货币资金的业务流程 ………… 284
二、了解货币资金的关键内部控制 …… 284
三、评估货币资金相关的重大错报风险 … 286
第二节　货币资金的控制测试 ………… 287
一、库存现金的控制测试程序 ………… 287
二、银行存款的控制测试程序 ………… 288
第三节　库存现金审计的实质性程序 … 289
一、审计目标 …………………………… 289
二、实质性程序 ………………………… 289
第四节　银行存款审计的实质性程序 … 291
一、审计目标 …………………………… 291
二、实质性程序 ………………………… 291
第五节　其他货币资金审计的实质性程序 …………… 299
一、审计目标 …………………………… 299
二、实质性程序 ………………………… 299
习题 ……………………………………… 301

第十五章　特殊事项审计 …………… 303
第一节　期初余额审计 ………………… 304
一、期初余额的含义 …………………… 304
二、审计目标 …………………………… 304
三、期初余额的一般审计程序 ………… 305
四、审计结论和审计报告 ……………… 306
第二节　期后事项审计 ………………… 307
一、期后事项的概念和种类 …………… 308
二、财务报表日至审计报告日发生的事项 … 310
三、注册会计师在审计报告日后至财务报表报出日前知悉的事实 …………… 310
四、财务报表报出日后发现的事实 …… 311
第三节　或有事项审计 ………………… 313
一、或有事项的概念 …………………… 313
二、或有事项的种类 …………………… 313
三、或有事项的一般审计程序 ………… 314
四、获取律师声明 ……………………… 314
第四节　会计估计审计 ………………… 314
一、会计估计的性质 …………………… 314
二、风险评估程序和相关活动 ………… 316
三、识别和评估重大错报风险 ………… 319
四、应对评估的重大错报风险 ………… 320
五、实施进一步实质性程序以应对特别风险 …………… 324
六、评价会计估计的合理性并确定错报 … 325
七、其他相关审计程序 ………………… 326
习题 ……………………………………… 328

第十六章　企业内部控制审计 ……… 330
第一节　企业内部控制审计的含义及业务承接 …………… 331
一、企业内部控制审计的含义及范围 … 331
二、内部控制审计业务承接 …………… 332
第二节　计划审计工作 ………………… 333
一、计划审计工作应考虑的事项 ……… 333
二、制定总体审计策略 ………………… 333
三、具体审计计划 ……………………… 334
四、对应对舞弊风险的考虑 …………… 334
第三节　实施内部控制审计工作 ……… 334
一、自上而下的方法 …………………… 334
二、测试控制的有效性 ………………… 337
第四节　内部控制缺陷评价 …………… 340
一、内部控制缺陷的分类 ……………… 340
二、评价控制缺陷的严重程度 ………… 341
三、表明可能存在重大缺陷的迹象 …… 342
四、被审计单位对存在缺陷的控制进行整改 …………… 342
第五节　完成内部控制审计工作 ……… 343
一、形成审计意见 ……………………… 343
二、获取书面声明 ……………………… 343
三、内部控制审计报告的要素 ………… 343
四、内部控制审计报告的类型 ………… 344
五、考虑期后事项的影响 ……………… 348
六、注意到的非财务报告内部控制缺陷 … 348
习题 ……………………………………… 349

参考文献 ………………………………… 353

第一章

审 计 概 论

【导读】

了解世界审计的发展历史，有助于认识审计的本质，有助于理解审计制度安排的影响因素。财产所有权和经营权分离以及随之产生的受托责任关系成为审计产生的客观基础，这是审计产生和发展的主线，无论是审计需求的代理理论、信息理论，还是保险理论假说，都能看到这条主线的影子。审计发展史上的每次重大危机事件都会带来审计理论、审计规制或审计实践的重大变革，从18世纪的"南海公司事件"到21世纪初的"安然事件"莫不如此。因此，学习审计的发展历史，以史为鉴，总结经验和教训，可以为今后各类审计水平的提高提供有益的方向性指导。

【学习重点】

了解审计的产生和发展，掌握审计产生的经济基础、审计的概念和特征、审计的分类及各分类之间的联系与区别，掌握国家审计、内部审计及民间审计的特点，了解和分析一些国家政府审计模式的差异及其成因。

【学习难点】

对审计产生的客观基础认知，对目前各种形式审计特征的总结是本章的一个难点，这需要在掌握一定经济学知识的基础上，进行分析和总结。对审计的定义的理解和掌握是本章的另一个难点，需要通过分析大量的案例去体会和理解。

【教学建议】

本章第二节以课堂讲授为主，第一节和第三节建议结合案例教学，引导学生查阅"南海公司事件"或"安然事件"等重大审计事件资料，以学生讨论分析为主。

第一节 审计的产生与发展

一、审计产生的客观基础

学术界对审计的起源问题有些分歧,但通常认为,审计是社会经济发展到一定阶段的产物。当经济发展到一定程度时,必然出现经济组织规模扩大、经济活动过程复杂、经营管理层次增多的情况,这就使得财产所有者无法事必躬亲地从事各项经济活动,只好委托他人代为经营和管理,这就形成了财产所有权和经营权的分离。同时,也使财产所有者和经营者之间形成了一种受托经济责任关系。一方面,经营者接受委托之后,对经营管理状况和效果究竟如何,账簿记录是否真实可靠,财产所有者往往是不放心的,他们就需要委托独立于财产所有者和经营者之外的第三方——审计机构或审计人员,对自己委托经营管理的财产及其记录进行审查,以核实其真实性、合法性、效益性,评价经济责任,指出差错和弊端,确认或解脱经济责任,促进经济效益的不断提高;另一方面,经营管理者接受委托之后,他们要向委托人证明自己有效管理了受托代理的财产,以得到相应的褒奖或解脱自身的经营管理责任,也需要有一个具有相对独立身份的第三者加以检查和评价。审计机构或审计人员就扮演着这种第三者的角色。他们依靠其专业技能,对受托人履行责任的情况进行客观公正的监督和证明。因此,财产所有权和经营权的分离及随之产生的受托经济责任关系,是审计产生的客观基础。

二、西方国家审计的起源与发展

在西方国家,随着生产力的发展和经济关系的变革,审计也经历了一个漫长的发展过程。而世界各国审计历史的发展均有其相似之处,即先起源于官方审计,后来再发展到内部审计和民间审计。

(一) 官方审计的产生与发展

据考证,早在奴隶制度下的古罗马、古埃及和古希腊时代,就已有官方审计机构。审计人员以"听证"(Audit)方式,对掌管国家财务和赋税的官吏进行审查和考核,这是具有审计性质的经济监督工作。至中世纪,随着社会经济的发展,西欧国家的政府审计有所发展。例如,英国王室于11世纪在财政部门内设立上院和下院,前者为收支监督机构,对后者编制的会计账簿进行检查监督,英国在1866年颁布《国库和审计部法案》之后,很快就成立了代表议会、独立于政府之外的政府审计机构——国库与审计部,执行对国库收入支出的审计监督。1983年,根据议会通过的《国家审计法》的规定,以国家审计署取代国库与审计部,英国是现代政府审计制度"立法模式"的创始人。法国王室于13世纪设置审计厅,对国库和地方财政收支进行审查监督等。步入近代社会之后,西方国家的政府审计也有较大发展。美国在独立战争时期,已有负责审计工作的专任委员;在第一世界大战之后的1921年,美国依据公布的《预算及会计条例》正式设立了隶属于国会的联邦总审计署(Government Accountability Office[1],GAO),美国的这种政府审计体制从那时一直延至今日。

---

[1] 美国联邦总审计署成立之初的英文全称是General Accounting Office,2004年7月改为Government Accountability Office,以便更好地体现该组织的现代职业服务精神,简称GAO。

(二) 内部审计的产生与发展

内部审计的产生几乎与政府审计同步进行。在中世纪和近代，西方内部审计有了进一步的发展，其主要标志是出现了独立的内部审计人员。中世纪的寺院制度十分流行，寺院拥有庞大的地产，并且从事贸易、金融等多种业务。为了加强寺院的经济管理，在寺院的总务长领导下配备了专门的审计人员，负责检查会计账目和财产清单。在同一时期的英国大庄园内和大的行会内也都设置有专司审计工作的内部审计人员。

现代内部审计出现于20世纪40年代，是随着大型企业管理层次的增多和管理人员控制范围的扩大，基于企业单位内部经济监督和管理的需要而产生的。由于管理的复杂化，企业管理者需要随时对本企业的财产、会计记录和经营情况进行审查。这些从事该项工作的职能人员就被称为"内部审计人员"，由其组成的机构被称为"内部审计机构"。

(三) 民间审计的产生与发展

民间审计又称社会审计或注册会计师审计，它的产生要比官方审计和内部审计晚，但其发展十分迅速。

1. 民间审计的起源

在16世纪末期，地处地中海沿岸的意大利等国的合伙企业，需要委托他人经营贸易业务，这样便产生了财产所有权和经营权的分离，就需要有独立于财产所有者和经营者之外的人出面查证账目，民间审计应运而生，这可视为民间审计的萌芽。

2. 民间审计的形成

民间审计虽然起源于意大利，但它对后来民间审计事业的发展影响不大。在创立和传播民间审计的过程中发挥了重要作用的是英国。

18世纪下半叶，英国的资本主义经济得到了迅速发展，企业的所有权与经营权开始分离。企业主希望由外部的会计师来检查他们所雇用的管理人员，特别是会计人员是否存在贪污、盗窃和其他舞弊行为，于是，英国出现了第一批以查账为职业的独立会计师。因为是由企业主自行决定是否聘请独立会计师进行查账，所以此时的独立审计尚为任意审计。

真正使民间审计得以大发展的是18世纪下半叶股份有限公司的出现。股份有限公司的兴起，使公司的所有权与经营权进一步分离，绝大多数股东已完全脱离经营管理，他们出于自身的利益，非常关心公司的经营成果，以便做出是否继续持有公司股票的决定。证券市场上潜在的投资人同样十分关心公司的经营情况，以便决定是否购买公司的股票。同时，由于金融资本对产业资本的逐步渗透，增加了债权人的风险，他们也非常重视公司的生产经营情况，以便做出是否继续贷款或是否索偿债权的决定。而公司的经营成果和财务状况，只能通过公司提供的会计报表来反映。因此，在客观上产生了由独立会计师对公司会计报表进行审计，以保证会计报表真实可靠的需求。值得一提的是，民间审计产生的"催产剂"是1721年英国的"南海公司事件"。当时的"南海公司"以虚假的会计信息诱骗投资人投资，其股票价格一时扶摇直上。但好景不长，"南海公司"最终未能逃脱破产倒闭的厄运，股东和债权人损失惨重。英国议会聘请会计师查尔斯·斯奈尔(Charles Snell)对"南海公司"进行审计。斯奈尔以"会计师"名义提出了"查账报告书"，从而宣告了独立会计师——注册会计师的诞生。

英国政府于1844年颁布了《公司法》，规定股份公司必须设监察人，负责审查公司的账目。

1845年，又对《公司法》进行了修订，规定股份公司的账目必须经董事以外的人员审计。于是，独立会计师业务得到迅速发展，独立会计师人数越来越多。此后，英国政府对一批精通会计业务、熟悉查账知识的独立会计师进行了资格确认。1853年，苏格兰爱丁堡创立了第一个注册会计师的专业团体——爱丁堡会计师协会。该协会的成立标志着注册会计师职业的诞生。1862年，英国《公司法》又确定注册会计师为法定财产清算人，奠定了民间审计的法律地位。

从1844年到20世纪初，是民间审计的形成时期，这一时期英国民间审计的主要特点是：民间审计的法律地位得到了法律确认；审计的目的是查错防弊，保护企业资产的安全和完整；审计的方法是对会计账目进行详细审计；审计报告使用人主要为企业股东等。

3. 民间审计的发展

从20世纪初开始，全球经济发展的重心逐步由欧洲转向美国。因此，美国的民间审计得到了迅速发展，它对注册会计师职业在全球的迅速发展发挥了重要作用。

在美国，南北战争结束后出现了一些民间会计组织，例如纽约的会计学会。该学会在1882年刚成立时称为会计师和簿记师协会，为会计人员提供教育等服务。当时英国巨额资本开始流入美国，促进了美国经济的发展。为了保护广大投资者和债权人的利益，英国的注册会计师远涉重洋到美国开展审计业务；同时美国本身也很快形成了自己的注册会计师队伍。1887年，美国公共会计师协会成立，1916年，该协会改组为美国注册会计师协会(AICPA)，后来成为世界上最大的注册会计师职业团体。

民间审计的快速发展，使民间审计逐步渗透到社会经济领域的不同层面。更为重要的是，在20世纪初期，由于金融资本对产业资本更为广泛的渗透，企业同银行的利益关系更加紧密，银行逐渐把企业资产负债表作为了解企业信用的主要依据，于是在美国产生了帮助贷款人及其他债权人了解企业信用的资产负债表审计，即美国式审计。审计方法也逐步从单纯的详细审计过渡到初期的抽样审计。在这一时期，美国民间审计的主要特点是：审计对象由会计账目扩大到资产负债表；审计的主要目的是通过对资产负债表数据的检查，判断企业信用状况；审计方法从详细审计初步转向抽样审计；审计报告使用人从企业股东，扩大到了债权人。

从1929年到1933年，资本主义世界经历了历史上最严重的经济危机，大批企业倒闭，投资者和债权人蒙受了巨大的经济损失。这在客观上促使企业利益相关者从只关心企业财务状况转变为关心企业盈利水平，产生了对企业损益表进行审计的客观要求。1933年，美国《证券法》规定，在证券交易所上市的企业的会计报表必须接受民间审计，向社会公众公布注册会计师出具的审计报告。为规范财务报表审计业务，美国会计师协会于1936年发布了《独立注册会计师对财务报表的检查》文件，明确规定注册会计师应当审查财务报表，尤其强调损益表审计。因此，审计报告使用人扩大到整个社会公众。

第二次世界大战以后，经济发达国家通过各种渠道推动本国的企业向海外拓展，跨国公司得到空前发展。国际资本的流动带动了民间审计的跨国界发展，形成了一大批国际会计师事务所。随着会计师事务所规模的扩大，产生了"八大"国际会计师事务所，20世纪80年代末合并为"六大"国际会计师事务所，之后又合并为"五大"国际会计师事务所。2001年，美国的安然公司会计造假丑闻使涉嫌舞弊和销毁证据的安达信会计师事务所受到美国司法部门的调查，之后宣布关闭，至此尚有"四大"国际会计师事务所，它们分别是普华永道(Price Waterhouse Coopers)、安永(Ernst & Yang)、毕马威(KPMG Peat Marwick)和德勤(Deloitte & Touche)。

"安然公司"事件不但导致"五大"国际会计师事务所之一的安达信会计师事务所破产，而且也直接促使美国国会和政府在2002年通过了《萨班斯法案》(Sarbanes_Oxley Act，简称SOX法案)。该法案的另一个名称是"公众公司会计改革与投资者保护法案"，这是一部对上市公司和审计职业监管具有划时代影响的一部法律。根据该法律，美国成立了上市公司会计监察委员会(Public Company Accounting Oversight Board，PCAOB)，PCAOB拥有制定上市公司审计准则和从事上市公司审计的事务所登记的权利，以及检查这些事务所审计质量的权利。该法案的诸多规定对注册会计师的审计业务影响较大，该法案第404条款明确了公司管理层对与财务报表及其相关的内部控制制度的有效性的责任，并要求管理层对公司内部控制进行自我评估，出具内部控制评价报告，且由出具财务报表审计报告的会计师事务所对管理层的内部控制评价报告进行独立鉴证，并出具内部控制审计报告，《萨班斯法案》这一规定也迅速被世界其他重要国家所借鉴。

在审计组织和法规不断演变的同时，审计技术也在不断发展：抽样审计方法得到普遍运用，风险审计方法得到推广，计算机审计技术得到广泛采用，大数据技术、人工智能技术、云计算技术、区块链技术等前沿科技开始进入审计领域。注册会计师业务范围从审计服务扩大到代理纳税服务、会计服务、投资咨询和管理咨询等领域。

三、我国审计的产生与发展

(一) 官方审计的产生与发展

我国官方审计的发展大致可分为六个阶段：西周初期的初步形成阶段；秦汉时期的最终确立阶段；隋唐至宋的日臻健全阶段；元明清的停滞不前阶段；中华民国的不断演进阶段；新中国的振兴阶段。

我国政府审计的起源，基于西周的"宰夫"。当时各地的年终、月终、旬终财计报告，由宰夫督促各部门官吏整理上报，宰夫就地稽核，发现违法乱纪者，可越级向朝廷报告，加以处罚。由此可见，宰夫是独立于财计部门的官职，标志着我国官方审计的产生。

秦汉时期是我国审计的确立阶段，主要表现在以下三个方面：一是初步形成了统一的审计模式，将审计机构与检察机构结合在一起，实行经济法制与审计监督制度相统一的审计模式；二是"上计"制度日趋完善，所谓"上计"，就是皇帝亲自听取和审核各级地方官吏的财政会计报告，以决定赏罚的制度；三是审计地位提高，职权扩大。秦汉时期的御史制度是审计建制的重要组成部分，御史大夫不仅行使政治、军事的监察大权，还负责监督、控制经济和财政收支活动。但这个时期仍属审计的初步发展时期。

隋唐宋时期，中央集权不断加强，官僚系统进一步完善，审计在制度方面也日臻健全。隋唐时期，设立了隶属刑部的比部，比部的主要职责之一是对政府部门经费开支和财务出纳进行财务审计，同时主法制，考官吏，定刑赏。宋太宗淳化三年(公元992年)，朝廷将当时专事审计职能的"诸军诸司专勾司"更名为"审计院"，这是我国审计一词的起源。

元明清各朝，审计职能由户部或都察院行使，审计的独立性降低，其财计监督和官方审计职能大为削弱，审计在该时期停滞不前。

辛亥革命以后，1912年在成立的国务院下设"审计处"，北洋政府在1914年设立"中央审计处"，国民政府在1920年设立"审计院"。1928年颁布了《审计法》及其实施规则，次年还颁布了《审计组织法》，审计在该时期不断演进。

中华人民共和国成立后，因受苏联高度集中的计划经济模式影响，国家没有设置独立的审计机构，财税监督工作是通过不定期的会计检查进行的。党的十一届三中全会决定把工作重心转移到经济建设上来，为适应这种需要，我国把建立政府审计机构、实行审计监督，载入了1982年修订的《中华人民共和国宪法》，并于1983年9月成立了我国政府审计的最高机关——审计署，在县以上各级人民政府设置审计机关。1985年8月发布了《国务院关于审计工作的暂行条例》，1988年11月颁布了《中华人民共和国审计条例》，1994年10月发布了《中华人民共和国审计法》，1997年10月21日国务院颁布了《中华人民共和国审计法实施条例》，2001年1月审计署颁布了《政府审计准则》，此后又陆续颁布了政府审计具体准则。上述法律法规的颁布，进一步确立了政府审计的地位，规范了政府审计行为，政府审计工作进入振兴发展的重要时期。为了构建集中统一、全面覆盖、权威高效的审计监督体系，更好地发挥审计在党和国家监督体系中的重要作用，2018年3月依法组建中国共产党中央审计委员会，由党中央最高负责人任委员会主任，委员会办公室设在国家最高审计机关审计署，中央审计委员会成为党中央决策议事协调机构，全国各地的地方党委也采取了类似措施，这些措施极大增强了我国国家审计的权威性和独立性。

(二) 内部审计的产生与发展

我国为了完善审计监督体系，加强部门、单位内部的经济监督和管理，于1984年在部门、单位内部成立了审计机构，实行内部审计监督。1985年10月，发布了《审计署关于内部审计工作的若干规定》，1995年7月14日发布了《审计署关于内部审计工作的规定》(审计署令1995年第1号)，2003年2月10日颁布了《审计署关于内部审计工作的规定》，自2003年5月1日起施行，对于内部审计的若干问题做出了比较具体的规定，如：(1)内部审计是独立监督和评价本单位及所属单位财政收支、财务收支、经济活动的真实、合法和效益的行为，以促进加强经济管理和实现经济目标。(2)国家机关、金融机构、企事业组织、社会团体以及其他单位，应当按照国家有关规定建立健全内部审计制度。(3)内部审计机构应在本单位主要负责人或权力机构的领导下开展工作。(4)内部审计人员实行岗位资格和后续教育制度，本单位应当予以支持和保障。(5)单位主要负责人或权力机构应当保护内部审计人员依法履行职责，任何单位和个人不得打击报复。(6)审计人员办理审计事项，应当严格遵守内部审计职业规范，忠于职守，做到独立、客观、公正、保密；遵守内部审计准则、规定，按照单位主要负责人或权力机构的要求实施审计。(7)审计机构履行职责所必需的经费，应当列入财务预算，由本单位予以保证，单位主要负责人或权力机构在管理权限范围内，授予内部审计机构必要的处理、处罚权，等等。总之，在各级政府审计机关、各级主管部门的积极推动下，内部审计得到了蓬勃发展。

(三) 民间审计的产生与发展

1. 民间审计的起步

中国民间审计的历史要比西方短得多，始于辛亥革命之后，在1918年9月，北洋政府农商部颁布了我国第一部注册会计师法规——《会计师暂行章程》，并于同年批准著名会计学家谢霖先生为中国的第一位注册会计师，谢霖先生创办的中国第一家会计师事务所——"正则会计师事务所"也获准成立。此后，又逐步批准了一批注册会计师，建立了一批会计师事务所，包括潘序伦先生创办的"潘序伦会计师事务所"(后改称"立信会计师事务所")等。1930年国民政府颁布了《会计师条例》，确立了会计师的法律地位，之后上海、天津、广州等地也相继成立了许多会计师事务所。1925年在上海成立了"全国会计师公会"。1933年又成立了"全国会计师协会"。至1947年，全国已拥有注册会计师2619人,并建立了一批会计师事务所。但在半殖民地半封建的旧中国,注册会计师事业的发展是缓慢的,作用是有限的。

在中华人民共和国成立初期,民间审计在经济恢复工作中发挥了积极的作用。当时由于不法资本家囤积居奇、投机倒把、偷税漏税,导致政府财政状况极度恶化。负责财政工作的陈云同志大胆聘用注册会计师,依法对工商企业查账,这在当时对平抑物价、保证国家税收、争取国家财政经济状况好转做出了突出贡献。但后来由于推行苏联高度集中的计划经济模式,中国的民间审计便悄然退出了经济舞台。

2. 民间审计的发展

党的十一届三中全会以后,随着我国经济建设方针的转变和外商来华投资的增多,1980年12月14日财政部颁布了《中外合资经营企业所得税法实施细则》,规定外资企业会计报表要由注册会计师进行审计,这为恢复我国注册会计师制度提供了法律依据。1980年12月23日,财政部发布《关于成立会计顾问处的暂行规定》,标志着我国注册会计师事业开始复苏。1981年1月1日,"上海会计师事务所"宣告成立,成为我国第一家由财政部批准独立承办注册会计师业务的会计师事务所。1988年11月15日,财政部领导下的中国注册会计师协会正式成立。1993年10月31日,八届全国人大常委会第四次会议审议通过了《中华人民共和国注册会计师法》,自1994年1月1日起实施。在国家法律、法规的规范下,我国注册会计师行业得到了快速发展。

2006年2月我国财政部发布了48项《中国注册会计师审计准则》,并于2007年1月正式施行。这些审计准则几乎涵盖了国际审计准则的所有项目,在内容上,也充分采用了国际审计准则的基本原则和核心程序;在审计目标与原则、风险评估与应对、证据获取和分析、审计结论的形成和报告等重大方面,与国际审计准则保持一致。自此,我国注册会计师审计职业规范开始与国际审计准则持续、全面趋同。

在进一步吸收借鉴了国际审计准则的最新成果,并充分考虑我国审计实务中面临的一些新问题的基础上,中国注册会计师协会一直在及时地制定或修订审计准则,这些准则的及时制定、修订和实施适应了我国社会主义市场经济发展的要求,也顺应了审计准则国际趋同大势,对提高我国审计质量、维护资本市场秩序和提高对外开放水平都具有重要的意义。

在职业规范不断完善的同时,我国民间审计组织也进入一个快速发展的时期。截至2020年年初,全国共有会计师事务所(含分所)9400多家,行业总收入达900多亿元,从业注册会计师10.8万人,此外,中国注册会计协会还拥有16.4万多名非执业会员,全国具有注册会计师资质的人员超过27万多人(包括参加注册会计师全国统一考试成绩合格但尚未入会人员)。这些审计组织和人员为社会主义市场经济的有序、稳定运行发挥了积极作用。

第二节 审计的性质

一、审计的概念

审计的种类很多,执行的业务性质特征相差很大,给审计总结出一个通用的定义比较困难。国际上审计理论界和实务界比较认可的是美国会计学会(AAA)对审计的定义。在1973年美国会计学会发表的审计理论研究报告"基本审计概念说明"(A Statement of Basic Auditing Concepts)的公告中,认为"审计"是:"为确定关于经济行为及经济现象的结论和所制定的标准之间的一致程度,而对与这种结论有关的证据进行客观收集、评定,并将结果传达给利害关系人的有系统的过程。"

注册会计师审计作为审计的一种类型,其内涵具有特殊性。因此,国内外许多会计职业组织对民间审计概念的定义有不同的表述,其中,影响较大的是国际会计师联合会的定义。

国际会计师联合会(IFAC)的国际审计实务委员会在《国际审计准则》中把审计概念描述为:"审计人员对已编制完成的会计报表是否在所有重要方面遵循了特定的财务报告框架发表意见。"

中国注册会计师协会,在《中国注册会计师审计准则第1101号—注册会计师的总体目标和审计工作的基本要求》中,对民间审计做了如下描述:"审计的目的是提高财务报表预期使用者对财务报表的信赖程度。这一目的可以通过注册会计师对财务报表是否在所有重大方面按照适用的财务报告编制基础编制发表审计意见得以实现。就大多数通用目的财务报告框架而言,注册会计师针对财务报表是否在所有重大方面按照财务报告编制基础编制并实现公允反映发表审计意见。注册会计师按照审计准则和相关职业道德要求执行审计工作,能够形成这样的意见。"

二、审计业务要素

审计是典型的鉴证业务,所谓鉴证业务(Attest Engagement),是指注册会计师对鉴证对象信息提出结论,以增强除责任方之外的预期使用者对鉴证对象信息信任程度的业务,具体包括历史财务信息审计业务、历史财务信息审阅业务和其他鉴证业务。鉴证业务要素是指鉴证业务的三方关系人、鉴证对象、标准、证据和鉴证报告,而对注册会计师财务报表审计业务而言,审计业务要素包括审计业务的三方关系人、财务报表(鉴证对象信息)、财务报告编制基础(标准)、审计证据和审计报告。

1) 审计业务的三方关系人。三方关系人包括注册会计师、被审计单位管理层(责任方)和财务报表的预期使用者。这里的注册会计师有时也指会计师事务所,被审计单位管理层是指对被审计单位经营活动的执行负有经营管理责任的人员,他们对财务报表负责,而财务报表的预期使用者是指预期使用审计报告和财务报表的组织或人员。

2) 财务报表(鉴证对象信息)。在财务报表审计中,鉴证对象是指被审计单位的财务状况、经营成果和现金流量,而鉴证对象信息是指记录经济活动的载体,即被审计单位的财务报表。

3) 财务报告编制基础(标准)。对鉴证对象做出评价离不开适当的标准,标准是指用于评价或计量鉴证对象的基准,当涉及列报时,还包括列报的基准。财务报表审计中,可接受的财务报告编制基础即标准,通常主要是指企业会计准则和相关会计制度。

4) 审计证据。注册会计师对财务报表发表意见建立在获取充分、适当证据的基础上,审计证据是指注册会计师为了得出审计结论和形成审计意见而使用的必要信息。

5) 审计报告。审计报告是指注册会计师根据审计准则的规定,在执行审计工作的基础上,对财务报表发表审计意见的书面文件,它是注册会计师在完成审计工作后向委托人提交的最终产品。

三、审计的特征

从审计的概念,可以概括出审计的如下基本特征:

1) 独立性。独立性是审计的基本特征,没有独立性,就难以实现客观公正。审计独立性主要表现在:(1)组织独立,即审计组织独立于被审计单位(以下称"客户")之外,不受其领导、管理与制约;(2)经济独立,即审计组织与客户无经济利害关系,不受经济利益的牵连;(3)工作独立,或称精神独立,即审计组织和人员在审计过程中具有完全的自主性,能够独立自主地制订审计计划、决定审计程序与方法,保持高度的职业谨慎,不受个人情感和外界环境的干扰。

2) 客观性。由于审计组织独立于客户之外,不受客户的影响,因而具有较强的客观性。

3) 权威性。审计组织依法对客户行使审计监督权,任何单位和个人不得拒绝与干涉,具有较强的权威性。

4) 广泛性与综合性。审计监督从时间上看,可以进行事前监督、事中监督和事后监督;从空间上看,不仅可以对企事业单位进行监督,而且可以对财政、税务、银行、工商行政等专业监督部门进行再监督,因而具有广泛性和综合性的特点。

除此之外,审计还具有法制性、强制性、超脱性、公正性等特点。由于审计主体的不同,其具体特征又有所不同。

四、审计的职能

审计的职能是指审计的职责和功能,换言之,审计能做什么。审计能做什么,具有多少功能是由社会环境的客观需要和审计的内在能力决定的,审计的职能不是一成不变的,会随着社会环境的变迁和自身能力的提高而发生变化。一般认为,审计具有经济监督、经济评价和经济鉴证三种职能。

1) 经济监督。审计的经济监督职能,是其最基本的职能,主要是指通过审计,监察和督促被审计单位的经济活动在规定的范围内、在正常的轨道上进行;监察和督促有关经济责任者忠实地履行经济责任,同时揭露违法违纪、稽查损失浪费、查明错误弊端、判断管理缺陷和追究经济责任等。审计工作的核心是通过审核检查,查明被审计事项的真相,然后对照一定的标准,做出被审计单位经济活动是否真实、合法、有效的结论。

2) 经济评价。审计的经济评价职能,是指审计机构和审计人员对被审计单位的经济资料及经济活动进行审查,并依据一定的标准对所查明的事实进行分析和判断,肯定成绩,指出问题,总结经验,寻求改善管理、提高效率、增强效益的途径。审计的经济评价职能,包括评定和建议两个方面。

3) 经济鉴证。审计的经济鉴证职能,是指审计机构和审计人员对被审计单位会计报表及其他经济资料进行检查和验证,确定其财务状况和经营成果是否真实、公允、合法、合规,并出具书面证明,以便为审计的授权人或委托人提供确切的信息,并取信于社会公众的一种职能。

第三节 审计分类

随着社会经济的发展,审计的外延越来越丰富,其表现形态也日益多样化。审计分类是从多角度、多方位对审计进行揭示和认识的,目的是更好地把握审计的内涵及其外延。但各种审计类型不是各自孤立的,而是相互交叉、相互结合在同一审计项目中。审计的基本分类是指按照审计主体的不同或审计目的和内容的不同所进行的分类,是按照审计的基本构成要素进行的分类,体现了审计的本质。

一、按审计主体分类

审计主体是指审计工作的执行者,根据审计主体的不同,审计可分为政府审计、民间审计和内部审计。

(一) 政府审计

政府审计是由政府审计机关代表政府依法进行的审计。政府审计主要监督检查各级政府及其部门的财政收支及公共资金的收支、运用情况,担负的是对全民财产的审计责任。

1) 政府审计的组织模式。目前世界各国政府建立的审计机构,因国家最高审计机关的领导从属关系不同而分为四种类型:(1)国家最高审计机关隶属议会或国会的立法模式,如美国的联邦总审计署;(2)国家最高审计机关隶属于司法部门的司法模式,如法国和德国的审计法院;(3)国家最高审计机关隶属于政府行政部门的行政模式,如瑞士的联邦审计局、中国的审计署;(4)国家最高审计机关隶属于财政部门的专职监督模式,如瑞典的政府审计局。

2) 中国政府审计机关。我国目前的审计机关隶属于行政模式,国务院和县级以上地方人民政府设立审计机关,分中央与地方两个层次。国家最高审计机关——审计署成立于1983年,隶属于国务院,受国务院总理的直接领导,负责组织领导全国的审计工作;地方审计机关实行双重领导,地方各级审计机关对本级人民政府和上一级审计机关负责并报告工作,审计业务以上级审计机关领导为主。为了进一步提高地方审计机关的独立性和权威性,2015年我国部分省市在中央统一领导和部署下,进行了省以下审计机关人财物统一管理的改革尝试。目前我国政府审计人员实行公务员制度,并且设置了职称制度,职称有三种:高级审计师、审计师和助理审计师。高级审计师采取考评结合的方式,后两者采用考试的形式。

3) 最高审计机关国际组织。最高审计机关国际组织(International Organization of Supreme Audit Institutions, INTOSAI),是由世界各国最高一级国家审计机关所组成的国际性组织,创立于1953年,1968年在东京召开的第六次会议上,该组织的章程被通过,最高审计机关国际组织正式宣布成立,受联合国经社理事会领导,我国于1982年加入该组织。其主要职责是统一规范审计标准,加强业务合作,促进审计事业发展以及各会员国之间的信息交流与沟通。该组织的宗旨:互相交流情况,交流经验,推动和促进各国审计机关更好地完成本国的审计工作。

(二) 民间审计

民间审计是由经有关部门批准的注册会计师组成的会计师事务所实施的审计,因此,又称注册会计师审计。民间审计的主体是由注册会计师组成的会计师事务所,是非官方机构,又称为独立审计或社会审计。民间审计的对象是各类资源财产的所有者或利益相关者委托注册会计师进行审计的会计资料及相关资料。

1) 民间审计组织形式。从国际上看,会计师事务所组织形式有独资会计师事务所、合伙制会计师事务所、有限责任制会计师事务所和有限责任合伙制会计师事务所四种形式。其中,有限责任合伙制会计师事务所以全部资产对其债务承担有限责任,各合伙人对个人执业行为承担无限责任,无过失的合伙人对于其他合伙人的过失或不当执业行为承担有限责任,不承担无限责任,既吸收了合伙制和有限责任制会计师事务所的优点,又摒弃了它们的不足,这种组织形式已成为当今注册会计师职业界组织形式发展的一大趋势。

2) 中国民间审计组织形式。目前我国会计师事务所有合伙制会计师事务所、有限责任制会计师事务所和特殊普通合伙制会计师事务所三种形式。没有独资会计师事务所，其中特殊普通合伙制会计师事务所与国际上有限责任合伙制会计师事务所在组织形式和性质上类似。中国注册会计师协会依法对中国大陆境内会计师事务所以及注册会计师实行行业管理，其主要职责包括：审批和管理本会会员，拟订注册会计师执业准则、规则，监督、检查实施情况，组织对注册会计师的任职资格、注册会计师和会计师事务所的执业情况进行年度检查，对违规行为予以惩戒等。

3) 民间审计人员。会计师事务所的执业人员主要是注册会计师，世界上大多数国家注册会计师执业资格都需要通过考试取得，且对学历、专业和执业年限都有明确的规定。中国注册会计师考试划分为专业阶段和综合阶段，专业阶段考试主要设会计、审计、财务与成本管理、公司战略与风险管理、经济法和税法六个科目，综合阶段主要包括以鉴证业务(Attest Engagement)为核心的试卷一以及以技术咨询和业务分析为核心的试卷二两部分，通过两个阶段考试的人员具有两年执业经验方可取得注册会计师资格。一个会计师事务所的执业人员通常包括合伙人、高级经理、项目经理和助理人员。

4) 民间审计国际组织。国际会计师联合会(International Federation of Accountants，IFAC)是民间审计最权威的国际组织，成立于1977年10月，最高领导机构是代表大会和理事会，1997年中国注册会计师协会成为该组织会员。理事会下设的国际审计与鉴证准则理事会 (International Auditing and Assurance Standards Board，IAASB)代表国际会计师联合会理事会制定和公开发布有关审计准则。国际会计师联合会的宗旨是以统一的标准发展和提高世界范围的会计专业，促进国际范围内的会计协调。

(三) 内部审计

内部审计是由各部门、各单位内部设置的专门机构或人员实施的审计。内部审计主要监督检查本部门、本单位的财务收支和经营管理活动，它是现代企业内部控制制度的一个重要组成部分。

1) 内部审计组织形式。目前世界各国内部审计部门的设置因领导关系的不同而大体分为三类：(1)受本企业总会计师或主管财务的副总裁领导；(2)受本单位总裁或总经理领导；(3)受本单位董事会领导。从审计的独立性、权威性来讲，领导层次越高，越有保障。

2) 中国内部审计机构。目前，我国内部审计主要包括部门内部审计和单位内部审计两种，前者是由业务主管部门设置的内部审计机构，后者是由国家财政、金融机构、企事业单位设置的内部审计机构。我国内部审计部门一般由本部门或本单位的主要负责人领导，业务上接受同级政府审计机关或上一级主管部门审计机构的指导，相对政府审计和民间审计而言，内部审计独立性较弱。

3) 内部审计国际组织。国际内部审计师协会(Institute of Internal Auditors，IIA)成立于1941年，是由内部审计人员组成的国际性审计职业团体，其会员被称为国际注册内部审计师。中国内部审计学会在1987年加入该组织。国际内部审计师协会面向全球，以"经验分离，共同前进"作为自己的使命。国际内部审计师协会先后发布了《内部审计职责说明》《职业道德准则》《内部审计实务标准》等重要文件，在全球推行注册内部审计师资格考试，通过者获得国际注册内部审计师(Certified Internal Auditor，CIA)证书。

政府审计、注册会计师审计、内部审计构成了我国审计监督体系，但是需要说明的是，三者之间既相互联系，又相互独立，各司其职，泾渭分明，相互不可替代，也不存在主导和从属的关系。

二、按审计目的和内容分类

按审计目的和内容的不同,审计可分为财务报表审计、管理审计和其他审计业务。

(一) 财务报表审计

财务报表审计是对客户的会计报表及其相关的会计资料进行审计。主要审查客户的会计报表是否真实、公允地反映了其财务状况、经营成果和现金流动情况,报表的编制和会计处理方法是否遵从了会计准则及有关规定,其内容是否完整、表达是否清楚、是否有重大遗漏,并根据审查结果发表自己的意见。

(二) 管理审计

管理审计是对客户的各项经营管理活动进行审计。主要审查客户的内部控制,并对其真实性和有效性进行评价,提出改进措施。管理审计在传统财务报表审计的基础上发展而来,是财务报表审计的一种延伸。随着市场环境的复杂化和现代企业竞争的加剧,这种审计的重要性也越来越明显。

(三) 其他审计业务

除上述审计业务外,审计还包括验资、税务审计和法律、行政法规规定的其他审计业务。这些审计业务是随着社会环境的变化而产生和发展的,随着社会经济的进一步发展,这些业务内容还将不断扩大。

习　题

一、复习思考题

1. 什么是审计?审计的本质特征有哪些?
2. 我国官方审计的发展可分为哪几个阶段?每个阶段的特征是什么?
3. 为什么民间审计的产生晚于官方审计?
4. 内部审计与外部审计有哪些区别与联系?
5. 审计有哪些分类?其内容分别是什么?
6. 审计具有哪些基本的职能?
7. 《萨班斯法案》出台的背景是什么?该法案包括哪些主要内容?该法案对上市公司及其审计有哪些主要影响?

二、单项选择题

1. 注册会计师审计产生的直接原因是(　　)。
   A. 商品经济的发展　　　　　　　　B. 财产所有权和经营权的分离而导致受托责任
   C. 股份公司的出现　　　　　　　　D. 合伙企业的出现

2. 在国外注册会计师审计的产生和发展中，审计的主要目的是判断企业信用状况的阶段是（   ）。
  A. 详细审计阶段   B. 资产负债表审计阶段
  C. 会计报表审计阶段   D. 现代审计阶段
3. 下列各项审计中，具有双向独立特征的是（   ）。
  A. 国家审计   B. 民间审计
  C. 内部审计   D. 政府审计
4. 据史料记载，我国审计萌芽思想最早开始于（   ）。
  A. 秦朝   B. 唐朝
  C. 宋朝   D. 西周
5. 下列国家审计机构的隶属关系中，独立性和权威性很强的是（   ）。
  A. 隶属于议会   B. 隶属于政府
  C. 隶属于财政部   D. 隶属于总理

三、多项选择题

1. 下列属于审计监督职能的是（   ）。
  A. 提高经济效益   B. 揭露错误与舞弊
  C. 维护财经法纪   D. 揭示违法行为
2. 对注册会计师财务报表审计业务而言，审计业务要素包括（   ）。
  A. 审计业务的三方关系人   B. 财务报表（鉴证对象信息）
  C. 财务报告编制基础（标准）   D. 审计证据和审计报告
3. 审计的独立性主要表现在（   ）。
  A. 组织独立   B. 经济独立
  C. 精神独立   D. 工作独立
4. 下列关于审计监督体系的阐述中，正确的有（   ）。
  A. 注册会计师、内部审计和政府审计各司其职，不存在主导与服从的关系
  B. 注册会计师审计又称民间审计、社会审计，会计师事务所无须接受审计署的业务指导
  C. 有些政府审计业务可以外包给会计师事务所
  D. 政府审计是一种法定审计，是对被审计单位实施的主动强制审计
5. 审计按照主体分类，可以分为（   ）。
  A. 政府审计   B. 内部审计
  C. 经营审计   D. 民间审计

第二章

注册会计师执业规范体系

【导读】

"没有规矩，不成方圆"，注册会计师审计作为一种为公众利益负责的公共职业，其职业规范尤为重要。历史上重大审计危机事件多数是会计师事务所或注册会计师违反职业操守所致。在2001年发生的"安然事件"中，安然公司的审计人，曾经是世界"五大"会计师事务所之一的安达信公司(Arthur Andersen)被认为许多行为严重违背了注册会计师的职业操守：一是明知安然公司存在财务作假的情况而没有予以披露，安然公司长时间虚构盈利(从1997年到2001年虚构利润5.86亿美元)，而自1985年安然公司成立时就担任审计人和提供公司咨询服务的安达信不可能不知道；二是安达信承接的安然公司的不同业务之间存在利益冲突，安达信受聘为安然公司的内部审计师，并全面负责安然公司的咨询工作，同时，安达信又承担安然公司的外部审计工作；三是安然公司财务主管人员与安达信存在利害关系。遵守职业道德，保持审计中的独立性，严格按照审计执业准则执业是注册会计师的责任。

【学习重点】

了解注册会计师执业准则体系框架，掌握审计业务与审阅业务、审计职业道德基本原则、对审计职业道德基本原则产生不利影响的因素、对审计独立性的要求、审计质量控制准则基本内容、注册会计师法律责任的产生原因及其构成。

【学习难点】

对审计职业道德基本原则产生不利影响的因素的评估，以及对审计独立性的要求都需要审计职业判断，这是本章的一个难点，需要充分分析诸多案例资料，才能够准确理解和掌握职业道德规范的要求。

【教学建议】

本章第二节和第三节以课堂讲授为主，第一节、第四节和第五节建议引导学生搜集重大审计失败案例，以学生讨论分析为主。如果审计学课程课时较少，本章第三节可以作为选学内容。

第一节 注册会计师执业准则

一、注册会计师执业准则的含义及其作用

注册会计师执业准则(Auditing Standards)是由审计主管部门制定的,用以规定审计人员应具备的素质和专业资格,规范和指导其执业行为,衡量和评价其工作质量的权威性标准。它是对审计人员及其从事审计活动的基本要求。

执业准则在各国审计界普遍受到重视,它不仅在审计实务中发挥着重要作用,而且对整个审计事业起到巨大的促进作用。其作用可概括为以下几个方面:

1) 执业准则有助于实现审计工作的规范化。通过制定和实施执业准则,规定了审计人员必须具备的技能条件、身份条件和品德条件,实现了审计从业人员的规范化;通过执业准则对注册会计师的工作过程加以规范和指导,实现了审计工作过程的规范化。

2) 执业准则有助于提高审计工作质量。如果没有统一的执业准则,则审计人员在执业中只能是各行其是,随意审计,势必造成审计质量的低下;有了公认的执业准则,执业人员时刻以准则为准绳,谨慎工作,从而有助于提高审计工作的质量。

3) 执业准则有助于明确审计责任,维护审计人员的合法权益。审计人员的责任不可能是无限的,公认的执业准则是衡量审计人员是否尽到责任的标准。只要审计人员严格按照执业准则的要求执业,就是尽到了职责。执业准则有助于保护审计人员的正当权益,使他们免受不公正的指责和控告。

4) 执业准则有助于增进社会公众对审计工作结果的信任。社会公众的信任是审计职业得以生存和发展的重要因素之一,正是有了统一的执业准则,使社会公众了解了审计执业人员的任职条件、审计的工作程序,使他们能够对照准则,对审计人员及其工作过程进行评价,评估审计工作质量的高低,从而增强了他们对审计工作结果的信任。

二、注册会计师执业范围

从性质上分,注册会计师的业务主要分为鉴证业务和相关服务业务。

(一) 鉴证业务

鉴证业务(Attest Engagement)是指注册会计师对鉴证对象信息提出结论,以增强除责任方之外的预期使用者对鉴证对象信息信任程度的业务,具体包括历史财务信息审计业务、历史财务信息审阅业务和其他鉴证业务。

1) 审计业务。审计业务是注册会计师通过执行审计工作,对客户财务报表的合法性和公允性发表审计意见,它的审计对象是历史财务信息。为了获取充分、适当的审计证据,注册会计师需要单独或综合运用包括检查记录或文件、检查有形资产、观察、询问、函证、重新计算、重新执行、分析程序等在内的各种手段,得出的结论是合理保证(Reasonable Assurance),以积极方式发表审计意见。一般审计报告的意见是这样表述的:"我们认为,后附的财务报表在所有重要方面按照企业会计准则的规定编制,公允反映了××公司20×1年12月31日的财务状况以及20×1年度的经营成果和现金流量"。

2) 审阅业务。审阅业务(Review Engagement)是注册会计师在实施审阅程序的基础上,说明是否注意到某些事项,使其相信财务报表没有按照适合运用的会计准则和相关会计制度的规定编制,

未能在所有重大方面公允反映被审阅单位的财务状况、经营成果和现金流量。审阅业务也是针对历史信息,但使用的手段是有限的,通常以询问和分析程序为主,得出的结论是有限保证(Limited Assurance),以消极方式发表审阅意见。一般审阅报告的结论是这样表述的:"根据我们的审阅,我们没有注意到(或没有发现)任何事项使我们相信,××公司财务报表在所有重大方面没有按照企业会计准则的规定编制,未能公允反映被审阅单位的财务状况、经营成果和现金流量"。

3) 其他鉴证业务。其他鉴证业务是指除历史财务信息审计或审阅以外的鉴证业务。其他鉴证业务包括预测性财务信息审核、网域认证、系统鉴证、公司治理行为鉴证、企业道德能力鉴证、内部控制审计等业务。其他鉴证业务可视准则要求和客户约定,提供合理保证或有限保证。

(二) 相关服务业务

相关服务业务主要包括执行商定程序、代编财务信息、税务服务、管理咨询、会计服务等业务。其中,执行商定程序(Agreed-upon Procedures Engagement)是指注册会计师执行与特定主体商定的审计程序,并出具仅限于特定主体使用的报告。在提供相关服务业务时,注册会计师不得提供任何程度的保证。

三、中国注册会计师执业准则基本体系

进入21世纪以来,针对国际资本市场一系列上市公司财务舞弊事件,国际审计准则制定机构改进了国际审计准则的制定机制和程序,强调以社会公众利益为宗旨,全面引入风险导向审计的概念,全面提升了国际审计准则的质量。在充分借鉴国际审计准则的基础上,中国注册会计师协会拟定了22项准则,并对26项准则进行了必要的修订和完善,共计48项准则于2006年2月15日由财政部发布,自2007年1月1日起在所有会计师事务所施行;2010年10月31日,中国注册会计师协会又修订了其中的38项准则,自2012年1月1日起施行;针对国际审计准则中审计报告相关准则的变化,2016年中国注册会计师协会及时地实质性修订了6项与审计报告相关的准则,调整了另外5项准则,2018年1月1日在中国大陆境内上市公司财务报表审计中开始实施;2019年2月,中国注册会计师协会修订了《中国注册会计师审计准则第1101号——注册会计师的总体目标和审计工作的基本要求》等18项审计准则,随后又发布了上述修订准则的24项应用指南,一同于2019年7月份开始实施,以取代2010年及2016年颁布实施的相应审计准则。这些准则的发布和实施,标志着我国已建立起一套适应社会主义市场经济发展要求、顺应国际趋同大势的中国注册会计师执业准则体系。

中国注册会计师执业准则体系包括鉴证业务准则、相关服务准则和会计师事务所质量控制准则。其中,中国注册会计师业务准则体系的构成如图2-1所示。

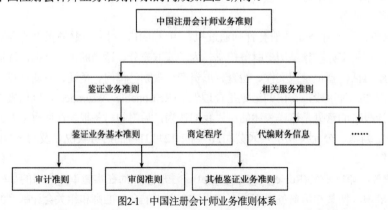

图2-1 中国注册会计师业务准则体系

鉴证业务准则由鉴证业务基本准则统领，按照鉴证业务提供的保证程度和鉴证对象的不同，分为中国注册会计师审计准则、中国注册会计师审阅准则和中国注册会计师其他鉴证业务准则(分别简称审计准则、审阅准则和其他鉴证业务准则)。

审计准则用以规范注册会计师执行历史财务信息的审计业务，审计准则是整个执业准则体系的核心。审阅准则用以规范注册会计师执行历史财务信息的审阅业务。其他鉴证业务准则用以规范注册会计师执行历史财务信息审计或审阅以外的其他鉴证业务，相关服务准则用以规范注册会计师代编财务信息、执行商定程序、提供管理咨询等其他服务。

以上执业准则的具体内容将会在本书的相关章节进行具体介绍，而本章不予展开论述。

第二节　审计职业道德规范

一、审计职业道德规范的含义

道德(Ethic)是社会为了调整人们之间以及个人和社会之间关系所提倡的行为规范的总和，它通过各种形式的教育和社会舆论的力量，使人们具有善和恶、荣誉和耻辱、正义和非正义等概念，并逐渐形成一定的习惯和传统，以指导或控制自己的行为。职业道德是某一职业组织以公约、守则等形式公布的，其会员自愿接受的职业行为标准。所谓审计人员的职业道德，是审计人员的职业品德、职业纪律、执业能力及职业责任等的总称。

社会公众在很大程度上依赖企业管理层编制的财务报表和审计人员发表的审计意见，并以此作为决策的基础。审计人员尽管接受被审计单位的委托并向其收取费用，但从本质上讲，审计服务的对象确是社会公众，这就决定了审计人员从诞生的那一天起就承担了对社会公众的责任。为使审计人员切实担负起神圣的职责，为社会公众提供高质量的、可信赖的专业服务，在社会公众中树立良好的职业形象和职业信誉，就必须大力加强对审计人员的职业道德教育、强化道德意识、提高道德水准。

为了规范中国注册会计师的职业行为，进一步提高职业道德水平，维护职业形象，中国注册会计师协会制定了《中国注册会计师职业道德守则》，自2010年7月1日起施行。具体包括《中国注册会计师职业道德守则第1号——职业道德基本原则》《中国注册会计师职业道德守则第2号——职业道德概念框架》《中国注册会计师职业道德守则第3号——提供专业服务的具体要求》《中国注册会计师职业道德守则第4号——审计和审阅业务对独立性的要求》和《中国注册会计师职业道德守则第5号——其他鉴证业务对独立性的要求》。为指导注册会计师更好地运用职业道德守则，解决实务问题，防范执业风险，2014年11月1日，中国注册会计师协会发布《中国注册会计师职业道德守则问题解答》，自2015年1月1日起施行。

二、职业道德基本原则

审计职业道德包括下列职业道德基本原则(Professional Codes of Ethics)：诚信、独立性、客观和公正、专业胜任能力和勤勉尽责原则、保密、良好职业行为。

(一) 诚信(Integrity)

诚信，是指诚实、守信。诚信原则要求审计人员应当在所有的职业关系和商业关系中保持正直和诚实，秉公处事、实事求是。

审计人员如果认为业务报告、申报资料或其他信息存在下列问题，则不得与这些有问题的信息发生牵连：

1) 含有严重虚假或误导性的陈述。
2) 含有缺乏充分根据的陈述或信息。
3) 存在遗漏或含糊其辞的信息，而这种遗漏或含糊其辞可能会产生误导。

审计人员如果注意到已与有问题的信息发生牵连，应当采取措施消除牵连。在鉴证业务中，如果审计人员依据执业准则出具了恰当的非标准业务报告，不被视为违反上述要求。

实例2-1　北京XH会计师事务所CPA因造假护假而担刑责

2013年8月份，中澳控股集团有限公司(以下简称"客户")为发行中国银行短期融资债券，委托北京XH会计师事务所对其财务进行审计，北京XH会计师事务所指派合伙人李X梅、注册会计师李X等人审计客户2010年1月份至2013年6月份的账目。在明知客户历年严重亏损、不符合发债条件的情况下，两位审计人仍然帮助客户通过虚增收入、利润等方式修改财务报表数据，年度亏损2.7亿元被虚增为盈利2.6亿元，虚增比例高达10倍，使之符合发债要求，并最终出具了由北京XH会计师事务所加盖公章并由李X梅等人签字的审计报告，使得客户成功发行3亿债券，后事发，2019年2月二人因提供虚假证明文件罪被依法判刑(编者注：为避免产生不必要的误解，本书对部分涉及负面事件的相关会计师事务所以化名称之，这个案例来自裁判文书网)。

问题：根据案例资料判断上述注册会计师行为的性质以及在会计师事务所层面应如何防范此类行为？

(二) 独立性(Independence)

独立性，是指不受外来力量控制、支配，按照一定之规行事。在执行鉴证业务时，审计人员必须保持独立性。如果审计人员不能与客户保持独立性，而是存在经济利益、关联关系，或屈从于外界压力，就很难取信于社会公众。

审计人员的独立性包括两个方面——实质上的独立(Independence of Mind)和形式上的独立(Independence in Appearance)。审计人员执行审计和审阅业务以及其他鉴证业务时，应当从实质上和形式上保持独立性，不得因任何利害关系影响其客观性。

会计师事务所在承办审计和审阅业务以及其他鉴证业务时，应当从整体层面和具体业务层面采取措施，以保持会计师事务所和项目组的独立性。

(三) 客观和公正(Objectivity)

客观原则要求审计人员应当力求公正，不因成见或偏见、利益冲突和他人影响而损害其独立性。

公正原则要求审计人员应当具备正直、诚实的品质，在各种压力面前不屈服，能够公平公正、不偏不倚地对待利益各方，不以牺牲一方的利益为条件而使另一方受益，也不得由于偏见、利益冲突或他人的不当影响而损害自己的职业判断。

(四) 专业胜任能力和勤勉尽责原则(Professional Competence and Due diligence)

专业胜任能力和勤勉尽责原则要求审计人员通过教育、培训和执业实践获取和保持专业胜任能力。审计人员应当持续了解并掌握当前法律、技术和实务的发展变化，将专业知识和技能始终保持在应有的水平，确保为客户提供具有专业水准的服务。

专业胜任能力是指审计人员具有专业知识、技能和经验，能够经济、有效地完成客户委托的业务。审计人员在应用专业知识和技能时，应当合理运用职业判断。专业胜任能力可分为两个独立阶段：(1)专业胜任能力的获取；(2)专业胜任能力的保持。审计人员应当持续了解和掌握相关的专业技术和业务的发展，以保持专业胜任能力。

注册会计师应当勤勉尽责，即遵守职业准则的要求并保持应有的职业怀疑，认真、全面、及时地完成工作任务。

实例2-2　RH会计师事务所因缺乏勤勉尽责受罚

2017年1月中国证监会对国内本土会计师事务所"巨无霸"RH会计师事务所进行了行政处罚，对RH会计师事务所责令改正，没收业务收入39万元，并处以78万元罚款，对两名审计报告签字注册会计师给予警告，并分别处以5万元罚款。原因是RH会计师事务所在审计亚太实业2013年年度财务报表过程中未勤勉尽责，出具的审计报告存在虚假记载。

认定的违法事实一：2012年、2013年亚太实业持有济南固锝电子器件有限公司(以下简称济南固锝)48%股权，账面余额22,377,904.37元，2013年12月31日亚太实业转让21%的股权。董事会决议通过议案，披露的股权转让价格为8,750,000.00元，定价依据为截至2012年12月31日亚太实业所持济南固锝股权的账面价值20,017,561.21元，2014年1月20日，亚太实业临时股东大会决议通过股权转让议案。亚太实业未根据前述定价依据对所持济南固锝48%股权对应的长期股权投资计提减值准备2,377,904.37元，导致其2013年虚增净利润2,377,904.37元，占当期净利润的90.54%。RH会计师事务所在出具审计报告前知悉亚太实业股权转让事宜，在仅取得亚太实业大股东出具《承诺函》的情况下，未合理考虑该事项对长期股权投资减值准备的影响，未对相应错误予以识别和采取适当措施。

认定的违法事实二：2012年济南固锝将质量索赔款5,355,085.00元确认为营业外支出。2013年10月，鉴于质量索赔款未实际支付且具体赔偿金额尚不能合理确定，济南固锝认为2012年确认营业外支出时会计估计不准确，遂冲减2013年营业外支出5,355,085.00元。RH会计师事务所在审计中发现该会计差错后，并未要求济南固锝按照《企业会计准则》进行追溯调整，而是要求济南固锝直接调减本期营业成本，虚增产成品5,300,000.00元，将剩余55,085.00元调整为未分配利润报表项目。该会计处理方式导致亚太实业2013年虚增净利润2,570,440.80元，占亚太实业当期净利润的97.87%。

RH会计师事务所设定的重要性水平为120万元。2014年4月24日，RH会计师事务所对亚太实业2013年年度财务报表出具标准无保留意见的审计报告。RH会计师事务所2013年亚太实业财务报表审计业务收费为35万元；对2013年济南固锝单独出具了审计报告，审计业务收费为4万元，共计收费39万元。

另外，2017年年初，RH会计师事务所因另一审计项目受到中国证监会行政处罚，因在两年内连续受到两次行政处罚，2017年2月20日，财政部与证监会联合下文，按照规定，自2017年1月6日起暂停RH会计师事务所承接新的证券业务，并要求其在两个月内完成整改。该次处罚后，导致部分客户与RH会计师事务所解约，转聘其他所，造成的后果损失对业界影响巨大(这个案例的详细资料可见中国证监会行政处罚决定书〔2017〕1号，财政部财会便〔2017〕1号)。

(五) 保密(Confidentiality)

审计人员能否与客户维持正常的关系，有赖于双方能否自愿而又充分进行沟通和交流，不掩盖任何重要的事实和情况。只有这样，审计人员才能有效地完成工作。审计人员与客户的沟通，必须建立在为客户信息保密的基础上。这里所说的客户信息，通常是指涉密信息。一旦涉密信息被泄露或被利用，往往会给客户造成损失。因此，许多国家规定，在公众领域执业的注册会计师，在没有取得客户同意的情况下，不能泄露任何客户的涉密信息。保密原则要求审计人员应当对在职业活动中获知的涉密信息予以保密，不得有下列行为：

1) 未经客户授权或法律法规允许，向会计师事务所以外的第三方披露其所获知的涉密信息。
2) 利用所获知的涉密信息为自己或第三方谋取利益。

审计人员在社会交往中应当履行保密义务，应当警惕无意泄密的可能性，另外，审计人员对拟接受的客户或拟受雇的工作单位向其披露的涉密信息也应当保密。在终止与客户或工作单位的关系之后，审计人员仍然应当对在职业关系和商业关系中获知的信息保密。如果变更工作单位或获得新客户，审计人员可以利用以前的经验，但不应利用或披露任何由于职业关系和商业关系获得的涉密信息。审计人员在下列情况下可以披露涉密信息：

1) 法律法规允许披露，并且取得客户或工作单位的授权。
2) 根据法律法规的要求，为法律诉讼、仲裁准备文件或提供证据，以及向有关监管机构报告发现的违法行为。
3) 法律法规允许的情况下，在法律诉讼、仲裁中维护自己的合法权益。
4) 接受注册会计师协会或监管机构的执业质量检查，答复其询问和调查。
5) 法律法规、执业准则和职业道德规范规定的其他情形。

实例2-3 毕马威合伙人因泄密获刑

2013年7月1日，会计师事务所毕马威(KPMG)的前合伙人史考特·伦敦(Scott London)，正式向洛杉矶的联邦法院认罪，承认他向一位朋友布莱恩·肖(Bryan Shaw)透露几家上市公司(如康宝莱、Skechers USA等毕马威的大客户)的内幕信息，内容涉及14项即将公布的盈利数据和并购消息等。其朋友利用这些内幕消息赚取了超过127万美元的非法利润，并向史考特·伦敦支付超过6万美元的现金，以及一只价值1.2万美元的劳力士手表。2013年5月布莱恩·肖因参与内幕交易已获罪。据了解，史考特·伦敦最多可能面临20年的监禁。

毕马威表示，知晓事件经过后，立即解雇了这名合伙人。毕马威还称，其向两家公司股东提供的审计报告已不再具有效力，但补充称没有理由认为两家公司的账目存在实质性的虚假陈述。此次事件所呈现出的争议有损于会计师行业形象。(来源：《每日经济新闻》，2013年07月03日)

(六) 良好职业行为(Professional Behavior)

审计人员应当遵守相关法律法规，避免发生任何损害职业声誉的行为。审计人员在向公众传递信息以及推介自己和工作时，应当客观、真实、得体，不得损害职业形象。不得有下列行为：

1) 夸大宣传提供的服务、拥有的资质或获得的经验。
2) 贬低或无根据地比较其他注册会计师的工作。

三、职业道德概念框架

职业道德概念框架(Conceptual Framework)是指解决职业道德问题的思路和方法，用以指导审计人员识别对遵循职业道德基本原则的不利影响，评价不利影响的重要程度，必要时采取防范措施消除不利影响或将其降至可接受水平。

(一) 识别对遵循职业道德基本原则产生不利影响的因素

可能对职业道德基本原则产生不利影响的因素包括自身利益、自我评价、过度推介、密切关系和外在压力。

1. 自身利益导致的不利影响

如果经济利益或其他利益对审计人员的职业判断或行为产生不当影响，将产生自身利益导致的不利影响。自身利益导致不利影响的情形主要包括：

1) 鉴证业务项目组成员在鉴证客户中拥有直接经济利益。
2) 注册会计师以较低的报价获得新业务，而报价过低可能导致注册会计师难以按照适用的职业准则要求执行业务。
3) 鉴证业务项目组成员与客户存在重要且密切的商业关系。
4) 注册会计师能够接触到涉密信息，而该涉密信息可能被用于谋取个人私利。
5) 注册会计师在评价所在会计师事务所曾经提供的专业服务时，发现了重大错误。

2. 自我评价导致的不利影响

如果审计人员对其(或其所在会计师事务所或工作单位的其他人员)以前的判断或服务结果做出不恰当的评价，并且将据此形成的判断作为当前服务的组成部分，将产生自我评价导致的不利影响。这种不利影响的情形主要包括：

1) 会计师事务所在对客户提供财务系统的设计或操作服务后，又对系统的运行有效性出具鉴证报告。
2) 会计师事务所为客户编制用于生成有关记录的原始数据，这些记录是鉴证业务的对象。

3. 过度推介导致的不利影响

如果审计人员过度推介客户或工作单位的某种立场或意见，使其客观性受到损害，将产生过度推介导致的不利影响。过度推介导致不利影响的情形主要包括：

1) 会计师事务所推介客户的产品、股份或其他利益。
2) 在客户与第三方发生诉讼或纠纷时，注册会计师担任该客户的辩护人。
3) 注册会计师站在客户的立场影响某项法律法规的制定。

4. 密切关系导致的不利影响

如果审计人员与客户或工作单位存在长期或亲密的关系，而过于倾向他们的利益，或认可他们的工作，将产生密切关系导致的不利影响。密切关系导致不利影响的情形主要包括：

1) 审计项目组成员的主要近亲属或其他亲属担任审计客户的董事或高级管理人员。
2) 鉴证客户的董事、高级管理人员，或所处职位能够对业务对象施加重大影响的员工，最近曾担任注册会计师所在会计师事务所的项目合伙人。

3) 审计项目组成员与审计客户存在长期业务关系。

5. 外在压力导致的不利影响

如果审计人员受到实际的压力或感受到压力而无法客观行事,将产生外在压力导致的不利影响。这种不利影响的情形主要包括:

1) 注册会计师因对专业事项持有不同意见而受到客户解除业务关系或被会计师事务所解雇的威胁。
2) 注册会计师接受客户赠予的重要礼品,并被威胁将公开其收受礼品的事情。
3) 由于客户员工对所讨论的事项更具有专长,注册会计师面临服从其判断的压力。
4) 审计人员被告知,除非同意审计客户某项不恰当的会计处理,否则将影响计划中的晋升。

(二) 评价不利影响的严重程度

如果识别出对职业道德基本原则的不利影响,注册会计师应当评价该不利影响的严重程度是否处于可接受的水平。可接受的水平,是指注册会计师在针对识别出的不利影响实施理性且掌握充分信息的第三方测试之后,得出其行为并未违反职业道德基本原则的结论时,该不利影响的严重程度所处的水平。

在评价不利影响的严重程度时,应当从性质和数量两方面予以考虑,并在适当时考虑多项不利影响组合起来的效果,同时考虑专业服务性质和范围的影响。

(三) 应对不利影响

如果注册会计师确定识别出的不利影响超出可接受的水平,应当通过消除该不利影响或将其降低至可接受的水平来予以应对。可通过采取下列措施来应对不利影响:

1) 消除产生不利影响的情形,包括利益或关系。
2) 采取可行并有能力采取的防范措施将不利影响降低至可接受的水平。
3) 拒绝或终止特定的职业活动。

四、专业服务委托

专业服务委托主要是指在接受客户关系、承接业务或客户变更委托时审计人员应考虑的不利影响或应对措施。

(一) 接受客户关系

在接受客户关系前,注册会计师应当确定接受客户关系是否会对职业道德基本原则产生不利影响。注册会计师应当考虑客户的主要股东、关键管理人员和治理层是否诚信,以及客户是否涉足非法活动(如洗钱)或存在可疑的财务报告问题等。客户存在的问题可能对注册会计师遵循诚信原则或良好职业行为原则产生不利影响。

(二) 承接业务

注册会计师应当遵循专业胜任能力并遵守勤勉尽责原则,仅向客户提供能够胜任的专业服务。在承接某一客户业务前,注册会计师应当判断承接该业务是否会对职业道德基本原则产生不利影响。如果项目组不具备或不能获得执行业务所必需的胜任能力,将对专业胜任能力和勤勉尽责原则产生不利影响。

(三) 客户变更委托

如果应客户要求或考虑以投标方式接替前任注册会计师,注册会计师应当从专业角度或其他方面确定是否承接该业务。如果注册会计师在了解所有相关情况前就承接业务,可能对专业胜任能力和勤勉尽责原则产生不利影响。

审计人员应当对接受客户关系、承接业务或客户变更委托过程中不利影响的严重程度进行评价,并在必要时采取防范措施消除不利影响或将其降低至可接受的水平。如果采取的防范措施不能消除不利影响或将其降低至可接受的水平,注册会计师不得承接该业务。

五、收费

(一) 审计收费考虑的因素

会计师事务所的收费应当公平地反映为客户提供的专业服务价值,在确定收费时,会计师事务所应当考虑的因素主要包括:(1)专业服务所需的知识和技能;(2)所需专业人员的水平和经验;(3)每一专业人员提供服务所需的时间;(4)提供专业服务所需承担的责任。收费通常以每一专业人员适当的小时费用或日费用率为基础计算。

会计师事务所可以提供任何报价,只要该报价水平被认为是合理的。但是,如果报价水平过低,以致注册会计师难以按照适用的职业准则执行业务,则可能因自身利益对专业胜任能力和勤勉尽责原则产生不利影响。如果收费报价明显低于前任注册会计师或其他会计师事务所的相应报价,会计师事务所应当确保:一是在提供专业服务时,工作质量不会受到影响,并保持应有的职业谨慎,遵守执业准则和质量控制程序;二是客户了解专业服务的范围和收费基础。

(二) 禁止或有收费和逾期收费

1. 禁止或有收费

所谓或有收费(Contingent Fees),是指收费与否或收费多少以鉴证工作结果或实现特定目的为条件。除法规允许外,会计师事务所不得以或有收费方式提供鉴证服务。例如,如果一项收费是由法院或政府有关部门规定的,则该项收费不被视为或有收费。

2. 禁止逾期收费

如果审计客户长期未支付应付的审计费用,尤其是相当部分的审计费用在出具下一年度审计报告前仍未支付,可能因自身利益产生不利影响。会计师事务所通常要求审计客户在审计报告出具前付清上一年度的审计费用。如果在审计报告出具后审计客户仍未支付该费用,会计师事务所应当评价不利影响存在与否及其严重程度,并在必要时采取防范措施消除不利影响或将其降低至可接受的水平。可采取的防范措施包括由未参与执行审计业务的注册会计师提供建议,或复核已执行的工作等。会计师事务所还应当确定逾期收费是否可能被视同向客户贷款,并且根据逾期收费的重要程度确定是否继续执行审计业务。

(三) 禁止介绍费或佣金

审计人员不得收取与客户相关的介绍费或佣金,也不得向客户或其他方支付业务介绍费。因为这些因素可能对客观和公正原则以及专业胜任能力和勤勉尽责原则产生非常严重的不利影响，导致没有防范措施能够消除不利影响或将其降低至可接受的水平。

实例2-4 审计收费佣金惹来的官司

中国神华煤制油化工有限公司是中国神华集团的全资子公司，其原总会计师魏淑清，在2005年至2011年期间，伙同同事金晓东为天华正信(北京)会计师事务所等三家单位承揽该公司审计、验资等业务提供帮助，向三家单位负责人王某等索要360余万元，后二人将赃款伙分。此外，魏淑清任职期间，指使他人将其个人在某健身俱乐部的美容消费在单位报销，非法占有公款19万元。法院一审判处其有期徒刑20年，没收个人财产150万元；判决金晓东有期徒刑13年，没收个人财产140万元。(来源：《证券市场红周刊》，2013.03，www.hongzhoukan.com。)

六、专业服务营销

注册会计师通过广告或其他营销方式招揽业务，可能对职业道德基本原则产生不利影响。在向公众传递信息时，注册会计师应当维护职业声誉，做到客观、真实、得体。

注册会计师在营销专业服务时，不得有下列行为：
1) 夸大宣传提供的服务、拥有的资质或获得的经验。
2) 贬低或无根据地比较其他注册会计师的工作。
3) 暗示有能力影响有关主管部门、监管机构或类似机构。
4) 做出其他欺骗性的或可能导致误解的声明。

注册会计师不得采用强迫、欺诈、利诱或骚扰等方式招揽业务。注册会计师不得对其能力进行广告宣传以招揽业务，但可以利用媒体刊登会计师事务所设立、合并、分立、解散、迁址、名称变更和招聘员工等信息。

七、利益冲突

(一) 利益冲突的含义

利益冲突是指注册会计师与客户存在直接竞争关系，或与客户的主要竞争者存在合资或类似关系，可能对客观和公正原则产生不利影响。注册会计师为两个以上客户提供服务，而这些客户之间存在利益冲突或者对某一事项或交易存在争议，可能对客观和公正原则或保密原则产生不利影响。例如，在同一项交易中同时向买卖双方提供服务，或同时为买卖双方提供某项资产的估值服务，而买卖双方针对该资产处于对立状态。

(二) 利益冲突的识别以及不利影响的评估

在承接新的客户、业务或发生经济关系前，注册会计师应当采取合理措施识别可能存在利益冲突因而对职业道德基本原则产生不利影响的情形。

同时，应当评估利益冲突导致的不利影响的程度。注册会计师提供的专业服务与产生利益冲突的事项之间关系越直接，不利影响的严重程度越有可能超出可接受的水平。下列防范措施可能能够应对因利益冲突产生的不利影响：

1) 由不同的项目组分别提供服务,并且这些项目组已被明确要求遵守涉及保密性的政策和程序。
2) 由未参与提供服务或不受利益冲突影响的适当人员复核已执行的工作,以评估关键判断和结论是否适当。

(三) 披露、获取同意与应对

根据利益冲突的性质和严重程度,注册会计师在应对因利益冲突产生的不利影响时,可能有必要进行特定的披露并获取明确的同意。当需要从客户处获取明确的同意,而客户又拒绝同意时,应当采取下列措施之一:
1) 终止或拒绝提供可能产生利益冲突的专业服务。
2) 终止相关关系或处置相关利益,以消除不利影响或将其降低至可接受的水平。

实例2-5　曾经的安达信陷于利益冲突的困境[1]

在20世纪70年代末,美国基金之基金(Funds of Funds)公司和帝王资源公司都是安达信会计师事务所的客户,基金之基金公司与帝王资源公司签订了一个购买后者石油天然气资产的协议,协议约定,帝王资源公司对这些资产的售价不得高于向其他客户的销售价格。在审计帝王资源公司时,安达信发现双方的交易价格比帝王公司向其他方销售的价格高得多,但是出于保密考虑,安达信没有向基金之基金公司通报此事。后来基金之基金公司发现交易价格存在的问题后,起诉安达信会计师事务所,理由是安达信有义务披露帝王资源公司的违约信息或辞任一方的审计业务,安达信则以保密条款辩护,最后法庭责令安达信会计师事务所赔偿基金之基金公司的损失。

八、应客户要求提供第二次意见

在某客户运用会计准则对特定交易和事项进行处理,且已由前任注册会计师发表意见的情况下,如果注册会计师应客户的要求提供第二次意见,可能对职业道德基本原则产生不利影响。

如果第二次意见不是以前任注册会计师获得的相同事实为基础,或依据的证据不充分,可能对专业胜任能力和勤勉尽责原则产生不利影响。不利影响存在与否及其严重程度,取决于业务的具体情况,以及为提供第二次意见所能获得的所有相关事实及证据。

如果被要求提供第二次意见,注册会计师应当评价不利影响的严重程度,并在必要时采取防范措施消除不利影响或将其降低至可接受的水平。

防范措施主要包括:
1) 征得客户同意与前任注册会计师沟通。
2) 在与客户沟通中说明注册会计师发表专业意见的局限性。
3) 向前任注册会计师提供第二次意见的副本。

如果客户不允许与前任注册会计师沟通,注册会计师应当在考虑所有情况后决定是否适宜提供第二次意见。

实例2-6　ST新都退市的关键因素:四次鉴证意见

ST新都是在深圳证券交易所中小板上市的一家公司,2013年、2014年连续两个会计年度的财务会计报告被出具无法表示意见的审计报告,公司股票自2015年5月21日起暂停上市,公司于2015年9

---

[1] 案例见2017年中国注册会计师考试指定教材《审计》(中国注册会计师协会.审计.北京:中国财政经济出版社,2017.03:536)。

月15日进入破产重整,并于当年12月29日将重整计划执行完毕。新都酒店2015年年度财务报表中,扣除非常损益后归母公司净利润为1493.7万元,2016年4月25日,天健会计师事务审计后,认为财务报表按照企业会计准则的规定编制,公允反映了公司2015年财务状况,公司向天健会计师事务所支付了审计费用12万元。

为慎重起见,新都酒店针对2015年度公司取得的高尔夫租金收入2950万元系经常性损益还是非经常性损益的问题,特意委托大信会计师事务所进行了专项复核。大信会计师事务所长沙分所于2016年12月15日出具《复核说明》,认为将高尔夫租金收入2950万元作为2015年度主营业务收入符合企业会计准则规定,作为经营性损益披露,符合公司的业务特点,亦遵循了一贯性原则。2016年5月9日,深交所受理新都酒店恢复上市的申请。此时,ST新都重新恢复上市已指日可待。

然而,在新都酒店披露2016年年度报告之际,2017年4月25日,天健会计师事务所向公司发函表示,2015年度在营业收入中确认的高尔夫物业租金收入虽与正常经营业务相关,但鉴于其收入确认的背景及特殊性质,具有偶发性,应被视为非经常性损益。2017年4月28日,大信会计师事务总所也突然向新都酒店发出《通知函》,认定《复核说明》将高尔夫物业租金认定为经常性损益不当,将公司2015年度的高尔夫物业租金收入从经常性损益事项调整为非经常性损益。也就是说,新都酒店2015年度的净利润要在之前1255.61万元的基础上扣除非经常性损益2950万元,其结果直接导致ST新都失去申请恢复上市的资格。2017年5月16日,深交所对ST新都依法做出股票终止上市的决定。ST新都向法院提起诉讼,要求两家事务所退还审计费用、赔偿全部经济损失,并向公司赔礼道歉。

问题:根据案例讨论被要求提供第二次意见的会计师事务所和注册会计师如何防范和应对审计风险?

九、利益诱惑(包括礼品和款待)

(一) 利益诱惑的含义及形式

利益诱惑是指用以影响其他人员行为的物质、事件或行为,但利益诱惑并不一定具有不当影响人员行为的意图。利益诱惑范围广泛,小到注册会计师和客户之间微不足道的正常交往,大到可能违反法律法规的行为。利益诱惑可能采取多种形式,例如:(1)礼品;(2)款待;(3)娱乐活动;(4)慈善性捐助;(5)表示友谊或忠诚;(6)工作岗位或其他商业机会;(7)特殊待遇、权利或优先权。

(二) 意图不当影响行为的利益诱惑及应对措施

注册会计师不得提供或接受,或者授意他人提供或接受意图不当影响接受方或其他人员行为的利益诱惑。无论这种利益诱惑是注册会计师认为存在不当影响意图的利益诱惑,还是理性且掌握充分信息的第三方可能会视为存在不当影响意图的利益诱惑。否则,可能会导致违反诚信原则,甚至违反法律法规,如有关反腐败和反贿赂的法律法规。

在确定是否可能存在不当影响行为的意图时,注册会计师需要运用职业判断。如果注册会计师知悉被提供的利益诱惑可能存在或被认为存在不当影响行为的意图,可采取下列防范措施以消除不利影响:(1)就该利益诱惑的情况告知会计师事务所的高级管理层或客户治理层;(2)修改或终止与客户之间的业务关系。

(三) 无不当意图影响行为的利益诱惑及应对措施

如果注册会计师认为某项利益诱惑不存在不当影响接受方或其他人员行为的意图，那么应当运用职业道德概念框架识别、评价和应对可能因该利益诱惑产生的不利影响。即使注册会计师得出结论认为某项利益诱惑无不当影响行为的意图，提供或接受此利益诱惑仍可能对职业道德基本原则产生不利影响。例如邀请或被邀请观看体育比赛、受到款待等等。

1. 消除不利影响的应对措施

下列防范措施可能能够消除因此类利益诱惑产生的不利影响：

1) 拒绝接受或提供利益诱惑。
2) 将向客户提供专业服务的责任移交给其他人员，并且注册会计师没有理由相信其他人员在提供专业服务时可能会受到不利影响。

2. 降低不利影响的应对措施

下列防范措施可能能够将提供或接受此类利益诱惑产生的不利影响降低至可接受的水平：

1) 就提供或接受利益诱惑的事情，与会计师事务所或客户的高级管理层保持透明。
2) 接受会计师事务所的高级管理层或其他负责会计师事务所职业道德合规性的人员的监控，或者在由客户维护的日志中登记该利益诱惑。
3) 针对提供利益诱惑的客户，由未参与提供专业服务的适当复核人员复核注册会计师已执行的工作或做出的决策。
4) 在接受利益诱惑之后将其捐赠给慈善机构，并向会计师事务所的高级管理层成员或提供利益诱惑的人员适当披露该项捐赠。
5) 支付所接受利益诱惑(如款待)的费用。
6) 在收到利益诱惑(如礼品)后尽快返还给提供者。

如果某项利益诱惑无不当影响行为的意图，并且从性质和金额上都明显微不足道，则注册会计师可以认为因该利益诱惑产生的不利影响处于可接受的水平。

(四) 关注主要近亲属或其他近亲属行为的影响

如果注册会计师知悉自己的主要近亲属或其他近亲属提供或接受某项利益诱惑，并得出结论认为该利益诱惑可能存在不当影响注册会计师或客户行为的意图，或者理性且掌握充分信息的第三方可能会认为存在此类意图，则注册会计师应当建议自己的近亲属拒绝提供或接受此类利益诱惑。

十、应对违反法律法规的行为

(一) 违反法律法规的含义及类型

注册会计师在向客户提供专业服务的过程中，可能遇到或知悉客户的某种违反法律法规或涉嫌违反法律法规的行为。当注册会计师注意到这种违反或涉嫌违反法律法规的行为时，可能因自身利益或外在压力对诚信和良好职业行为原则产生不利影响。

1. 法律法规的类型

这里所说的法律法规范围，不包括企业会计准则等财务报告编制基础，但通常包括下列两种类型：

1) 对决定客户财务报表中的重大金额和披露有直接影响的法律法规。例如证券市场和交易方面、银行等金融产品和服务方面、税务或养老金负债和支付等方面的法律法规。

2) 对决定客户财务报表中的金额和披露没有直接影响的其他法律法规,但遵守这些法律法规对被审计单位的经营活动、持续经营能力或避免大额罚款至关重要。例如舞弊、腐败和贿赂方面,洗钱、资助恐怖主义和犯罪收益方面,数据保护方面,环境保护方面,公共健康与安全等方面的法律法规。

2. 违反法律法规行为的主体及可能产生的后果

这里违反法律法规行为的主体可能是客户、客户的管理层或治理层、为客户提供服务或在客户指导下工作的人员。但是,不包括与客户经营活动无关的个人不当行为。

违反法律法规行为可能给客户带来罚款、诉讼或其他后果,从而可能对财务报表产生重大影响。更重要的是,违反法律法规行为可能对投资者、债权人、员工或社会公众造成实质性损害,从而引发更为广泛的公众利益后果。

3. 注册会计师应对违反法律法规行为的目标

在应对违反法律法规或涉嫌违反法律法规的行为时,注册会计师的目标如下:

1) 遵循诚信和良好职业行为原则。

2) 通过提醒客户的管理层或治理层,使其能够纠正或减轻违反法律法规或涉嫌违反法律法规行为可能造成的后果,或者阻止尚未发生的违反法律法规的行为。

3) 采取有助于维护公众利益的进一步措施。

(二) 与财务报表审计相关的违反法律法规的行为

1. 注册会计师的初步应对措施

1) 了解相关事项。在财务报表审计中,如果注册会计师知悉违反法律法规或涉嫌违反法律法规的行为,那就应当了解相关事项。这种了解应当包括违反法律法规或涉嫌违反法律法规的行为的性质,以及这种行为在什么情况下发生。

2) 与适当级别的管理层和治理层讨论。如果注册会计师识别出或怀疑存在已经发生或可能发生的违反法律法规的行为,那就应当与适当级别的管理层和治理层讨论。讨论的目的是澄清注册会计师对该事项以及潜在后果的了解。这种讨论也可能能够促使管理层或治理层对该事项展开调查。在适当的情况下,注册会计师还可以考虑与内部审计人员讨论该事项。

与管理层和治理层(如适用)讨论时,注册会计师应当建议他们及时采取适当的行动,以便能够实现注册会计师应对违反法律法规行为的目标。

2. 评估管理层和治理层应对的适当性

注册会计师应当评估管理层和治理层应对的适当性。在评估时,注册会计师需要考虑下列因素:(1)应对是否及时;(2)违反法律法规或涉嫌违反法律法规的行为是否被充分调查;(3)是否已采取或正在采取相关行动以纠正或减轻违反法律法规的行为;(4)是否已采取或正在采取相关行动以阻止尚未发生的违反法律法规的行为;(5)是否已采取或正在采取相关行动以降低再次发生类似事件的风险,例如追加控制程序或进行培训;(6)是否向适当的主管机关报告违反法律法规或涉嫌违反法律法规的行为。如果已报告,那么报告是否充分。

3. 考虑是否采取进一步行动

注册会计师应当运用职业判断确定是否需要采取进一步行动，以及进一步行动的性质和范围。注册会计师可以采取的进一步行动包括：(1)向适当的机构报告这一事项，即使不存在任何法定报告要求；(2)在法律法规允许的前提下，解除业务约定。

如果注册会计师确定向适当的机构报告违反法律法规或涉嫌违反法律法规的行为是适当的，则这种报告不违反保密原则；如果解除业务约定，则应当按照后任注册会计师的要求提供所有与违反法律法规行为或涉嫌违反法律法规行为相关的信息。即使客户拒绝允许与后任注册会计师讨论这些事项，这一要求仍然适用，除非法律法规禁止。

(三) 与其他业务相关的违反法律法规的行为

如果注册会计师在提供财务报表审计以外的其他专业服务时，知悉有关违反法律法规或涉嫌违反法律法规行为的信息，则注册会计师应当了解相关事项。这种了解应当包括违反法律法规的行为的性质以及这种行为在何种情况下可能发生，但并不要求注册会计师对法律法规的了解程度超出其执行业务所需的了解程度。

如果注册会计师识别出或怀疑存在已经发生或可能发生的违反法律法规的行为，则应当与适当级别的管理层和治理层讨论，注册会计师还应当考虑是否需要为了维护公众利益而采取进一步行动。

第三节　审计业务对独立性的要求

独立性是注册会计师的灵魂，是审计业务的前提，为了规范注册会计师职业行为，指导注册会计师运用独立性概念框架，解决执行审计和审阅业务时遇到的独立性问题，中国注册会计师协会制定了《中国注册会计师职业道德守则第4号——审计和审阅业务对独立性的要求》。

一、基本要求

在执行审计业务时，审计项目组成员、会计师事务所、网络事务所应当维护公众利益，独立于审计客户。独立性概念框架是指解决独立性问题的思路和方法，用以指导注册会计师：
1) 识别对独立性的不利影响。
2) 评价不利影响的严重程度。
3) 必要时采取防范措施消除不利影响或将其降低至可接受的水平。

如果无法采取适当的防范措施消除不利影响或将其降低至可接受的水平，注册会计师应当消除产生不利影响的情形，或者拒绝接受审计业务委托或终止审计业务。

二、网络与网络事务所

如果某一会计师事务所被视为网络事务所，应当与网络中其他会计师事务所的审计客户保持独立。会计师事务所与其他会计师事务所或实体构成联合体，旨在增强提供专业服务的能力，这些联合体是否形成网络取决于具体情况，而不取决于会计师事务所或实体是否在法律上各自独立。在判断一个联合体是否形成网络时，注册会计师应当运用下列标准：一个理性且掌握充分信息的第三方，在权衡所有相关事实和情况后，是否很可能认为这些实体形成网络。

1) 如果一个联合体旨在通过合作，在各实体之间共享收益或分担成本，则应被视为网络。如果联合体之间分担的成本不重要，或分担的成本仅限于与开发审计方法、编制审计手册或提供培训课程有关的成本，则不应当被视为网络。

2) 如果一个联合体旨在通过合作，在各实体之间共享统一的质量控制政策和程序，则应被视为网络。统一的质量控制政策和程序，是由联合体统一设计、实施和监控的质量控制政策和程序。

3) 如果一个联合体旨在通过合作，在各实体之间共享同一经营战略，则应被视为网络。共享同一经营战略，是指实体之间通过协议实现共同的战略目标。

4) 如果一个联合体旨在通过合作，在各实体之间使用同一品牌，则应被视为网络。同一品牌包括共同的名称和标志等。

5) 如果一个联合体旨在通过合作，在各实体之间共享重要的专业资源，则应被视为网络。专业资源包括：

(1) 能够使各会计师事务所交流诸如客户资料、收费安排和时间记录等信息的共享系统。

(2) 合伙人和员工。

(3) 技术部门，负责就鉴证业务中的技术或行业特定问题、交易或事项提供咨询。

(4) 审计方法或审计手册。

(5) 培训课程和设施。

三、经济利益

经济利益是指因持有某一实体的股权、债券和其他证券，以及其他债务性的工具而拥有的利益，包括为取得这种利益享有的权利和承担的义务。

(一) 经济利益影响程度考虑的因素

在审计客户中拥有经济利益，可能因自身利益导致不利影响。不利影响存在与否及其严重程度取决于下列因素：

1) 拥有经济利益人员的角色。

2) 经济利益是直接还是间接的。

3) 经济利益的重要性。

(二) 经济利益对独立性产生不利影响的情形及防范措施

1. 在审计客户中不被允许拥有的经济利益

1) 会计师事务所、审计项目组成员或其主要近亲属不得在审计客户中拥有直接经济利益或重大间接经济利益。如果会计师事务所、审计项目组成员或其主要近亲属在审计客户中拥有直接经济利益或重大间接经济利益，将因自身利益产生非常严重的不利影响，导致没有防范措施能够将其降低至可接受的水平。主要近亲属是指配偶、父母或子女。

2) 当一个实体在审计客户中拥有控制性的权益，并且审计客户对该实体重要时，如果会计师事务所、审计项目组成员或其主要近亲属在该实体中拥有直接经济利益或重大间接经济利益，将因自身利益产生非常严重的不利影响，导致没有防范措施能够将其降低至可接受的水平。会计师事务所、审计项目组成员或其主要近亲属不得在该实体中拥有直接经济利益或重大间接经济利益。

2. 对审计项目组成员其他近亲属的要求

如果审计项目组某一成员的其他近亲属在审计客户中拥有直接经济利益或重大间接经济利益，将因自身利益产生非常严重的不利影响，其他近亲属是指兄弟、姐妹、祖父母、外祖父母、孙子女、外孙子女。

1) 不利影响的严重程度主要取决于下列因素：

(1) 审计项目组成员与其他近亲属之间的关系。

(2) 经济利益对其他近亲属的重要性。

2) 会计师事务所应当评价不利影响的严重程度，并在必要时采取防范措施消除不利影响或将其降低至可接受的水平。防范措施主要包括：

(1) 其他近亲属尽快处置全部经济利益，或处置全部直接经济利益并处置足够数量的间接经济利益，以使剩余经济利益不再重大。

(2) 由审计项目组以外的注册会计师复核该成员已执行的工作。

(3) 将该成员调离审计项目组。

3. 会计师事务所的退休金计划

如果审计项目组成员通过会计师事务所的退休金计划，在审计客户中拥有直接经济利益或重大间接经济利益，将因自身利益产生不利影响。注册会计师应当评价不利影响的严重程度，并在必要时采取防范措施消除不利影响或将其降低至可接受的水平。

4. 对其他合伙人或其主要近亲属的要求

当其他合伙人与执行审计业务的项目合伙人同处一个分部时，如果其他合伙人或其主要近亲属在审计客户中拥有直接经济利益或重大间接经济利益，将因自身利益产生非常严重的不利影响，导致没有防范措施能够将其降低至可接受的水平。其他合伙人或其主要近亲属不得在审计客户中拥有直接经济利益或重大间接经济利益。

5. 在审计客户中提供非审计服务的要求

1) 如果为审计客户提供非审计服务的其他合伙人、管理人员或其主要近亲属，在审计客户中拥有直接经济利益或重大间接经济利益，将因自身利益产生非常严重的不利影响，导致没有防范措施能够将其降低至可接受的水平。为审计客户提供非审计服务的其他合伙人、管理人员或其主要近亲属不得在审计客户中拥有直接经济利益或重大间接经济利益。

2) 执行审计业务的项目合伙人所处分部的其他合伙人，或者向审计客户提供非审计服务的合伙人或管理人员，如果其主要近亲属在审计客户中拥有经济利益，只要其主要近亲属作为审计客户的员工有权(例如通过退休金或股票期权计划)取得该经济利益，并且在必要时能够采取防范措施消除不利影响或将其降低至可接受的水平，则不被视为损害独立性。如果其主要近亲属拥有或取得处置该经济利益的权利，例如按照股票期权方案有权行使期权，则应当尽快处置或放弃该经济利益。

6. 在非审计客户中拥有经济利益

1) 会计师事务所、审计项目组成员或其主要近亲属在某一实体拥有经济利益，并且审计客户也在该实体拥有经济利益，可能因自身利益产生不利影响。

如果经济利益并不重大，并且审计客户不能对该实体施加重大影响，则不被视为损害独立性。如果经济利益重大，并且审计客户能够对该实体施加重大影响，则没有防范措施能够将不利影响降低至可接受的水平。会计师事务所不得拥有此类经济利益。拥有此类经济利益的人员，在成为审计项目组成员之前，应当处置全部经济利益，或处置足够数量的经济利益，使剩余经济利益不再重大。

2) 会计师事务所、审计项目组成员或其主要近亲属在某一实体拥有经济利益，并且知悉审计客户的董事、高级管理人员或具有控制权的所有者也在该实体拥有经济利益，可能因自身利益、密切关系或外在压力产生不利影响。

(1) 不利影响存在与否及其严重程度主要取决于下列因素：
① 该项目组成员在审计项目组中的角色。
② 实体的所有权是由少数人持有还是多数人持有。
③ 经济利益是否使得投资者能够控制该实体，或对其施加重大影响。
④ 经济利益的重要性。

(2) 注册会计师应当评价不利影响的严重程度，并在必要时采取防范措施消除不利影响或将其降低至可接受的水平。防范措施主要包括：
① 将拥有该经济利益的审计项目组成员调离审计项目组。
② 由审计项目组以外的注册会计师复核该成员已执行的工作。

四、贷款与担保

(一) 从银行或类似金融机构等审计客户取得贷款，或获得贷款担保

会计师事务所、审计项目组成员或其主要近亲属从银行或类似金融机构等审计客户取得贷款，或获得贷款担保，可能对独立性产生不利影响。

如果审计客户不按照正常的程序、条款和条件提供贷款或担保，将因自身利益产生非常严重的不利影响，导致没有防范措施能够将其降低至可接受的水平，会计师事务所、审计项目组成员或其主要近亲属不得接受此类贷款或担保。

如果会计师事务所按照正常的贷款程序、条款和条件，从银行或类似金融机构等审计客户取得贷款，即使该贷款对审计客户或会计师事务所影响重大，也可能通过采取防范措施将因自身利益产生的不利影响降低至可接受的水平。采取的防范措施包括由网络中未参与执行审计业务并且未接受该贷款的会计师事务所复核已执行的工作等。

审计项目组成员或其主要近亲属从银行或类似金融机构等审计客户取得贷款，或由审计客户提供贷款担保，如果按照正常的程序、条款和条件取得贷款或担保，则不会对独立性产生不利影响。

(二) 从不属于银行或类似金融机构等审计客户取得贷款，或由其贷款担保

会计师事务所、审计项目组成员或其主要近亲属从不属于银行或类似金融机构的审计客户取得贷款，或由审计客户提供贷款担保，将因自身利益产生非常严重的不利影响，导致没有防范措施能够将其降低至可接受的水平。

(三) 向审计客户提供贷款或为其提供担保

会计师事务所、审计项目组成员或其主要近亲属向审计客户提供贷款或为其提供担保，将因自身利益产生非常严重的不利影响，导致没有防范措施能够将其降低至可接受的水平。

(四) 在银行或类似金融机构等审计客户开立存款或交易账户

会计师事务所、审计项目组成员或其主要近亲属在银行或类似金融机构等审计客户开立存款或交易账户，如果账户按照正常的商业条件开立，则不会对独立性产生不利影响。

五、商业关系

会计师事务所、审计项目组成员或其主要近亲属与审计客户或其高级管理人员之间，由于商务关系或共同的经济利益而存在密切的商业关系，可能因自身利益或外在压力产生严重的不利影响。

(一) 商业关系的种类及防范措施

1) 这些商业关系主要包括：
(1) 在与客户或其控股股东、董事、高级管理人员共同开办的企业中拥有经济利益。
(2) 按照协议，将会计师事务所的产品或服务与客户的产品或服务结合在一起，并以双方名义捆绑销售。
(3) 按照协议，会计师事务所销售或推广客户的产品或服务，或者客户销售或推广会计师事务所的产品或服务。

2) 防范措施。会计师事务所不得介入此类商业关系，如果存在此类商业关系，应当予以终止；如果此类商业关系涉及审计项目组成员，会计师事务所应当将该成员调离审计项目组；如果审计项目组成员的主要近亲属与审计客户或其高级管理人员存在此类商业关系，注册会计师应当评价不利影响的严重程度，并在必要时采取防范措施消除不利影响或将其降低至可接受的水平。

(二) 与审计客户或其董事、高级管理人员一同在某股东人数有限的实体中拥有经济利益

如果会计师事务所、审计项目组成员或其主要近亲属，在某股东人数有限的实体中拥有经济利益，而审计客户或其董事、高级管理人员也在该实体中拥有经济利益，在同时满足下列条件时，这种商业关系不会对独立性产生不利影响：

1) 这种商业关系对于会计师事务所、审计项目组成员或其主要近亲属以及审计客户均不重要。
2) 该经济利益对一个或几个投资者并不重大。
3) 该经济利益不能使一个或几个投资者控制该实体。

(三) 从审计客户购买商品或服务

会计师事务所、审计项目组成员或其主要近亲属从审计客户购买商品或服务，如果按照正常的商业程序公平交易，通常不会对独立性产生不利影响。

如果交易性质特殊或金额较大，可能因自身利益产生不利影响。会计师事务所应当评价不利影响的严重程度，并在必要时采取防范措施消除不利影响或将其降低至可接受的水平。

防范措施主要包括：
1) 取消交易或降低交易规模。
2) 将相关审计项目组成员调离审计项目组。

六、家庭和私人关系

如果审计项目组成员与审计客户的董事、高级管理人员，或所处职位能够对客户会计记录或被审计财务报表的编制施加重大影响的员工(以下简称特定员工)存在家庭和私人关系，可能因自身利益、密切关系或外在压力产生不利影响。不利影响存在与否及其严重程度取决于多种因素，包括该成员在审计项目组中的角色、其家庭成员或相关人员在客户中的职位以及关系的密切程度等。

1) 如果审计项目组成员的主要近亲属是审计客户的董事、高级管理人员或特定员工，或者在业务期间或财务报表涵盖的期间曾担任上述职务，只有把该成员调离审计项目组，才能将对独立性的不利影响降低至可接受的水平。

2) 如果审计项目组成员的主要近亲属在审计客户中所处职位能够对客户的财务状况、经营成果和现金流量施加重大影响，将对独立性产生不利影响。不利影响的严重程度主要取决于下列因素：

(1) 主要近亲属在客户中的职位。
(2) 该成员在审计项目组中的角色。

会计师事务所应当评价不利影响的严重程度，并在必要时采取防范措施消除不利影响或将其降低至可接受的水平。防范措施主要包括：

(1) 将该成员调离审计项目组。
(2) 合理安排审计项目组成员的职责，使该成员的工作不涉及其主要近亲属的职责范围。

七、与审计客户发生雇佣关系

如果审计客户的董事、高级管理人员或特定员工，曾经是审计项目组的成员或会计师事务所的合伙人，可能因密切关系或外在压力产生不利影响。

1) 如果审计项目组前任成员或会计师事务所前任合伙人加入审计客户，担任董事、高级管理人员或特定员工，并且与会计师事务所仍保持重要交往，将产生非常严重的不利影响，导致没有防范措施能够将其降低至可接受的水平。

如果审计项目组前任成员或会计师事务所前任合伙人加入审计客户，担任董事、高级管理人员或特定员工，除非同时满足下列条件，否则将被视为损害独立性：

(1) 前任成员或前任合伙人无权从会计师事务所获取报酬或福利(除非报酬或福利是按照预先确定的固定金额支付的，并且未付金额对会计师事务所不重要)。

(2) 前任成员或前任合伙人未继续参与，并且在外界看来未参与会计师事务所的经营活动或专业活动。

2) 如果审计项目组前任成员或会计师事务所前任合伙人加入审计客户，担任董事、高级管理人员或特定员工，但前任成员或前任合伙人与会计师事务所已经没有重要交往，因密切关系或外在压力产生的不利影响存在与否及其严重程度主要取决于下列因素：

(1) 前任成员或前任合伙人在审计客户中的职位。
(2) 前任成员或前任合伙人在其工作中与审计项目组交往的程度。
(3) 前任成员或前任合伙人离开会计师事务所的时间长短。
(4) 前任成员或前任合伙人以前在审计项目组或会计师事务所中的角色，例如，前任成员或前任合伙人是否负责与客户治理层或管理层保持定期联系。

会计师事务所应当评价不利影响的严重程度，并在必要时采取防范措施消除不利影响或将其降低至可接受的水平。防范措施主要包括：

(1) 修改审计计划。

(2) 向审计项目组分派经验更丰富的人员。

(3) 由审计项目组以外的注册会计师复核前任审计项目组成员已执行的工作。

第四节　审计质量控制准则

一、审计质量控制的目标

审计质量是指审计工作质量以及由其决定的审计结果的质量，审计质量问题贯穿审计工作的始终。要使审计工作真正达到规定的质量水平，必须实行质量控制。因此不少国家和地区在颁布和执行审计准则的同时，还制定了质量控制准则。

所谓审计质量控制，是指会计师事务所为确保审计质量符合审计准则的要求而制定和运用的控制政策和程序。会计师事务所应当根据会计师事务所质量控制准则，制定质量控制制度，目标是合理保证：(1)会计师事务所及其人员遵守职业准则和适用的法律法规的规定；(2)会计师事务所和项目合伙人出具适合具体情况的报告。

审计质量控制是会计师事务所内部控制体系的重要组成部分，在该体系中居于核心地位。它是保证审计准则得到遵守和落实的重要手段，也是会计师事务所生存和发展的基本条件，是审计职业赢得社会信任的重要保证。

二、中国注册会计师质量控制体系

为了规范会计师事务所的质量控制，保证执业质量，会计师事务所通常应当合理制定以下两个层次的质量控制政策与程序：一是各会计师事务所审计工作的全面质量控制政策与程序，以使所有审计工作符合审计准则的要求；二是各审计项目的质量控制程序，以使各审计项目的审计工作遵照审计准则进行。

从该准则的要求可以看到，审计质量控制分为两个层次：全面质量控制和审计项目质量控制。

(一) 全面质量控制

全面质量控制是指会计师事务所为合理地确信其所执行的所有审计业务都是按照审计准则进行的所应采取的政策和程序。

全面质量控制制度应当包括针对下列要素而制定的政策和程序：

1) 对业务质量承担的领导责任。会计师事务所应当制定政策和程序，培育以质量为导向的内部文化。这些政策和程序应当要求会计师事务所主任会计师对质量控制制度承担最终责任。主任会计师必须委派适当的人员并授予其必要的权限，以保证其帮助主任会计师正确履行职责。受会计师事务所主任会计师委派承担质量控制制度运作责任的人员，应当具有足够、适当的经验和能力以及必要的权限以履行其责任。

2) 相关职业道德要求。会计师事务所应当制定政策和程序，以合理保证组织及其人员和其他受独立性要求约束的人员(包括网络事务所的人员)，保持相关职业道德要求规定的独立性，组织应该合理保证能够获知违反独立性要求的情况，并能够采取适当行动予以解决。会计师事务所应当每年至少一次向所有需要按照相关职业道德要求保持独立性的人员获取其遵守独立性政策和程序的书面确认函。

3) 客户关系和具体业务的接收和保持。会计师事务所应当制定有关客户关系和具体业务接受与保持的政策和程序，以合理保证只有在下列情况下，才能接受或保持客户关系和具体业务：(1)已考虑客户的诚信，没有信息表明客户缺乏诚信；(2)具有执行业务必要的素质、专业胜任能力、时间和资源；(3)能够遵守相关职业道德规范。

4) 人力资源。会计师事务所应当制定政策和程序，保证拥有足够的具有必要素质和专业胜任能力并遵守职业道德规范的人员，以使会计师事务所和项目合伙人能够按照法律法规、职业道德规范和业务准则的规定执行业务，并能够出具适合具体情况的报告。会计师事务所制定的人力资源政策和程序应当解决招聘、业绩评价、人员素质、专业胜任能力、职业发展、晋升、薪酬、人员需求预测等方面的问题。

5) 业务执行。业务执行是指会计师事务所委派项目组按照法律法规、职业道德规范和业务准则的规定具体执行所承接的某项业务，使会计师事务所和项目合伙人能够出具适合具体情况的报告。业务执行是编制和实施业务计划，形成和报告业务结果的总称。它对业务质量有直接的重大影响，是业务质量控制的关键环节。会计师事务所应当制定政策和程序，以使项目组在出具业务报告后及时完成最终业务档案的归整工作。

6) 监控。监控质量控制制度的有效性，不断修订和完善质量控制制度，对于实现质量控制的两大目标也起着不可替代的作用。为此，会计师事务所应当制定监控政策和程序，以合理保证质量控制制度中的政策和程序是相关、适当的，并且是正在有效运行的。这些监控政策和程序应当包括持续考虑和评价会计师事务所的质量控制制度，如定期选取已完成的业务进行检查。

对质量控制政策和程序遵守情况实施监控的目的，是为了评价：(1)遵守法律法规、职业道德规范及业务准则的情况；(2)质量控制制度设计是否适当，运行是否有效；(3)质量控制政策和程序应用是否得当，以便会计师事务所和项目合伙人能够出具适合具体情况的业务报告。

7) 记录。会计师事务所应当制定政策和程序，要求形成适当的工作记录，其中也包括对投诉、指控以及应对情况的记录，以对质量控制制度的每项要素的运行情况提供证据。同时要求对工作记录保管足够的期限，以使执行监控程序的人员能够评价会计师事务所遵守质量控制制度的情况。

(二) 审计项目质量控制

在执行单个委托项目时，负有直接责任的审计人员应当执行全面质量控制政策与程序中适用于审计项目的质量控制程序。审计项目质量控制程序主要包括以下几个方面：

1) 委派工作。委派工作给助理人员时，应当合理确信助理人员符合独立性原则的要求，具有完成该项工作的能力，并对助理人员的工作进行必要的指导、监督和检查。审计人员应对助理人员的工作结果负全面责任。

2) 指导。审计人员对被委派给工作的助理人员应当给予适当的指导，使其明确工作的责任、拟实施的具体审计程序的审计目标、被审计单位的业务性质以及需要特别关注的重大会计和审计问题等事项。

3) 监督。负有监督责任的人员应当在审计期间履行以下监督职责：一是监督审计过程，以确定助理人员是否确实有实力完成所委派的工作，是否理解给予的审计指导，是否已按照既定的审计程序及其他审计计划完成委托任务;二是了解审计期间出现的重要会计和审计问题,并及时提出处理意见,如有必要,可适当修改审计程序;三是解决各执业人员之间职业判断的分歧,必要时应向适当人员咨询。

4) 检查。对于助理人员所完成的工作,应当由具备同等的或较高技能的人员进行检查,以确定:
(1) 已完成的工作是否遵守执业的或会计师事务所的标准。
(2) 对已完成的工作和取得的结果是否做了充分记录。
(3) 是否遗留仍未解决的任何重要审计问题。
(4) 审计程序的目的是否已经实现,所表示的结论是否与完成的工作结果相一致,能否证实审计人员提出的审计意见。

5) 复核。项目质量控制复核,是指会计师事务所挑选不参与该业务的人员,在出具报告前,对项目组做出的重大判断和在准备报告时形成的结论做出客观评价的过程。复核范围可能随业务的不同而不同。例如,执行高风险的业务、对金融机构执行的业务和为重要客户执行的业务可能需要进行更详细的复核。

在复核项目组成员已执行的工作时,复核人员应当考虑:
(1) 工作是否已按照法律法规、职业道德规范和业务准则的规定执行。
(2) 重大事项是否已提请进一步考虑。
(3) 相关事项是否已进行适当咨询,由此形成的结论是否记录和得到执行。
(4) 是否需要修改已执行工作的性质、时间和范围。
(5) 已执行的工作是否支持形成的结论,并得以适当记录。
(6) 获取的证据是否充分、适当。
(7) 业务程序的目标是否实现。

实例2-7 审计质量控制案例分析

某会计师事务所的质量控制制度部分内容摘录如下:
(1) 项目合伙人对会计师事务所分派的业务的总体质量负责。项目质量控制复核可以减轻但不能替代项目合伙人的责任。
(2) 执行业务时,应当由项目组内经验较多的人员复核经验较少的人员所执行的工作。
(3) 除内部专家外,项目组成员应当在执行业务过程中严格遵守会计师事务所的质量控制政策和程序。
(4) 质量控制部门对新晋升的合伙人每年选取一项已完成的业务进行检查,连续检查三年;对晋升三年以上的合伙人每五年选取一项已完成的业务进行检查。
(5) 业务工作底稿可以采用纸质、电子或其他介质,如将纸质工作底稿的电子扫描件存入业务档案,应当将纸质工作底稿一并归档。

要求:从上述第(1)至第(5)项,逐项指出该会计师事务所的质量控制制度的内容是否恰当。如不恰当,简要说明理由。

分析:

第(1)项不恰当。项目质量控制复核并不减轻项目合伙人的责任,更不能替代项目合伙人的责任。

第(2)项恰当。

第(3)项不恰当。内部专家可能是会计师事务所的合伙人或员工,因此要遵守所在会计师事务所的质量控制政策和程序。

第(4)项不恰当。会计师事务所应当周期性地选取已完成的业务进行检查,周期最长不得超过3年。第(5)项恰当。

第五节　审计人员的法律责任

一、法律责任与变化中的法律环境

法律责任是指因违法行为而引起的应由违法者承担的相应的法律后果。其特点是,以一定的法律义务存在为前提,并出现了违反此种义务的事实。注册会计师的法律责任是指注册会计师在履行职责过程中,因过失、欺诈或违约而导致客户或其他利益相关方产生经济损失,由此而承担的法律后果。

在现代社会中,注册会计师的法律责任正在逐步扩展,特别是在西方国家,进入20世纪80年代后,无论是法院的判例解释,还是注册会计师职业团体的态度,较之以往的情形都发生了很大变化。主要变化有以下几个方面:

(一) 对注册会计师的法律诉讼大量增加

近十年来,企业因经营失败或者因管理层舞弊造成破产倒闭的事件剧增,投资者和贷款人蒙受重大损失,因而指控注册会计师未能及时揭示或报告这些问题,并要求其赔偿有关损失。迫于社会的压力,许多国家的法院判决逐渐倾向于增加注册会计师在这些方面的法律责任。

(二) 扩大注册会计师对第三方利益集团或人士的责任

早期的司法制度倾向于限定注册会计师对第三方的法律责任,但自20世纪70年代末以来,不少法律规定已放弃上述判例原则,转而规定注册会计师对已知的第三方使用者或财务报表的特定用途必须承担法律责任。

(三) 扩充注册会计师法律责任的内涵

注册会计师传统法律责任的含义仅限于财务报表符合公认会计原则的公允性。但各方面使用者和利益集团不断要求注册会计师对委托单位的会计记录差错、管理舞弊、经营破产可能性及违反有关法律行为都应承担检查和报告责任,从而促使许多会计职业团体修订有关审计准则,要求注册会计师在进行财务报表审计时,必须设计和实施必要的审计程序,为发现错误与舞弊提供合理的保证,从而在实质上扩充了注册会计师法律责任的内涵。

二、注册会计师法律责任的成因

因为注册会计师被控告起诉的事件增加了,注册会计师的法律责任也扩展了,所以非常有必要分析导致其承担法律责任的原因。在当今社会,可能导致注册会计师承担法律责任的原因是多方面的,其中来自被审计单位的原因和注册会计师自身的原因是最重要的。

(一) 被审计单位方面的原因

1. 错误、舞弊和违反法律法规的行为

1) 错误(Error)是指导致财务报表错报的非故意行为。错误的情形主要包括：在编制财务报表过程中收集和处理数据时发生失误；由于疏忽和误解有关事实而做出不恰当的会计估计；在运用与确认、计量、分类或列报相关的会计政策时发生失误。

2) 舞弊(Fraud)是指被审计单位的管理层、治理层、员工或第三方使用欺骗手段获取不当或非法利益的故意行为。舞弊的情形主要包括：伪造、变造记录或凭证；侵占资产；隐瞒或删除交易或事项；记录虚假的交易或事项；蓄意使用不当的会计政策；等等。舞弊行为的目的则是为特定个人或利益集团获取不当或非法利益。

3) 违反法律法规的行为是指被审计单位、治理层、管理层，或者为被审计单位工作或受其指使的其他人，有意或无意违背除了适用的财务报告编制基础以外的现行法律法规的行为。违反法律法规不包括与被审计单位经营活动无关的个人不当行为。

保证经营活动符合法律法规的规定，防止和发现错误、舞弊和违反法律法规的行为是被审计单位管理层的责任。注册会计师有责任对财务报表整体不存在由于舞弊或错误导致的重大错报获取合理保证，注册会计师没有责任防止被审计单位违反法律法规。但是，考虑到违反法律法规的行为对财务报表可能产生的后果，针对违反上述第一类法律法规的行为，注册会计师应当就被审计单位遵守这些法律法规获取充分、适当的审计证据；针对违反上述第二类法律法规的行为，注册会计师的责任仅限于实施特定的审计程序，以有助于识别可能对财务报表产生重大影响的违反这些法律法规的行为。如果注意到与识别出的或怀疑存在的违反法律法规的行为相关的信息，注册会计师应当了解违反法律法规的行为的性质及发生的环境，获取进一步的信息，以评价对财务报表可能产生的影响。如果怀疑被审计单位存在违反法律法规的行为，注册会计师应当就此与适当层级的管理层和治理层进行讨论。注册会计师应当与治理层沟通审计过程中注意到的有关违反法律法规的重要事项，并考虑是否需要向外部监管机构报告或征询法律意见。

2. 经营失败

经营失败，是指企业由于经济或经营条件的变化，如经济衰退、不当的管理决策或出现意料之外的行业竞争等，而无法满足投资者的预期。经营失败的极端情况是申请破产，被审计单位在经营失败时，也可能会连累注册会计师。审计失败是指注册会计师提出了错误的审计意见，或者说，当财务报表事实上存在重大错报时，注册会计师却认为财务报表是合法和公允的，而发表了无保留意见。经营失败是被审计单位管理层的责任，与注册会计师无关。但是，被审计单位出现经营失败时，特别是注册会计师近期提出了无保留意见的审计报告时，已审财务报表的使用者往往指责是审计失败。出现经营失败时，审计失败可能存在，也可能不存在。如果注册会计师遵守了执业准则，出具了适当的审计意见，由于被审计单位自身的经营失败导致的损失应由被审计单位自行承担，与注册会计师无关。

(二) 注册会计师的责任

有些会计师事务所和注册会计师可能会因违约、过失和欺诈等行为惹来官司。

1. 违约(Breach of Contract)

所谓违约，是指合同的一方或几方未能达到合同条款的要求。当违约给他人造成损失时，注册

会计师应负担违约责任。比如，会计师事务所在商定的期限内，未能提交纳税申报表，或违反了与被审计单位订立的保密协议等。

2. 过失(Negligence)

所谓过失，是指在一定条件下缺少应具有的合理的谨慎。评价注册会计师的过失，是以其他合格注册会计师在相同条件下可做到的谨慎为标准的。当过失给他人造成损害时，注册会计师应负过失责任。通常将过失按其程度不同分为普通过失和重大过失两种。

1) 普通过失(Ordinary Negligence)。普通过失(也有的称"一般过失")通常是指没有保持职业上应有的合理的谨慎。对注册会计师而言，则是指没有完全遵循专业准则的要求。比如，未按特定审计项目取得必要和充分的审计证据就出具审计报告的情况，可视为一般过失。

2) 重大过失(Gross Negligence)。重大过失是指连起码的职业谨慎都不保持，对重要的业务或事务不加考虑，满不在乎；对注册会计师而言，则是指根本没有遵循专业准则或没有按专业准则的基本要求执行审计。

3. 欺诈(Fraud)

欺诈又称舞弊，是以欺骗或坑害他人为目的的一种故意的错误行为。作案具有不良动机是欺诈的重要特征，也是欺诈与普通过失和重大过失的主要区别之一。对注册会计师而言，欺诈就是为了达到欺骗他人的目的，明知委托单位的财务报表有重大错报，却加以虚伪的陈述，出具无保留意见的审计报告。

与欺诈相关的另一个概念是"推定欺诈"(Constructive Fraud)，又称"涉嫌欺诈"，是指虽无故意欺诈或坑害他人的动机，但却存在极端或异常的过失。推定欺诈和重大过失这两个概念的界限往往很难界定，在美国许多法院曾经将注册会计师的重大过失解释为推定欺诈，特别是近年来有些法院放宽了"欺诈"一词的范围，使得推定欺诈在法律上成为等效的概念。这样，具有重大过失的注册会计师的法律责任就进一步加大了。

三、注册会计师法律责任的种类

注册会计师因违约、过失或欺诈给被审计单位或其他利害关系人造成损失的，按照有关法律和规定，可能被判负行政责任、民事责任或刑事责任。这三种责任可单处，也可并处。行政处罚对注册会计师个人来说，包括警告、暂停执业、吊销注册会计师证书；对会计师事务所而言，包括警告、没收违法所得、罚款、暂停执业、撤销等。民事责任主要是指赔偿受害人损失。刑事责任主要是指按有关法律程序判处一定的徒刑。一般来说，因违约和过失可能使注册会计师负行政责任和民事责任，因欺诈可能会使注册会计师负民事责任和刑事责任。

四、会计师事务所及注册会计师避免法律诉讼的措施

(一) 严格遵循职业道德和专业标准的要求

注册会计师是否应承担法律责任，关键在于注册会计师是否有过失或欺诈行为。不能苛求注册会计师对于会计报表中的所有错报事项都承担法律责任。判别注册会计师是否具有过失的关键在于注册会计师是否遵照专业标准的要求执行。因此，保持良好的职业道德，严格遵循专业标准的要求

执业、出具报告，对于避免法律诉讼或在提起的诉讼中保护会计师事务所和注册会计师具有无比的重要性。

(二) 建立、健全会计师事务所质量控制制度

会计师事务所不同于一般的公司、企业，质量管理是会计师事务所各项管理工作的核心。如果一家会计师事务所质量管理不严，很有可能因为一个人或一个部门的原因导致整个会计师事务所遭受灭顶之灾。因此，会计师事务所必须建立、健全一套严密、科学的内部质量控制制度，并把这套制度推行到每一个人、每一个部门和每一项业务，迫使注册会计师按照专业标准的要求执业，保证整个会计师事务所的工作质量。

(三) 与委托人签订业务约定书

注册会计师承办业务，会计师事务所应与委托人签订委托合同(即业务约定书)。业务约定书有法律效力，它是确定注册会计师和委托人的责任的一个重要文件。会计师事务所无论承办何种业务，都要按照业务约定书准则的要求与委托人签订约定书，这样才能在发生法律诉讼时将一切口舌争辩减少到最低限度。

(四) 审慎选择被审计单位

中外注册会计师法律案例告诉我们，注册会计师如欲避免法律诉讼，必须审慎选择被审计单位。一是要选择正直的被审计单位。如果被审计单位对顾客、职工、政府部门或其他方面没有正直的品格，也必然会蒙骗注册会计师，使注册会计师落入他们的圈套。这就要求会计师事务所接受委托之前，一定要采取必要的措施对被审计单位的历史情况有所了解，评价被审计单位的品格，弄清委托的真正目的。尤其是在执行特殊目的审计业务时更应如此。二是对陷入财务和法律困境的被审计单位要尤为注意。

(五) 深入了解被审计单位的业务

在很多案件中，注册会计师之所以未能发现错误，一个重要的原因就是他们不了解被审计单位所在行业的情况及被审计单位的业务。如果不熟悉被审计单位的经济业务和生产经营实务，仅局限于有关的会计资料，就可能发现不了某些错误。

(六) 提取风险基金或购买责任保险

在西方国家，投保充分的责任保险是会计师事务所一项极为重要的保护措施，尽管保险不能免除可能受到的法律诉讼，但能减少诉讼失败时会计师事务所发生的财务损失。我国《注册会计师法》也规定了会计师事务所应当建立职业风险基金，办理职业保险。

(七) 聘请熟悉注册会计师法律责任的律师

会计师事务所有条件的话，尽可能聘请熟悉相关法规及注册会计师法律责任的律师。在执业过程中，如遇到重大法律问题，注册会计师应与本所的律师或外聘律师详细讨论所有潜在的危险情况并仔细考虑律师的建议。一旦发生法律诉讼，也应请有经验的律师参加诉讼。

习 题

一、复习思考题

1. 中国注册会计师执业准则体系包括哪些部分?
2. 什么是审计独立性?列举可能影响注册会计师和会计师事务所独立性的事项。
3. 注册会计师行业为什么不能实施竞争压价?
4. 中国注册会计师职业道德规范基本原则包括哪些方面?
5. 会计师事务所的质量控制制度包括哪些内容?
6. 如果注册会计师有违约、过失和欺诈等行为,将承担什么法律责任?

二、单项选择题

1. 注册会计师业务准则体系的核心是(   )。
   A. 审阅准则   B. 审计准则
   C. 鉴证业务准则   D. 相关服务准则
2. 下列各项中,属于注册会计师违反职业道德规范行为的是(   )。
   A. 注册会计师可以在一定范围内对其能力进行广告宣传,但没有诋毁同行
   B. 没有利用其知悉的客户信息为自己或他人谋取利益
   C. 按照业务约定和审计准则的要求完成年报审计工作
   D. 除有关法规允许的情形外,不得以或有收费形式为客户提供各种鉴证服务
3. 会计师事务所对无法胜任或不能按时完成的业务,正确的做法是(   )。
   A. 聘请其他专业人员帮助   B. 转包给其他会计师事务所
   C. 拒绝接受委托   D. 减少业务收费
4. 中国注册会计师职业规范体系的核心部分是(   )。
   A. 执业准则   B. 质量控制准则
   C. 职业道德准则   D. 职业后续教育准则
5. 下列各项中,属于注册会计师鉴证业务的是(   )。
   A. 管理咨询   B. 代编财务信息
   C. 税务咨询   D. 财务报表审计

三、多项选择题

1. 当已识别出违反职业道德基本原则的不利影响超出可接受水平时,注册会计师可能(   )。
   A. 采取防范措施消除不利影响   B. 采取防范措施将不利影响降至可接受水平
   C. 终止业务约定   D. 拒绝接受业务委托
2. 下列内容属于审阅业务特点的是(   )。
   A. 有限保证   B. 积极保证
   C. 审计程序有限   D. 审计程序多样

3. 如果鉴证小组成员或其直系亲属在鉴证客户内拥有直接经济利益或重大的间接经济利益，所产生的经济利益威胁就会非常重要，下列选项中，属于有效防范措施的有(　　)。
   A. 在该人员成为鉴证小组成员之前将直接的经济利益全部处置
   B. 在该人员成为鉴证小组成员之前将间接的经济利益全部处置，或将其中的足够数量处置，使剩余利益不再重大
   C. 让该鉴证人员写下保证书，保证该经济利益对独立性不会产生影响
   D. 将该人员调离鉴证小组

4. 下列内容属于审计项目质量控制的是(　　)。
   A. 人力资源　　　　　　　　　B. 业务执行
   C. 监督　　　　　　　　　　　D. 复核

5. 注册会计师可以披露客户有关信息的有(　　)。
   A. 取得客户的授权
   B. 根据法规要求，为法律诉讼准备文件或提供证据
   C. 接受同业复核
   D. 接受注册会计师协会或监管机构依法进行的质量检查

四、实训测试题

1. 上市公司甲公司是ABC会计师事务所的常年审计客户。乙公司是非公众利益实体，于2019年6月被甲公司收购，成为甲公司重要的全资子公司。XYZ公司和ABC会计师事务所处于同一网络。审计项目组在甲公司2019年度财务报表审计中遇到下列事项：

   (1) A注册会计师自2017年度起担任甲公司财务报表审计项目合伙人，其妻子在甲公司2018年度报告公告后购买了甲公司股票3000股，在2019年度审计工作开始前卖出了这些股票。

   (2) B注册会计师自2014年度起担任乙公司财务报表审计项目合伙人，在乙公司被甲公司收购后，继续担任乙公司2019年度财务报表审计项目合伙人，并成为甲公司的关键审计合伙人。

   (3) 在收购过程中，甲公司聘请XYZ公司对乙公司的各项资产和负债进行了评估，并根据评估结果确定了购买日乙公司可辨认净资产的公允价值。

   (4) C注册会计师曾是ABC会计师事务所的管理合伙人，于2019年1月退休后担任甲公司董事。

   (5) 丙公司是甲公司新收购的海外子公司，为甲公司不重要的子公司。丙公司聘请XYZ公司将其按照国际财务报告准则编制的财务报表转换为按照中国企业会计准则编制的财务报表。

   (6) 甲公司的子公司丁公司提供信息系统咨询服务，与XYZ公司组成联合服务团队，向目标客户推广营业税改增值税相关咨询和信息系统咨询一揽子服务。

   要求：针对上述第(1)至第(6)项，逐项指出是否可能存在违反中国注册会计师职业道德守则有关独立性规定的情况，并简要说明理由。

五、案例分析题

上海大智慧股份有限公司(简称"大智慧"公司)是一家以从事计算机软件服务、互联网证券期货讯息服务为主的公司，2011年1月在沪市上市(股票代码：601519)。2015年4月30日，"大智慧"公司收到中国证监会的《调查通知书》，因公司信息披露涉嫌违反《证券法》规定，中国证监会决定对"大智慧"公司进行立案调查。

"大智慧"公司于2015年11月7日公告了中国证监会下发的《行政处罚及市场禁入事先告知书》，这份告知书认为，"大智慧"公司于2014年2月28日发布的2013年年度报告(审计人LX会计师事务所对年报出具了标准的无保留意见)存在严重的财务舞弊行为，公司采用提前确认收入、将股民"打新款"等款项列为收入、少记当年奖金薪金费用等手段共计虚增利润1.2亿多元，中国证监会决定对公司高管人员依法进行经济罚款及市场禁入等处罚，同时保留当事人依法向中国证监会申请听证或陈述、申辩的权利。

在举办听证会之后，2016年7月22日，中国证监会发布〔2016〕88号《行政处罚决定书》，认为"大智慧"公司财务舞弊事实成立，依法对公司及涉案高管人员做出行政和经济处罚，同时发布〔2016〕89号《行政处罚决定书》，认为LX会计师事务所及签字注册会计师存在"证券服务机构未勤勉尽责，所制作、出具的文件有虚假记载、误导性陈述或者重大遗漏"的违法行为，依法责令LX会计师事务所改正违法行为，没收业务收入70万元，并处以210万元罚款，对注册会计师姜某、葛某给予警告，并分别处以10万元罚款。

在中国证监会做出最终处罚后，专业律师刘某积极向符合索赔条件的投资者进行索赔征集。随后，刘律师接受首批索赔投资者的委托，向上海市第一中级人民法院正式起诉"大智慧"公司以及LX会计师事务所，将"大智慧"公司以及LX会计师事务所作为共同被告，要求赔偿投资差额损失、佣金、印花税以及利息等损失。多起诉讼的合计索赔总规模已近三亿元，"大智慧"公司以及LX会计师事务所作为被告进行了应诉。双方的争议焦点如下：

1) 原告律师刘某主张"大智慧"公司收到《行政处罚及市场禁入事先告知书》之日即2015年11月7日(周六)为本案的虚假陈述揭露日，被告"大智慧"公司应当对投资者的损失承担100%的赔偿责任，LX会计事务所承担连带赔偿责任。

2) "大智慧"公司要求以公司公布上海证监局现场检查结果的整改报告之日即2015年1月23日为本案的虚假陈述揭露日，因"大智慧"公司受到系统性风险的影响等因素，造成投资者损失的原因主要为市场风险，与"大智慧"公司虚增利润行为无关，不承担任何赔偿责任。

2018年3月12日至16日，上海市第一中级人民法院判决如下：

1) 以"大智慧"公司公布《行政处罚及市场禁入事先告知书》之日即2015年11月7日为本案的虚假陈述揭露日，这就决定了：2014年2月28日至2015年11月6日(含当日，周五)之间买入"大智慧"公司股票，且2015年11月6日收盘时仍持有该公司股票的投资者符合因果关系认定条件，投资损失与"大智慧"公司虚假陈述具有因果关系，可以委托律师向人民法院起诉，要求"大智慧"公司以及LX会计师事务所赔偿相应的投资损失。在此期间内卖出"大智慧"公司股票的投资者则不符合索赔条件。

2) 2016年1月4日至2016年1月12日，A股市场存在熔断等市场风险，故最终如果投资者在此期间持有或卖出"大智慧"公司股票的，法院酌情扣除30%的系统风险，即应当以全部投资差额损失的70%作为"大智慧"公司应当赔偿的投资者差额损失，LX会计师事务所对"大智慧"公司的全部赔偿义务承担连带责任。

在2015年4月30日收到中国证监会下发的调查通知书的当日，"大智慧"公司股价依然报收于33.48元的高位，而5月4日和5月5日连续两个交易日跌停，收盘价为27.12元，2015年11月9日(周一)，"大智慧"公司股票的收盘价为15.42元，2016年7月22日中国证监会公布行政处罚，当天"大智慧"公司的股价仅为9.09元，股价跌幅达到约73%。

一审后，"大智慧"公司和LX会计师事务所均提出上诉，其中LX会计师事务所的诉辩理由如下：(1)中国证监会认定的"大智慧"公司存在的六项违法事实，而仅认定LX会计师事务所在出具相关审计报告中有四项内容未履行必要的审计程序,故LX会计师事务所无须对"大智慧"公司的所有过错承担责任,LX会计师事务所的行为系过失行为,即使应当担责,亦应承担部分补充赔偿责任;(2)股票投资损失计算没有考虑2015年股市异常情况及投资者自身因素。

2018年9月21日,上海市高级人民法院做出终审判决,维持一审原判。二审法官认为,考虑到证券价格是众多市场因素的综合体现,具体某一因素对证券价格产生何种程度的影响,目前尚难以通过科学可信的方法予以测定。对于如何在证券虚假陈述民事赔偿中计算市场系统风险因素,法律及司法解释亦未对此做出明确规定,"大智慧"公司和LX会计师事务所主张的完全以大盘指数或者行业板块的涨跌幅度来计算市场风险并没有充分的事实和法律依据,但大盘指数涨跌幅度可以作为酌情判断证券市场系统风险的参考因素,故法院根据当时市场具体情况,遵循保护投资者利益的原则,酌情认定本案扣除证券市场系统风险因素为30%并无不当。

问题:

(1) 从中国证监会网站下载《行政处罚及市场禁入事先告知书》(〔2015〕147号)、《行政处罚决定书》(〔2016〕88号和〔2016〕89号),从中国裁判文书网下载2018年3月12日~2018年3月16日关于这一案件4份一审判决书及2018年9月21日的终审判决书,结合"大智慧"公司2013年年报和审计报告,了解LX会计师事务所的审计失败过程,并讨论其执业行为的性质。

(2) 结合《注册会计师法》《证券法》等法规,分析判断本案中LX会计师事务所及注册会计师承担审计法律责任的适当性。

(3) 如有可能,根据财务管理中资本资产定价模型设计和测算本案中个股股票的系统性风险损失,为今后类似案例提供有益指导。

(4) 到相关网站下载《注册会计师法》《证券法》《刑法》等法规,查看与审计人员法律责任相关的具体规定,并讨论它们的适用性。

第三章

审计目标与审计过程

【导读】

目标决定行动,审计的总体目标决定了审计工作的导向,具体审计目标决定审计计划和审计程序的性质、时间和范围。注册会计师财务报表审计的目标也经历了由查错防弊、验证财务报表的真实性和公允性到查错防弊和财务报表验证并重阶段,评价财务报表的合法性和公允性成为目前我国企业财务报表审计的总体目标。总体目标的实现依赖于报表具体项目审计目标的实现,而具体审计目标是由管理当局对财务报表的认定推出的。无论是总体目标,还是具体审计目标的实现,都依赖于合理的计划审计工作、实施充分的审计程序和恰当的审计报告。

【学习重点】

了解审计目标的发展历史,掌握财务报表审计的总体目标及其评价内容,掌握管理当局的会计认定以及由此推出的具体审计目标,了解会计认定、审计目标和审计程序之间的关系,了解审计过程中四个阶段的主要工作。

【学习难点】

理解和掌握管理当局的会计认定的含义以及具体审计目标的含义是本章的难点,尤其是发生性(或存在性)目标、完整性目标和准确性目标之间的区别比较抽象,需要通过诸多实例分析才能够理解和掌握它们的区别与联系。

【教学建议】

第一节和第二节以课堂讲授为主,第三节建议引导学生查阅课外相关资料进行分析和讨论。

第一节 审计总体目标

审计目标是在一定历史环境下，审计人员通过对具体项目的审查要证明和解决的问题。审计目标是审计工作所期望的结果，又是衡量审计工作结果的标准，因此，审计目标是审计工作的出发点和落脚点。这是指一般意义上审计目标的含义，但是具体到不同性质的审计时，审计目标的具体表述差异较大，鉴于篇幅限制，本书中审计目标主要是指注册会计师财务报表审计目标。

一、审计目标的决定因素

影响审计目标确定的因素主要有两个：社会需求因素和审计能力因素。社会需求因素即审计授权人或委托人的要求，因为审计是一项授权或受托活动，其工作只有满足授权人或委托人的要求，才能在社会中占有一席之地。在一定时期内，如果审计授权人或委托人的要求不高，即使审计能力再强，也不会为审计确定很高的工作目标，因为无此需要和动力。审计能力因素是决定性因素，如果审计职能的实现程度不高，即使审计授权人或委托人提出了很高的要求，也不能设定为审计目标，因为无法做到。所以，审计目标受社会需求因素和审计能力因素的双重制约，它回答的是"审计要干什么"的问题。

二、审计目标的历史演变

随着审计实务的发展，在不同的历史发展时期，因社会政治、经济环境不同，人们对审计的要求也不同，审计目标也经历了不断变化的过程。下面以财务审计目标的变化讲述审计目标的发展历程。本书主要以财务审计目标的变化来阐述审计目标的发展历程。

财务审计目标的发展历程可以分为以下三个阶段：查错防弊阶段、验证财务报表的真实性和公允性阶段、查错防弊和财务报表验证并重阶段。

1) 查错防弊阶段。主要是指1933年以前的时期。此阶段的审计目标是查错防弊；审计方法主要是详细审计，即逐笔审查会计记录和账簿。在1850年后，股份有限公司不断出现，所有权与管理权日益分离。在这一阶段独立的审计职业应运而生。从此审计职业主要由训练有素的会计师来承担，并成为沿用至今的惯例。那时，审计的目标是替股东们查找管理人员是否有错误舞弊欺诈行为。从20世纪开始，审计在美国得到了发展，直到1933年以前，审计目标仍主要是查错防弊。

2) 验证财务报表的真实性和公允性阶段。主要是指1933年至1988年这段时期。自20世纪30年代以后，企业的资金来源已经从银行逐步转向股票和债券市场，投资者的范围越来越广，使得企业管理当局的受托责任范围由原来主要对少数股东与银行负责，转向其他众多的利益相关者负责。经济危机的出现使得投资者要求审计人员不但要检查资产负债表，还要检查反映获利能力的损益表。这段时期的审计目标进入"验证财务报表真实公允性"阶段，即评价被审计单位的财务报表是否真实公允地反映了企业的财务状况、经营成果和资金变动情况。这一时期的审计技术也得到了质的飞跃。主要采取抽查的方式，并逐步使用系统基础审计。

3) 查错防弊和财务报表验证并重阶段(1988年至今)。随着社会对审计人员的要求不断提高、审计诉讼案件频繁发生、审计风险加大，查错防弊的重要性越来越受到社会和审计职业界的关注。将其正式恢复为审计目标是自1988年开始的。审计职业界出于降低审计风险的考虑，美国注册会计师协会AICPA在1988年发表了第53、54号《审计准则公告》，把揭露错弊和非法行为作为审计的主要目标之一，从而使财务报表审计的目标演变成查错防弊与验证财务报表真实公允性并重，并持续至今。

三、财务报表审计总体目标

(一) 审计总体目标

注册会计师进行财务报表审计的目的是提高财务报表预期使用者对财务报表的信任程度。这一目的可以通过注册会计师对财务报表是否在所有重大方面按照适用的财务报告编制基础编制发表审计意见得以实现。这里适用的财务报告编制基础，是指法律法规要求采用的财务报告编制基础；或者管理层和治理层(如适用)在编制财务报表时，就被审计单位性质和财务报表目标而言，采用的可接受的财务报告编制基础。

就大多数通用目的财务报告编制基础而言，注册会计师针对财务报表是否在所有重大方面都按照财务报告编制基础编制并实现公允反映发表审计意见。注册会计师按照审计准则和相关职业道德要求执行审计工作，能够形成这样的意见。因此，执行财务报表审计工作时，注册会计师的总体目标是：

一是对财务报表整体是否存在由于舞弊或错误导致的重大错报获取合理保证，使得注册会计师能够对财务报表是否在所有重大方面按照适用的财务报告编制基础编制发表审计意见。

二是按照审计准则的规定，根据审计结果对财务报表出具审计报告，并与管理层和治理层沟通。

财务报表的使用者则希望注册会计师为财务报表的"合法性和公允性"做出鉴证，以帮助他们做出有关判断或决策。审计人员在取得充分、适当的审计证据后，据其对财务报表的影响程度做出判断并发表审计意见。审计人员的审计意见有助于财务报表使用者了解、掌握客户的财务状况和经营成果，也有利于促使客户改善其经营管理。

(二) 评价财务报表的合法性

在评价财务报表是否按照适用的财务报告编制基础编制时，注册会计师应当考虑下列内容：

1) 选择和运用的会计政策是否符合适用的财务报告编制基础，并适合于被审计单位的具体情况。
2) 管理层做出的会计估计是否合理。
3) 财务报表反映的信息是否具有相关性、可靠性、可比性和可理解性。
4) 财务报表是否做出充分披露，使财务报表使用者能够理解重大交易和事项对被审计单位财务状况、经营成果和现金流量的影响。

(三) 评价财务报表的公允性

在评价财务报表是否做出公允反映时，注册会计师应当考虑下列内容：
1) 经管理层调整后的财务报表是否与注册会计师对被审计单位及其环境的了解一致。
2) 财务报表的列报、结构和内容是否合理。
3) 财务报表是否真实地反映了交易和事项的经济实质。

(四) 财务报表审计的作用和局限性

由于审计存在固有限制，这种固有限制往往源于财务报告的性质、审计程序的性质以及在合理的时间内以合理的成本完成审计的需要，导致注册会计师据以得出结论和形成审计意见的大多数审计证据是说服性的而非结论性的。因此，审计只能提供合理保证，不能提供绝对保证。虽然财务报表使用者可以根据财务报表和审计意见对被审计单位未来生存能力或管理层经营效率、经营效果做出某种判断，但审计意见本身并不是对被审计单位未来生存能力或管理层经营效率、经营效果提供的保证。

(五) 目标的导向作用

财务报表审计的目标对注册会计师的审计工作发挥着导向作用，它界定了注册会计师的责任范围，直接影响注册会计师计划和实施审计程序的性质、时间和范围，决定了注册会计师如何发表审计意见。例如，既然财务报表审计目标是对财务报表整体发表审计意见，注册会计师就可以只关注与财务报表编制和审计有关的内部控制，而不对内部控制本身发表鉴证意见。同样，注册会计师关注被审计单位的违反法规行为，是因为这些行为会影响到财务报表，而不是对被审计单位是否存在违反法规行为提供鉴证。

第二节 具体审计目标

审计总体目标的实现，还需要审计人员完成具体审计目标，具体审计目标是指适用于所有项目审计的目标，是由审计人员根据审计总体目标和客户管理当局的认定推理而得出的，为收集审计证据和形成审计意见提供具体指导，审计的具体目标是总目标的具体化。由于具体审计目标是基于对被审计单位管理当局认定的考虑而具体确立的，注册会计师的基本职责就在于确定被审计单位管理当局对其财务报表的认定是否恰当。

一、认定

(一) 管理当局的认定的含义

所谓管理当局的认定(Assertion)，又称断言或申明，是指被审计单位管理当局对财务报表各组成要素的确认、计量、列报所做的各种明确的或暗示的表达。认定与审计目标密切相关，注册会计师的基本职责就是确定被审计单位管理层对其财务报表的认定是否恰当。

管理当局对财务报表的认定主要有：存在或发生(Existence and Occurrence)、权利和义务(Rights and Obligations)、完整性(Completeness)、计价与分摊(Valuation and Allocation)、表达与披露(Presentation and Disclosures)。

管理当局的认定主要是通过财务报表体现出来的，管理当局在财务报表上的认定有些是明示性的，有些则是暗示性的。

例如：某公司20××年12月31日部分资产负债表如下。

存货　　　　　　　　　　50,000,000

于是，明示性的认定包括以下两个：(1)记录的存货是存在的；(2)存货以恰当的金额包括在财务报表中，余额是5000万元。而暗示性的认定包括以下三个：(1)所有应当记录的存货均已记录；(2)记录的存货都归被审计单位所有；(3)存货的使用不受任何限制。

(二) 管理当局的认定的分类

在财务报表中，管理当局对其他资产、负债等项目都做了相类似的认定。管理当局对财务报表的认定一般分两类：与各类交易和事项及相关披露的认定、与期末账户余额及相关披露的认定。

1. 与各类交易和事项及相关披露的认定

(1) 发生：记录的交易和事项已确实发生，且与被审计单位有关。

(2) 完整性：所有记录的交易和事项均已记录，所有应当包括在财务报表中的相关披露均已包括。

(3) 准确性：与交易和事项有关的金额及其他数据已恰当记录，相关披露已得到恰当计量和描述。

(4) 截止：交易和事项已记录于正确的会计期间。

(5) 分类：交易和事项已记录于恰当的账户。

(6) 列报：交易事项已被恰当地汇总或分解且表述清楚，相关披露在适用的财务报告编制基础下是相关的、可理解的。

2. 与期末账户余额及相关披露的认定

(1) 存在：记录的资产、负债和所有者权益是存在的。

(2) 权利与义务：记录的资产由被审计单位拥有或控制，记录的负债是被审计单位应当履行的偿还义务。

(3) 完整性：所有应当记录的资产、负债和所有者权益均已记录，所有应当包括在财务报表中的相关披露均已包括。

(4) 准确性、计价与分摊：各项资产、负债、所有者权益以恰当的金额包括在财务报表中，与之相关的计价或分摊调整已恰当记录，相关披露已得到恰当计量和描述。

(5) 分类：资产、负债和所有者权益已记录于恰当的账户之中。

(6) 列报：资产、负债和所有者权益已被恰当地汇总或分解且表述清楚，相关披露在适用的财务报告编制基础下是相关的、可理解的。

实例3-1　多选题

下列关于会计认定的表述，正确的有(　　)。

　　A. 如果将他人寄销商品列入被审计单位的存货，则违反了准确性认定

　　B. 如果发生了销货交易，却没有在销货明细账和总账中记录，则违反了完整性认定

　　C. 在销售日记账中，记录了一笔未曾发生的销售业务，则违反了发生认定

　　D. 在销售中，开账单时，使用了错误的销售价格，则违反了准确性认定

　　E. 抵押的固定资产没有以附注的形式披露，则违背了完整性认定

分析：A违反权利与义务认定，E违反了发生及权利与义务认定，抵押的固定资产处置权受到限制，正确答案是BCD。

二、具体审计目标的分类

管理层对财务报表各组成要素均做出了认定，注册会计师的审计工作本质上就是要确定管理层的认定是否恰当。因此，在确定了被审计单位的会计认定后，根据审计的总体目标就可以确定财务审计的具体审计目标，并据以设计和实施恰当的审计程序。与会计认定分类相对应，具体审计目标也分为两类。

(一) 与各类交易和事项相关的审计目标

1) 发生：确认已记录的交易是真实的，该目标是由发生认定推导而来的。如果将未曾发生的交易记录于账户中，则违反了发生目标，例如，没有发生销售交易，在销售明细账中记录该笔销售。发生认定所要解决的问题是管理层是否把不曾发生的项目列入财务报表，它主要与财务报表组成要素的高估有关。

2) 完整性：确认已发生的交易确实已经记录，该目标是由完整性认定推导而来的。例如，已经发生的交易，却没有在销售明细账和总账中予以记录，就违反了完整性目标。完整性目标针对交易漏记(低估)，与发生目标正好相反，后者针对交易的虚列、高估问题。

3) 准确性：确认已记录的交易是按正确金额反映的，该目标是由准确性认定推导而来的。例如，在销售交易中，发出商品的数量与账单上的数量不符，或是账单中使用了错误的销售价格，或是账单中的乘积或加总有误，或是在销售明细账中记录了错误的金额，均违反了准确性目标。

4) 截止：确认接近于资产负债表日的交易记录于恰当的期间，该目标是由截止认定推导而来的。例如，将本期交易递延到下期，或将下期交易提前到本期都属于违反截止目标。

5) 分类：确认被审计单位记录的交易经过适当分类，该目标是由分类认定推导而来的。例如，将处置的经营性固定资产的收入记录为营业收支属于违反分类目标。

6) 列报：交易事项已被恰当地汇总或分解且表述清楚，相关披露在适用的财务报告编制基础下是相关的、可理解的。

(二) 与期末账户余额相关的审计目标

1) 存在：确认已记录的金额确实存在，该目标是由存在认定推导而来的。例如，不存在某顾客的应收账款，在应收账款明细账中却列入对该顾客的应收账款，已经报废处置完毕的固定资产仍然记录在固定资产总账和明细账中，则违反了存在性目标。

2) 权利与义务：确认资产归属于被审计单位，负债属于被审计单位的义务，该目标是由权利和义务认定推导而来的。例如，将其他单位寄存本单位的商品列入本单位的存货，则违反了权利与义务目标。

3) 完整性：确认已存在的金额均已记录，该目标是由完整性认定推导而来的。例如，已交付使用的购建设备，没有记录于固定资产总账和明细账中，则违反了完整性目标。

4) 准确性、计价与分摊：确认资产、负债、所有者权益以恰当的金额包括在财务报表中，与之相关的计价或分摊调整已恰当记录，该目标是由准确性、计价与分摊认定推导而来的。

5) 分类：资产、负债和所有者权益已记录于恰当的账户之中。

6) 列报：资产、负债和所有者权益已被恰当地汇总或分解且表述清楚，相关披露在适用的财务报告编制基础下是相关的、可理解的。

实例3-2　多选题

下列选项中，涉及"完整性"相关审计目标的有(　　)。

A. 期末已按成本与可变现净值孰低的原则计提了存货跌价准备
B. 当期的全部销售交易均已登记入账
C. 资产负债表所列示的存货均存在
D. 资产负债表所列示的存货包括所有存货交易的结果
E. 当期出售的寄销商品记入收入明细账，发票金额计算正确分析：A涉及估价与分摊目标，C涉及存在性目标，E涉及发生目标，正确答案BD。

实例3-3　单选题

下列有关具体审计目标的说法中，正确的是(　　)。

　A. 如果财务报表中没有将一年内到期的长期借款列报为短期借款，则违反了准确性和计价目标
　B. 如果财务报表附注中没有分别对原材料、在产品和产成品等存货成本核算方法做出恰当的说明，则违反了分类和可理解性目标
　C. 如果财务报表中将低值易耗品列报为固定资产，则违反了准确性和计价目标
　D. 如果已入账的销售交易是对确已发出商品、符合收入确认条件的交易的记录，但金额计算错误，则违反了准确性目标，但没有违反发生目标

分析：选项AC涉及分类和可理解性，选项B涉及准确性和计价，正确答案是选项D。

三、认定、具体审计目标与审计程序的关系

根据会计认定确定相应的具体审计目标，是指导设计必要的审计程序、实施审计的基础。注册会计师通常将认定转换为能够通过审计程序予以实现的审计目标。针对财务报表每一项目所表现出的各项认定，注册会计师相应地确定一项或多项审计目标，然后通过执行一系列审计程序获取充分、适当的审计证据以实现审计目标。认定、审计目标和审计程序之间的关系举例如表3-1所示。

表3-1　认定、具体审计目标与审计程序的关系举例

认定	审计目标	审计程序
存在性	资产负债表列示的应收账款存在	实施应收账款函证程序
完整性	销售收入包括所有已发货的交易	检查发货单和销售发票的编号以及销售明细账
准确性	应收账款反映的销售业务基于正确的价格和数量，计算正确	比较价格清单与发票上的价格、发货单与销售订购单上的数量是否一致，重新计算发票上的金额
截止	销售业务记录在恰当的期间	比较上一年度最后几天和下一年度最初几天的发货单日期与记账日期
权利和义务	资产负债表中的固定资产确实为公司拥有	查阅所有权证书、购货合同、结算单和保险单
计价和分摊	以净值记录应收账款	检查应收账款账龄分析表、评估计提的坏账准备是否充足

第三节　审计过程

一、审计过程的含义

审计过程是审计组织和审计人员在审计活动中，办理审计事项时自始至终必须遵循的工作顺序，也就是审计工作从开始到结束的基本工作步骤及内容。在确定了审计目标以后，审计人员就需要收集各种审计证据，以实现审计目标。而收集审计证据和实现审计目标都必须借助一定的审计过程来实现。

不论是国家审计、注册会计师审计还是内部审计，都要按一定的程序进行。尽管其审计过程存在一些差异，但一般都包括三个主要阶段：计划审计工作阶段、实施审计阶段和审计报告阶段。本书主要介绍注册会计师审计的基本程序。

二、注册会计师审计的过程

注册会计师审计与国家审计和内部审计不同，它是一种委托审计，只有在得到客户委托并接受业务委托的情况下才能实施审计。因此，在注册会计师审计过程中还应包括接受客户委托阶段。

(一) 接受客户委托阶段

注册会计师审计属于有偿审计，只有客户委托业务且会计事务所接受客户的委托后才能够执行审计，因此，注册会计师审计过程的第一阶段是接受客户委托。在接受客户委托阶段，主要工作是初步了解被审计单位的基本情况、评估自身的审计能力，并与客户签订业务约定书。

(二) 计划审计工作阶段

为了保证现场审计工作能够有序地进行，降低审计工作成本，提高审计工作效率，审计人员应当科学地计划审计工作。一般来说，计划审计工作阶段一般包括以下几项中心工作：初步业务活动、制定总体审计策略和具体审计计划。需要指出的是，计划审计工作不是审计业务的一个孤立阶段，而是一个持续的、不断修正的过程，贯穿整个审计过程的始终。

(三) 实施审计阶段

审计计划一经制定，一切审计工作就必须严格按照既定计划进入实施阶段，实施阶段是审计人员实施审计程序、搜集审计证据的重要步骤，也是审计过程中的核心阶段。一般来说，审计实施阶段一般包括以下几项中心工作：了解被审计单位及其环境并评估重大错报风险、针对报表层次重大错报风险实施总体应对措施、针对认定层次重大错报风险实施进一步审计程序，包括控制测试和实质性程序。

1. **实施风险评估程序**

注册会计师在执行财务报表审计业务时，应当了解被审计单位及其环境并评估重大错报风险，为实施进一步审计程序，以将审计风险降至可接受的低水平提供重要的判断基础，这是注册会计师进行财务报表审计必不可少的审计程序。

无论是在了解被审计单位及其环境的过程中，还是在了解被审计单位及其环境结束后，注册会计师都应当识别和评估财务报表层次以及各类交易、账户余额、列报认定层次的重大错报风险，重大错报风险的评估结果直接影响下一步审计程序的实施。

2. **针对财务报表层次重大错报风险实施总体应对措施**

在了解被审计单位及其环境的过程中，识别和评估的财务报表层次重大错报风险与财务报表整体广泛相关，进而影响多项认定，注册会计师应当针对评估的财务报表层次重大错报风险确定总体应对措施。

3. **针对认定报表层次重大错报风险实施进一步审计程序**

进一步审计程序是指注册会计师针对评估的各类交易、账户余额、列报(包括披露，下同)认定层次重大错报风险实施的审计程序，具体包括控制测试和实质性程序，控制测试是指测试控制运行的有效性，实质性程序是指注册会计师针对评估的重大错报风险实施的直接用以发现认定层次重大错报的审计程序。通过控制测试和实质性程序将审计风险降至可接受的低水平。

(四) 审计报告阶段

审计报告阶段是实质性测试工作的结束，是对被审计单位的财务报表、收支项目及其他有关经济活动审计结果的资料进行筛选、归类、分析、整理，做出综合评价，并出具审计报告的过程。这一阶段的主要工作包括：考虑持续经营假设、或有事项和期后事项；获取管理层声明；汇总审计差异，提请被审计单位调整或披露；复核审计工作底稿和财务报表；与管理层和治理层沟通；评价所有审计证据，形成审计意见；编制审计报告等。

习 题

一、复习思考题

1. 简述审计目标的含义及其演变过程。
2. 审计的总目标是什么？
3. 简述被审计单位管理当局认定的含义及其内容。
4. 财务审计的具体目标包括哪些内容？
5. 试简要说明被审计单位管理当局认定与审计目标的关系。
6. 什么是审计过程？
7. 委托阶段主要包括哪些工作？
8. 计划阶段主要包括哪些工作？
9. 完成阶段主要包括哪些工作？

二、单项选择题

1. 登记入账的销售交易确系已经发货给真实的顾客，主要针对(　　)。
   A. 发生审计目标　　　　　　　B. 存在审计目标
   C. 完整性审计目标　　　　　　D. 准确性审计目标
2. 被审计单位当年购入一批材料，会计部门在记账时漏记了该批材料的外地运杂费，则被审计单位管理层违反的认定是(　　)。
   A. 准确性　　　　　　　　　　B. 截止
   C. 发生　　　　　　　　　　　D. 完整性
3. 下列选项中，管理层违反"分类"认定的是(　　)。
   A. 未将已发生的销售业务登记入账
   B. 把寄销商品作为自有商品记录在会计账上
   C. 将现销记录为赊销，将出售经营性固定资产的收益作为营业收入记录
   D. 将接近资产负债表日的交易记录于下年度

4. 在注册会计师针对下列各项目分别提出的具体目标中，属于完整性目标的是( )。
   A. 实现的销售是否均已登记入账
   B. 关联交易类型、金额是否在附注中恰当披露
   C. 将下期交易提前到本期入账
   D. 有价证券的金额是否予以适当列示

5. 财务报表审计的目标是注册会计师通过执行审计工作，对财务报表的合法性和公允性发表审计意见。其中的合法性指的是符合( )的规定。
   A. 审计准则   B. 质量控制准则
   C. 会计准则   D. 会计法

三、多项选择题

1. 下列内容属于注册会计师评价财务报表公允性的是( )。
   A. 选择和运用的会计政策是否符合适用的财务报告编制基础
   B. 管理层做出的会计估计是否合理
   C. 财务报表是否真实地反映了交易和事项的经济实质
   D. 财务报表的列报、结构和内容是否合理

2. 财务报表审计的目标是注册会计师通过审计，对财务报表的( )发表审计意见。
   A. 合法性   B. 真实性
   C. 一贯性   D. 公允性

3. 下列属于审计计划阶段业务的有( )。
   A. 签订审计业务约定书   B. 初步业务活动
   C. 制订总体审计策略   D. 制订具体审计计划

4. 注册会计师评价财务报表的合法性时，下列属于应考虑的因素是( )。
   A. 被审计单位选择和运用的会计准则是否合适
   B. 被审计单位会计估计是否合理
   C. 财务报表反映的信息是否有相关性、可靠性和合理性
   D. 财务报表是否充分披露

5. 下列选项中，基于被审计单位管理层"准确性、计价与分摊"认定推论得出的有关存货具体审计目标有( )。
   A. 期末所有存货存在   B. 期末所有存货均已登记入账
   C. 当期计提的存货跌价准备正确   D. 存货的入账成本正确

第四章

审计计划

【导读】

"凡事预则立,不预则废"道出了计划的重要性。同样,作为审计工作必须制订审计计划,一切工作必须按照预定计划进行。审计是一个不断假设、不断验证的过程,制订和修订审计计划是一个持续的过程,贯穿于审计业务的始终。在制订审计计划前,要做好准备工作,即要开展初步的业务活动,确定是否承接新客户业务或是保持老客户审计,考虑是否签订审计业务约定书。计划审计工作既要有总体的审计策略,又要有具体的审计计划。在计划审计工作中,既要站在财务报表使用者进行经济决策的视角评估和确定审计重要性水平,又要根据被审计单位及其环境的风险情况,确定检查风险的可接受水平,从而确定下一步审计工作的性质、时间和范围。

【学习重点】

掌握初步业务活动的目的和内容、审计业务约定书的基本内容、总体审计策略的内容和具体审计计划的内容,理解重要性和审计风险的含义,掌握重要性水平的确定方法和审计风险模型的运用原理,理解重要性、审计风险和审计证据之间的关系。

【学习难点】

重要性的含义和重要性水平的确定方法是本章的一个难点,尤其是重要性水平的选取,以及认定层次重要性水平的确定。审计风险模型的运用是本章的另一个难点。需要更多的实例分析才能够理解和掌握重要性、审计风险和审计证据之间的关系。

【教学建议】

第一节和第二节建议引导学生下载中注协推荐的初步业务活动工作底稿、审计业务约定书范本,以学生讨论学习为主,第三节和第四节以课堂讲授为主。

第一节 初步业务活动

为了保证审计计划的科学性和可行性,确保审计计划的顺利实施,按时按质地完成审计工作,在制定审计计划之前,应当做一些必要的准备工作,即开展初步业务活动(Preliminary Engagement Activities)。

一、初步业务活动的目的

审计人员开展初步业务活动的目的是希望有助于确保在计划审计工作时达到下列要求:

1) 注册会计师已具备执行业务所需要的独立性和专业胜任能力。在执行鉴证业务时,注册会计师应当遵守的首要道德原则是保持应有的独立性,尤其是执行审计业务时,项目组的全体成员只有保持应有的独立性,才能够保持专业的怀疑态度、公正执业、客观地做出专业判断,也只有保持应有的独立性,才能够取信于公众。除具备应有的独立性之外,注册会计师还应当具有专业的胜任能力,具有执业所必需的专业知识、技能和经验,能够经济、有效地完成客户委托的业务。

2) 不存在因管理层诚信问题而影响注册会计师保持该项业务意愿的情况。在审计业务中,包括财务报表在内的大多数财务信息是由客户管理层加工和提供的,如果管理层缺乏应有的诚信,精心策划舞弊并提供虚假的财务信息,那么注册会计师运用常规审计程序能够发现舞弊的可能性较小,这是现代审计中注册会计师所面临的最大风险之一。因此,制订审计计划之前,进一步确认不存在因管理层诚信问题而影响注册会计师保持该项业务意愿的情况是非常必要的。

3) 与客户不存在对业务约定条款的误解。在审计中,能否得到客户的密切配合,是审计工作确保顺利完成的关键。为此,在接受委托业务时,注册会计师已经就审计业务约定条款与委托人、客户进行了充分的沟通,并签订业务约定书。为了确保审计计划的顺利进行,注册会计师应当进一步与客户确认不存在对业务约定条款的误解。

二、初步业务活动的内容

注册会计师应当在本期审计业务开始时开展下列初步业务活动:

1) 针对保持客户关系和具体审计业务实施相应的质量控制程序。按照审计准则的规定,尽管审计业务的接受与保持的决策是由会计师事务所决定的,审计项目的负责人不一定参与决策过程,但是,项目负责人都应当针对保持客户关系和具体审计业务实施相应的质量控制程序,以确定客户关系和具体审计业务的接受与保持是否适当,这是注册会计师控制审计风险的重要环节。无论是首次接受委托审计还是连续审计,一般应当考虑下列事项以确定客户关系和具体审计业务的保持是否恰当:(1)客户的主要股东、关键管理人员和治理层是否诚信;(2)项目组是否具有执行审计业务的专业胜任能力以及必要的时间和资源;(3)会计师事务所和项目组能否遵守职业道德规范。

2) 评价遵守职业道德规范的情况,包括评价独立性。按照职业道德规范的要求,审计项目组的全体成员应当恪守独立、客观、公正的原则,保持应有的专业胜任能力和应有的职业关注,并对审计过程中获悉的信息保密,这一要求贯穿于审计业务的始终。为了确保参与审计的注册会计师已经具备应有的独立性和专业胜任能力,且不存在因管理层诚信问题而影响注册会计师保持该项业务意愿等情况,需要在计划其他重要审计工作之前,评价遵守职业道德规范的情况。

3) 就业务约定条款与客户达成一致理解。尽管在业务约定书之前已经就约定条款与委托人、客户进行了充分的沟通，并以书面形式写入业务约定书，以避免双方因理解上的不同而产生分歧，但是注册会计师还应当进一步确认与客户不存在对业务约定条款的误解。

初步的业务活动是注册会计师计划审计工作、制订审计计划时必不可少的工作，以确保全部的审计工作都能够符合质量控制准则和职业道德规范的基本要求。

三、审计业务约定书

审计业务约定书(Engagement Letter)，是指会计师事务所与委托人共同签订的，据以确认审计业务的委托与受托关系，明确委托目的、审计范围及双方责任与义务，以及报告的格式等事项的书面合约。会计师事务所同意接受客户委托后，双方应签订业务约定书。

审计业务约定书具有经济合同的性质，一经约定双方签字认可，即成为会计师事务所与委托人之间在法律上生效的契约，具有法定约束力。为了避免不必要的法律纠纷，会计师事务所承接任何审计业务，都应与被审计单位签订审计业务约定书。

(一) 审计业务约定书的基本内容

审计业务约定书的具体内容和格式可能因被审计单位的不同而不同，但应当包括以下主要内容：
1) 财务报表审计的目标与范围。
2) 注册会计师的责任。
3) 管理层的责任。
4) 指出用于编制财务报表所适用的财务报告编制基础。
5) 提及注册会计师拟出具的审计报告的预期形式和内容，以及对在特定情况下出具的审计报告可能不同于预期形式和内容的说明。

(二) 审计业务约定书的特殊考虑

1) 考虑特定需要。如果情况需要，注册会计师还应当考虑在审计业务约定书中列明下列内容：
   (1) 详细说明审计工作的范围，包括提及适用的法律法规、审计准则，以及注册会计师协会发布的职业道德守则和其他公告。
   (2) 对审计业务结果的其他沟通形式。
   (3) 说明由于审计和内部控制的固有限制，即使审计工作按照审计准则的规定得到恰当的计划和执行，也仍不可避免地存在某些重大错报未被发现的风险。
   (4) 计划和执行审计工作的安排，包括审计项目组的构成。
   (5) 管理层确认将提供书面声明。
   (6) 管理层同意向注册会计师及时提供财务报表草稿和其他所有附带信息，以使注册会计师能够按照预定的时间表完成审计工作。
   (7) 管理层同意告知注册会计师在审计报告日至财务报表报出日之间注意到的可能影响财务报表的事实。
   (8) 收费的计算基础和收费安排。
   (9) 管理层确认收到审计业务约定书并同意其中的条款。
   (10) 在某些方面对利用其他注册会计师和专家工作的安排。
   (11) 对审计涉及的内部审计人员和被审计单位其他员工工作的安排。

(12) 在首次审计的情况下，与前任注册会计师(如存在)沟通的安排。
(13) 说明对注册会计师责任可能存在的限制。
(14) 注册会计师与被审计单位之间需要达成进一步协议的事项。
(15) 向其他机构或人员提供审计工作底稿的义务。

2) 组成部分的审计。如果母公司的注册会计师同时也是组成部分的注册会计师，需要考虑下列因素，决定是否向组成部分单独致送审计业务约定书：
(1) 组成部分注册会计师的委托人。
(2) 是否对组成部分单独出具审计报告。
(3) 与审计委托相关的法律法规的规定。
(4) 母公司占组成部分的所有权份额。
(5) 组成部分管理层相对于母公司的独立程度。

(三) 审计业务约定条款的变更

1) 连续审计。对于连续审计，注册会计师应当根据具体情况评估是否需要对审计业务约定条款做出修改，以及是否需要提醒被审计单位注意现有的条款。

注册会计师可以决定不在每期都致送新的审计业务约定书或其他书面协议。然而，当需要修改约定条款或增加特别条款、被审计单位所有权发生重大变动或法律法规的规定发生变化等情况发生时，可能导致注册会计师修改审计业务约定条款以提醒被审计单位注意现有的业务约定条款。

2) 变更审计业务约定条款的要求。在完成审计业务前，如果被审计单位或委托人要求将审计业务变更为保证程度较低的业务，注册会计师应当确定是否存在合理理由予以变更。

如果没有合理的理由，注册会计师不应同意变更业务。如果注册会计师不同意变更审计业务约定条款，而管理层又不允许继续执行原审计业务，注册会计师应当在适用的法律法规允许的情况下，解除审计业务约定，并确定是否有约定义务或其他义务向治理层、所有者或监管机构等报告该事项。

实例4-1 会计师事务所的聘任机制模式

企业聘任会计师事务所作为报表审计人，目前国际上主要有自主聘任制、定期聘任制和定期轮换制三种模式。自主聘任制是指聘任谁为企业的审计人、聘任期的长短均由委托人和受托人双方自行协商解决，委托人有权随时解聘受聘的会计师事务所，中、美等国都采用此模式；定期聘任制，是指由政府有关部门或行业管理机构规定，企业一经委托某家会计师事务所或会计公司作为其财务报告的审计人，在一定期间内不得更换，除非会计师事务所被撤销或丧失执业资格，在规定的年限期满后，企业方可更换审计人，也可以续聘原审计人；定期轮换制，是指由政府有关部门或行业管理机构规定，企业在聘任某家会计师事务所或会计公司作为其财务报告的审计人后，在规定期间内不得更换审计人之外，在一定期间之后必须更换会计师事务所或会计公司，对会计师事务所规定了最长的连续任期。例如，意大利证券机构规定，上市公司聘任审计人后，3年内不得变更，但是最长聘任期为9年，9年后必须更换会计师事务所或会计公司。美国国会2002年在通过的《萨班斯-奥克斯利法案》后，责成美国审计总署(GAO)研究强制轮换会计师事务所的潜在影响。2003年GAO的研究报告称，几乎所有特大型的会计师事务所和《财富》1000公众公司都认为，会计师事务所强制轮换的成本可能超过收益，大多数意见认为，会计师事务所强制轮换可能并不是加强审计师独立性和提高审计质量的最有效途径。因此，至今美国继续坚持一贯的自主聘任制，中国也一直采用自主聘任制。

问题：调查了解中国审计市场客户解聘会计师事务所的现状，分析可能产生的经济后果，讨论中国审计市场的合适聘任模式。

第二节 总体审计策略与具体审计计划

一、审计计划的含义及作用

审计计划是审计人员为了完成各项审计业务，达到预期的审计目的，在具体执行审计程序之前编制的工作计划。审计计划通常是在会计师事务所接受委托之后具体审计测试工作之前由审计项目负责人编制的，是对审计工作的一种事先规划。审计计划可以分为两个层次：总体审计策略和具体审计计划，注册会计师应当针对总体审计策略中所识别的不同事项，制订具体审计计划，并考虑通过有效利用审计资源以实现审计目标。

审计计划贯穿于审计工作的全过程，审计人员在整个审计过程中应按审计计划执行审计业务。审计计划通常是由审计项目负责人于现场审计工作开始之前起草的，所以，审计计划仅是对审计工作的一种预先规划。由于实际情况在不断发生着变化，而且随着审计工作的深入，审计人员可能会发现预期与实际不一致的情况，如通过检查，发现客户某些内部控制执行效果不佳，导致原来制定的审计程序和时间预算需要改变，此时，就应及时对审计计划进行修订和补充。因此，对审计计划的补充、修订贯穿于整个审计过程。

二、总体审计策略

总体审计策略(Overall Audit Strategy)，是指对审计的预期范围、时间和方向所做的规划，注册会计师应当为审计工作制定总体审计策略，并据以指导具体审计计划的制定。注册会计师在制定总体审计策略时，应当考虑审计的范围、审计业务的报告目标、审计方向和审计资源等事项。

(一) 审计的范围

注册会计师应当确定审计业务的特征，包括编制拟审计的财务信息所依据的财务报告编制基础、特定行业的报告要求以及客户组成部分的分布等，以界定审计范围。

具体来讲，在确定审计范围时，应当考虑的事项主要有：编制拟审计的财务信息所依据的财务报告编制基础；特定行业的报告要求；预期的审计工作涵盖范围，包括需要审计的集团内组成部分的数量及所在地点；母公司和集团内其他组成部分之间存在的控制关系的性质，以确定如何编制合并财务报表；其他注册会计师参与审计集团内组成部分的范围；需要审计的业务部分性质，包括是否需要具备专门知识；外币业务的核算方法及外币财务报表折算和合并方法；除对合并财务报表审计之外，是否需要对组成部分的财务报表单独进行法定审计；内部审计工作的可利用性以及对内部审计工作的拟依赖程度；客户使用服务机构的情况以及注册会计师如何取得有关服务机构内部控制设计、执行和运行有效性的证据；预期利用在以前审计工作中获取的审计证据的程度；信息技术对审计程序的影响，包括数据的可获得性和预期使用计算机辅助审计技术的情况；根据中期财务信息审阅以及在审阅中所获得信息对审计的影响，相应调整审计涵盖范围和时间安排；与为客户提供其他服务的会计师事务所人员讨论可能影响审计的事项；客户的人员和相关数据的可利用性。

(二) 报告目标、时间及所需沟通性质

注册会计师应当明确审计业务的报告目标，以计划审计的时间安排和所需沟通的性质，包括提交审计报告的时间要求，预期与管理层和治理层沟通的重要日期等。

具体来讲，在确定报告目标、时间及所需沟通性质时，应当考虑的事项主要有：客户的财务报告时间表；与管理层和治理层就审计工作的性质、时间和范围所举行的会议的组织工作；与管理层和治理层讨论预期签发报告和其他沟通文件的类型及提交时间；就组成部分的报告及其他沟通文件的类型和提交时间与组成部分的注册会计师沟通；项目组成员之间预期沟通的性质和时间安排；是否需要跟第三方沟通；与管理层讨论在整个审计过程中通报审计工作进度及审计结果的预期方式。

(三) 审计方向

总体审计策略的制定应当考虑影响审计业务的重要因素，以确定项目组工作方向，包括确定适当的重要性水平，初步识别可能存在较高的重大错报风险的领域，初步识别重要的组成部分和账户余额，评价是否需要针对内部控制的有效性获取审计证据，识别客户、所处行业、财务报告要求及其他相关方面最近发生的重大变化等。

在确定审计方向时，注册会计师主要考虑的事项有：在重要性方面，具体包括制定审计计划时确定的重要性水平、为组成部分确定的重要性且与组成部分的注册会计师沟通、在审计过程中重新考虑重要性水平、识别重要的组成部分和账户余额；重大错报风险较高的审计领域；评估的财务报表层次的重大错报风险对指导、监督及复核的影响；项目组成员的选择、工作分工和项目预算；向项目组成员强调在收集和评价审计证据过程中保持职业怀疑的必要性；以往审计中对内部控制运行有效性评价的结果；管理层重视设计和实施健全的内部控制的相关证据；业务交易量规模，以基于审计效率的考虑确定是否信赖内部控制；管理层对内部控制重要性的重视程度；影响客户经营的重大发展变化、重大的行业发展情况以及会计准则或会计制度的变化。

(四) 审计资源

注册会计师应当在总体审计策略中清楚地说明审计资源的规划和调配，包括确定执行审计业务所必需的审计资源的性质、时间安排和范围。

在确定审计资源时，注册会计师主要考虑的事项有：向具体审计领域调配的资源，包括向高风险领域分派有适当经验的项目组成员，就复杂的问题利用专家工作等；向具体审计领域分配资源的多少，包括分派到重要地点进行存货监盘的项目组成员的人数，向高风险领域分配的审计时间预算等；何时调配这些资源；如何管理、指导、监督这些资源的利用等。

总体审计策略的详略程度应当随客户的规模及该项审计业务复杂程度的不同而变化。例如在小型客户审计中，全部审计工作可能由一个很小的审计项目组执行，项目组成员间容易沟通和协调，总体审计策略可以相对简单一些。总体审计策略的内容也不是一成不变的，注册会计师应当根据实施风险评估程序的结果对上述内容予以调整。

三、具体审计计划

具体审计计划，是依据总体审计策略制定的，对实施总体审计策略所需要的审计程序的性质、时间和范围所做的详细规划和说明。

具体审计计划比总体审计策略更加详细。其核心内容是为获取充分、适当的审计证据以将审计

风险降至可接受的低水平,项目组成员拟实施的审计程序的性质、时间和范围。具体审计计划应当包括拟实施的风险评估程序、计划实施的进一步审计程序和其他审计程序。

(一) 风险评估程序

按照审计准则要求,注册会计师在执行财务报表审计业务时,应当了解客户及其环境,以确保能足够识别和评估财务报表重大错报风险,为设计和实施进一步审计程序提供依据。为了足够识别和评估财务报表重大错报风险,注册会计师应计划实施的风险评估程序的性质、时间和范围。

(二) 计划实施的进一步审计程序

进一步审计程序是注册会计师在了解客户及其环境后,针对评估的认定层次的重大错报风险实施的审计程序,包括控制测试和实质性程序。具体计划应当包括注册会计师计划实施的进一步审计程序的性质、时间和范围。

(三) 计划的其他审计程序

具体计划应当包括根据审计准则的规定,注册会计师针对审计业务需要实施的其他审计程序,其他审计程序主要包括进一步审计程序没有涵盖的审计程序,以及根据审计准则的要求,注册会计师应当执行的既定程序,例如阅读含有已审财务报表的文件中的其他信息、与客户律师直接沟通等。

四、审计计划的修改与记录

审计计划一经制订,一切审计工作必须严格按照既定计划进行,但这并不表明审计计划是一成不变的,而实际上,制订审计计划、计划审计工作不是审计业务的一个孤立阶段,而是一个持续的、不断修正的过程,贯穿于整个审计业务的始终。由于未预期事项的发生、条件的变化或在实施审计程序中获取的审计证据变化等原因,注册会计师应当在审计过程中对总体审计策略和具体审计计划做出必要的更新和修改。一旦计划被更新和修改,审计工作也必须进行相应的修正,并按照修改后的计划实施审计工作。

注册会计师应当记录总体审计策略和具体审计计划,包括在审计工作过程中做出的任何重大更改。注册会计师可以使用标准的审计程序表或审计工作完成核对表,但应当根据具体审计业务的情况做出适当修改。注册会计师对计划审计工作记录的形式和范围,取决于客户的规模和复杂程度、重要性、具体审计业务的情况以及对其他审计工作记录的范围等事项。

第三节　审计重要性

审计重要性(Materiality)是现代审计理论和实务中一个非常重要的概念,审计重要性概念的运用贯穿于整个审计过程。在计划审计工作时,注册会计师应当考虑导致财务报表发生重大错报的原因,并应当在了解被审计单位及其环境的基础上,确定一个可接受的重要性水平,即首先为财务报表层次确定重要性水平,以发现金额上的重大错报;同时,注册会计师还应当评估各类交易、账户余额和披露认定层次的重要性,以便确定进一步审计程序的性质、时间安排和范围,将审计风险降至可接受的低水平;在确定审计意见类型时,注册会计师也需要考虑重要性水平。

一、重要性的含义

审计准则对重要性的定义:"如果合理预期错报(包括漏报)单独或汇总起来可能影响财务报表使用者依据财务报表做出的经济决策,则通常认为错报是重大的。重要性的判断是根据具体环境做出的,并受错报的金额或性质的影响,或受两者共同作用的影响。"

理解重要性的含义时需要把握以下几点:

1) 重要性概念是针对财务报表而言的。判断一项错报重要与否,应视其在财务报表中的错报对财务报表的使用者所做出决策的影响程度而定。若一项错报影响报表使用者的判断或决策,则该项错报就是重要的,反之,就是不重要的。

2) 判断某事项对财务报表使用者是否重大,是在考虑财务报表使用者整体共同的财务信息需求的基础上做出的。由于不同财务报表使用者对财务信息的需求可能差异很大,因此不考虑错报对个别财务报表使用者可能产生的影响。

3) 重要性的判断离不开具体的环境,并受错报的金额或性质的影响,或受两者共同作用的影响。不同企业面临不同的环境,因此,判断重要性的标准也不相同。同样一笔误差,对于不同规模的企业其重要性程度不同;对于特定企业的不同时期,重要性程度也会不同,例如,如果注册会计师获悉审计报告会用来向银行申请贷款,那么对影响负债金额大小的项目就不能稍有马虎,而应当对这些项目设定较低的重要性水平。因此,重要性水平取决于所面临的特定空间和时间,是特定空间与时间的结合,不存在绝对的公式或固定的数额,试图确定适用于所有审计客户的重要性的具体数额标准是不可能的。

4) 注册会计师对重要性的确定属于职业判断,受注册会计师对财务报表使用者对财务信息需求的认识的影响。确定何种程度的错报会影响到财务报表使用者所做决策,是注册会计师运用职业判断的结果。很多注册会计师根据所在会计师事务所的惯例及自己的经验,考虑重要性。

在计划和执行审计工作,评价识别出的错报对审计的影响,以及未更正错报对财务报表和审计意见的影响时,注册会计师都需要运用重要性概念。

二、重要性水平的确定

在计划审计工作时,注册会计师应当确定一个可接受的重要性水平,以发现金额上的重大错报。注册会计师在确定计划的重要性水平时,需要考虑对被审计单位及其环境的了解、审计的目标、财务报表各项目的性质及其相互关系、财务报表项目的金额及其波动幅度。同时,还应当从数量和性质两个方面合理确定重要性水平。

(一) 从数量方面考虑重要性

财务报表审计的目标是对财务报表整体发表审计意见,因此,注册会计师应当确定财务报表整体的重要性水平。而财务报表中每个报表项目(含附注资料)又是一定会计期间所有具体交易过程及其结果的反映,注册会计师在计划和执行进一步审计程序时,还要考虑一个或多个特定类别的交易、账户余额或披露等发生的错报金额对使用者经济决策的影响,即需要确定特定类别的交易、账户余额或披露的重要性水平。

1. 财务报表整体的重要性

注册会计师确定财务报表整体层次的重要性,既是财务报表审计目标的需要,只有这样才能得出财务报表是否公允反映的结论,也是注册会计师在制定总体审计策略时的要求。

确定重要性需要运用职业判断。通常先选定一基准，再乘以某一百分比作为财务报表整体的重要性。在选择基准时，需要考虑的因素包括：

1) 财务报表要素(如资产、负债、所有者权益、收入和费用)。
2) 是否存在特定会计主体的财务报表使用者特别关注的项目(如为了评价财务业绩，使用者可能更关注利润、收入或净资产)。
3) 被审计单位的性质、所处的生命周期阶段以及所处行业现状和经济环境(例如，新设立阶段的企业可以选择总资产作为基准，成长时期的企业可选择营业收入作为基准，成熟期的企业可以选择经常性业务的税前利润作为基准)。
4) 被审计单位的所有权结构和融资方式(例如，如果被审计单位仅通过债务而非权益进行融资，财务报表使用者可能更关注资产及资产的索偿权，而非被审计单位的收益)。
5) 基准的相对波动性。

适当的基准取决于被审计单位的具体情况，包括各类报表收益(如税前利润、营业收入、毛利和费用总额)，以及所有者权益或净资产。对于以营利为目的的实体，通常以经常性业务的税前利润作为基准。如果经常性业务的税前利润不稳定，选用其他基准可能更加合适，如毛利或营业收入。当按照经常性业务的税前利润的一定百分比确定被审计单位财务报表整体的重要性时，如果被审计单位本年度税前利润因情况变化出现意外增加或减少，或者处于微利或亏损状态，注册会计师可能认为按照近几年经常性业务的平均税前利润，或是采用财务报表使用者关注的诸如营业收入、总资产等其他财务指标作为基准来确定财务报表整体的重要性更加合适。

为选定的基准确定百分比需要运用职业判断。百分比和选定的基准之间存在一定的联系，如经常性业务的税前利润对应的百分比通常比营业收入对应的百分比要高。例如，对以营利为目的的制造行业实体，注册会计师可能认为不超过经常性业务税前利润的5%是适当的；而对非营利组织，注册会计师可能认为不超过总收入或费用总额的1%，或者不超过资产总额的0.5%是适当的。百分比无论是高一些还是低一些，只要符合具体情况，都是适当的，以上举例都是一些经验数值，审计实务中需要审计职业判断。

通过不同的判断基础得出的重要性水平，一般情况下总是存在着差异，如果同一期间各财务报表的重要性水平不同，从谨慎角度出发，注册会计师应取一个最低者作为所有报表层次的重要性水平。其原因是财务报表彼此相互关联，一项误差可能会同时影响到各种不同的基础，并且很多审计程序都经常涉及两个以上的报表，所以在计划审计工作时，注册会计师应使用对任何一张财务报表都重要的最小的错报总体水平。

实例4-2 财务报表层次重要性的确定

RH会计师事务所注册会计师甲和乙对ABC股份有限公司20××年度财务报表进行审计，其未经审计的有关财务报表项目金额如表4-1所示。

表4-1 ABC股份有限公司财务报表项目 (单位：万元)

会计报表项目名称	金额
资产总计	180 000
股东权益合计	88 000
营业收入	240 000
利润总额	36 000
净利润	24 120

甲和乙注册会计师拟以资产总额、净资产(股东权益)、营业收入和净利润作为判断基准，采用固定比率法，并假定资产总额、净资产、营业收入和净利润的固定百分比数值分别为0.5%、1%、0.5%和5%。

问题：甲和乙注册会计师计算确定ABC股份有限公司20××年度财务报表层次的重要性水平应该是多少？

分析：180 000×0.5%=900
　　　88 000×1%=880
　　　240 000×0.5%=1200
　　　24 120×5%=1206

甲和乙注册会计师应选择金额最低的880万元作为财务报表层次的重要性水平，该金额最低，满足每张财务报表的要求。选择的重要性水平越低，计划执行的程序越充分，越能够将审计风险控制在可接受的水平。

2. 特定类别交易、账户余额或披露的重要性水平

在初步确定财务报表层次重要性水平的基础上，需要确定各类别交易、账户余额或披露的重要性水平，以确定审计实施过程中应收集证据的数量，各类别交易、账户余额或披露的重要性水平又称为"可容忍错报"。否则，仅有一个财务报表整体的重要性标准是无法指导各个具体项目的审计计划工作以及对审计结果进行评价的。

根据被审计单位的特定情况，下列因素可能表明存在一个或多个特定类别的交易、账户余额或披露等发生的错报金额，虽然低于财务报表整体的重要性，但合理预期将影响财务报表使用者依据财务报表做出的经济决策：

1) 法律法规或适用的财务报告编制基础是否影响财务报表使用者对特定项目(如关联方交易、管理层和治理层的薪酬)计量或披露的预期。

2) 与被审计单位所处行业相关的关键性披露(如制药企业的研究与开发成本)。

3) 财务报表使用者是否特别关注财务报表中单独披露的业务的特定方面(如新收购的业务)。

在根据被审计单位的特定情况考虑是否存在上述交易、账户余额或披露时，注册会计师可能会发现治理层和管理层的看法和预期是有用的。

实务中，确定各类别交易、账户余额或披露的重要性水平通常有两种方法：一种方法是分配的方法，这种方法就是将初步判断的财务报表层次的重要性水平按照一定比率分配给财务报表的各个项目；另一种方法是不分配的方法，直接将各个交易、账户余额或披露的重要性水平确定为财务报表层次重要性水平的一定比例范围，例如，某审计项目中注册会计师确定的财务报表层次重要性水平为100万，并将各个交易、账户余额或披露的重要性水平确定为财务报表层次重要性水平的1/6~1/3，如果应收账款为1/4，则其重要性水平就是25万。无论是分配的方法还是不分配的方法，各个交易、账户余额或披露的重要性水平的汇总数通常不能高于财务报表层次的重要性水平。

实例4-3　分配确定交易、账户余额或披露的重要性水平

ABC股份公司的资产项目如表4-2所示，注册会计师初步判断的财务报表层次的重要性水平为资产总额的1%，即140万元，即资产负债表可以容忍的错报为140万元。然后注册会计师将这一重要性水平分配给资产负债表中的各个项目。

表4-2 ABC股份有限公司资产项目及分配方案表   （单位：万元）

项目金额	金　额	甲方案	乙方案
货币资金	700	7	2.8
应收账款	2100	21	25.2
存　货	4200	42	70
固定资产	7000	70	42
总　　计	14 000	140	140

问题：注册会计师提供了甲、乙两种分配方案，比较两种分配方案的恰当性。

分析：甲方案对于每一个项目都采用1%的比例进行分配，虽然简单，但是一般来说是不恰当的，注册会计师必须对其进行修正。由于应收账款和存货错报的可能性较大，因此分配较高的重要性水平，以节省审计成本。假定审计存货后，仅发现40万元的错报，且注册会计师认为所执行的审计程序已经足够，则可将剩下的30万元再分配给应收账款。

需要说明的是，重要性水平的确定离不开注册会计师的专业判断，重要性水平的分配也绝不是简单地按比重进行加权平均，而应当以既能保证审计工作实施的效果，又能合理降低审计成本的原则为指导，综合考虑各种因素，对重要性的分配做出合理的判断。

(二) 从性质方面考虑重要性

在某些情况下，金额相对较小的错报可能会对财务报表产生重大影响，属于性质重要。例如，一项不重大的违法支付或者没有遵循某项法律规定，但该支付或违法行为可能导致一项重大的或有负债、重大的资产损失或收入损失，就应认为上述事项是重大的。以下是从性质方面考虑具有代表性的可能构成重要性的因素：

1) 对财务报表使用者需求的感知，他们对财务报表的哪一方面最感兴趣。
2) 获利能力趋势。
3) 因没有遵守贷款契约、合同约定、法规条款和法定的或常规的报告要求而产生错报的影响。
4) 计算管理层报酬(资金等)的依据。
5) 由于错误或舞弊而使一些账户项目对损失的敏感性。
6) 重大或有负债。
7) 通过一个账户处理大量的、复杂的和相同性质的个别交易。
8) 关联方交易。
9) 可能的违法行为、违约和利益冲突。
10) 财务报表项目的重要性、性质、复杂性和组成。
11) 可能包含高度主观性的估计、分配或不确定性。
12) 管理层的偏见。管理层是否有动机将收益最大化或最小化。
13) 管理层一直不愿意纠正已报告的与财务报告相关的内部控制的缺陷。
14) 与账户相关联的核算与报告的复杂性。
15) 自前一个会计期间以来账户特征发生的改变(例如，新的复杂性、主观性或交易的种类)。
16) 个别极其重大但不同的错报抵销产生的影响。

三、实际执行的重要性

由于单项非重大错报的汇总数可能导致财务报表出现重大错报,同时还应考虑可能存在的未发现错报。因此,虽然在计划审计工作时确定了一个可接受的重要性水平,但是注册会计师还应当确定财务报表整体的实际执行的重要性。所谓实际执行的重要性,是指注册会计师确定的低于财务报表整体重要性的一个或多个金额,旨在将未更正和未发现错报的汇总数超过财务报表整体的重要性的可能性降至适当的低水平。如果适用,实际执行的重要性还指注册会计师确定的低于特定类别的交易、账户余额或披露的重要性水平的一个或多个金额。

确定实际执行的重要性也需要注册会计师运用职业判断,并考虑下列因素的影响:(1)对被审计单位的了解(这些了解在实施风险评估程序的过程中时时更新);(2)前期审计工作中识别出的错报的性质和范围;(3)根据前期识别出的错报对本期错报做出的预期。

通常而言,实际执行的重要性一般为财务报表整体重要性的50%~75%。接近财务报表整体重要性50%的情况:(1)经常性审计,以前年度审计调整较多;(2)项目总体风险较高(如属于高风险行业,经常面临较大市场压力,首次承接的审计项目或者需要出具特殊目的报告等);(3)存在或预期存在值得关注的内部控制缺陷。

接近财务报表整体重要性75%的情况:(1)经常性审计,以前年度审计调整较少;(2)项目总体风险低到中等(如属于低风险行业,市场压力较小);(3)之前的审计经验表明内部控制运行有效。

四、在审计过程中修改重要性

由于存在下列原因,注册会计师可能需要修改财务报表整体的重要性和特定类别的交易、账户余额或披露的重要性水平:(1)审计过程中情况发生重大变化(如决定处置被审计单位的一个重要组成部分);(2)获取新信息;(3)通过实施进一步审计程序,注册会计师对被审计单位及其经营的了解发生变化。例如,注册会计师在审计过程中发现,实际财务成果与最初确定财务报表整体的重要性时使用的预期与本期财务成果相比存在很大差异,则需要修改重要性。

实例4-4 多选题

下列有关重要性水平的说法中正确的有( )。

    A. 重要性包括对数量和性质两个方面的考虑,两者必须同时满足重要的前提,该项错报才视为重要

    B. 对重要性的评估需要运用注册会计师的职业判断,但是如果被审计单位连续两年接受会计师事务所的审计,则注册会计师确定的重要性水平一定是相同的

    C. 重要性在计划审计工作和评价错报影响时都要运用

    D. 重要性水平是以财务报表使用者决策时对信息的需求为基础确定的

    E. 特定类别交易、账户余额或披露的重要性水平应低于财务报表整体的重要性

分析:A性质和数量方面满足其一即可,B重要性的判断离不开具体的环境,具体环境是多变的,正确答案是CDE。

五、评价审计过程中识别的错报

计划审计工作之后,注册会计师应当严格按照审计计划确定的既定审计程序实施审计,若在这一过程中,识别出大量的错报,注册会计师应当及时评价识别出的错报对审计的影响,评价未更正错报对财务报表的影响。

(一) 错报的定义

错报,是指某一财务报表项目的金额、分类、列报或披露,与按照适用的财务报告编制基础应当列示的金额、分类、列报或披露之间存在的差异;或根据注册会计师的判断,为使财务报表在所有重大方面实现公允反映,需要对金额、分类、列报或披露做出的必要调整。错报可能是由于错误或舞弊导致的。

根据识别过程的差异,通常将审计过程中识别的错报区分为事实错报、判断错报和推断错报。

1) 事实错报。事实错报是毋庸置疑的错报。这类错报产生于被审计单位收集和处理数据的错误,表现为对事实的忽略或误解,或故意舞弊行为。例如,客户应收账款某明细账余额记录30万元,注册会计师通过函证发现该明细账所涉及的债务人事实上不存在,因此,应收账款被高估了30万元,这就是已识别的对事实的具体错报。

2) 判断错报。由于注册会计师认为管理层对会计估计做出不合理的判断或不恰当地选择和运用会计政策而导致的差异。这类错报产生于两种情况:一是管理层和注册会计师对会计估计值的判断差异;二是管理层和注册会计师对选择和运用会计政策的判断差异,由于注册会计师认为管理层选用会计政策造成错报,管理层却认为选用会计政策适当,导致出现判断差异。

3) 推断错报。注册会计师对总体存在的错报做出的最佳估计数,涉及根据在审计样本中识别出的错报来推断总体的错报。推断错报通常包括:(1)通过测试样本估计出的总体的错报减去在测试中发现的已经识别的具体错报;(2)通过实质性分析程序推断出的会计错报。

(二) 对审计过程中识别出的错报的考虑

注册会计师应当将审计过程中识别出的事实错报、判断错报和推断错报累积起来,评价累积错报对审计的影响。当审计过程中累积错报的汇总数接近按照计划审计工作时确定的重要性时,考虑到某些未被发现的错报,则表明存在比可接受的低风险更大的风险,即未被发现的错报连同审计过程中累积错报的汇总数,可能超过重要性。

此时,注册会计师可以要求管理层检查某类交易、账户余额或披露,以使管理层了解注册会计师识别出的错报的产生原因,并要求管理层采取措施以确定这些交易、账户余额或披露实际发生错报的金额,以及对财务报表做出适当的调整。

如果管理层应注册会计师的要求,检查某类交易、账户余额或披露并更正已发现的错报,注册会计师应当实施追加的审计程序,以确定错报是否仍然存在。

如果管理层拒绝更正沟通的部分或全部错报,注册会计师应当了解管理层不更正错报的理由,并在评价财务报表整体是否存在重大错报时考虑该理由。

需要说明的是,注册会计师在制定审计策略和审计计划时,需要确定一个明显微小错报的临界值,低于该临界值的错报将被视为明显微小的错报,可以不累积。所谓明显微小的错报,是指不管单独还是汇总起来,从规模、性质或发生的环境来看都是明显微不足道的错报。但是,考虑到为了避免不累积的错报(即低于临界值的明显微小错报)连同累积的未更正错报汇总成重大错报,注册会计师在确定临界值时,应保持谨慎的职业判断。如果注册会计师预期被审计单位存在数量较多、金额较小的错报,可考虑采用较低的临界值,甚至为零,以避免大量低于临界值的错报积少成多构成重大错报。如果不确定一个或多个错报是否明显微小,就不能认为这些错报是明显微小的。

(三) 评价未更正错报的影响

未更正错报,是指注册会计师在审计过程中累积的且审计单位未予更正的错报。注册会计师在评价未更正错报的影响时,首先需要考虑是否需要修改重要性,然后从数量和性质两个方面评价未更正错报是否重大。

注册会计师在计划审计工作阶段确定重要性时,通常依据对被审计单位财务结果的估计,因为此时可能尚不知道实际的财务结果。因此,在评价未更正错报的影响之前,注册会计师可能有必要依据实际的财务结果对重要性做出修改。

如果注册会计师对重要性或重要性水平进行的重新评价导致需要确定较低的金额,则应重新考虑实际执行的重要性和进一步审计程序的性质、时间安排和范围的适当性,以获取充分、适当的审计证据,作为发表审计意见的基础。

注册会计师需要考虑每一单项错报,以评价其对相关类别的交易、账户余额或披露的影响,包括评价该项错报是否超过特定类别的交易、账户余额或披露的重要性水平。如果注册会计师认为某一单项错报是重大的,则该项错报不太可能被其他错报抵销。例如,如果收入存在重大高估,即使这项错报对收益的影响完全可被相同金额的费用高估所抵销,注册会计师也仍认为财务报表整体存在重大错报。对于同一账户余额或同一类别的交易内部的错报,这种抵销可能是适当的。然而,在得出抵销非重大错报是适当的这一结论之前,需要考虑可能存在其他未被发现的错报的风险。

确定一项分类错报是否重大,还需要进行定性评估。即使某些错报低于财务报表整体的重要性,但因与这些错报相关的某些情况,在将其单独或连同在审计过程中累积的其他错报一并考虑时,注册会计师也可能将这些错报评价为重大错报。例如,错报掩盖收益的变化或其他趋势的程度、错报对增加管理层薪酬的影响程度等。

实例4-5 重要性水平确定及重大错报的职业判断

上市公司甲公司是ABC会计师事务所的常年审计客户,2020年初,A注册会计师负责审计甲公司2019年度财务报表。审计工作底稿中与确定重要性和评估错报相关的部分内容摘录如表4-3所示。

表4-3 报表数据资料表 (单位:万元)

项 目	2019年	2018年	备 注
营业收入	16000(未审数)	15000(已审数)	2019年,竞争对手推出新产品抢占市场,甲公司通过降价和增加广告投放促销
税前利润	50(未审数)	2000(已审数)	2019年,降价及销售费用增长导致盈利大幅下降
财务报表整体的重要性	80	100	
实际执行的重要性	60	75	
明显微小错报的临界值	0	5	

(1) 2018年度财务报表整体的重要性以税前利润的5%计算。2019年，由于甲公司处于盈亏临界点，A注册会计师以过去三年税前利润的平均值作为基准确定财务报表整体的重要性。

(2) 由于2018年度审计中提出的多项审计调整建议金额均不重大，A注册会计师确定2019年度实际执行的重要性为财务报表整体重要性的75%，与2018年度保持一致。

(3) 2019年，治理层提出希望知悉审计过程中发现的所有错报，因此，A注册会计师确定2019年度明显微小错报的临界值为0。

(4) 甲公司2019年末非流动负债余额中包括一年内到期的长期借款2500万元，占非流动负债总额的50%。A注册会计师认为，该错报对利润表没有影响，不属于重大错报，同意管理层不予调整。

(5) A注册会计师仅发现一笔影响利润表的错报，即管理费用少计60万元。A注册会计师认为，该错报金额小于财务报表整体的重要性，不属于重大错报，同意管理层不予调整。

要求：针对上述第(1)至第(5)项，假定不考虑其他条件，逐项指出A注册会计师的做法是否恰当。如不恰当，简要说明理由。

分析：

第(1)项和第(3)项恰当。

第(2)项不恰当。2018年度有多项审计调整，甲公司在2019年面临较大的市场压力，显示项目总体风险较高，将实际执行的重要性确定为财务报表整体重要性的75%不恰当。

第(4)项不恰当。该分类错报对其所影响的账户重大，很可能影响关键财务指标(如营运资金)，应作为重大错报。

第(5)项不恰当。该错报虽然小于财务报表整体的重要性，但会使甲公司税前利润由盈利转为亏损，属于重大错报。

第四节　审计风险

审计风险与重要性存在着密切关系。注册会计师所从事的是一种风险性职业，特别是20世纪80年代以来，针对注册会计师的诉讼案件大量增加，审计行业进入一个"诉讼爆炸"的时代，一些会计师事务所甚至不堪巨额索赔而陷入困境，2001年安然事件导致"五大"会计师事务所之一的安达信破产，截至目前，许多国内大会计师事务所也被监管部门处罚，就是一个个忽视审计风险的典型案例。因此，审计风险不仅影响到审计质量的提高，也关系到注册会计师及审计行业的生存和发展，已经成为审计业界密切关注的一个热点问题。

一、审计风险的含义

由于各种客观因素或主观因素的限制，审计结论在一定程度上具有不确定性。这种不确定性有时给利用审计服务的各方带来损失，导致注册会计师需要对后者承担责任，这种可能性就构成了审计风险。狭义的审计风险(Audit Risk)是指"财务报表存在重大错报而注册会计师发表不恰当审计意见的可能性"，本教材主要指狭义的审计风险。

广义的审计风险是指"注册会计师发表不恰当审计意见的可能性"。这一定义除包括财务报表存在重大错报而注册会计师发表不恰当审计意见的可能性之外，还包括财务报表不存在重大错报而注册会计师发表不恰当审计意见的可能性,现代审计广泛地采用抽样方法,后一种情况就是发生了抽样审计中的误拒风险。

此外,广义的审计风险还可以指"注册会计师发表不恰当审计意见而导致损失的可能性"。从经济人假设角度分析,会计师事务所和注册会计师应更加关注其行为可能导致的后果,从现实审计行为看,也是如此。

二、审计风险要素

审计风险(Audit Risk,AR)由重大错报风险和检查风险两个要素构成。注册会计师应当实施审计程序,评估重大错报风险,并根据评估结果设计和实施进一步审计程序,以控制检查风险。

(一) 重大错报风险

重大错报风险(Risks of Material Misstatement,MMR)是指财务报表在审计前存在重大错报的可能性,重大错报风险与被审计单位的风险相关,且独立存在于财务报表的审计中。同重要性水平的划分一样,注册会计师在设计审计程序以确定财务报表整体是否存在重大错报时,应当从财务报表和各类交易、账户余额、列报认定这两个层次来考虑重大错报风险。

1) 财务报表层次重大错报风险。财务报表层次重大错报风险通常与控制环境有关,并与财务报表整体存在广泛联系,可能影响多项认定。此类风险通常与控制环境有关,如管理层缺乏诚信、治理层形同虚设而不能对管理层进行有效监督等;但也可能与其他因素有关,如经济萧条、企业所在行业处于衰退期。此类风险难以被界定于某类交易、账户余额、列报的具体认定,相反,此类风险增大了一个或多个不同认定发生重大错报的可能性。

2) 各类交易、账户余额、列报认定层次重大错报风险。注册会计师应当考虑各类交易、账户余额、列报认定层次的重大错报风险,以便于针对认定层次计划和实施进一步审计程序。事实上,某些类别的交易、账户余额、列报及其认定存在较高的重大错报风险。例如,技术进步可能导致某项产品陈旧,进而导致存货易于发生高估错报;对高价值的、易转移的存货缺乏实物安全控制,可能导致存货的存在性认定出错;会计计量过程受重大计量不确定性影响,可能导致相关项目的准确性认定出错。

(二) 检查风险

检查风险(Detection Risk,DR)是指某一认定存在错报,该错报单独或连同其他错报是重大的,但注册会计师未能发现这种错报的可能性。换言之,检查风险就是对于内部控制未能察觉并纠正财务报表中的重大错误,运用审计程序也未能发现这些错误的可能性。

检查风险是审计程序的有效性和注册会计师运用审计程序的有效性的函数。检查风险是必然存在的风险,其水平的高低与客户无关,而与审计程序的有效性有关。注册会计师在实质性程序的执行过程中能够调节检查风险,但因受审计资源、审计时间等因素影响,注册会计师不能根除检查风险。

一般而言,检查风险来自于以下几个方面:

1) 由于实质性程序在采用抽样技术时,仅测试一定审计对象总体中的部分项目,而不是测试总体中的全部项目,因此存在样本性质不能反映总体性质的可能性。

2) 注册会计师因工作失误而选择和应用不适宜或无效率的审计程序,而未能发现各种差错或非法行为。

3) 因注册会计师假设、观察和推理等思维错误导致发表的审计意见与特定的审计对象相背离。

与重大错报风险不同,检查风险取决于审计程序设计的合理性和执行的有效性。检查风险实际水平随着注册会计师对某项认定执行的实质性程序的性质、时间和范围的改变而改变。比如,在资产负债表日执行的实质性程序比其他任何期内日期执行的实质性程序、使用较多的样本比使用较少的样本,更有利于降低检查风险。因此,注册会计师应当合理设计审计程序的性质、时间和范围,并有效执行审计程序,以控制检查风险。

实例4-6 单选题

下列与重大错报风险相关的表述中,正确的是( )。
  A. 重大错报风险是因错误使用审计程序产生的
  B. 重大错报风险是假定不存在相关内部控制,某一认定发生重大错报的可能性
  C. 重大错报风险独立于财务报表审计而存在
  D. 重大错报风险可以通过合理实施审计程序予以控制

分析:重大错报风险是客观存在的,独立于报表审计,不是实施程序可以控制的,所以选项AD不正确。选项B描述的是固有风险,并不能说重大错报风险等于固有风险,正确答案是C。

三、审计风险模型及其运用

为了能够更有利于指导审计人员计划审计工作,指导审计人员执行既定审计程序,需要对审计风险进行细化和量化,使审计风险能够在实际执业中可控,措施之一就是提供审计风险模型。审计风险及其要素之间的关系通常被称为审计风险模型,它被认为是制订审计计划、指导审计工作的一个重要工具。

(一)现代风险导向审计风险模型

自20世纪90年代中期以来,以毕马威为首的一些国际会计公司开始探寻新的审计模式,新模式将企业财务报表看作企业实施战略和实现经营目标的结果之一,以企业战略分析为基础,将其经营风险的评估过程和评估结果作为财务报表重大错报风险的评估基础,并据以指导和实施审计。同时,英、美、加等国家的监管者以及国际审计与鉴证准则理事会(IAASB)也开始关注并调查以经营风险为基础的现代风险导向审计的效率和效果,尤其是对舞弊审计的效果。

2004年国际审计与鉴证准则理事会(IAASB)发布了四个新的审计准则,推出了现代风险导向审计风险模型:

$$审计风险(AR)=重大错报风险(MMR)\times 检查风险(DR)$$

我国于2006年颁布的注册会计师审计准则第1101号《财务报表审计的目标和一般原则》也借鉴了这一模型。该模型具有以下特点:

1) 该模型对内部控制的了解是把其与财务报表存在重大错报联系起来,主要了解与报告可靠性相关的内部控制,降低了对内部控制的依赖程度,提高了审计的效率和效果。

2) 该模型不仅重视认定层次的风险,而且更强调报表层次的风险,把被审单位置于宏观层面分析与重大错报风险相联系的内部环境,能够全面性、整体性地评估可能产生的审计风险。

3) 该模型将评估财务报表重大错报风险的视野或范围,扩展到被审计单位整体甚至其所在的特定行业范围,将来自于企业经营过程中的经营风险与确认、计量、记录和报告这些经营结果的会

计政策选择联系起来。审计风险模型中重大错报风险的根源不在财务报表本身,而来源于企业存在的巨大经营风险。

(二) 审计风险模型的运用

1. 期望审计风险的确定

在审计实务中,审计风险模型中的审计风险通常是指期望审计风险。期望审计风险是在审计完成并发表了无保留意见之后,注册会计师所愿承担的一种主观确定的、财务报表未公允表达的风险。从大多数审计组织的审计手册来看,一般可容忍的审计风险均确认在5%。目前,5%基本成为大多数注册会计师一般公认的水平。

在确定期望审计风险水平之前,注册会计师必须对客户进行调查,评价影响财务报表使用者对财务报表信赖程度和审计完成之后客户遭受财务困难的可能性的各个因素,根据调查和评价的结果,确定期望审计风险水平,并随着审计进程和新信息的获取进行不断调整和修正。

2. 可接受的检查风险的确定

与重大错报风险不同,检查风险是根据审计风险模型中的另外两种风险计算出来的。我们称其为可接受的检查风险。根据审计风险模型的变化,可得如下公式:

$$检查风险 = 审计风险 \div 重大错报风险$$

由该公式可以看出,可接受的检查风险等于期望审计风险与评估的重大错报风险之商。假设针对某一认定,注册会计师将可接受的审计风险水平设定为5%,注册会计师实施风险评估程序后,将重大错报风险评估为20%,则根据这一模型,可接受的检查风险为25%。当然,在审计实务中,注册会计师不一定用精准数量表达这些风险水平,而有可能更喜欢选用"高""中""低"等文字描述。

在既定的审计风险水平下,可接受的检查风险水平与认定层次重大错报风险的评估结果呈反向关系。即评估的重大错报风险越高,可接受的检查风险越低;评估的重大错报风险越低,可接受的检查风险越高。因此,注册会计师应当评估认定层次的重大错报风险,并根据既定的审计风险水平和评估的认定层次重大错报风险确定可接受的检查风险水平。对此,就要求注册会计师在审计过程中获取认定层次充分、适当的审计证据,以便在完成审计工作时,能够以可接受的低审计风险对财务报表整体发表审计意见。检查风险水平的高低决定了计划收集证据的数量。检查风险水平较低时,注册会计师必须收集相当多的证据,才能将审计风险降低到可以接受的水平。

实例4-7 多选题

关于审计风险模型,下列叙述中正确的有(   )。

A. 重大错报风险是评估的认定层次的重大错报风险
B. 重大错报风险是评估的与财务报表存在广泛联系的重大错报风险
C. 当可接受的检查风险降低时,审计人员可能将计划实施实质性程序的时间从期中移至期末
D. 当可接受的检查风险降低时,审计人员可能缩小实质性程序的范围
E. 在既定的审计风险水平下,重大错报风险与可接受的检查风险呈反向关系

分析:审计风险模型中的重大错报风险为评估的认定层次重大错报风险,可接受的检查风险越低,实质性程序的范围越大,针对该认定所需的审计证据的相关性和可靠性要求也就越高,注册会计师越应当考虑将实质性程序集中在期末(或接近期末)实施,正确答案是ACE。

四、重要性与审计风险之间的关系

重要性水平与审计风险之间呈反向关系。也就是说,重要性水平越高,审计风险越低。反之,重要性水平越低,审计风险越高。这里,重要性水平的高低是指金额的大小。如果注册会计师判断确定的重要性水平较低,说明审计风险较高,注册会计师必须通过执行有关的审计程序来降低审计风险。

审计风险越高,越要求注册会计师收集更多、更有效的审计证据,以将审计风险降至可接受的低水平。因此,重要性和审计证据之间也是反向变动关系。

需要说明的是,注册会计师不能通过不合理地人为调高重要性水平来降低审计风险。因为重要性是依据重要性概念中所述的判断标准确定的,而不是由主观期望的审计风险水平决定的。

习　题

一、复习思考题

1. 什么是重要性?注册会计师在审计过程中为什么要考虑重要性的概念?
2. 如何确定重要性水平?
3. 在审计计划和评价阶段如何运用重要性水平?
4. 试述审计风险的含义,并指出其组成要素。
5. 什么是审计风险模型?如何使用?
6. 如何应对财务报表层次和认定层次的重大错报?
7. 重要性与审计风险间存在什么关系?

二、单项选择题

1. 在本期审计业务开始时,注册会计师应当开展的初步业务活动是(　　)。
   A. 就审计范围与被审计单位管理层沟通
   B. 获取被审计单位管理层声明书
   C. 就审计责任与被审计单位治理层沟通
   D. 评价项目成员的独立性
2. 在制定总体审计策略的初始阶段,注册会计师应当做的工作是(　　)。
   A. 识别可能防止、发现并纠正舞弊的特定内部控制活动
   B. 评价被审计单位会计估计的合理性
   C. 与被审计单位管理层讨论实施审计程序的时间
   D. 向律师询问是否存在尚未披露的诉讼
3. 在制定具体审计计划时,注册会计师应当考虑的内容是(　　)。
   A. 计划实施的风险评估程序的性质、时间安排和范围
   B. 计划与管理层和治理层沟通的日期
   C. 计划向高风险领域分派的项目组成员
   D. 计划召开项目组会议的时间

4. 注册会计师对某企业审计时，根据报表基数计算出如下四个重要性水平，针对该次审计应该选择的重要性水平是( )。

　　A. 80万元　　　　　　　　　　B. 75万元
　　C. 60万元　　　　　　　　　　D. 50万元

5. 注册会计师将可接受的审计风险水平设定为5%，注册会计师实施风险评估程序后将重大错报风险评估为10%，则根据审计风险模型，可接受的检查风险为( )。

　　A. 50%　　　　　　　　　　　B. 10%
　　C. 20%　　　　　　　　　　　D. 5%

三、多项选择题

1. 通常而言，实际执行的重要性一般为财务报表整体重要性的50%～75%。接近财务报表整体重要性75%的情况主要有( )。

　　A. 经常性审计，以前年度审计调整较多　　B. 项目总体风险较高
　　C. 经常性审计，以前年度审计调整较少　　D. 项目总体风险较低

2. ABC会计师事务所承接EFG公司2019年度财务报表审计工作，甲注册会计师担任项目合伙人，下列关于甲注册会计师的观点不正确的有( )。

　　A. 注册会计师制定总体审计策略后，开展初步业务活动
　　B. 开展初步业务活动以确定实际执行的重要性水平
　　C. 开展初步业务活动以确定注册会计师是否具备独立性和专业胜任能力
　　D. 开展初步业务活动以确保注册会计师对客户的商业机密保密

3. 在审计风险模型中，以下关于检查风险的说法中，正确的有( )。

　　A. 检查风险的控制效果取决于审计程序设计的合理性和执行的有效性
　　B. 在既定的审计风险水平下，可接受的检查风险水平与认定层次重大错报风险的评估结果呈反向关系
　　C. 注册会计师应当合理设计审计程序的性质、时间和范围，并有效执行审计程序，以控制检查风险
　　D. 检查风险与注册会计师所需的审计证据呈同向关系

4. 关于重要性和审计风险的关系中，下列说法中不恰当的有( )。

　　A. 为了降低审计风险，注册会计师调高了重要性水平
　　B. 重要性水平越高，审计风险越低
　　C. 重要性水平与审计证据之间是反向变动
　　D. 重要性是站在财务报表使用者角度进行判断，与审计风险不存在关系

5. 注册会计师在确定重要性时通常选定一个基准。下列因素中，注册会计师在选择基准时需要考虑的是( )。

　　A. 被审计单位的性质　　　　　　B. 以前年度审计调整的金额
　　C. 基准的相对波动性　　　　　　D. 是否存在财务报表使用者特别关注的项目

第五章

审计证据和审计工作底稿

【导读】

审计证据是审计的核心概念之一,审计工作的过程可以被认为是一个计划收集证据、收集证据和评价证据的过程。从表现形式看分实物证据、书面证据、口头证据和环境证据,从来源看分内部证据和外部证据,理解证据的不同分类及其性质差异对审计取证至关重要。鉴于审计成本和审计效果的权衡,获取充分适当的审计证据需要良好的职业判断。审计人员可以根据需要单独或综合运用检查、观察、询问、函证、重新计算、重新执行和分析程序等具体审计技术方法来获取审计证据。审计人员从接受业务开始,到出具审计报告为止,对整个审计过程中的各项工作都应记录于审计工作底稿,"不记录,勿审计"(No Documentation,No Auditing)成为风险导向审计时代的共识。

【学习重点】

掌握不同类型审计证据之间的差异,掌握审计证据充分性和适当性两大特征的判断标准,掌握和熟练运用八种审计证据的取证技术方法,掌握审计工作底稿的内容及其编制要求。本章应用性比较强,需要运用更多的实际案例教学。

【学习难点】

掌握审计证据充分性和适当性两大特征的判断标准是本章的难点,熟练运用检查记录或文件、检查有形资产、观察、询问、函证、重新计算、重新执行和分析程序等具体审计技术方法是本章的另一个难点。

【教学建议】

第一节以学生课堂讨论分析为主,第二节和第三节建议教师结合实际案例,以课堂讲授为主,主要以培养学生的证据意识和审计取证能力为目标。

第一节 审计证据

一、审计证据的含义

审计工作的过程主要是收集、整理和评价审计证据的过程。审计证据既是恰当审计意见的客观基础，又是控制审计质量的工具。因此，审计证据是审计中的一个核心概念。审计证据(Audit Evidence)是指注册会计师为了得出审计结论、形成审计意见而使用的所有信息，包括财务报表依据的会计记录中含有的信息和其他相关信息。

财务报表依据的会计记录一般包括对初始分录的记录和支持性记录，如支票、电子资金转账记录、发票、合同、总账、明细账、记账凭证和未在记账凭证中反映的对财务报表的其他调整，以及支持成本分配、计算、调节和披露的手工计算表和电子数据表。依据会计记录编制财务报表是被审计单位管理层的责任，审计人员应当测试上述会计记录以获取审计证据。但是，会计记录中含有的信息本身并不足以提供充分的审计证据作为对财务报表发表审计意见的基础，审计人员还应当获取其他信息并作审计证据。

其他信息的范围很广，可用作审计证据的其他信息包括：(1)审计人员从被审计单位内部或外部获取的会计记录以外的信息，如被审计单位会议记录、内部控制手册、询证函的回函、分析师的报告、与竞争者的比较数据等；(2)审计人员通过询问、观察和检查等审计程序获取的信息，如通过检查存货获取存货存在性的证据等；(3)审计人员自身编制或获取的可以通过合理推断得出结论的信息，如审计人员编制的各种计算表、分析表等。

财务报表依据的会计记录中包含的信息和其他信息共同构成了审计证据，两者缺一不可。如果没有前者，审计工作将无法进行；如果没有后者，可能无法识别和评估重大错报风险。只有将两者结合在一起，才能将审计风险降至可接受的低水平，为审计人员发表审计意见提供合理基础。

二、审计证据的类型

为了帮助审计人员评价单个审计证据的作用、整理和分析审计证据，需要对审计证据进行分类。审计证据按来源不同，可以分为内部证据、外部证据和亲历证据。

(一) 内部证据

内部证据是指被审计单位内部部门或职工所编制的审计证据。内部证据按证据的处理过程，又可进一步分为只在被审计单位内部流转的内部证据以及由被审计单位内部编制，但流转到被审计单位以外的机构或人员持有的内部证据两种。如果内部证据在外部流转，并获得外部机构或人员的认可，如销售发票、付款支票等，具有更高的可靠性。如果是只在被审计单位内部流转的审计证据，如入库单、会计账簿等，其可靠程度会因被审计单位内部控制的好坏而异。

(二) 外部证据

外部证据是指由被审计单位以外的机构或人员所编制的审计证据。由于外部机构或人员独立于被审计单位，外部证据一般具有较强的证明力。但考虑到证据传递和处理过程，还要对外部证据的证明力进一步分析。

按照证据的处理过程，外部证据又分为由被审计单位以外的机构或人员编制，并由其直接递交审计人员的外部证据，以及由被审计单位以外的机构或人员编制，但为被审计单位所持有并提交审计人员的外部证据两种。前者如债务函证回函，律师、工程师和证券经纪人等专家证明信函，这类外部证据不仅由外部独立编制，而且未经被审计单位之手，从而没有篡改、伪造的可能，其证明力最强；后者如银行对账单、购货发票、有关的合同契约等，此类外部证据存放于被审计单位，审计人员在评价其可靠性时，就应当考虑篡改、伪造的可能性。尽管如此，在一般情况下外部证据的证明力仍然要高于内部证据。

(三) 亲历证据

亲历证据是指审计人员自行编制的各种审计证据，如审计人员自己编制的各种计算表、分析表等。这类证据的可靠性一般较高，但依赖于取证人员的工作态度、知识水平和实践经验，还取决于计算分析所依赖数据的可靠性。

三、审计证据的特征

审计人员在执行审计业务时，应当保持职业怀疑的态度，运用职业判断，评价审计证据的充分性和适当性。充分性和适当性是审计证据的两大特征。

(一) 审计证据的充分性

审计证据的充分性又称足够性(Sufficient)，是审计人员形成审计意见所需审计证据的最低数量要求，主要与审计人员确定的样本量有关，是对审计证据数量的衡量。判断审计证据的充分性应综合考虑以下因素：

1) 重大错报风险评估水平。如果审计人员对重大错报风险水平评估得很高，那么所需收集的审计证据的数量就多；反之，所需证据的数量就少，两者之间是一种同向变动关系。

2) 具体审计项目的重要性。具体审计项目越重要，对会计报表整体公允性的影响越大，一旦审计人员在这方面出现判断错误，极易导致审计意见的错误表达。为此，审计人员应收集更充分的审计证据；相反，如果具体审计项目不太重要，即使审计人员出现判断上的偏差，也不至于导致整体审计意见的错误表达，此时，审计人员就可以相对减少审计证据的数量。

3) 审计人员的审计经验。如果审计人员具有丰富的审计经验，那么从较少的审计证据中即可判断出被审事项是否存在舞弊行为；而若审计人员缺乏审计经验，就无法做出这种判断。因此，审计证据的数量与审计人员经验的丰富程度存在一定的关系。

4) 审计中发现的问题的性质。如果审计中发现的问题属于舞弊性质，由于问题影响重大，涉及对行为者的处罚，审计人员就应收集更详细的审计证据；如果所发现的问题属于一般性错误，则只要收集适量的审计证据达到纠正目的即可。

5) 审计证据的类型和获取途径。对同一被审事项而言，外部证据和实物证据因其具有较高的证明力，审计人员所需获取的审计证据的数量就可减少；如果取得的审计证据是内部证据或口头证据，则审计人员还须取得其他的佐证材料以提高证据的综合证明力。

6) 成本效益制约。审计工作中的成本效益原则说明审计证据的数量并非越多越好，审计人员应在既定的审计时间和合理的成本限度内，取得满足需要的适量的审计证据。

7) 审计总体规模和特征。总体规模越大，所需证据数量越多；总体中各单位标志变异程度越大，对审计证据的需要量也越大。

需要注意的是，审计证据的充分性，是困扰审计人员的一个复杂难题，面对业务复杂、业务量数以万计的客户，审计人员只能采用抽样审计，只要是抽查，审计程序是否恰当、样本量是否足够都需要职业判断。从国内外许多已发生的判例看，法官(包括陪审团)和公众往往习惯于运用反事实推理来判断审计证据的充分性，所谓的反事实推理(Counterfactual Reasoning)，又称反事实思维，是指对过去已经发生的事实进行否定而重新表征，以建构一种可能性假设的思维活动。当事后发现重大错报，尤其是舞弊没有被注册会计师审计发现时，法官(包括陪审团)和公众往往就认定审计证据不充分。

(二) 审计证据的适当性

审计证据的适当性(Appropriate)是对审计证据的质量要求，它由多种因素决定，但主要取决于相关性和可靠性。只有相关并且可靠的审计证据才是高质量的。

1) 相关性(Relevance)。相关性是指用作审计证据的信息与审计程序的目的和所考虑的相关认定之间的逻辑联系。只有与审计目标相关联的审计证据，才能用于证明或否定被审事项。特定的审计程序可能只为某些认定提供相关的审计证据，而与其他认定无关，例如，检查期后应收账款收回的记录和文件可以提供有关存在和计价的审计证据，但未必提供与截止测试相关的审计证据。类似地，有关某一特定认定的审计证据，不能替代与其他认定相关的审计证据，例如，对存货盘点所取得的实物证据可用于证明存货的存在性，但却无法证明存货的所有权归属于被审计单位。但另一方面，不同来源或不同性质的审计证据可能与同一认定相关。

2) 可靠性(Reliability)。可靠性是指审计证据应当客观、真实。具体而言，审计证据的可靠性受到以下因素的影响：

(1) 来源的独立性。取自被审计单位以外的独立第三者的外部证据，比内部的证据可靠；已获取独立第三者确认的内部证据，比未获取独立第三者确认的内部证据可靠。例如，通过向证券交易所询证客户发行股票数量，比通过询证客户和检查其文件所取得的证据更加可靠。

(2) 提供和评价证据者的资质。有能力、有资质的人员提供的审计证据会更加可靠。例如，客户的律师对诉讼结果的回答比司法部门之外的人员的解释要可靠。另外，审计人员评价证据的资格水平也影响审计证据的可靠性。例如，对珠宝的鉴定非一般审计人员能力所及，此时，应聘请有关专家提供专业服务。

(3) 内部控制系统的健全有效性。在健全有效的内部控制系统下取得的审计证据，其可靠性高于控制薄弱时所取得的审计证据。

(4) 审计证据的客观性。一般而言，主观性低、客观性强的证据可靠程度较高。例如，由于口头证据带有较高的主观性，其可靠程度要低于以文件记录等形式存在的书面证据。同样道理，审计人员直接获取的审计证据比推论得出的审计证据要可靠。

(5) 篡改或伪造的难易度。如果一项审计证据很容易被篡改或伪造，审计人员就会认为其可靠性较低。例如，由于传真或复印件是比较容易篡改或伪造的，因此从原件获取的审计证据就比从传真或复印件获取的审计证据更可靠。

(6) 审计证据的综合证明力。不同来源或不同性质的审计证据相互印证时，审计证据的可靠性较高；而若不同来源的审计证据不相一致或不同性质的审计证据相互矛盾，审计证据的可靠性就较低，这时，审计人员应当追加审计程序，以收集更具证明力的审计证据。

实例5-1 审计证据可靠性辨析

甲注册会计师在对ABC股份有限公司2019年度会计报表进行审计时,收集到以下六组审计证据:

(1) 收料单与购货发票

(2) 销货发票副本与产品出库单

(3) 领料单与材料成本计算表

(4) 工资计算单与工资发放单

(5) 存货盘点表与存货监盘记录

(6) 银行询证函回函与银行对账单

问题:请分别说明每组审计证据中哪项审计证据较为可靠,并简要说明理由。

分析:(1)购货发票可靠,外部证据的可靠性高于内部证据;(2)销货发票可靠,内部证据需要在外部流转时更可靠;(3)领料单可靠,需要发料人和领料人签字认可;(4)工资发放单可靠,理由同(3);(5)存货监盘记录可靠,因为是注册会计师的亲历证据;(6)银行询证函回函可靠,直达注册会计师手中的外部证据比经过客户转交的外部证据可靠。

(三) 充分性和适当性的关系

充分性和适当性是审计证据的两个重要特征,两者缺一不可,只有充分且适当的审计证据才是有证明力的。

审计证据的适当性会影响审计证据的充分性。审计证据质量越高,需要的审计证据数量可能越少。例如,被审计单位内部控制健全时生成的审计证据更可靠,审计人员只需要获取适量的审计证据,就可以为发表审计意见提供合理的基础。

需要注意的是,如果审计证据的质量存在缺陷,那么审计人员获取再多的审计证据也无法弥补其质量上的缺陷。例如,审计人员应当获取与销售收入完整性相关的证据,实际获取到的却是有关销售收入发生的证据。审计证据与完整性目标不相关,即使获取的证据再多,也证明不了收入的完整性。同样,如果审计人员获取的证据不可靠,那么证据数量再多也难以起到证明作用。

(四) 充分性和适当性的特殊考虑

1) 对文件记录可靠性的考虑。审计工作通常不涉及鉴定文件记录的真伪,审计人员也不是鉴定文件记录真伪的专家,但应当考虑用作审计证据的信息的可靠性,并考虑与这些信息生成与维护相关控制的有效性。

如果在审计过程中识别出的情况使其认为文件记录可能是伪造的,或文件记录中的某些条款已发生变动,审计人员应当做出进一步调查,包括直接向第三方询证等,或考虑征求专家的意见以评价文件记录的真伪。

2) 使用被审计单位生成信息时的考虑。如果在审计过程中使用被审计单位生成的信息,审计人员应当就这些信息的准确性和完整性获取审计证据。

3) 获取审计证据时对成本的考虑。审计人员可以考虑获取审计证据的成本与所获证据有用性之间的关系,但不应以获取审计证据的困难较大和成本较高为由减少不可替代的审计程序。

实例5-2 PCAOB与普华永道就审计证据充分与否的争议

2012年11月,美国公众公司会计监督委员会(PCAOB)发布了一份针对普华永道(PwC)的检查报告,该报告包括三个被PCAOB称为"审计失败"的案例。

其中第一个案例是,在对某家未公布名称的发行商的审计中,PCAOB称普华永道未能执行充分的审计程序,未能对该发行商在另一实体中的投资是否被正确计量进行有效评估。普华永道除了询问管理层以及阅读该发行商编制的一份备忘录之外,没有执行其他任何审计程序以评估该发行商对该实体的投资使用成本法计量这一会计处理是否恰当。此外,即使工作底稿里记录了一些潜在的减值迹象,包括该实体缺乏充足的资金以应对未来12个月的营运活动,普华永道除了询问管理层外,亦未执行其他程序以评估该发行商"对该实体的投资以及源于该实体的应收款项没有发生减值"这一结论是否适当。

其中第二个案例是,在对一个客户的审计中,PCAOB称普华永道未能获取充分适当的审计证据以支持其对财务报告出具的审计意见。PCAOB解释道:"该发行商前一年度停产了一条重要的产品生产线,同时引进了一条新的生产线。在审计活动涉及的九个月中,上述停产产品线并未产生销售,而发行商基于该生产线独有的因素和假设为该生产线计算了单独的减值准备。普华永道除了询问外,未能对管理层用于计算上述单独减值准备的重要假设进行测试,而该项减值准备约占该产品线账面价值的三分之一。"

普华永道美国分公司的负责人Bob Moritz、鉴证业务负责人Tim Ryan在给PCAOB的回函中写道:"我们认为,在任何审计过程中必然涉及专业判断,专业人士会对特定环境中审计证据的充分性得出不同的结论。PCAOB检查报告所提及的案例就表明了这种情况,这涉及如何看待审计证据的问题,是笼统看待还是依其本质。虽然我们对某些案例中所谓的重大缺陷存在异议,但我们仍将认真对待,制定相应的计划,不断改善审计质量。"(来源:中国会计视野,2012年12月26日,www.esnai.com。)

问题:结合审计证据的特征、审计对象的复杂性以及现代审计的局限性,评论监管者和普华永道的观点。

第二节 审计证据的获取程序与方法

审计取证方法是指审计人员为了取得审计证据而采用的各种手段和措施的总称。选用适当的审计取证方法并正确运用,对提高审计工作效率、完成审计任务具有重要意义。

一、审计取证的一般方法

审计取证的一般方法是根据审计工作的详简程度而划分的审计方法,一般指详查法和抽查法。

(一) 详查法

就财务审计而言,详查法是对被审期间的所有会计资料进行全面审查的一种方法。详查法的优点是能全面查清会计账目中存在的错弊,取得论证审计结论的充分审计证据,审计风险较小。但详查法实际上是重复验证被审期间的全部业务,具有工作量大、费时费力、难以普遍采用等缺点。详查法一般适应于那些问题特别严重、账目极为混乱、必须彻底查清的被审计单位,或者经济业务较少、会计资料不多的小型企事业单位。以上是针对某审计客户的全部会计资料而言,而就会计报表项目的某一认定执行审计程序时,在下列情况下,审计人员执行100%的详细检查可能是适当的:(1)总体由少量的大额项目构成;(2)存在特别风险且其他方法未提供充分、适当的审计证据;(3)由于信息系统自动执行的计算或其他程序具有重复性,对全部项目进行检查符合成本效益原则。

(二) 抽查法

抽查法是从被审对象的全部内容(即总体)中抽取一部分样本进行审查,根据对样本的审查结果来推断总体情况的一种方法。抽查法的优点是可以减少审计的工作量,节约审计人力和时间,提高审计工作效率;缺点是若样本选择不当或缺乏代表性,会使审计人员做出不当的审计结论,审计风险较大。抽查法一般适用于内部控制比较健全的企业。

二、审计取证的技术方法

在审计过程中,审计人员可以根据需要单独或综合运用检查、观察、询问、函证、重新计算、重新执行和分析程序等具体审计程序来获取审计证据。

(一) 检查

检查是指审计人员对被审计单位内部或外部生成的,以纸质、电子或其他介质形式存在的记录和文件进行审查,或对实物资产进行审查,包括检查记录或文件和检查有形资产两种形式。

1. 检查记录或文件

检查记录或文件(Examination of Document)是指审计人员对被审计单位内部或外部生成的,以纸质、电子或其他介质形式存在的记录或文件进行审查。检查记录或文件的目的是对财务报表所包含或应包含的信息进行验证,因此,这种检查包括对会计记录和其他书面文件进行审阅与复核。就会计记录而言,检查就是对原始凭证、记账凭证、账簿和报表及其所反映的经济业务的真实性、合规合法性和合理性进行审阅,对会计记录之间具有的勾稽和对应关系的一致性进行复核。

检查记录或文件可以提供可靠程度不同的审计证据,审计证据的可靠性取决于记录或文件的性质和来源,而在检查内部记录或文件时,其可靠性则取决于生成该记录或文件的内部控制的有效性。某些文件是表明一项资产存在的直接审计证据,如构成金融工具的股票或债券,但检查此类文件并不一定能提供有关所有权或计价的审计证据。此外,检查已执行的合同可以提供与被审计单位运用会计政策(如收入确认)相关的审计证据。

2. 检查有形资产

检查有形资产(Physical Examination of Client Assets)是指审计人员对资产实物进行审查。检查有形资产程序主要适用于存货、现金、有价证券、应收票据和固定资产等。检查有形资产可为其存在性提供可靠的审计证据,但不一定能够为权利和义务或计价认定提供可靠的审计证据。因此,审计人员在对有形资产检查后,还要采用其他审计程序对其计价和所有权进行审计。

实例5-3　报表附注检查审阅案例

甲注册会计师在对ABC股份有限公司的财务报表进行审阅时,获得了在建工程的附注资料,如表5-1所示。

表5-1　ABC股份有限公司部分在建工程项目工程进度表　　　　　　　　　　（单位：万元）

	2011年年报		2012年半年报	
	工程进度	期末金额	工程进度	期末金额
供热车间改造工程	80%	5439	90%	7369
淀粉糖扩改工程	90%	208	30%	2809
污水处理工程	50%	201	50%	4201

问题：通过检查审阅ABC股份有限公司的在建工程项目工程进度表，你查找出存在的异常问题了吗？

分析提示：以上附注内容摘编于万福生科农业开发股份有限公司2012年半年报，该公司采用虚假手段，虚增业绩，于2009年7月在深市创业板上市，2011年11月因造假被监管部门处罚。从表5-1中可以看出有两处疑点最大：一是淀粉糖扩改工程，2011年年报已完工90%，投入208万元，而在次年投入达到2809万元的情况下，完工程度居然降低到30%；二是污水处理工程，投入由2011年的201万元增加到次年的4201万元，完工程度居然没有变化。建议读者下载万福生科农业开发股份有限公司2009年、2010年、2011年的年报进行分析，讨论该企业财务舞弊的特点以及财务舞弊导致的异常现象。

(二) 观察

观察(Observation)是指审计人员查看相关人员正在从事的活动或执行的程序。例如，对被审计单位正在执行的授权审批控制活动进行观察。

审计人员通过观察可以取得第一手资料，但观察所提供的审计证据仅限于观察发生时点，而且在相关人员已知被观察时，相关人员从事活动或执行程序可能与平时做法不同，因此，观察程序是有其局限性的。在运用观察程序取证时，首先，审计人员要认真、仔细、有深度，不能以偏概全；其次，应在被审计单位不知晓的情况下进行观察，以取得真实资料；再次，要做好观察记录，如有必要，可以采用摄影或录像的方法收集证据；最后，还要注意获取其他类型的证据以相互印证。

实例5-4　耳听为虚，眼见为实

"耳听为虚，眼见为实"，道出了观察法的重要性。著名的做空高手浑水调研公司(Muddy Water Research，简称浑水公司)对目标公司的现场调查研究方法，为注册会计师运用观察法获取审计证据提供了有益的方向性指导。2010年美国人Block创办了浑水公司，成功做空了10多家中国境外上市公司，即所谓的中概股。其盈利模式是，首先，选择目标公司后会同一些对冲基金和投资者卖空该公司股票，然后适时抛出目标公司财务造假的一些负面报告，导致目标公司股票大跌，从而通过做空机制盈利，还可以通过起诉目标公司获利。浑水公司对目标公司研究调查必不可少的方法之一是实地调研。浑水公司一般会去上市公司办公地点与其高层访谈，询问公司的经营情况。浑水公司更重视的是观察工厂环境、机器设备、库存，与工人及工厂周边的居民交流，了解公司的真实运营情况，甚至在厂区外偷偷观察进出厂区的车辆运载情况，拍照取证。浑水公司将实际调研的所见所闻与公司发布的信息相比较，其中逻辑矛盾的地方，就是上市公司被攻击的软肋。浑水公司做空的第一家公司是在美国上市的东方纸业，正是Block观察到其工厂破烂不堪的生产现场与财务报表披露的良好盈利能力形成的巨大反差，坚定了Block做空东方纸业的决心，后续做空成功的中概股中，现场观察调研都是必不可少的手段。在2017年调查辉山乳业的过程中，浑水公司甚至动用了无人机去拍摄公司的草场、生产基地。通过现场观察取证，浑水公司获得了一手资料，证明了辉山乳业公司的造假行为。

2019年,在美国上市的瑞幸咖啡成为国际做空机构的又一个目标。为了调查瑞幸咖啡的真实业绩,仅现场调查一项活动,做空机构就动员了92名全职人员和1418名兼职人员,在45个城市的2213家瑞幸咖啡门店做秘密调查,录下了大量关于订单量和客流量的监控视频,从10 119名顾客手中拿到了25 843张收据。最终形成的89页做空报告彻底揭穿了瑞幸咖啡造假的谎言。2020年4月,瑞幸咖啡管理层只得主动承认虚假交易22亿元人民币的事实,随后被纳斯达克摘牌。

问题:许多财务舞弊案例暴露后,新闻媒体记者去被审计单位现场观察,发现公司现状与财务报表披露的良好盈利能力相去甚远,由此提出了疑问:在揭露财务舞弊方面,难道作为专业人士的注册会计师竟然还不如媒体记者?

请从注册会计师审计的局限性角度讨论分析公众的疑问。

(三) 询问

询问(Inquiries)是指审计人员以书面或口头的方式,向被审计单位内部或外部的知情人员获取财务信息和非财务信息,并对答复进行评价的过程。作为其他审计程序的补充,询问被广泛应用于整个审计过程中。

采用询问程序取证,首先要明确询问目的,即在对被审计单位有关情况初步了解的基础上,拟定询问提纲。其次,要讲究询问方式。口头询问时以两人在场为宜,尽量避免开座谈会的形式;要注意工作态度,讲究语言方式,切忌威逼诱骗和暗示;提出的问题要浅显易懂,便于回答。最后,要做好询问记录。审计人员对询问结果要如实记录,必要时应将记录提请被询问者签字认可,或者请其提供书面证明材料。

需要注意的是,尽管询问可以提供重要的审计证据,甚至可以提供某项错报的证据,但询问本身通常并不能为认定层次不存在重大错报和内部控制运行的有效性提供充分的审计证据。

实例5-5 询问发现企业漏记收入行为

甲注册会计师是负责审计ABC公司2019年度财务报表项目负责人,在询问销售人员时,获知该公司为鼓励客户多采购,实行返利销售的激励政策,政策规定年销售额在200万元~600万元之间的,按销售额1%返利;年销售额600万元~1000万元之间的,按销售额2%返利;年销售额1000万元以上的,按照销售额3%返利,返利采用的是本企业产品实物形式。然而,在随后的销售收入审计中,审计人员却发现公司全年没有一笔返利销售记录,也没有返利商品的出库记录。经过仔细询问后,公司管理人员承认,为了逃避缴纳增值税,公司的实物返利是从生产线直接将产品运送给返利客户,没有按照税法规定,视同销售交纳增值税。经测算公司全年漏记收入400余万元,流转税70余万元。

问题:询问非财务人员,然后将获得的信息与财务信息相比较,往往会获得异常线索,试讨论审计询问的技巧。

(四) 函证

函证(Confirmation)是指审计人员为了获取影响财务报表或相关披露认定的项目的信息,通过直接来自第三方的对有关信息和存在状况的声明,获取和评价审计证据的过程。例如,为了验证应收账款余额而向被审计单位债务人发函询证。

由于函证所取得的审计证据来自独立于被审计单位的第三方,因而受到高度重视,是一种经常使用的取证程序。但函证也存在成本较高,且依赖严格函证控制和需要被函证者认真对待等局限。函证通常适用于银行存款、应收账款、应收票据等项目的审计。

函证分为积极函证和消极函证，前者要求被函证者对函证内容无论正确与否都在规定期限内给予答复，后者只要求对方在函证内容核对不正确时才在规定期限内给予回复。相比而言，积极函证比消极函证更具有可靠性，因为对方不给予回复或回复不及时，审计人员可以补充发函，直至采取替代审计程序，而后者如对方不回函，审计人员即认为函证无误，而实际上可能是对方未收到函件，或对函件未予理睬，或默认对其有利的错弊等。审计人员可采用积极的或消极的函证方式实施函证，也可将两种方式结合使用。如果采用积极的函证方式，那么应当要求被询证者在所有情况下必须回函，确认询证函所列信息是否正确，或填列询证函要求的信息。如果得不到回函，那么应当采取有效的替代程序，以获取充分适当的审计证据，替代程序应当能够提供实施函证所能提供的同样效果的审计证据。当实施函证时，审计人员应当对选择被函证者、设计询证函以及发出和收回询证函保持控制。

需要注意的是，在函证过程中，审计人员需要始终保持职业怀疑态度，应当评价函证的实施结果是否为审计的认定提供了充分、适当的审计证据。如果有迹象表明收回的询证函不可靠，那么应当实施适当的审计程序予以证实或消除疑虑。

(五) 重新计算

重新计算(Recomputation)是指审计人员以人工方式或使用计算机辅助审计技术，对记录或文件中的数据计算的准确性进行核对。例如，计算销售发票和存货的总金额，加总日记账和明细账，检查折旧费用和利息费用的计算，检查应纳税额的计算等。

重新计算程序简单，工作机械烦琐，易被审计人员忽视。但如数字计算有误，或故意歪曲计算结果，特别是出现相互抵消而不影响试算平衡的计算差错，采用其他方法往往难以发现，而只能采用重新计算程序。

(六) 重新执行

重新执行(Reperformance)是指审计人员以人工方式或使用计算机辅助审计技术，重新独立执行作为被审计单位内部控制组成部分的程序或控制。例如，审计人员利用被审计单位的银行存款日记账和银行对账单，重新编制银行存款余额调节表，并与被审计单位编制的银行存款余额调节表进行比较。

(七) 分析程序

分析程序(Analytical Procedures)是指审计人员通过研究不同财务数据之间以及财务数据与非财务数据之间的内在关系，对财务信息做出评价，还包括调查识别出的、与其他相关信息不一致或与预期数据严重偏离的波动和关系。分析程序可被运用于合并财务报表、组成部分的财务报表以及财务信息的要素。审计人员实施分析程序时可以使用不同的方法，包括从简单的比较到使用高级统计技术的复杂分析。

审计人员应当将分析程序用作风险评估程序，以了解被审计单位及其环境，并在审计结束时运用分析程序对财务报表进行总体复核，注册会计师也可将分析程序用作实质性程序。

1. 用作风险评估程序

审计人员实施风险评估程序的目的在于了解被审计单位及其环境，并评估财务报表层次和认定层次的重大错报风险。在风险评估过程中使用分析程序也服务于这一目的。分析程序可以帮助审计人员发现财务报表中的异常变化，或者预期发生而未发生的变化，识别存在潜在重大错报风险的领域。分析程序还可以帮助审计人员发现财务状况或盈利能力发生变化的信息和征兆，识别那些表明被审计单位持续经营能力问题的事项。

例如，审计人员根据对被审计单位及其环境的了解，得知本期在生产成本中占较大比重的原材料成本大幅上升。因此，审计人员预期在销售收入未有较大变化的情况下，由于销售成本的上升，毛利率应相应下降。但是，审计人员通过分析程序发现，本期与上期的毛利率变化不大。审计人员可能据此认为销售成本存在重大错报风险，应对其给予足够的关注。分析程序可以有效地识别重大错报风险，因此，在风险评估时运用分析程序是强制要求。

2. 用作实质性程序

当使用分析程序比细节测试能更有效地将认定层次的检查风险降至可接受的水平时，分析程序可以用作实质性程序，被称为实质性分析程序。在针对评估的重大错报风险实施进一步审计程序时，审计人员可以将分析程序作为实质性程序的一种，单独或结合其他细节测试，收集充分、适当的审计证据。此时运用分析程序可以减少细节测试的工作量，节约审计成本，降低审计风险，使审计工作的效率更高、效果更显著。考虑到数据的可靠性、交易的发生频率等因素，实质性分析程序不强制要求，审计人员可根据审计职业判断选择使用。

3. 用作总体复核

在审计结束或临近结束时，审计人员应当运用分析程序对财务报表进行总体复核以确定财务报表整体是否与对被审计单位的了解一致。如果识别出以前未识别的重大错报风险，审计人员应当重新考虑对全部或部分各类交易、账户余额、列报进行评估的风险，并在此基础上重新评价之前计划的审计程序，考虑是否需要追加审计程序，以便为发表审计意见提供合理基础。在总体复核时运用分析程序也是强制要求。

当通过实施分析程序识别出与其他相关信息不一致或者偏离预期数据的重大波动或关系时，审计人员应当进行调查并获取充分的解释和恰当的佐证审计证据。在调查异常波动和关系时，审计人员应当在询问管理层的基础上，将管理层的答复与审计人员对被审计单位的了解以及在审计过程中获取的其他审计证据做比较，以印证管理层的答复。如果管理层不能提供解释或者解释不充分，则考虑是否需要运用其他审计程序。

实例5-6 分析程序运用实例

2013年9月27日，东北地区最大的民营奶制品企业辽宁辉山乳业集团(简称辉山乳业)在香港证券交易所成功上市。2016年12月，著名国际做空机构浑水公司发布了质疑辉山乳业财务造假的调查报告，报告提供了很多辉山乳业财务造假的确凿证据，导致辉山乳业股票崩盘，最终于2019年底黯然退市，为辉山乳业连续提供年报审计服务的毕马威会计师事务所因未能及时揭露财务舞弊而备受指责。表5-2对乳制品行业多家公司的毛利率做了比较。

表5-2 乳制品行业多家公司毛利率的比较

	2013年	2014年	2015年	2016年
伊利股份	28.67%	32.54%	35.89%	37.94%
蒙牛乳业	27.00%	30.80%	31.40%	33.70%
光明乳业	34.75%	34.61%	36.11%	38.68%
辉山乳业	54.00%	62.40%	57.60%	56.00%

要求：对比以上分析结果，你认为辉山乳业的毛利率存在哪些异常？并根据毛利率的影响因素评估公司哪些账户可能存在重大错报风险？可能影响哪些认定？应当如何进行审计应对？

分析提示：行业指标的平均值通常是行业内企业类似指标的参考值，大大高于行业平均水平的非预期毛利率往往预示着企业存在严重的利润操纵行为；营业收入与营业成本是影响毛利率的两个关键因素，虚增销售收入或少转销售成本，或兼而为之都可以出现奇高的毛利率。此外，辉山乳业账面还显示在主营业务收入快速增长的情况下，其生产所用电量及电费反而降低的异常现象。通常，传统产业里如果企业收入飞速增长，那么水、电、人力等资源耗费也会相应增长，如出现反常现象，往往预示着重大错报风险。

三、信息生成和存储方式对审计程序的影响

审计程序的性质和时间可能受会计数据和其他相关信息的生成和存储方式的影响，审计人员应当提请被审计单位保存某些信息以供查阅，或在可获得该信息的期间执行审计程序。

某些会计数据和其他信息只能以电子形式存在，或只能在某一时点或某一期间得到，审计人员应当考虑这些特点对审计程序的性质和时间的影响。

随着信息化的发展，可获得的被审计单位各种有关记录大部分是电子形式的记录。例如，在电子商务中，被审计单位及其顾客或供应商使用通过公共网络(如互联网)连接的计算机进行商业活动，采购、运输、开具账单、现金收讫和现金支出交易通常全部以电子处理的方式完成。在图像处理系统中，文件可以被扫描并转换成电子图像以便于存储和检索，而原始凭证可能在转换后未被保存。某些电子信息可能只存在于特定的时点，审计人员应当考虑会计数据和其他相关信息的生成和存储方式对实施审计程序的影响。

当信息以电子形式存在时，审计人员可以通过使用计算机辅助审计技术实施某些审计程序。

第三节 审计工作底稿

审计工作底稿(Working Papers)是审计证据的载体，审计证据是审计工作底稿的主要内容。审计人员从接受业务开始，到出具审计报告为止，对整个审计过程中的各项工作都应记录于审计工作底稿中。

一、审计工作底稿的含义及其作用

(一) 审计工作底稿的含义

审计工作底稿是指审计人员对制订的审计计划、实施的审计程序、获取的相关审计证据，以及得出的审计结论做出的记录。审计工作底稿包括全部审计工作记录和获取的各种资料，既形成于审计过程，也反映整个审计过程。

(二) 审计工作底稿的作用

审计工作底稿是审计人员开展审计工作的重要工具。具体来说，其主要作用表现在以下方面：
1) 提供充分、适当的记录，作为出具审计报告的基础。审计人员所收集到的审计证据和做出

的专业判断,都完整地记载于审计工作底稿中。因此,审计工作底稿也就自然成了做出审计结论、发表审计意见和出具审计报告的基础。

2) 提供证据,证明注册会计师已按照审计准则和相关法律法规的规定计划和执行了审计工作。审计人员是否实施了必要的审计程序,审计程序的选择是否合理,专业判断是否正确,都可以通过审计工作底稿体现出来。

3) 有助于项目组计划和执行审计工作。审计工作开始时需要借鉴往年的审计工作底稿,以提高审计效率;实施审计工作过程中,为协调审计项目小组中的不同成员分工,需要借助审计工作底稿这一纽带;在审计终结时,还要借助工作底稿把不同成员的审计工作有机联结,以便对报表整体发表意见;也便于项目组说明其执行审计工作的情况。

4) 审计工作底稿是评价审计人员工作业绩和专业能力的依据。审计工作底稿格式的设计、内容的记载、文字的表达及意见的表述等,可以反映编制人员的工作态度、业务水平、书写能力、综合判断能力及组织能力。

5) 审计工作底稿是进行审计质量控制和质量检查的手段。审计工作底稿有助于负责督导的项目组成员履行指导、监督与复核审计工作的责任,有助于会计师事务所实施质量控制复核与检查,便于监管机构和注册会计师协会根据相关法律法规或其他相关要求,对会计师事务所实施执业质量检查。

6) 审计工作底稿是审计教育和未来审计的参考资料。由于被审计单位的经济活动具有连续性,其经营特点和经营状况在前后年度之间不可避免会有诸多联系或相同之处。当年工作底稿所记载的审计情况,对后续年度的审计而言非常有参考和备查价值。

二、审计工作底稿的性质

(一) 审计工作底稿的存在形式

审计工作底稿可以以纸质、电子或其他介质形式存在,但无论审计工作底稿以哪种形式存在,会计师事务所都应当针对审计工作底稿设计和实施适当的控制,以实现下列目的:

1) 使审计工作底稿清晰地显示其生成、修改及复核的时间和人员。
2) 在审计业务的所有阶段,尤其是在项目组成员共享信息或通过互联网将信息传递给其他人员时,保护信息的完整性和安全性。
3) 防止未经授权改动审计工作底稿。
4) 允许项目组和其他经授权的人员为适当履行职责而接触审计工作底稿。

在实务中,为便于复核,注册会计师可以将以电子或其他介质形式存在的审计工作底稿通过打印等方式,转换成纸质形式的审计工作底稿,并与其他纸质形式的审计工作底稿一并归档,同时,保存这些以电子或其他介质形式存在的审计工作底稿。

(二) 审计工作底稿的内容

审计工作底稿通常包括总体审计策略、具体审计计划、分析表、问题备忘录、重大事项概要、询证函回函、管理层声明书、核对表、有关重大事项的往来信件(包括电子邮件),以及对被审计单位文件记录的摘要或复印件等。

此外，审计工作底稿通常还包括业务约定书、管理建议书、项目组内部或项目组与被审计单位举行的会议记录、与其他人士(如其他审计人员、律师、专家等)的沟通文件及错报汇总表等。

审计工作底稿通常不包括已被取代的审计工作底稿或财务报表的草稿、对不全面或初步思考的记录、存在印刷错误或其他错误而作废的文本，以及重复的文件记录等。由于这些草稿、错误的文本或重复的文件记录不直接构成审计结论和审计意见的支持性证据，因此，审计人员通常无须保留这些记录。

三、审计工作底稿的编制

(一) 审计工作底稿的编制要求

审计人员编制的审计工作底稿，应当使未曾接触该项审计工作的有经验的专业人士清楚地了解：按照审计准则的规定实施的审计程序的性质、时间和范围；实施审计程序的结果和获取的审计证据；就重大事项得出的结论。为此，审计人员在编制工作底稿时应满足以下基本要求：

1) 内容完整。审计人员必须完整地填列审计工作底稿的基本要素，并将审计过程中取得的资料全部纳入审计工作底稿，标明资料来源并统一顺序编号。

2) 标识一致。审计工作底稿中可以使用各种审计标识，但应在同一个审计工作底稿中，保持使用的审计标识前后一致。

3) 记录清晰。审计工作底稿上的记录要齐全。文字、数字、符号的书写以及图表的绘制应清晰，易于识别。语言应清楚，层次要分明，以便使用者阅读和理解。

4) 结论明确。审计人员按审计程序对审计项目实施审计后，应该对该项目明确表达其最终的专业判断意见。

(二) 编制审计工作底稿使用的文字

编制审计工作底稿的文字应当使用中文。少数民族自治地区可以同时使用少数民族文字；中国境内的中外合作会计师事务所、国际会计公司成员所和联系所可以同时使用某种外国文字；会计师事务所执行涉外业务时可以同时使用某种外国文字。

(三) 审计工作底稿的组成要素

通常，审计工作底稿包括下列全部或部分要素：

1) 被审计单位名称，即财务报表编报单位。如果财务报表的编报单位为某一集团的下属单位，而该集团又是计划或约定的被审计单位，则应同时写明该集团及其下属单位的名称。被审计单位的名称可以简写，但必须明确，易于理解且不可产生歧义。

2) 审计项目名称，即某一财务报表项目名称或某一审计程序及实施对象的名称。

3) 审计项目时点或期间，即某一资产负债类项目的报告时点或某一损益类项目的报告期间。

4) 审计过程记录，即记载的审计程序的计划、执行和修改过程，被审事项的未审情况和收集到的审计证据等。

5) 审计结论，即审计人员对某一审计事项实施必要审计程序后做出的专业判断。

6) 审计标识及说明。审计标识是审计人员为便于表达审计程序含义而采用的速记符号。为了便于理解，应在审计工作底稿的恰当位置或在单独的表格中用文字说明其含义。

表5-3列示了审计标识的示例,仅供参考。

表5-3 审计标识及含义

审计标识	含义
∧	纵向核对
<	横向核对
B	与上年结转数核对一致
T	与原始凭证核对一致
G	与总分类账核对一致
S	与明细账核对一致
T/B	与试算平衡表核对一致
C:	已发询证函
C\:	已收询证函

7) 索引号及页次。索引号是将具有同一性质或反映同一具体审计事项的审计工作底稿分别归类,以形成相互联系、相互控制体系的一种编号系统。页次是在同一索引号下对不同的审计工作底稿的顺序编号。

8) 编制者姓名及编制日期。

9) 复核者姓名及复核日期,多级复核时,每级复核都应签署姓名和日期。

10) 其他应说明事项,即审计人员根据专业判断,认为应在审计工作底稿中予以记录的其他相关事项。表5-4列示了审计工作底稿的基本要素。

表5-4 存货盘点抽查表

客户名称		A公司		签名		日期		索引号	
审计项目		存货抽查情况		编制人	张华	2019.12.31		A8-6	
会计期间或截止日		2019年12月31日		复核人	刘新	2020.1.15		页次	8
存货		盘点签号	存货表号码	盘点结果		单价		差异	
号码	内容			被审单位	审计人员			数量	金额
1-10	A	56	5	200√	240	5.00		+40	+200
2-8	B	160	22	80√	80	80.00			
8-15	S	910	130	2350√	2300	30.00		-50	-1500
...	...	...	...	...	...	...		...	...
合计									+1600

以上差异已经纠正,纠正差异后使客户存货增加1600元,抽查盘点存货总价值为90 000元,占全部存货总值的20%。经追查存货汇总表,没有发现其他例外。我们认为错误并不重要。

√:已追查至客户存货A8-6,并已纠正所有差异。

四、审计工作底稿的归档与保管

审计人员应当按照会计师事务所质量控制政策和程序的规定，将审计工作底稿归整为最终审计档案。归档时，可以按照审计循环或财务报表项目，以及审计工作底稿的使用期限等因素进行分类，在注明相应标识、索引和页次后，分别存档。

(一) 审计工作底稿的归档期限

审计人员在出具审计报告后，应当及时将审计工作底稿归整为最终审计档案。审计工作底稿的归档期限为审计报告日后60天内。如果审计人员未能完成审计业务。审计工作底稿的归档期限为审计业务中止后的60天内。

(二) 审计工作底稿归档后的变更

在审计工作底稿归档后，如果发现有必要变更工作底稿，应当遵循以下原则：

1. 修改或增加审计工作底稿时的记录要求

如果发现有必要修改现有审计工作底稿或增加新的审计工作底稿，无论修改或增加的性质如何，审计人员均应当记录下列事项：修改或增加审计工作底稿的时间和人员，以及复核的时间和人员；修改或增加审计工作底稿的具体理由；修改或增加审计工作底稿对审计结论产生的影响。

一般情况下，在审计工作底稿归档后不需要对审计工作底稿进行修改或增加。审计人员认为有必要修改现有审计工作底稿或增加新的审计工作底稿的情形主要有两种：(1)审计人员已实施必要的审计程序，取得充分、适当的审计证据并得出恰当的审计结论，但审计工作底稿的记录不够充分；(2)审计报告日后，发现例外情况要求审计人员实施新的或追加的审计程序可能导致审计人员得出新的结论。

2. 不得在规定的保存期届满前删除或废弃审计工作底稿

在审计工作底稿归档后，审计人员不得在规定的保存期届满前删除或废弃任何性质的审计工作底稿。删除审计工作底稿主要是指删除整张原审计工作底稿，或以涂改、覆盖等方式删减原审计工作底稿中的全部或部分记录内容。废弃审计工作底稿主要是指将原审计工作底稿从审计档案中抽取出来，使审计档案中不再包含原来的底稿。

(三) 审计工作底稿的保存期限

会计师事务所应当自审计报告日起，对审计工作底稿至少保存10年。如果未能完成审计业务，会计师事务所应当自审计业务中止日起，对审计工作底稿至少保存10年。

五、审计报告日后对审计工作底稿的变更

在审计报告日后，如果发现例外情况要求审计人员实施新的或追加的审计程序，或导致审计人员得出新的结论，审计人员应当记录：

1) 遇到的例外情况。
2) 实施新的或追加的审计程序，获取的审计证据以及得出的结论。
3) 对审计工作底稿做出的变更及其复核的时间和人员。

例外情况主要是指审计报告日后发现与已审计财务信息相关，且在审计报告日已经存在的事实，该事实如果被审计人员在审计报告日前获知，可能影响审计报告。例如，注册会计师在审计报告日后才获知法院在审计报告日前已对被审计单位的诉讼、索赔事项做出最终判决结果。

另外，发现例外情况对审计工作底稿做出的变更可能会发生在归整工作结束前。在这种情况下，无论是否出具新的审计报告，原审计工作底稿中的内容均构成了原审计报告的支持性证据。

六、审计工作底稿的复核

为了保证审计质量，无论是在审计过程中，还是在审计结束阶段，都需要对审计工作底稿进行必要的复核。审计实务中，审计工作底稿复核一般包括项目组成员实施的复核和会计师事务所组织的项目质量控制复核。

(一) 项目组成员实施的复核

为了监督审计业务的进程，并考虑助理人员是否具备足够的专业技能和胜任能力，以执行分派的审计工作，了解审计指令及按照总体审计策略和具体审计计划执行工作，有必要对执行业务的助理人员进行适当的督导和复核。

复核人员应当知悉并解决重大的会计和审计问题，考虑其重要程度并适当修改总体审计策略和具体审计计划。此外，项目组成员与客户的专业判断分歧应当得到解决，必要时，应考虑寻求恰当的咨询。

复核工作应当由至少具备同等专业胜任能力的人员完成，复核时应考虑是否已按照具体审计计划执行审计工作，审计工作和结论是否予以充分记录，所有重大事项是否已得到解决或在审计结论中予以反映，审计程序的目标是否已实现，审计结论是否与审计工作的结果一致并支持审计意见。

复核范围因审计规模、审计复杂程度以及工作安排的不同而存在显著差异。有时由高级助理人员复核低层次助理人员执行的工作，有时由项目经理完成，并最终由项目合伙人复核。如上所述，对工作底稿实施的复核必须留下证据，一般由复核者在相关审计工作底稿上签名并署明日期。

(二) 会计师事务所组织的项目质量控制复核

注册会计师在出具审计报告前，会计师事务所应当指定专门的机构或人员对审计项目组执行的审计实施项目质量控制复核，在项目质量控制复核完成后，才能出具审计报告。

会计师事务所采用制衡制度，以确保委派独立的、有经验的审计人员作为其所熟悉行业的项目质量控制复核人员。复核范围取决于审计项目的复杂程度以及未能根据具体情况出具审计报告的风险。

习　　题

一、复习思考题

1. 什么是审计证据？如何对审计证据进行分类？
2. 影响审计证据充分性和适当性的特征有哪些？

3. 审计人员收集审计证据的方法有哪些？
4. 什么是分析程序？在会计报表审计中，分析程序有哪些用途？
5. 审计工作底稿的基本内容有哪些？
6. 审计工作底稿归档后的变更应遵循哪些原则？

二、单项选择题

1. 某会计师事务所对某公司审计后出具的审计报告日是2020年3月16日，则与该项审计相关的工作底稿(　　)。
 A. 永久保管　　　　　　　　　B. 至少保存至2025年3月16日
 C. 至少保存至2030年3月16日　　D. 至少保存至2021年3月16日
2. 下列有关分析程序的说法中，正确的是(　　)。
 A. 分析程序是指审计人员通过分析不同财务数据之间的内在关系对财务信息做出评价
 B. 用于总体复核的分析程序的目的在于识别出财务报表中存在的重大错报风险
 C. 细节测试比实质性分析程序能更有效地将认定层次的检查风险降至可接受的水平
 D. 审计人员无须对被审计单位及其环境的各个方面实施分析程序
3. 下列选项中，为获取适当审计证据所实施的审计程序与审计目标最相关的是(　　)。
 A. 对已盘点存货进行检查，将检查结果与盘点记录核对，以确定存货的计价准确性
 B. 从被审计单位销售发票中选取样本，追查至对应的发货单，以确定销售的完整性
 C. 实地观察被审计单位的固定资产，以确定固定资产的所有权
 D. 复核被审计单位编制的银行存款余额调节表，以确定银行存款余额的正确性
4. 下列关于审计证据的表述中，错误的是(　　)。
 A. 审计证据并非越多越好
 B. 审计证据的质量越高，注册会计师所需获取审计证据的数量就可适当减少
 C. 审计证据的数量越多，注册会计师所需获取的审计证据的质量就可适当降低
 D. 注册会计师不应以获取审计证据的困难和成本为由，减少不可替代的审计程序
5. 审计档案的所有权应属于(　　)。
 A. 委托单位　　　　　　　　　B. 编制审计工作底稿的审计师
 C. 承接该项业务的会计师事务所　D. 注册会计师协会

三、多项选择题

1. 以下关于审计证据充分性的阐述中，正确的有(　　)。
 A. 与重大错报风险是正向关系　　B. 与审计项目的重要程度是正向关系
 C. 与审计重要性是反向关系　　　D. 与审计证据的质量是正向关系
 E. 与总体规模是反向关系
2. 评价审计证据的适当性时，审计人员应考虑(　　)。
 A. 审计证据的证明力　　　　　　B. 审计证据的相关性
 C. 审计证据的可靠性　　　　　　D. 审计证据的充分性
 E. 审计证据的金额
3. 注册会计师判断审计证据是否充分，一般考虑的主要因素有(　　)。
 A. 审计风险

B. 具体审计项目的重要性
C. 注册会计师及其业务助理人员的经验
D. 审计过程中是否发现错误或舞弊
E. 审计证据的质量

4. 审计证据的充分性与适当性之间的内在关系为( )。
    A. 审计证据的适当性会影响审计证据的充分性
    B. 审计证据的充分性较高，适当性就较低
    C. 审计证据的相关性与可靠性较低时，所需证据的数量相对较多
    D. 审计证据的相关性与可靠性较高时，所需证据的数量相对较少
    E. 审计证据的充分性与适当性不存在什么关系

5. 审计工作底稿归档后，如果需要修改，审计人员应记录( )。
    A. 修改审计工作底稿的时间
    B. 修改审计工作底稿的人员
    C. 复核的时间和人员
    D. 修改审计工作底稿的理由
    E. 修改审计工作底稿对审计结论的影响

第六章

风 险 评 估

【导读】

现代风险导向审计要求审计人员从相关行业状况等外部因素、被审计单位的性质、被审计单位对会计政策的选择和运用、被审计单位的目标和战略以及可能导致重大错报风险的相关经营风险、对被审计单位财务业绩的衡量和评价、被审计单位的内部控制六个方面了解被审计单位及其环境,识别出企业可能面临的财务报表层次重大错报风险和认定层次重大错报风险,并考虑和识别特别风险,为风险应对审计程序提供基础。

【学习重点】

理解和掌握风险导向审计准则的特点,掌握风险评估的程序,能够理解和灵活运用从企业相关行业状况等外部因素、被审计单位的性质、被审计单位对会计政策的选择和运用、被审计单位的目标和战略及相关经营风险、对被审计单位财务业绩的衡量和评价、被审计单位的内部控制六个方面识别财务报表重大错报风险,能够理解和区别财务报表层次重大错报风险和认定层次重大错报风险,并能够将认定层次的重大错报风险与财务报表项目的具体认定相联系。

【学习难点】

从企业相关行业状况等外部因素、被审计单位的性质等方面识别财务报表重大错报风险,并能够将将认定层次的重大错报风险与财务报表项目的具体认定相联系是本章的难点。

【教学建议】

第一节以学生讨论分析为主,第二节、第三节和第四节实践性比较强,建议结合大量案例以教师课堂讲授为主。

第一节　风险评估概述

现代风险导向审计是当今职业界主流审计模式，它要求注册会计师评估财务报表重大错报风险，设计和实施进一步审计程序以应对评估的错报风险，根据审计结果出具恰当的审计报告。

一、审计模式的演变

审计从方法论角度看，截至目前审计模式先后经历了四个阶段：账表导向审计、系统导向审计、传统风险导向审计和现代风险导向审计。

(一) 账表导向审计

账表导向审计(Data-Oriented Auditing)是审计方法发展的第一阶段，早期审计工作的主要目的是查错防弊，1907年英国出版的审计教科书《狄克西审计学》将此阶段的审计目标总结为：(1)查找舞弊；(2)查找技术错误；(3)查找原理错误。

鉴于当时多数企业规模较小、业务较简单，审计人员通常围绕会计账簿和报表，采用详细审计就能够判断账表中是否存在错误或舞弊。这种以详细检查账表为基础的账表导向审计模式一直持续到20世纪40年代。账表导向审计采用详查法，审计成本高，通常适用于企业规模小、业务简单的审计环境。

(二) 系统导向审计时代

20世纪40年代以后，企业规模扩大，业务和账务处理变得愈加复杂，审计目标由验证财务报表整体方面的真实性和公允性取代了查错防弊目标，1936年美国会计师协会(AIA)和纽约证券交易所联合发表的《独立注册会计师对财务报告的检查》正式将审计目标定位为：对财务报表是否公允地遵循公认会计原则发表意见。

随着审计对象的复杂化和审计目标的变化，审计人员开始运用抽查法，而抽查的基础是建立在企业具备完善的内部控制系统上，通过了解和评价被审计单位内部控制系统的健全性和有效性来确定审计抽查的重点、范围和数量，这种以内部控制系统评价为基础的审计被称为系统导向审计(System-Oriented Auditing)，这种审计模式一直持续到20世纪70年代。

(三) 传统风险导向审计

1988年美国注册会计师协会(AICPA)发表了SAS No.53和SAS No.54审计准则公告，正式将揭露和报告舞弊、差错和不法行为作为审计人员的责任，由此查错防弊和验证财务报表公允性成为审计人员财务报表审计的双重目标。审计职业界更加重视审计风险的量化控制，推出了传统审计风险模型。在该模型下，审计风险被分解为三个有机部分，它们之间存在着一定的定量关系：

$$审计风险=固有风险\times 控制风险\times 检查风险$$

在上述模型中，审计风险(AR, Audit Risk)被定义为：财务报表存在重大错报、漏报，而注册会计师发表不恰当审计意见的可能性，在审计实务运用中，通常是指期望审计风险。期望审计风险是在审计完成并发表无保留意见之后，注册会计师所愿承担的一种主观确定的、财务报表未公允表达的风险。固有风险(IR, Inherent Risk)是指假定在不存在相关内部控制时，某一账户或交易类别单独或连同其他账户、交易类别产生重大错报或漏报的可能性。固有风险通常与企业所处的环境、行业性质、管理层的特征、账户或交易的性质等相关。控制风险(CR，Control Risk)是指某一账户或交易类别单独或连同其他账户或交易类别产生错报或漏报而未被内部控制防止、发现或纠正的可能性。

一方面，审计风险模型量化了审计风险，使审计风险与具体会计认定相联系，更有助于计划审计工作。另一方面，审计风险模型细化了审计风险，更有利于识别和分析风险因素，有助于控制审计风险，也为审计人员提供了具有权威性的执业指导。这预示着审计模式开始进入传统风险导向审计时代(Traditional Risk-Oriented Auditing)。

但是，在传统风险导向审计模式下，审计风险模型也存在一定的局限性：一是固有风险的评估流于形式，在审计实务中，审计人员通常根据自己的经验知识获得与固有风险相关的信息，凭直觉简单地将固有风险评估为最高100%，而将工作重点放在了机械地评估控制风险上[1]，侧重于将财务报表看作实施内部控制的结果，侧重于内部控制风险的评估，基本上围绕财务会计相关的控制系统以及财务报表本身，寻找可能导致财务报表发生重大错报的因素并评估风险发生的可能性，将其与审计工作计划相联系；二是内部控制系统的固有局限性限制了查找舞弊审计目标的实现，对内部控制的依赖使得审计对管理当局合谋无能为力，而且固有风险与控制风险不是相互独立的，存在相关性，是相互影响的，不宜分开评估[2]；三是侧重于认定层次的风险评估和审计测试，而不是从财务报表整体上评估错报的风险，缺乏整体性和系统性，影响审计的效率和效果。

(四) 现代风险导向审计

鉴于运用传统风险导向审计容易导致审计失败，国际上许多重要的会计师事务所及审计组织自20世纪末开始寻求和尝试以经营风险评估为核心，以战略分析为手段的现代风险导向审计(Modern Risk-Oriented Auditing)。审计风险模型调整为：审计风险=重大错报风险×检查风险。

国际审计与鉴证准则理事会和美国审计准则委员会成立联合风险评估工作组，制定共同的审计风险准则。2004年12月15日之后审计风险准则正式施行，这标志着现代风险导向审计的正式实施。

现代风险导向审计要求审计人员将报表看作被审计单位战略结果的一部分，以客户经营风险评估为基础，从源头上更加准确地评估与财务报表相联系的重大错报风险，据以制订进一步的审计计划，从而有助于提高审计的效果和效率；针对管理层舞弊，现代风向导向审计要求审计人员以战略经营风险评估为基础，从根源上判断客户管理层舞弊的动机和风险，并据以制订恰当的进一步应对措施，从而帮助避免因客户管理层舞弊而导致的审计失败。

二、审计风险准则的特点

现代风险导向审计模式下的审计风险准则具有以下特点：

1) 要求注册会计师必须了解被审计单位及其环境。注册会计师通过了解被审计单位及其环境，包括了解内部控制，为识别财务报表层次以及各类交易、账户余额和披露认定层次重大错报风险提供更好的基础。

---

[1] Waller W S. Auditors' assessments of inherent and control risk in field settings. The Accounting Review, 1993, Vol. 68 (October), No. 4, pp: 783-803

[2] Dusenbury R B, Reimers J L, and Wheeler S W. The Audit Risk Model: An Empirical Test For Conditional Dependencies Among Assessed Component Risks. Auditing: A Journal of Practice & Theory, 2000(19): 105-117

2) 要求注册会计师在审计的所有阶段都要实施风险评估程序。注册会计师应当将识别的风险与认定层次可能发生错报的领域相联系，实施更为严格的风险评估程序，不得未经风险评估就直接将风险设定为高水平。

3) 要求注册会计师将识别和评估的风险与实施的审计程序挂钩。在设计和实施进一步审计程序(控制测试和实质性程序)时，注册会计师应当将审计程序的性质、时间安排和范围与识别、评估的风险相联系，以防止机械地利用程序表从形式上迎合审计准则对程序的要求。

4) 要求注册会计师针对重大的各类交易、账户余额和披露实施实质性程序。注册会计师对重大错报风险的评估是一种判断，被审计单位内部控制存在固有限制，无论评估的重大错报风险结果如何，注册会计师都应当针对重大的各类交易、账户余额和披露实施实质性程序，不得将实质性程序只集中在例外事项上。

5) 要求注册会计师将识别、评估和应对风险的关键程序形成审计工作记录，以保证执业质量，明确执业责任。

三、风险评估的作用

按照审计风险准则要求，了解被审计单位及其环境是必要程序，特别是为注册会计师在下列关键环节做出职业判断提供重要基础：

1) 确定重要性水平，并随着审计工作的进程评估对重要性水平的判断是否仍然适当。
2) 考虑会计政策的选择和运用是否恰当，以及财务报表的列报是否适当。
3) 识别需要特别考虑的领域，包括关联方交易、管理层运用持续经营假设的合理性，或交易是否具有合理的商业目的等。
4) 确定在实施分析程序时所使用的预期值。
5) 设计和实施进一步审计程序，以将审计风险降至可接受的低水平。
6) 评价所获取审计证据的充分性和适当性。

了解被审计单位及其环境是一个连续和动态地收集、更新与分析信息的过程，贯穿于整个审计过程的始终。注册会计师应当运用职业判断确定需要了解被审计单位及其环境的程度。

四、风险评估的程序

注册会计师了解被审计单位及其环境，是为了识别和评估财务报表重大错报风险。为了解被审计单位及其环境而实施的程序称为"风险评估程序"(Risk Assessment Procedure)。在了解被审计单位及其环境时，注册会计师应当实施下列风险评估程序。

(一) 询问管理层和被审计单位内部其他人员

询问管理层和被审计单位内部其他人员是注册会计师了解被审计单位及其环境的一个重要信息来源。注册会计师通过询问获取的大部分信息来自于管理层和负责财务报告的人员。注册会计师可以考虑向管理层和财务负责人询问下列事项：

1) 管理层所关注的主要问题，如新的竞争对手、主要客户和供应商的流失、新的税收法规的实施以及经营目标或战略的变化等。
2) 被审计单位最近的财务状况、经营成果和现金流量。

3) 可能影响财务报告的交易和事项,或者目前发生的重大会计处理问题,如重大的购并事宜等。

4) 被审计单位发生的其他重要变化,如所有权结构、组织结构的变化,以及内部控制的变化等。

尽管注册会计师通过询问管理层和财务负责人可获取大部分信息,但是也可以通过询问被审计单位内部的其他不同层级的人员获取信息,为识别重大错报风险提供不同的视角。例如:

1) 直接询问治理层,可能有助于注册会计师了解编制财务报表的环境。

2) 直接询问内部审计人员,可能有助于获取有关以下事项的信息:本年度针对被审计单位内部控制设计和运行有效性而实施的内部审计程序,以及管理层是否根据实施这些程序的结果采取了适当的应对措施。

3) 询问参与生成、处理或记录复杂或异常交易的员工,可能有助于注册会计师评价被审计单位选择和运用某项会计政策的恰当性。

4) 直接询问内部法律顾问,可能有助于注册会计师了解有关信息,如诉讼、遵守法律法规的情况、影响被审计单位的舞弊或舞弊嫌疑、产品保证、售后责任、与业务合作伙伴的安排(如合营企业)和合同条款的含义等。

5) 直接询问营销或销售人员,可能有助于注册会计师了解被审计单位营销策略的变化、销售趋势或与客户的合同安排。

实例6-1　询问发现企业职工薪酬存在重大错报风险

某医药销售公司的IPO项目中,审计人员获悉公司有1000多家门店,员工7000余人,员工工资占成本的很大比例,在询问员工时获悉员工工资近几年上涨了,员工人数也增加了,而且员工工资与各门店的业绩挂钩,最近几年公司营业收入一直在增长,盈利情况良好,但是却发现成本在降低,尤其是员工工资的计提和发放总额却在减少。

问题:请思考这种反向变动的原因有哪些?有可能存在着哪些重大错报风险?审计人员该如何应对?

分析:近年来,有些企业为了粉饰业绩,往往采用低计职工薪酬、减少费用,甚至采用由第三方代发部分薪酬的方式漏记职工薪酬费用,以增加利润。

(二) 实施分析程序

注册会计师将分析程序用作风险评估程序,可能有助于识别未注意到的被审计单位的情况,并可能有助于评估重大错报风险,以为针对评估的风险设计和实施应对措施提供基础。

注册会计师实施分析程序可以使用财务信息和非财务信息,如销售额与卖场的面积或已出售商品数量之间的关系。在实施分析程序时,注册会计师应当预期可能存在的合理关系,并将被审计单位记录的金额,与依据记录金额计算的比率或趋势相比较;如果发现未预期到的关系,注册会计师应当在识别重大错报风险时考虑这些比较结果。

注册会计师实施分析程序可能有助于识别异常的交易或事项,以及对审计产生影响的金额、比率和趋势。识别出的异常或未预期到的关系可以帮助注册会计师识别重大错报风险,特别是由于舞弊导致的重大错报风险。当分析程序使用高度汇总的数据时,实施分析程序的结果可能仅初步显示是否存在重大错报,在这种情况下,将分析程序的结果与识别重大错报风险时获取的其他信息一并考虑,可以帮助注册会计师了解并评价分析程序的结果。

实例6-2　借助投入产出比分析发现异常线索

ABC公司是一家进行海产品深加工的出口型企业。其经营模式是，根据国外客户的订单组织生产，公司直接从渔民手中收购海鲜产品进行深加工，由公司向渔民开具农产品收购发票，并按农产品收购发票上注明的农产品买价和13%的扣除率计算进项税额，付款方式有时是银行转账，有时是现金支付，加工完毕后全部用于出口，公司通常没有库存存货，在货物报关离境结汇后，公司财务人员根据采购发票副本、出口货物报关单和出口收汇单等凭证向税务机关办理退税手续。

甲注册会计师是负责审计ABC公司2019年度财务报表项目的负责人，他发现该公司原材料投入产出分析表(见表6-1)中投入产出比的波动存在异常，并从企业经营模式中分析出公司舞弊的动机和可能的手段，通过核对采购记录、询问渔民等方法发现了企业存在虚构采购业务、虚开购货发票、骗取出口退税的舞弊行为。

表6-1　ABC原材料投入产出分析表　　　　　　　　　　　　(单位：千公斤)

序号	产品	2016年度	2017年度	2018度	2019年度
1	80g生蚝材料耗用量	656.8	803.3	452.6	400.8
	80g生蚝产量	506.8	658.1	443.6	320.6
	产量/耗用量	0.77	0.82	0.98	0.80
2	200g生蚝材料耗用量	818.1	987.5	804.6	734.8
	200g生蚝产量	572.6	720.9	724.1	712.8
	产量/耗用量	0.70	0.73	0.90	0.97
……	……	……	……	……	……
合计	生蚝材料综合耗用量	2197.5	3124.8	2398.5	2985.6
	生蚝综合产量	1560.2	2562.3	2230.6	2388.5
	产量/耗用量	0.71	0.82	0.93	0.80

问题：分组讨论如果企业销量大幅增加的话，在财务报表中，除收入增长外，其他关联项目或比率会有什么样的变动趋势？

分析：对于技术成熟的企业或行业而言，投入产出比应该是比较平稳的，而ABC公司的投入产出比波动却比较大，这是存在重大错报风险的一个信号。为了评估销售收入环节的风险，审计人员不仅要从收入环节上查找证据，而且开始追溯企业的生产环节、采购(供应)环节，甚至要追查到供应商的出货记录和银行流水。

(三) 观察和检查

观察和检查程序可以支持对管理层和其他相关人员的询问结果，并可以提供有关被审计单位及其环境的信息，注册会计师应当实施下列观察和检查程序：

1) 观察被审计单位的经营活动。例如，观察被审计单位人员正在从事的生产活动和内部控制活动，增加注册会计师对被审计单位人员如何进行生产经营活动及实施内部控制的了解。

2) 检查文件、记录和内部控制手册。例如，检查被审计单位的经营计划、策略、章程，与其他单位签订的合同、协议，各业务流程操作指引和内部控制手册等，了解被审计单位组织结构和内部控制制度的建立健全情况。

3) 阅读由管理层和治理层编制的报告。例如，阅读被审计单位年度和中期财务报告、股东大会、董事会会议、高级管理层会议的会议记录或纪要，管理层的讨论和分析资料，对重要经营环节和外部因素的评价，被审计单位内部管理报告以及其他特殊目的的报告(如新投资项目的可行性分析报告)等，了解自上一期审计结束至本期审计期间被审计单位发生的重大事项。

4) 实地查看被审计单位的生产经营场所和厂房设备。现场访问和实地查看被审计单位的生产经营场所和厂房设备，可以帮助注册会计师了解被审计单位的性质及其经营活动。

5) 追踪交易在财务报告信息系统中的处理过程(穿行测试)。这是注册会计师了解被审计单位业务流程及其相关控制时经常使用的审计程序。通过追踪某笔或某几笔交易在业务流程中如何生成、记录、处理和报告，以及相关控制如何执行，注册会计师可以确定被审计单位的交易流程和相关控制是否与之前通过其他程序所获得的了解一致，并确定相关控制是否得到执行。

注册会计师实施风险评估程序，为识别和评估财务报表层次和认定层次的重大错报风险提供了基础。但是，风险评估程序本身并不能为形成审计意见提供充分、适当的审计证据，还需要实施进一步审计程序等风险应对措施。

五、项目组内部讨论

项目合伙人和项目组其他关键成员组织项目组讨论会，讨论被审计单位财务报表存在重大错报的可能性，尤其是舞弊风险，以及如何根据被审计单位的具体情况运用使用的财务报告编制基础。项目合伙人应当确定向未参与讨论的项目组成员通报哪些事项。

(一) 项目组讨论会的目标

项目组讨论会的主要目标是：

1) 使经验较丰富的项目组成员(包括项目合伙人)有机会分享其根据对被审计单位的了解形成的见解。

2) 使项目组成员能够讨论被审计单位面临的经营风险、财务报表容易发生错报的领域以及发生错报的方式，特别是由于舞弊或错误导致重大错报的可能性。

3) 帮助项目组成员更好地了解在各自负责的领域中潜在的财务报表重大错报，并了解各自实施的审计程序的结果可能如何影响审计的其他方面，包括对确定进一步审计程序的性质、时间安排和范围的影响。

4) 为项目组成员交流和分享在审计过程中获取的、评估结果或应对这些风险的审计程序的新信息提供基础。

(二) 项目组讨论会的内容

项目组通常应当讨论被审计单位面临的经营风险、财务报表易发生错报的领域以及错报的方式，尤其是舞弊风险。审计项目组讨论会通常包括准备、交流互动和评估三个阶段：(1)准备阶段要求与会审计人员根据舞弊三角理论，从舞弊机会、动机和借口三个角度，独立识别客户可能存在的舞弊风险因素；(2)交流互动阶段要求每位审计人员将自己事先识别的客户舞弊风险因素告诉其他每位人员，然后，在听取和整合他人的观点后，再将自己的新观点提供给大家，以便于更全面地识别舞弊风险因素，在此基础上评估客户舞弊风险，并讨论可以采取的应对措施；(3)评估阶段要求审计人员根据舞弊风险评估结果，确定是否需要修改原有的审计计划，以应对舞弊导致的重大错报风险。

(三) 项目组讨论会的人员和时间

项目组讨论会参与人员从合伙人、经理到一般审计人员都有，这需要根据职业判断确定，但是，一般认为7人或8人是最佳规模。讨论的时间应当根据具体情况确定，保证整个审计过程中能够持续交换有关财务报表发生重大错报可能性的信息。

第二节 了解被审计单位及其环境

按照审计准则要求，注册会计师应当从以下六个方面了解被审计单位及其环境：(1)相关行业状况、法律环境和监管环境及其他外部因素；(2)被审计单位的性质；(3)被审计单位对会计政策的选择和运用；(4)被审计单位的目标、战略以及可能导致重大错报风险的相关经营风险；(5)对被审计单位财务业绩的衡量和评价；(6)被审计单位的内部控制。

由于内部控制部分内容较多，将在第三节讲解，本节主要介绍前五个方面的要点。

一、了解被审计单位的行业状况、法律环境和监管环境及其他外部因素

(一) 行业状况

了解行业状况有助于注册会计师识别与客户所处行业有关的重大错报风险。注册会计师应当了解被审计单位的行业状况主要包括：(1)所处行业的市场与竞争，包括市场需求、生产能力和价格竞争；(2)生产经营的季节性和周期性；(3)与被审计单位产品相关的生产技术；(4)能源供应与成本；(5)行业的关键指标和统计数据。具体而言，注册会计师可能需要了解以下情况：

1) 被审计单位所处行业的总体发展趋势是什么？
2) 处于哪一发展阶段，如起步、快速成长、成熟/产生现金流入或衰退阶段？
3) 所处市场的需求、市场容量和价格竞争如何？
4) 该行业是否受经济周期波动的影响，以及采取了什么行动使波动产生的影响最小化？
5) 该行业受技术发展影响的程度如何？
6) 是否开发了新的技术？
7) 能源消耗在成本中所占比重，能源价格的变化对成本的影响？
8) 谁是被审计单位最重要的竞争者，他们各自所占的市场份额是多少？
9) 被审计单位与其竞争者相比主要的竞争优势是什么？
10) 被审计单位业务的增长率和财务业绩与行业的平均水平及主要竞争者相比如何，存在重大差异的原因是什么？
11) 竞争者是否采取了某些行动，如购并活动、降低销售价格、开发新技术等，从而对被审计单位的经营活动产生影响？

分析行业信息对评估风险至关重要，因为任何一个独立的企业都不可避免地会受到行业共同因素影响，诸多指标会趋向行业平均值。在以上信息中，行业的关键指标和统计数据对审计人员尤为重要，任何远远偏离行业平均指标的现象都值得关注。例如，毛利率指标是企业核心竞争力的财务反映，亦是审计中重点关注的财务指标，除非经济环境发生重大改变，毛利率一般比较稳定，不会有大的波动，并且也很少会出现远远高于同行业的平均水平，当被审计单位毛利率远高于行业平均

水平,且在近几年波动较大时,通常是存在重大错报风险的信号。比如,在早期的"银广夏"案中,公司毛利率64%,远高于行业30%的平均水平;在近期的"辉山乳业"案中,公司主要产品的毛利率竟达到行业平均水平的两倍多。

(二) 法律环境与监管环境

注册会计师应当了解被审计单位所处的法律环境与监管环境,主要包括:(1)会计原则和行业特定惯例;(2)受管制行业的法规框架;(3)对被审计单位经营活动产生重大影响的法律法规,包括直接的监管活动;(4)税收政策(关于企业所得税和其他税种的政策);(5)目前对被审计单位开展经营活动产生影响的政府政策,如货币政策(包括外汇管制)、财政政策、财政刺激措施(如政府援助项目)、关税或贸易限制政策等;(6)影响行业和被审计单位经营活动的环保要求。

(三) 其他外部因素

注册会计师应当了解影响被审计单位经营的其他外部因素,主要包括总体经济情况、利率、融资的可获得性、通货膨胀水平或币位变动等。

(四) 了解的重点和程度

注册会计师对行业状况、法律环境与监管环境以及其他外部因素了解的范围和程度会因被审计单位所处行业、规模以及其他因素(如在市场中的地位)的不同而不同。例如,对从事计算机硬件制造的被审计单位,注册会计师可能更关心市场和竞争以及技术进步的情况;对金融机构,注册会计师可能更关心宏观经济走势以及货币、财政等方面的宏观经济政策;对化工等产生污染的行业,注册会计师可能更关心相关环保法规。注册会计师应当考虑将了解的重点放在对被审计单位的经营活动可能产生重要影响的关键外部因素以及与前期相比发生的重大变化上。

注册会计师应当考虑被审计单位所在行业的业务性质或监管程度是否可能导致特定的重大错报风险,考虑项目组是否配备了具有相关知识和经验的成员。例如,建筑行业长期合同涉及收入和成本的重大估计,可能导致重大错报风险;银行监管机构对商业银行的资本充足率有专门规定,不满足这一监管要求的商业银行可能有操纵财务报表的动机和压力。

二、了解被审计单位的性质

(一) 所有权结构

对被审计单位所有权结构的了解有助于识别关联方关系并了解被审计单位的决策过程。注册会计师应当了解所有权结构以及所有者与其他人员或单位之间的关系,考虑关联方关系是否已经得到识别,以及关联方交易是否得到恰当核算。例如,注册会计师应当了解被审计单位是属于国有企业、外商投资企业、民营企业,还是属于其他类型的企业,还应当了解其直接控股母公司、间接控股母公司、最终控股母公司和其他股东的构成,以及所有者与其他人员或单位(如控股母公司控制的其他企业)之间的关系。注册会计师应当获取被审计单位提供的所有关联方信息,并考虑关联方关系是否已经得到识别、关联方交易是否得到恰当记录和充分披露。

同时,注册会计师可能需要对其控股母公司(股东)的情况作进一步的了解,包括控股母公司的所有权性质,管理风格及其对被审计单位经营活动及财务报表可能产生的影响;控股母公司与被审计单位在资产、业务、人员、机构、财务等方面是否分开，是否存在占用资金等情况；控股母公司是否施加压力，要求被审计单位达到其设定的财务业绩目标。

(二) 治理结构

良好的治理结构可以对被审计单位的经营和财务状况实施有效的监督，从而降低财务报表发生重大错报的风险。注册会计师应当了解被审计单位的治理结构。例如，董事会的构成情况、董事会内部是否有独立董事；治理结构中是否设有审计委员会或监事会及其运作情况。注册会计师应当考虑治理层是否能够在独立于管理层的情况下对被审计单位事务(包括财务报告)做出客观判断。

(三) 组织结构

复杂的组织结构可能导致某些特定的重大错报风险。注册会计师应当了解被审计单位的组织结构，考虑复杂组织结构可能导致的重大错报风险，包括财务报表合并、商誉减值、长期股权投资核算以及特殊目的实体核算等问题。

例如，对于在多个地区拥有子公司、合营企业、联营企业或其他成员机构，或者存在多个业务分部和地区分部的被审计单位，不仅编制合并财务报表的难度增加，还存在其他可能导致重大错报风险的复杂事项，包括：对于子公司、合营企业、联营企业和其他股权投资类别的判断及其会计处理；商誉在不同业务分部间的摊销及减值；对特殊目的实体是否进行了适当的会计处理等。

(四) 经营活动

注册会计师应当了解被审计单位的经营活动，这有助于注册会计师识别预期在财务报表中反映的主要交易类别、重要账户余额和列报。了解的内容主要包括：

1) 主营业务的性质。例如，主营业务是制造业还是商品批发与零售；是银行、保险还是其他金融服务；是公用事业、交通运输还是提供技术产品和服务等。

2) 与生产产品或提供劳务相关的市场信息。例如，主要客户和合同、付款条件、利润率、市场份额、竞争者、出口、定价政策、产品声誉、质量保证、营销策略和目标等。

3) 业务的开展情况。例如，业务分部的设立情况、产品和服务的交付、衰退或扩展的经营活动的详情等。

4) 联盟、合营与外包情况。

5) 从事电子商务的情况。例如，是否通过互联网销售产品和提供服务以及从事营销活动。

6) 地区与行业分布。例如，是否涉及跨地区经营和多种经营，各个地区和各行业分布的相对规模以及相互之间是否存在依赖关系。

7) 生产设施、仓库的地理位置及办公地点。

8) 关键客户。例如，销售对象是少量的大客户还是众多的小客户；是否有被审计单位高度依赖的特定客户(如超过销售总额10%的顾客)；是否有造成高回收性风险的若干客户或客户类别(如正处在一个衰退市场中的客户)；是否与某些客户订立了不寻常的销售条款或条件。

9) 重要供应商。例如，是否签订长期供应合同；原材料供应的可靠性和稳定性；付款条件；以及原材料是否受重大价格变动的影响。

10) 劳动用工情况。例如，分地区用工情况、劳动力供应情况、工资水平、退休金和其他福利、股权激励或其他奖金安排以及与劳动用工事项相关的政府法规。

11) 研究与开发活动及其支出。

12) 关联方交易。例如，有些客户或供应商是否为关联方；对关联方和非关联方是否采用不同的销售和采购条款。此外，还存在哪些关联方交易，这些交易采用怎样的定价政策。

(五) 投资活动

注册会计师应当了解被审计单位的投资活动，这有助于注册会计师关注被审计单位在经营策略和方向上的重大变化。主要了解的方面包括：

1) 近期拟实施或已实施的并购活动与资产处置情况，包括业务重组或某些业务的终止。注册会计师应当了解并购活动如何与被审计单位目前的经营业务相协调，并考虑他们是否会引发进一步的经营风险。例如，被审计单位并购了一个新的业务部门，注册会计师需要了解管理层如何管理这一新业务，而新业务又如何与现有业务相结合，发挥协同优势，如何解决原有经营业务与新业务在信息系统、企业文化等各方面的不一致。

2) 证券投资、委托贷款的发生与处置。

3) 资本性投资活动，包括固定资产和无形资产投资，近期或计划发生的变动，以及重大的资本承诺等。

4) 不纳入合并范围的投资。例如，联营、合营或其他投资，包括近期计划的投资项目。

(六) 筹资活动

注册会计师应当了解被审计单位的筹资活动，这有助于注册会计师评估被审计单位在融资方面的压力，并进一步考虑被审计单位在可预见未来的持续经营能力。了解的方面主要包括：

1) 债务结构和相关条款，包括担保情况及表外融资。例如，获得的信贷额度是否可以满足营运需要；得到的融资条件及利率是否与竞争对手相似，如不相似，原因何在；是否存在违反借款合同中限制性条款的情况；是否承受重大的汇率与利率风险。

2) 固定资产的租赁，包括通过融资租赁方式进行的筹资活动。

3) 关联方融资。例如，关联方融资的特殊条款。

4) 实际受益股东。例如，实际受益股东是国内的，还是国外的，其商业声誉和经验可能对被审计单位产生的影响。

5) 衍生金融工具的运用。例如，衍生金融工具是用于交易目的还是套期目的，以及运用的种类、范围和交易对手等。

三、了解被审计单位对会计政策的选择和运用

(一) 重要项目的会计政策和行业惯例

重要项目的会计政策包括：收入确认、存货的计价方法、投资的核算、固定资产的折旧方法、坏账准备、存货跌价准备和其他资产减值准备的确定、借款费用资本化方法、合并财务报表的编制方法等。除会计政策以外，某些行业可能还存在一些行业惯例，注册会计师应当熟悉这些行业惯例。当被审计单位采用与行业惯例不同的会计处理方法时，注册会计师应当了解其原因，并考虑采用与行业惯例不同的会计处理方法是否适当。

(二) 重大和异常交易的会计处理方法

某些被审计单位可能存在与其所处行业相关的重大交易。例如，本期发生的企业合并的会计处理方法、银行向客户发放贷款、证券公司对外投资、医药企业的研究与开发活动等，注册会计师应当考虑对重大的和不经常发生的交易的会计处理方法是否适当。

(三) 在缺乏权威性标准或共识、有争议的或新兴领域采用重要会计政策产生的影响

在缺乏权威性标准或共识的领域，注册会计师应当关注被审计单位选用了哪些会计政策、为什么选用这些会计政策以及选用这些会计政策可能产生的影响。

(四) 会计政策的变更

如果被审计单位变更重要的会计政策，注册会计师应当考虑变更的原因及其适当性，还应当关注会计政策的变更是否得到充分披露。

(五) 被审计单位对新颁布的财务报告准则等法律法规的采用情况

注册会计师应当关注：被审计单位是否采用激进的会计政策、方法、估计和判断；财会人员是否具备足够的运用会计准则的知识、经验和能力；是否拥有足够的资源支持会计政策的运用。

四、了解被审计单位的目标、战略以及相关经营风险

(一) 目标、战略与经营风险

企业管理层或治理层一般会根据企业经营面临的外部环境和内部各种资源，制定合理可行的经营目标。战略是管理层为实现经营目标采用的方法，为了实现某一既定的经营目标，企业可能有多个可行战略。随着外部环境的变化，企业应对目标和战略做出相应的调整。

经营风险是指可能对被审计单位实现目标和实施战略的能力产生不利影响的重要状况、事项、情况、作为(或不作为)而导致的风险，或由于制定不恰当的目标和战略而导致的风险。不同的企业可能面临不同的经营风险，这取决于企业经营的性质、所处行业、外部监管环境、企业的规模和复杂程度。管理层有责任识别和应对这些风险。

注册会计师应当了解被审计单位是否存在与下列方面有关的目标和战略，并考虑相应的经营风险：

1) 行业发展(例如，潜在的相关经营风险可能是被审计单位不具备足以应对行业变化的人力资源和业务专长)。
2) 开发新产品或提供新服务(例如，潜在的相关经营风险可能是被审计单位产品责任增加)。
3) 业务扩张(例如，潜在的相关经营风险可能是被审计单位对市场需求的估计不准确)。
4) 新的会计要求(例如，潜在的相关经营风险可能是被审计单位执行不当或不完整，或会计处理成本增加)。
5) 监管要求(例如，潜在的相关经营风险可能是被审计单位法律责任增加)。
6) 本期及未来的融资条件(例如，潜在的相关经营风险可能是被审计单位由于无法满足融资条件而失去融资机会)。
7) 信息技术的运用(例如，潜在的相关经营风险可能是被审计单位信息系统与业务流程难以融合)。

8) 实施战略的影响，特别是由此产生的需要运用新的会计要求的影响(例如，潜在的相关经营风险可能是被审计单位执行新要求不当或不完整)。

(二) 经营风险对重大错报风险的影响

经营风险与财务报表重大错报风险是既有联系又相互区别的两个概念。前者比后者范围更广。注册会计师了解被审计单位的经营风险有助于其识别财务报表重大错报风险。但并非所有的经营风险都与财务报表相关，注册会计师没有责任识别或评估对财务报表没有影响的经营风险。

多数经营风险最终都会产生财务后果，从而影响财务报表，但并非所有的经营风险都会导致重大错报风险。注册会计师应当根据被审计单位的具体情况考虑经营风险是否可能导致财务报表发生重大错报。

目标、战略、经营风险和重大错报风险之间的相互联系可举例予以说明。例如，企业当前的目标是在某一特定时期内进入某一新的海外市场，企业选择的战略是在当地成立合资公司。从该战略本身来看，是可以实现这一目标的。但是，成立合资公司可能会带来很多的经营风险，例如，企业如何与当地合资方在经营活动、企业文化等各方面协调，如何在合资公司中获得控制权或共同控制权，当地市场情况是否会发生变化，当地对合资公司的税收和外汇管理方面的政策是否稳定，合资公司的利润是否可以汇回，是否存在汇率风险等。这些经营风险反映到财务报表中，可能会因对合资公司是属于子公司、合营企业或联营企业的判断问题，投资核算问题，包括是否存在减值问题、对当地税收规定的理解，以及外币折算等问题，而导致财务报表出现重大错报风险。

(三) 被审计单位的风险评估过程

管理层通常制定识别和应对经营风险的策略，注册会计师应当了解被审计单位的风险评估过程。此类风险评估过程是被审计单位内部控制的组成部分。

(四) 对小型被审计单位的考虑

小型被审计单位通常没有正式的计划和程序来确定其目标、战略并管理经营风险。注册会计师应当询问管理层或观察小型被审计单位如何应对这些事项，以获取了解，并评估重大错报风险。

五、了解被审计单位财务业绩的衡量和评价

被审计单位管理层经常会衡量和评价关键业绩指标(包括财务和非财务的)、预算及差异分析、分部信息和分支机构、部门或其他层次的业绩报告以及与竞争对手的业绩比较。此外，外部机构也会衡量和评价被审计单位的财务业绩，如分析师的报告和信用评级机构的报告。

(一) 了解的主要方面

在了解被审计单位财务业绩衡量和评价情况时，注册会计师应当关注下列信息：
1) 关键业绩指标(财务或非财务的)、关键比率、趋势和经营统计数据。
2) 同期财务业绩比较分析。
3) 预算、预测、差异分析，分部信息与分部、部门或其他不同层次的业绩报告。
4) 员工业绩考核与激励性报酬政策。
5) 被审计单位与竞争对手的业绩比较。

(二) 关注内部财务业绩衡量的结果

内部财务业绩衡量可能显示未预期的结果或趋势。在这种情况下，管理层通常会进行调查并采取纠正措施。与内部财务业绩衡量相关的信息可能显示财务报表存在错报风险，例如，内部财务业绩衡量可能显示被审计单位与同行业其他单位相比具有异常快速的增长率或盈利水平，此类信息如果与业绩资金或激励性报酬等因素结合起来考虑，可能显示管理层在编制财务报表时存在某种倾向的错报风险。因此，注册会计师应当关注被审计单位内部内务业绩衡量所显示的未预期到的结果或趋势，管理层的调查结果和纠正措施，以及相关信息是否显示财务报表可能存在重大错报。

(三) 考虑财务业绩衡量指标的可靠性

如果拟利用被审计单位内部信息系统生成的财务业绩衡量指标，注册会计师应当考虑相关信息是否可靠，以及利用这些信息是否能够实现审计目标。如果被审计单位管理层在没有合理基础的情况下，认为内部生成的衡量财务业绩的信息是准确的，而实际上信息有误，那么根据有误的信息得出的结论也可能是错误的。如果注册会计师计划在审计中(如有实施分析程序时)利用财务业绩指标，应当考虑相关信息是否可靠，以及在实施审计程序时利用这些信息是否足以发现重大错报。

需要强调的是，注册会计师了解被审计单位财务业绩的衡量与评价，是为了考虑管理层是否面临实现某些关键财务业绩指标的压力。这些压力既可能源于需要达到市场分析师或股东的预期，也可能产生于达到获得股票期权或管理层和员工资金的目标。受压力影响的人员可能是高级管理人员(包括董事会)，也可能是可以操纵财务报表的其他经理人员，如子公司或分支机构管理人员可能为达到资金目标而操纵财务报表。

在评价管理层是否存在歪曲财务报表的动机和压力时，注册会计师还应当考虑可能存在的其他情形。例如，企业或企业的一个主要组成部分是否可能被出售；管理层是否希望维持或提高企业的股价或盈利趋势而热衷于采用过度激进的会计方法；基于纳税的考虑，股东或管理层是否有意采取不适当的方法使盈利最小化；企业是否持续增长和接近财务资源的最大限度；企业的业绩是否急剧下降，可能存在终止上市的风险；企业是否具备足够的可分配利润或现金流量以维持目前的利润分配水平；如果公布欠佳的财务业绩，对重大未决交易(如企业合并或新业务合同的签订)是否可能产生不利影响；企业是否过度依赖银行借款，而财务业绩又可能达不到借款合同对财务指标的要求。这些情况都显示管理层在面临重大压力时可能粉饰财务业绩，发生舞弊风险。

第三节　了解被审计单位内部控制

一、内部控制的含义及其作用

内部控制，是由企业董事会、监事会、经理层和全体员工实施的、旨在实现控制目标的过程。其目标是合理保证企业经营管理合法合规、资产安全、财务报告及相关信息真实完整，提高经营效率和效果，促进企业实现发展战略。

内部控制的作用是指内部控制的功能在实际工作中所发挥的客观影响及其所产生的实际效果。内部控制的作用能否得以正确地发挥，取决于内部控制的地位和人们的重视程度。内部控制的具体作用表现在以下几个方面：保证企业经营管理合法合规；保证会计信息的可靠性；提高企业经营管理的效率和效果。

二、内部控制的构成要素

企业的内部控制包括五个基本构成要素,分别是内部环境、风险评估、控制活动、信息与沟通以及内部监督。

(一) 内部环境

内部环境是企业内对内部控制的建立和实施有重大影响的各种因素的统称。任何企业的控制都存在于一定的环境之中,内部环境的好坏直接决定企业其他控制能否实施或实施效果的好坏。它既可增强也可削弱特定控制的有效性。内部环境因素主要有:

1. 治理结构

企业应当根据国家有关法律法规和企业章程,建立规范的公司治理结构和议事规则,明确决策、执行、监督等方面的职责权限,形成科学有效的职责分工和制衡机制。其中,股东大会享有法律法规和企业章程规定的合法权利,依法行使企业经营方针、筹资、投资、利润分配等重大事项的表决权;董事会对股东大会负责,依法行使企业的经营决策权;监事会对股东大会负责,监督企业董事、经理和其他高级管理人员依法履行职责;经理层负责组织实施股东(大)会、董事会决议事项,主持企业的生产经营管理工作。董事会负责内部控制的建立健全和有效实施,监事会对董事会建立与实施内部控制进行监督,经理层负责组织领导企业内部控制的日常运行,审计委员会负责审查企业内部控制,监督内部控制的有效实施和内部控制自我评价情况,协调内部控制审计及其他相关事宜等。

2. 组织结构和权责分配

组织结构是指企业计划、协调和控制活动的整体框架。设置合理的组织结构有助于建立良好的内部控制环境。组织结构的要素一般包括:组织中各个部门的存在形式、性质、各自的管理和经营职能、隶属和报告关系以及职责和权利的划分方式。通过组织结构的设置、权责划分,组织中的各个部门及其成员都清楚自己在企业中的位置,了解自己所拥有的权利、需承担的责任、可接受的业务活动、处理利害冲突的方式方法等,从而为管理当局统驭、协调和控制经营活动奠定可靠的基础。企业应当通过编制内部管理手册,使全体员工掌握内部机构设置、岗位职责、业务流程等情况,明确权责分配,正确行使职权。

3. 人力资源政策

企业应当制定和实施有利于企业可持续发展的人力资源政策。人力资源政策应当包括下列内容:员工的聘用、培训、辞退与辞职;员工的薪酬、考核、晋升与奖惩;关键岗位员工的强制休假制度和定期岗位轮换制度;掌握国家秘密或重要商业秘密的员工离岗的限制性规定;有关人力资源管理的其他政策。企业应当将职业道德修养和专业胜任能力作为选拔和聘用员工的重要标准,切实加强员工培训和继续教育,不断提升员工素质。

4. 企业文化

企业应当加强文化建设,培育积极向上的价值观和社会责任感,倡导诚实守信、爱岗敬业、开拓创新和团队协作精神,树立现代管理理念,强化风险意识。董事、监事、经理及其他高级管理人员应当在企业文化建设中发挥主导作用。企业员工应当遵守员工行为守则,认真履行岗位职责。

5. 法制教育

企业应当加强法制教育，增强董事、监事、经理及其他高级管理人员和员工的法制观念，严格依法决策、依法办事、依法监督，建立健全法律顾问制度和重大法律纠纷案件备案制度。

(二) 风险评估

风险是对企业利益的任何威胁。企业在实现目标的过程中，受到各种内部和外部风险因素的影响。其中，外部风险因素如科技发展、顾客需求改变、竞争对手加入、新的法律法规颁布、自然灾害发生和经济环境改变等；内部风险因素如信息系统处理中断、董事会或监事会管理无效、经理人员责任改变和员工侵吞资产等。风险评估是指管理层识别与分析对企业目标实现可能造成不利影响的内外因素，测量风险可能导致的影响程度的大小，确认经营活动过程中的关键控制点，进而针对关键控制点采取有针对性的控制活动。

企业应当采用定性与定量相结合的方法，按照风险发生的可能性及其影响程度等，对识别的风险进行分析和排序，确定关注重点和优先控制的风险。企业进行风险分析，应当充分吸收专业人员，组成风险分析团队，按照严格规范的程序开展工作，确保风险分析结果的准确性。然后，综合运用风险规避、风险降低、风险分担和风险承受等风险应对策略，实现对风险的有效控制。

(三) 控制活动

控制活动是指为了确保管理层的决策和指令得以实施而采取的一系列政策及相关实施程序，包括授权、核准、验证、调节和复核等。

1. 不相容职务分离控制

不相容职务分离控制要求企业全面系统地分析、梳理业务流程中所涉及的不相容职务，实施相应的分离措施，形成各司其职、各负其责、相互制约的工作机制。不相容职务的划分主要有：

1) 经济业务的批准与执行分工。批准某项交易业务的人员要与经办该业务的人员分开，例如批准向供货单位付款与签发付款支票的工作应分开。

2) 经济业务的执行应与会计记录及审查稽核分工。执行某项业务的人员应该与记录该项业务的人员分开，如采购员不能同时兼任记账员。同时，执行某项业务的人员还应该与审查稽核该业务的人员分开，如采购货物人员与验收货物人员相分离。

3) 资产的保管应与会计记录及财产清查分工。保管资产的人员不能担任该项资产的会计记录工作，如出纳职务不能同时兼任记账工作，否则，经办人员就有可能为获利而侵吞资产，并为脱卸责任而调整会计记录。同时，资产的保管业务还应与财产的清查业务分工，例如银行出纳不得兼任银行存款调节表编制职务，否则，银行出纳侵吞存款后，通过调节表掩饰，则在短期内很难发现。

2. 授权审批控制

企业应根据常规授权和特别授权的规定，明确各岗位办理业务和事项的权限范围、审批程序和相应责任。企业应当编制常规授权的权限指引，规范特别授权的范围、权限、程序和责任，严格控制特别授权。常规授权是指企业在日常经营管理活动中按照既定的职责和程序进行的授权；特别授权是指企业在特殊情况、特定条件下进行的授权，如重大资本支出、发行股票等。企业各级管理人员应当在授权范围内行使职权和承担责任。对于重大的业务和事项，应当实行集体决策审批或联签制度，任何个人不得单独进行决策或者擅自改变集体决策。

3. 会计系统控制

企业应严格执行国家统一的会计准则制度，加强会计基础工作，明确会计凭证、会计账簿和财务会计报告的处理程序，保证会计资料真实完整。企业应当依法设置会计机构，配备会计从业人员。从事会计工作的人员，必须取得会计从业资格证书。会计机构负责人应当具备会计师以上专业技术职务资格。大中型企业应当设置总会计师。设置总会计师的企业，不得设置与其职权重叠的副职。

4. 财产保护控制

企业应建立财产日常管理制度和定期清查制度，采取财产记录、实物保管、定期盘点、账实核对等措施，确保财产安全。企业应当严格限制未经授权的人员接触和处置财产。

5. 预算控制

企业应实施全面预算管理制度，明确各责任单位在预算管理中的职责权限，规范预算的编制、审定、下达和执行程序，强化预算约束。

6. 运营分析控制

企业应建立运营情况分析制度，经理层应当综合运用生产、购销、投资、筹资、财务等方面的信息，通过因素分析、对比分析、趋势分析等方法，定期开展运营情况分析，发现存在的问题，及时查明原因并加以改进。

7. 绩效考评控制

绩效考评控制要求企业建立和实施绩效考评制度，科学设置考核指标体系，对企业内部各责任单位和全体员工的业绩进行定期考核和客观评价，并将考评结果作为确定员工薪酬以及职务晋升、评优、降级、调岗、辞退等的依据。

(四) 信息与沟通

信息与沟通是企业及时、准确地收集、传递与内部控制相关的信息，确保信息在企业内部、企业与外部之间能够有效沟通。企业应当对收集到的各种内部信息和外部信息进行合理筛选、核对、整合，提高信息的有用性。企业可以通过财务会计资料、经营管理资料、调研报告、专项信息、内部刊物、办公网络等渠道，获取内部信息；可以通过行业协会组织、社会中介机构、业务往来单位、市场调查、来信来访、网络媒体以及有关监管部门等渠道，获取外部信息。企业应当将内部控制相关信息在企业内部各管理级次、责任单位、业务环节之间，以及企业与外部投资者、债权人、客户、供应商、中介机构和监管部门等有关方面之间进行沟通和反馈。信息沟通过程中发现的问题，应当及时报告并加以解决。

企业应当建立反舞弊机制，坚持惩防并举、重在预防的原则，明确反舞弊工作的重点领域、关键环节和有关机构在反舞弊工作中的职责权限，规范舞弊案件的举报、调查、处理、报告和补救程序。同时，企业应当建立举报投诉制度和举报人保护制度，设置举报专线，明确举报投诉处理程序、办理时限和办结要求，确保举报、投诉成为企业有效掌握信息的重要途径。

(五) 内部监督

内部监督是企业对内部控制建立与实施情况进行监督检查，评价内部控制的有效性，发现内部控制缺陷，应当及时加以改进。内部监督分为日常监督和专项监督。日常监督是指企业对建立与实施内部控制的情况进行常规、持续的监督检查；专项监督是指在企业发展战略、组织结构、经营活动、业务流程、关键岗位员工等发生较大调整或变化的情况下，对内部控制的某个或某些方面进行有针对性的监督检查。

企业应当制定内部控制缺陷认定标准，对监督过程中发现的内部控制缺陷，应当分析缺陷的性质和产生的原因，提出整改方案，采取适当的形式及时向董事会、监事会或经理层报告。内部控制缺陷包括设计缺陷和运行缺陷。企业应当跟踪内部控制缺陷整改情况，并就内部监督中发现的重大缺陷，追究相关责任单位或责任人的责任。企业应当结合内部监督情况，定期对内部控制的有效性进行自我评价，出具内部控制自我评价报告。

内部控制的五个构成要素之间是相互关联、相互影响的：内部环境是其他控制的基础，控制活动的规划必须建立在风险评估的基础之上，控制活动必须在组织内部有效地沟通，并且内部控制的设计和执行必须受到有效的内部监督。唯有如此，才能合理保证实现企业的各项既定目标。注册会计师在对内部控制进行评审时，应对内部控制的所有成分给予充分关注。

三、内部控制的局限性

内部控制在企业经营管理中的地位和作用是显而易见的，但是内部控制有其固有的局限性，它不可能保证不发生任何错误和舞弊，因此不能对其过分依赖。在研究和评价内部控制时，应当考虑以下因素：

1) 内部控制受成本效益原则的约束。如果建立或实施某项内部控制的成本过大，而取得的效益相对较少，管理部门可能会放弃设置或实施这项内部控制。

2) 内部控制措施一般都是针对那些有可能经常发生的事项而设置的，而不适用于那些偶发事项和异常事项。

3) 内部控制的执行依赖于每个工作人员的素质。无论如何完善的内部控制也是由人来执行的。如果执行人员具有较强的工作责任心和与之相适应的工作能力，那么内部控制就会发挥应有的作用。反之，即使很有效的内部控制也可能因执行人员的粗心大意、错误理解及其他人为因素而失灵。

4) 负有不同职责的职员共谋串通舞弊会使内部控制失效。内部控制的一条重要原则就是实行不相容职务的分工，但如果处于不相容职务的有关人员串通舞弊，就会使其失去相互制约的功能。

5) 如果高层管理人员滥用职权、蓄意舞弊，会使内部控制失效。内部控制的设置是呈金字塔形式的，权利层次越高的职员受其约束越少。一旦高层管理人员蓄意舞弊滥用职权，最容易导致内部控制失效。

由于内部控制存在着固有的局限性，只能为会计报表的合法性和公允性提供合理保证，因此总存在一定的控制风险，这就要求注册会计师注意，无论多么完善有效的内部控制都不能替代注册会计师的检查。也就是说，内部控制良好的单位，注册会计师可能评价其控制风险较低而减少实质性测试程序，但决不能取消实质性测试程序。

四、了解内部控制的程序及其步骤

（一）了解内部控制的程序

注册会计师在调查了解内部控制时，应当合理利用以往的审计经验，对于重要的内部控制通常实施以下程序：

1) 询问客户有关人员,并查阅相关内部控制文件。即向各级主管、经办人员询问诸如融资投资权限、劳动工资制度、赊销、折让、折扣、退货、授权手续、仓库保管及领料手续等,并查阅相关内部控制文件,与询问结果相核对,以检查文件规定与有关人员的理解是否相吻合。

2) 检查内部控制生成的文件和记录,如组织结构图、业务流程图、职务说明、程序手册、工时及薪金记录、销货进货记录、内部审计报告及工作底稿等,以增强对客户控制环境、控制程序的感性认识。

3) 观察客户正在进行的业务活动和内部控制的运行情况,以便了解业务授权、文件记录、程序和步骤是否与内部控制的规定相一致。

4) 选择若干具有代表性的交易和事项进行"穿行测试"。"穿行测试"是指在每一类交易循环中选择一笔或若干笔交易或事项进行测试,以验证内部控制的实际运行是否与审计工作底稿中所描述的内部控制相一致。

(二) 了解内部控制的步骤

内部控制包括四个重要的步骤:

第一步,识别需要降低哪些风险以预防财务报表中发生重大错报。如果某内部控制目标没有实现,风险因素通常被描述为"可能的错误"。

第二步,记录相关的内部控制。目的是识别是否存在内部控制降低第一步所列出的风险因素,但没有必要记录和评价与审计无关的内部控制。

第三步,评估控制的执行。主要是实施穿行测试,以确信识别的内部控制实际上确实存在。如果存在,注册会计师就可完成对控制设计和执行的评价。

第四步,评估内部控制的设计。汇总获得的所有信息,并根据风险因素描绘识别出的(或执行的)控制。完成上述四个步骤之后,注册会计师应当确定内部控制是否存在重大弱点。

(三) 从整体层面和业务流程层面了解内部控制

内部控制的某些要素(如控制环境)更多地对被审计单位整体层面产生影响,而其他要素(如信息系统与沟通、控制活动)则可能更多地与特定业务流程相关。在实务中,注册会计师应当从被审计单位整体层面和业务流程层面分别了解和评价被审计单位的内部控制。

1. 从整体层面了解内部控制

整体层面的控制(包括对管理层凌驾于内部控制之上的控制)和信息技术一般控制通常在所有业务活动中普遍存在。在整体层面对被审计单位内部控制的了解和评估,通常由项目组中对被审计单位情况比较了解且较有经验的成员负责,同时需要项目组其他成员的参与和配合。在了解内部控制的各构成要素时,注册会计师应当对被审计单位整体层面的内部控制的设计进行评价,并确定其是否得到执行。

被审计单位整体层面的内部控制是否有效将直接影响重要业务流程层面控制的有效性,进而影响注册会计师拟实施的进一步审计程序的性质、时间安排和范围。

2. 从业务流程层面了解内部控制

业务流程层面内部控制主要是对工薪、销售和采购等具体交易的控制。在实务中,可将被审计单位的整个经营活动划分为几个重要的业务循环。

从业务流程层面了解内部控制时,注册会计师首先确定重要业务流程和重要交易类别;其次,着手了解每一类重要交易在信息技术或人工系统中生成、记录、处理以及在财务报表中报告的程序，即重要交易流程，这是确定在哪个环节或哪些环节可能发生错报的基础；然后，确定可能发生错报的环节，针对业务流程中容易发生错报的环节，注册会计师应当确定审计单位是否建立了有效的控制，以防止或发现并纠正这些错报，同时确定被审计单位是否遗漏了必要的控制、是否识别了可以最有效测试的控制；最后，执行穿行测试，证实对交易流程和相关控制的了解，为了解各类重要交易在业务流程中发生、处理和记录的过程，注册会计师通常会每年执行穿行测试，即使打算信赖控制，注册会计师也仍需执行穿行测试以确认以前对业务流程及可能发生错报环节了解的准确性和完整性。

五、需要调查了解内部控制的内容

(一) 了解被审计单位的控制环境

控制环境包括治理职能和管理职能，以及治理层和管理层对内部控制及其重要性的态度、认识和措施。控制环境设定了被审计单位的内部控制基调，影响员工对内部控制的认识。良好的控制环境是实施有效内部控制的基础。注册会计师需要了解：

1) 对诚信和道德价值观念的沟通与落实。对诚信和道德价值观念的沟通与落实，既包括管理层如何处理不诚实、非法或不道德行为，也包括在被审计单位内部，通过行为规范以及高层管理人员的身体力行，对诚信和道德价值观念的营造和保持情况。

2) 对胜任能力的重视。注册会计师应当考虑主要管理人员和其他相关人员是否能够胜任承担的工作和职责，例如，财务人员是否对编报财务报表所适用的会计准则和相关会计制度有足够的了解并能正确运用。

3) 治理层的参与程度。注册会计师考虑的因素主要有：治理层相对于管理层的独立性、成员的经验和品德、治理层参与被审计单位经营的程度和收到的信息及其对经营活动的详细检查、治理层采取措施的适当性，包括提出问题的难度和对问题的跟进程度，以及治理层与内部审计人员和注册会计师的互动等。

4) 管理层的理念和经营风格。衡量管理层对内部控制重视程度的重要标准，是管理层收到有关内部控制缺陷及违规事件的报告时是否做出了适当反应。若管理层及时下达纠弊措施，表明他们对内部控制的重视，也有利于加强企业内部的控制意识。

5) 组织结构及职权与责任的分配。注册会计师应当考虑被审计单位组织结构中是否采用向个人或小组分配控制职责的方法，是否建立了执行特定职能(包括交易授权)的授权机制，是否确保每个人都清楚地了解报告关系和责任。注册会计师还需要审查对分散经营活动的监督是否充分。有效的权责分配制度有助于形成整体的控制意识。

6) 人力资源政策与实务。注册会计师在对被审计单位人力资源政策与实务进行了解和评估时，考虑的主要因素可能包括：被审计单位在招聘、培训、考核、咨询、晋升、薪酬、补救措施等方面是否都有适当的政策和实务(特别是在会计、财务和信息系统方面)；是否有书面的员工岗位职责手册，或者在没有书面文件的情况下，对于工作职责和期望是否做了充分的沟通和交流；人力资源政策与实务是否清晰，并且定期发布和更新。

控制环境本身并不能防止或发现并纠正各类交易、账户余额和披露认定层次的重大错报，注册会计师在评估重大错报风险时，应当将控制环境连同其他内部控制要素产生的影响一并考虑，应当考虑控制环境的总体优势是否为内部控制的其他要素提供了适当的基础,并且未被控制环境中存在的缺陷所削弱。

(二) 了解被审计单位的风险评估过程

被审计单位的风险评估过程包括识别与财务报告相关的经营风险,以及针对这些风险所采取的措施。首先,注册会计师应当了解被审计单位是否已建立风险评估过程,包括:识别与财务报告目标相关的经营风险;估计风险的重要性;评估风险发生的可能性;决定应对这些风险的措施。其次,注册会计师应当了解被审计单位的风险评估过程和结果。

在评价被审计单位风险评估过程的设计和执行时,注册会计师应当确定管理层如何识别与财务报告相关的经营风险,如何估计该风险的重要性,如何评估风险发生的可能性,以及如何采取措施管理这些风险。注册会计师应当询问管理层识别出的经营风险,并考虑这些风险是否可能导致重大错报。

如果被审计单位未建立风险评估过程,或具有非正式的风险评估过程,注册会计师应当与管理层讨论是否识别出与财务报告目标相关的经营风险以及如何应对这些风险。

(三) 了解被审计单位的信息系统与沟通

与财务报告相关的信息系统,包括可以生成、记录、处理和报告交易、事项和情况,对相关资产、负债和所有者权益履行经营管理责任的程序和记录;与财务报告相关的沟通包括使员工了解各自在与财务报告有关的内部控制方面的角色和职责,员工之间的工作联系,以及向适当级别的管理层报告例外事项的方式。

注册会计师应当了解与财务报告相关的信息系统(包括相关业务流程),了解被审计单位内部如何对财务报告的岗位职责以及与财务报告相关的重大事项进行沟通。注册会计师还应当了解管理层与治理层(特别是审计委员会)的沟通,以及被审计单位与外部(包括与监管部门)的沟通。

(四) 了解被审计单位的控制活动

在了解与审计相关的控制活动时,注册会计师应当重点考虑一项控制活动单独或连同其他控制活动,是否能够以及如何防止或发现并纠正各类交易、账户余额和披露存在的重大错报。注册会计师的工作重点是识别和了解针对重大错报可能发生的领域的控制活动。如果多项控制活动能够实现同一目标,注册会计师不必了解与该目标相关的每项控制活动。

注册会计师对被审计单位整体层面的控制活动所进行的了解和评估,主要是针对被审计单位的一般控制活动,特别是信息技术一般控制,注册会计师应当了解被审计单位如何应对信息技术导致的风险。

(五) 了解被审计单位的内部控制监督

注册会计师在对被审计单位整体层面的监督进行了解和评估时,考虑的主要因素可能包括:(1)被审计单位是否定期评价内部控制;(2)被审计单位人员在履行正常职责时,能够在多大程度上获得内部控制是否有效运行的证据;(3)与外部的沟通能够在多大程度上证实内部产生的信息或者指出存在的问题;(4)管理层是否采纳内部审计人员和注册会计师有关内部控制的建议;(5)管理层是否及时纠正控制运行中的偏差;(6)管理层根据监管机构的报告及建议是否及时采取纠正措施。

六、对内部控制进行初步评价和风险评估

注册会计师在调查了解了客户内部控制情况,并做适当记录后,应当对内部控制进行初步评价,以确定客户的内部控制是否健全与合理。初步评价的方法一般是把调查了解到的内部控制与《企业内部控制基本规范》及其应用指引相比较,通过两者的比较,确定客户的内部控制是否健全、是否合理。

内部控制的评价结果一般有三种:(1)所设计的控制单独或连同其他控制能够防止或发现并纠正重大错报,并得到执行;(2)控制本身的设计是合理的,但没有得到执行;(3)控制本身的设计是无效的,或缺乏必要控制。

需要注意的是,这些评价只是在了解内部控制的基础上得出的初步结论,最终结论仍可能随着控制测试后实质性程序的结果而发生变化。

如果认为被审计单位的内部控制设计合理并得到执行,能够有效防止或发现并纠正重大错报,那么注册会计师通常可以信赖这些内部控制,减少拟实施的实质性程序;如果准备更多地信赖这些控制,那么需要确信所信赖的控制在整个信赖期间都有效地发挥了作用,为此需要进行控制测试,以确定其运行的有效性。

如果注册会计师认为控制是无效的,包括控制本身设计不合理,不能实现控制目标,或者尽管设计合理,但是没有得到执行,那么注册会计师不需要进行控制测试以确定其运行的有效性,而是直接实施实质性程序。

实例6-3 从业务流程层面了解内部控制案例

TJ会计师事务所负责ABC公司2019年年报审计,项目组成员李阳负责销售与收款循环业务部分的审计。他向销售经理、销售业务员、财务经理等人询问了ABC公司2019年度的销售情况、营销策略、客户合同安排和具体的销售流程等内容,检查了ABC公司的《内部控制手册》中关于销售业务流程部分的规定,现场观察了信息系统内的销售业务处理流程,与销售经理、财务经理等人员确认了下列内容。

ABC公司是一家生产和销售电子纤维布的中型制造企业,现行的销售政策和程序已经董事会批准,2019年度没有发生变化。ABC公司的主要产品是电子纤维布,产品属于通用产品,通常有足够的存货供应销售。根据批准的销售合同,发货由独立的第三方物流公司发运,取得客户签收货物回执单后,确认销售收入实现,通常的信用期限是60天。

(1) 接受订单与合同审批。收到客户订单后,销售员对订单金额与客户被授信用额度及尚欠应收货款金额进行检查,经销售经理审批后交信用管理经理复核,超信用额度的必须由总经理审批。

对于新客户,销售员需要调查客户背景并填写"新客户基本情况表",系统内转销售经理批准和信用管理经理审批,销售经理决定是否接受新客户,信用管理经理决定是否同意赊销及信用额度,新客户首次信用额度不高于40万元,如超过须总经理审批。销售信息管理员负责新客户的信息录入及建档工作。

批准客户订单后,销售员根据公司既定模板草拟销售合同,如改变合同条款,须公司法务部审核批准。拟好合同并在系统内提交给销售经理审核后,转交总经理签署合同,销售员扫描后通过线上传递给客户签署并回收,合同签署完成。销售合同均预先连续编号。销售信息管理员将已签署的合同录入系统,再经销售经理审核无误批准后,系统自动生成连续编号的销售单(系统显示"待处理状态")。

(2) 发货。仓库部门根据批准的销售单,填写发货单办理出库事宜,仓库经理审核无误后,由运输经理安排既定的第三方物流公司组织发运,发货单的其中一联由物流公司交客户做签收回执,此时系统内销售单状态显示为"已出库"。

(3) 开票记账。应收账款记账员根据物流公司交回的客户签收货物回执单,开具销售发票,经会计主管在系统中审核批准,系统内销售单状态显示为"已开票"。系统自动生成记账凭证,登记相应的应收账款明细账和营业收入明细账。每月由法务部门负责完成与客户的对账工作。

(4) 收款。销售人员收到客户支票、汇票后,填写收款通知单交出纳员签收,次日出纳将票据交给银行,应收账款记账员根据审核无误的收款通知单、银行收款回单等凭证在系统中编制收款凭证提交会计主管批准;会计主管复核无误批准后,系统自动据以登记银行存款日记账和应收账款明细账。

李阳在审计工作底稿上得出记录公司销售业务内部控制对实现控制目标有效(即健全性、恰当性),随机选择两笔销售业务执行了穿行测试,确定以上内部控制得到执行。于是,他决定拟对销售业务的进一步审计程序采取综合方案,即执行控制测试和有限的实质性程序。

问题:除采用以上文字叙述法外,还可以采用流程图法或调查表法记录了解到的内部控制,请参考相关资料设计ABC公司销售业务内部控制的流程图和调查表,并替李阳设计穿行测试方案。

分析提示:鉴于篇幅限制,此处只记录ABC公司销售业务的主要流程而并非全部流程,穿行测试方案可参考内部控制测试方案。

第四节 评估重大错报风险

了解被审计单位及其环境,其目的是评估与财务报表相联系的重大错报风险。将评估结果作为设计进一步审计程序的性质、时间和范围以及应对风险的基础。

一、评估重大错报风险的程序

在评估重大错报风险时,注册会计师应当实施下列审计程序:

1) 在了解被审计单位及其环境(包括与风险相关的控制)的整个过程中,结合对财务报表中各类交易、账户余额和披露的考虑,识别风险。例如,被审计单位因相关环境法规的实施需要更新设备,可能面临原有设备闲置或贬值的风险;宏观经济的低迷可能预示应收账款的回收存在问题。

2) 结合对拟测试的相关控制的考虑,将识别出的风险与认定层次可能发生错报的领域相联系。例如,销售困难使产品的市场价格下降,可能导致年末存货成本高于其可变现净值而需要计提存货跌价准备,这显示存货的计价认定可能发生错报。

3) 评估识别出的风险,并评价其是否更广泛地与财务报表整体相关,进而潜在地影响多项认定。

4) 考虑发生错报的可能性(包括发生多项错报的可能性以及潜在错报的重大程度)是否足以导致重大错报。

二、识别两个层次的重大错报风险

在对重大错报风险进行识别和评估后,注册会计师应当确定,识别的重大错报风险是与特定的某类交易、账户余额和披露的认定相关,还是与财务报表整体广泛相关,进而影响多项认定。

(一) 财务报表层次的重大错报风险

某些重大错报风险可能与财务报表整体广泛相关，进而影响多项认定。例如，在经济不稳定的国家和地区开展业务、资产的流动性出现问题、重要客户流失、融资能力受到限制等，可能导致注册会计师对被审计单位的持续经营能力产生重大疑虑。又如，管理层缺乏诚信或承受异常的压力可能引发舞弊风险，这些风险与财务报表整体相关。这类重大错报风险被称为财务报表层次的重大错报风险。财务报表层次的重大错报风险很可能源于薄弱的控制环境。薄弱的控制环境带来的风险可能对财务报表产生广泛影响，难以限于某类交易、账户余额和披露，注册会计师应当采取总体应对措施。

实例6-4 单选题

下列各项中，与丙公司财务报表层次重大错风险评估最相关的是(　　)。

A. 丙公司应收账款周转率呈明显下降趋势
B. 丙公司持有大量高价值且易被盗窃的资产
C. 丙公司的生产成本计算过程相当复杂
D. 丙公司的控制环境薄弱

分析：内部控制的好坏是影响财务报表层次重大错风险评估的直接因素。选项A、B、C都是相对具体的，有一定关系但不是主要的，正确选项是D。

(二) 认定层次的重大错报风险

某些重大错报风险可能与特定的某类交易、账户余额和披露的认定相关。例如，被审计单位为扩大市场占有率、增加销售额，可能采取激进的赊销政策，降低赊销标准这一事项表明应收账款计价的认定可能存在重大错报风险。又如，被审计单位存在重大的关联方交易，该事项表明关联方及关联方交易的披露认定可能存在重大错报风险。这类与特定的某类交易、账户余额和披露的认定相关的重大错报风险被称为认定层次的重大错报风险。

因为控制活动与控制环境、风险评估等其他内部控制要素相比，在防止、发现和纠正认定层次重大错报方面更为有效，所以注册会计师应当将特定单项控制活动与特定认定相联系，以便于评估认定层次的重大错报风险。

实例6-5 认定层次重大错报风险评估案例

上市公司甲公司是ABC会计师事务所的常年审计客户，主要从事汽车的生产和销售。A注册会计师负责审计甲公司2019年年度财务报表，确定财务报表整体的重要性为1000万元，明显微小错报的临界值为30万元。

资料一：

A注册会计师在审计工作底稿中记录了所了解的甲公司情况及其环境，部分内容摘录如下。

(1) 2019年，在钢材价格及劳动力成本大幅上涨的情况下，甲公司通过调低主打车型的价格，保持了良好的竞争力和市场占有率。

(2) 2019年，甲公司首个互联网汽车研发项目取得突破性进展，于2019年年末开始量产。甲公司因此获得研发补助1800万元，并于2019年12月将相关开发支出转入无形资产。

(3) 自2019年1月起，甲公司将产品质量保证金的计提比例由营业收入的3%调整为2%。

(4) 2019年12月31日，甲公司以1亿元人民币购入丙公司40%的股权。根据约定，甲公司按持股比例享有丙公司自评估基准日2019年6月30日至购买日的净利润。

(5) 2019年12月,甲公司与非关联方丁公司签订意向书,以3000万元价格向其转让一批旧设备。2020年1月,该笔交易获得批准并完成交付。

资料二:

A注册会计师在审计工作底稿中记录了甲公司的财务数据,部分内容如表6-2所示。

表6-2 工作底稿记录表 (单位:万元)

	2019年未审金额	2018年审定金额
营业收入	100 000	95 000
营业成本	89 000	84 500
销售费用:产品质量保证	2000	2850
投资收益:权益法(丙公司)	1200	0
其他收益:互联网汽车项目补助	1800	0
持有待售资产:拟销售丁公司设备	4200	0
长期股权投资:丙公司	11 200	0
无形资产:互联网汽车项目补助	4000	0

要求:针对资料一的第(1)至第(5)项,结合资料二,假定不考虑其他条件,逐项指出资料一所列事项是否可能表明存在重大错报风险。如果认为可能表明存在重大错报风险,简要说明理由,并说明该风险主要与哪些财务报表项目的哪些认定相关(不考虑税务影响)。

分析提示:资料一的第(1)至第(5)项都存在认定层次重大错报风险。第(1)项应考虑成本上涨售价下调对毛利率的影响;第(2)项属于政府补助的会计问题,可能存在政府补助分类问题,涉及报表项目其他收益(发生性)、递延收益(完整性)与无形资产(计价与分摊);第(3)项属于或有事项中会计估计问题,存在少记预计负债和销售费用的风险,涉及报表项目预计负债(计价与分摊认定)和销售费用(准确性);第(4)项属于长期股权投资的会计处理问题,涉及报表项目长期股权投资(计价与分摊)和投资收益(准确性);第(5)项属于待处置固定资产分类的时点问题,涉及报表项目持有待售资产(存在)、固定资产(完整性、计价与分摊)和资产减值损失(准确性)。

说明:本案例涉及许多复杂的会计处理问题,这是认定层次重大错报风险评估的基本要求,需要同时具备扎实的会计知识、财务审计知识和良好的逻辑推理能力。

(三) 考虑财务报表的可审计性

注册会计师在了解被审计单位的内部控制后,可能对被审计单位财务报表的可审计性产生怀疑。如果通过对内部控制的了解发现下列情况,并对财务报表局部或整体的可审计性产生疑问,注册会计师应当考虑出具保留意见或无法表示意见的审计报告:(1)被审计单位会计记录的状况和可靠性存在重大问题,不能获取充分、适当的审计证据以发表无保留意见;(2)对管理层的诚信存在严重疑虑。必要时,注册会计师应当考虑解除业务约定。

实例6-6 德勤主动辞任审计客户

博士蛙国际控股有限公司是一家儿童消费品开发商及零售商,2010年9月29日在香港交易所挂牌交易(01698.HK)。据《中国证券网》2012年3月15日的报道,该公司自2012年3月15日午后1点38分起暂停股票交易，在停牌前公司公布审计公司辞职及延后公布2011年业绩报告的公告。德勤·关黄陈方会计师行已辞任博士蛙公司审计工作，由于公司需要额外的时间为新审计公司搜集充足的资料及完成审核程序，预计不能在4月30日前公布2011年年报。

而德勤·关黄陈方会计师行辞任时指出，"尽管双方进行了广泛的交流，但是仍有诸多事项尚未解决"，而且该行仍对"财务报表中普遍出现的事项感到担忧"，其中包括质疑博士蛙与一家供应商之间的"金额为3.92亿元的一笔已记录之预付款的存在性及商业实质性"，以及博士蛙"与专营OK卡经销商、商品经销商及贸易供应商的存在性，以及与上述实体之间已记录的交易的商业实质性"。

资本市场对这件事情的反应强烈。2012年3月15日博士蛙早间开盘报2.12港元，较14日收盘价2.58港元大跌17.83%，截至下午停牌前，该股已跌至1.68港元，跌幅高达34.88%，成交6.7亿元。

作为审计人，注册会计师在承接业务以及随后的审计过程中，时刻要保持职业谨慎，及时了解被审计单位及其环境，评估重大错报风险，并对已识别的重大错报风险及时地采取适当的应对措施，甚至可以考虑终止业务，退出审计，避免承担有可能发生的重大法律责任风险。德勤·关黄陈方会计师行正是基于这一点及时终止了与博士蛙的合作。

问题：搜集我国证券市场上的会计师事务所更换案例并总结他们的更换理由，并分析其经济后果。

三、识别特别考虑的重大错报风险

注册会计师还应当识别那些需要特别考虑的重大错报风险(以下简称特别风险)。特别风险通常与重大的非常规交易和判断事项有关。

(一) 考虑非常规交易和判断事项导致的特别风险

非常规交易是指由于金额或性质异常而不经常发生的交易，例如企业购并、债务重组、重大或有事项等。这些非常规交易和判断事项通常具有下列特征：

1) 管理层更多地介入会计处理。
2) 数据收集和处理涉及更多的人工成分。
3) 复杂的计算或会计处理方法。
4) 非常规交易的性质可能使被审计单位难以对由此产生的特别风险实施有效控制。

判断事项通常包括做出的会计估计，如资产减值准备金额的估计、需要运用复杂估值技术确定的公允价值计量等。由于下列原因，与重大判断事项相关的特别风险可能导致更高的重大错报风险：

1) 对涉及会计估计、收入确认等方面的会计原则存在不同的理解。
2) 所要求的判断可能是主观和复杂的，或需要对未来事项做出假设。

(二) 考虑与特别风险相关的控制

重大非常规交易或判断事项相关的风险很少受到日常控制的约束，注册会计师应当了解被审计单位是否针对该特别风险设计和实施了控制。如果管理层未能实施控制以恰当应对特别风险，注册会计师应当认为内部控制存在重大缺陷，并考虑其对风险评估的影响。在此情况下，注册会计师应当就此类事项与治理层沟通。

如果计划测试旨在减轻特别风险的控制运行的有效性，注册会计师不应依赖以前审计获取的关于内部控制运行有效性的审计证据。注册会计师应当专门针对识别的特别风险实施实质性程序，由于仅凭实质性分析程序并不足以应对特别风险，注册会计师应当实施细节测试，或将实质性分析程序与细节测试结合运用。

在审计实务中，应当记录了解被审计单位及其环境中识别的重大错报风险及应对方案，通常需要编制《识别的重大错报风险汇总表》《财务报表层次风险应对方案表》《特别风险应对措施及结果汇总表》等工作底稿。《特别风险应对措施及结果汇总表》举例见表6-3。

表6-3 特别风险应对措施及结果汇总表

项目	经营目标	经营风险	特别风险	管理层应对或控制措施	财务表项目及相关认定	审计措施
1	被审计单位通过发展中小城市的新客户和放宽授信额度争取销售收入比上一年度增长25%	不严格执行对新客户的信用记录调查和筛选、放宽授信额度会增加坏账风险	应收账款坏账准备的计提可能不足	1) 财务部每月编制账龄分析报告；2) 对超过一年未收回的账款由销售人员与客户签订还款协议，其条款须经区域销售经理和销售经理批准；3) 销售部每月编制逾期应收账款还款协议签订及执行情况报告，经销售总监审阅决定是否降低授信额度或暂停供货；4) 财务经理根据该报告并结合账龄分析报告，对有可能难以收回的应收账款计提坏账准备	应收账款(相关认定：计价和分摊)	1) 与销售经理讨论所执行的坏账风险评估程序；2) 与财务经理讨论坏账准备的计提；3) 审阅账龄分析报告和还款协议签订及执行报告；4) 抽查还款协议和货款收回情况
2	…	…	…	…	…	…

实例6-7 单选题

下列有关特别风险的说法中，正确的是(　　)。

A. 注册会计师在判断重大错报风险是否为特别风险时，应当考虑识别出的控制对于相关风险的抵消效果

B. 注册会计师应当将管理层凌驾于控制之上的风险评估为特别风险

C. 注册会计师应当对特别风险实施细节测试

D. 注册会计师应当了解并测试与特别风险相关的控制

分析： 在判断重大错报风险是否为特别风险时，注册会计师不应当考虑识别出的控制对于相关风险的抵消效果，选项A不正确；注册会计师应当对特别风险实施实质性程序，选项C错误；注册会计师应当了解与特别风险相关的控制，如果了解到相关的内部控制无效，此时不需要测试相关的控制，选项D错误，正确选项是B。

四、风险评估结果的修正

在评估重大错报风险时，注册会计师应当利用实施风险评估程序获取的信息，包括在评价控制设计和确定其是否得到执行时获取的审计证据，作为支持风险评估结果的审计证据。并且应当根据风险评估结果，确定实施进一步审计程序的性质、时间和范围。

注册会计师对被审计单位及其环境的了解和重大错报风险的评估是一个持续的过程，贯穿于审计过程的始终，对认定层次重大错报风险的评估应以获取的审计证据为基础，并可能随着不断获取审计证据而做出相应的变化。因此，如果通过实施进一步审计程序，包括控制测试和实质性程序，获取的审计证据与初始评估获取的审计证据相矛盾，注册会计师应当修正风险评估结果，并相应修改原计划实施的进一步审计程序，对风险评估的修正要贯穿审计过程的始终。

实例6-8 识别和评估重大错报风险案例

X股份有限公司(以下简称X公司)是上市公司。该公司拥有生产员工42 000人，大部分客户均为境外客户。其主要经营模式是按客户订单的设计要求加工中高端电子元器件。U会计师事务所的A注册会计师担任X公司2018年年度财务报表审计业务的项目负责人，并对上年财务报表发表了无保留意见。2019年，X公司与U会计师事务所续签了审计业务约定书，A注册会计师继续担任X公司2019年年度财务报表审计业务的项目负责人。

资料一：

通过了解X公司及其环境，A注册会计师获悉X公司所属行业2019年的营业收入普遍比上年增长12%，但毛利率基本保持稳定。X公司的经营模式、生产技术等均与上年基本相同，但经营业绩比上年有较大幅度提升。具体情况如下：

(1) 2019年末，X公司除了向管理层发放人均6万元的保底年薪外，还实现了营业收入比上年增长20%、毛利率比上年增长3.5%的目标，还按约定向高级管理人员发放了人均20万元的奖励性工资。

(2) 为实现经营目标，X公司更换了部分高级管理人员。新的领导班子上任后，将公司经营理念由原先的"诚信为本、强化管理"改为"业绩为主、效益至上"。

(3) 为提升对经营业绩和财务信息的监督层次，精简管理人员，经董事会特别会议批准，X公司在治理层增设了监事会，取消了对管理层直接报告的原审计部门。

(4) 为实现经营目标，X公司2019年大幅增加了海外电视广告费用和其他与营销相关的费用，以保持老客户和发展新客户。

(5) 2019年后半年，X公司所在地企业普遍上调了职工的最低工资界限。X公司劳资双方协商后，从2019年7月份起将生产部门职工的计件工资普遍上调了30%。

(6) 2019年9月，因X公司专职信息管理部门相关职员的工作失误，公司计算机系统感染病毒。该事项没有给X公司造成重大经济损失，财务信息系统在病毒入侵后的第三天就已恢复正常运行。

资料二：

(1) 2019年度未经审计的利润表部分项目的发生额及2018年年度利润表对应项目的发生额，参见表6-4。

表6-4 利润表部分项目对比 (单位：万元)

年 份	2019年	2018年
营业收入	87 000	72 500
营业成本	75 080	65 250
销售费用	3220	3300
管理费用	4690	3910

(2) 2019年度未经审计的产成品成本构成明细资料与2018年年度相关资料，参见表6-5。

表6-5 成本对比 (单位：万元)

年份	2019年	2018年
直接材料	36 130	30 250
直接人工	25 979	21 750
制造费用	15 828	13 250
合计	77 937	65 250

问题：根据资料一，结合资料二，必要时运用分析程序，指出资料一中所列各种情况是否意味着X公司存在重大错报风险；如果存在，请指出重大错报风险属于财务报表层次还是认定层次；并简要说明与重大错报风险相关理由(或动机)。

分析：

(1) 业务收入增长20%，而管理层报酬没有增长属于异常，存在重大错报风险；属于认定层次重大错报风险。

(2) 经营理念改为业绩为主，会使管理层过于追求业绩，存在重大错报风险；属于报表层次重大错报风险。

(3) 缺乏内部审计的日常监督，存在重大错报风险；属于报表层次重大错报风险。

(4) 广告费用大幅增加，而报表中2019年销售费用却比2018年下降，属于异常，存在重大错报风险；属于认定层次重大错报风险。

(5) 2019年直接人工成本25 979万元，比2018年的21750万元高出20%，并且从2019年7月份起工资普遍上调了30%。因此，总体直接人工成本高出20%是合理的，不存在重大错报风险。

(6) 计算机感染病毒，影响财务软件运行的环境，对整个财务报表都有影响，存在重大错报风险；属于报表层次重大错报风险。

习 题

一、复习思考题

1. 何为内部控制？内部控制的构成要素是什么？
2. 简要回答内部控制与现代审计的关系。
3. 内部控制存在哪些固有局限？
4. 了解内部控制的程序及步骤是什么，需要调查了解内部控制的内容有哪些？
5. 评估重大错报风险的程序是什么？
6. 如何识别两个层次的重大错报风险？

二、单项选择题

1. 下列不属于注册会计师了解被审计单位及其环境工作范围的是( )。
   A. 了解被审计单位所在行业状况、法律环境与监管以及其他外部因素
   B. 被审计单位的目标、战略以及相关经营风险

C. 被审计单位业绩的衡量与评价
   D. 以往年度的审计策略
2. 下列关于财务报表层次重大错报风险的说法中，不正确的是(   )。
   A. 与财务报表整体广泛相关
   B. 与特定的各类交易、账户余额、列报的认定相关
   C. 可能影响多项认定
   D. 很可能源于薄弱的控制环境
3. 注册会计师了解被审计单位及其环境的目的是(   )。
   A. 控制检查风险   B. 为了识别和评估财务报表重大错报风险
   C. 收集充分适当的审计证据   D. 为了进行风险评估程序
4. 当评估的财务报表层次重大错报风险较高时，在进一步程序的总体方案中，更倾向采用(   )。
   A. 综合性方案   B. 实质性方案
   C. 综合性方案与实质性方案相结合   D. 综合性方案或实质性方案
5. 下列审计程序中，注册会计师在了解被审计单位内部控制时通常不采用的是(   )。
   A. 询问   B. 观察
   C. 分析程序   D. 检查

三、多项选择题

1. 下列各项中，属于预防性控制的有(   )。
   A. 负责业务收入和应收账款记账的财务人员不得经手货币资金
   B. 采购固定资产需要经适当级别的人员批准
   C. 会计主管每月末将银行账户余额与银行对账单进行核对
   D. 管理层定期执行存货盘点，以确定永续盘存制的可靠性
2. 下列各项中，注册会计师应当评估为存在特别风险的有(   )。
   A. 超出正常经营过程的重大关联方交易   B. 管理层可能凌驾于控制之上
   C. 具有高度估计不确定性的重大会计估计 D. 收入确认
3. 下列有关风险评估的提法中，正确的有(   )。
   A. 了解被审计单位及其环境是注册会计师必须实施的程序，而非可选择程序
   B. 了解被审计单位及其环境是注册会计师可以实施的程序，而非必须执行的程序
   C. 了解被审计单位的目的是识别和评估重大错报风险以设计和实施进一步程序
   D. 了解被审计单位及其环境，贯穿于整个审计过程的始终
4. 注册会计师在了解被审计单位及其环境时通常采用的是(   )。
   A. 询问   B. 穿行测试
   C. 分析程序   D. 检查和观察
5. 在了解控制环境时，注册会计师应当关注的内容有(   )。
   A. 公司治理层相对于管理层的独立性   B. 公司管理层的理念和经营风格
   C. 公司员工整体的道德价值观   D. 公司对控制的监督

第七章

风 险 应 对

【导读】

针对被审计单位及其环境评估的重大错报风险实施审计风险应对程序是现代风险导向审计测试流程的第二步。针对财务报表层次的重大错报风险实施总体应对措施,针对认定层次的重大错报风险实施进一步审计程序,进一步审计程序具体又分为控制测试和实质性程序,控制测试是可选择性程序,无论风险评估结果如何,实质性程序是必不可少的,这些风险应对程序的性质、时间和范围的确定需要较高的审计职业判断水平。

【学习重点】

掌握财务报表层次重大错报风险的总体应对措施,增加审计程序不可预见性的基本方法,理解和掌握进一步审计程序、控制测试和实质性程序的含义及其性质、时间和范围的选择影响因素,理解和掌握控制测试与实质性程序之间的关系。

【学习难点】

理解和掌握进一步审计程序、控制测试和实质性程序的含义,理解它们的性质、时间和范围的选择影响因素,需要较高职业判断水平,具有一定的难度。

【教学建议】

第一节以学生课堂讨论分析为主,第二节和第三节建议结合案例教学,以课堂讲授为主。

第一节　针对财务报表层次重大错报风险的总体应对措施

一、财务报表层次重大错报风险与总体应对措施

在财务报表重大错报风险的评估过程中，审计人员应当确定，识别的重大错报风险是与特定的某类交易、账户余额和披露的认定相关，还是与财务报表整体广泛相关，进而影响多项认定。如果是后者，则属于财务报表层次的重大错报风险。

审计人员应当针对评估的财务报表层次重大错报风险确定下列总体应对措施：

1) 向项目组强调保持职业怀疑的必要性。

2) 指派更有经验或具有特殊技能的审计人员，或利用专家的工作。由于各行业在经营业务、经营风险、财务报告、法规要求等方面具有特殊性，审计人员的专业分工细化成为一种趋势。审计项目组成员中应有一定比例的人员曾经参与过被审计单位以前年度的审计，或具有被审计单位所处特定行业的相关审计经验。必要时，要考虑利用信息技术、税务、评估、精算等方面专家的工作。

3) 提供更多的指导。对于财务报表层次重大错报风险较高的审计项目，审计项目组的高级别成员，如项目合伙人、项目经理等经验较丰富的人员，要对其他成员提供更详细、更经常、更及时的指导和监督并加强项目质量复核。

4) 在选择拟实施的进一步审计程序时融入更多的不可预见的因素。被审计单位人员，尤其是管理层，如果熟悉审计人员的审计套路，就可能采取种种规避手段，掩盖财务报告中的舞弊行为。因此，在设计拟实施审计程序的性质、时间安排和范围时，为了避免既定思维对审计方案的限制，避免对审计效果的人为干涉，从而使得针对重大错报风险的进一步审计程序更加有效，审计人员要考虑使某些程序不被被审计单位管理层预见或事先了解。

5) 对拟实施审计程序的性质、时间安排或范围做出总体修改。财务报表层次的重大错报风险很可能源于薄弱的控制环境。薄弱的控制环境带来的风险可能对财务报表产生广泛影响，难以限于某类交易、账户余额和披露，审计人员应当采取总体应对措施。相应地，审计人员对控制环境的了解也影响其对财务报表层次重大错报风险的评估。有效的控制环境可以使审计人员增强对内部控制和被审计单位内部产生的证据的信赖程度。如果控制环境存在缺陷，审计人员在对拟实施审计程序的性质、时间安排和范围做出总体修改时应当考虑：

(1) 在期末而非期中实施更多的审计程序。控制环境的缺陷通常会削弱期中获得的审计证据的可信赖程度。

(2) 通过实施实质性程序获取更广泛的审计证据。良好的控制环境是其他控制要素发挥作用的基础。控制环境存在缺陷通常会削弱其他控制要素的作用，导致审计人员可能无法信赖内部控制，而主要依赖实施实质性程序获取审计证据。

(3) 增加拟纳入审计范围的经营地点的数量。

二、增加程序不可预见性的基本方法

审计人员需要与被审计单位的高层管理人员事先沟通，要求实施具有不可预见性的审计程序，但不能告知其具体内容，审计人员可以在签订审计业务约定书时明确提出这一要求。在审计实务中，审计人员可以通过以下方式提高审计程序的不可预见性：

1) 对某些未测试过的低于设定的重要性水平或风险较小的账户余额和认定实施实质性程序。例如,在应收账款函证程序中,测试以前未曾函证过的账户余额,如金额为负或零的账户,或者余额低于以前设定的重要性水平的账户。

2) 调整实施审计程序的时间,使被审计单位不可预期。例如,在应收账款函证程序中,改变函证日期,即把所函证账户的截止日期提前或推迟。

3) 采取不同的审计抽样方法,使当期抽取的测试样本与以前有所不同。例如,在审计银行存款时,多选几个月的银行存款余额调节表进行测试。

4) 选取不同的地点实施审计程序,或预先不告知被审计单位所选定的测试地点。例如,存货监盘时,可在不事先通知被审计单位的情况下,选择一些以前未曾到过的盘点地点进行存货监盘。

表7-1列举了增加审计程序不可预见性的一些参考示例。

表7-1 增加审计程序不可预见性示例表

审计领域	可选择的审计程序示例
存货	向审计过程中接触不多的被审计单位员工询问,例如采购、销售、生产人员等
	在不事先通知被审计单位的情况下,选择一些以前未曾到过的盘点地点进行存货监盘
销售和应收账款	向审计过程中接触不多或未曾接触过的被审计单位员工询问,例如负责处理大客户账户的销售部人员
	改变实施实质性分析程序的对象,例如对收入按细类进行分析
	针对销售和销售退回延长截止测试期间
	实施以前未曾考虑过的审计程序,例如: (1) 函证确认销售条款或者选定销售额较不重要,以前未曾关注的销售交易,例如对出口销售实施实质性程序 (2) 实施更细致的分析程序,例如使用计算机辅助审计技术复核销售及客户账户 (3) 测试以前未曾函证过的账户余额,例如,金额为负或零的账户,或者余额低于以前设定的重要性水平的账户 (4) 改变函证日期,即把所函证账户的截止日期提前或推迟 (5) 对关联公司销售和相关账户余额,除了进行函证外,再实施其他审计程序进行验证
采购和应付账款	如果以前未曾对应付账款余额普遍进行函证,可考虑直接向供应商函证确认余额。如果经常采用函证方式,可考虑改变函证的范围或时间
	对以前由于低于设定的重要性水平而未曾测试过的采购项目,进行细节测试
	使用计算机辅助审计技术审阅采购和付款账户,以发现一些特殊项目,例如是否有不同的供应商使用相同的银行账户
现金和银行存款	多选几个月的银行存款余额调节表进行测试
	对有大量银行账户的,考虑改变抽样方法
固定资产	对以前由于公共开支设定的重要性水平而未曾测试过的国有资产进行测试,例如考虑实地盘查一些价值较低的固定资产,如汽车和其他设备等
固定资产	修改分支机构审计工作范围或区域(如增加某些较次要分支机构的审计工作量,或实地去分支机构开展审计工作)

实例7-1　多选题

下列有关审计程序不可预见性的说法中，正确的有(　　)。

  A. 审计人员需要与被审计单位管理层事先沟通拟实施具有不可预见性的审计程序的要求，但不能告知其具体内容

  B. 审计人员应当在签订审计业务约定书时明确提出拟在审计过程中实施具有不可预见性的审计程序，但不能明确具体内容

  C. 审计人员采取不同的抽样方法使当年抽取的测试样本与以前有所不同，可以增加审计程序的不可预见性

  D. 审计人员通过调整实施审计程序的时间，可以增加审计程序的不可预见性

分析：选项B错误。审计业务约定书没有强制要求明确提出拟在审计过程中实施具有不可预见性的审计程序，正确选项是ACD。

三、总体应对措施对拟实施进一步审计程序的总体审计方案的影响

  财务报表层次重大错报风险难以限于某类交易、账户余额和披露的特点，意味着此类风险可能对财务报表的多项认定产生广泛影响，并相应增加审计人员对认定层次重大错报风险的评估难度。因此，审计人员评估的财务报表层次重大错报风险以及采取的总体应对措施，对拟实施进一步审计程序的总体审计方案具有重大影响。

  拟实施进一步审计程序的总体审计方案包括实质性方案和综合性方案。其中，实质性方案是指审计人员实施的进一步审计程序以实质性程序为主；综合性方案是指审计人员在实施进一步审计程序时，将控制测试与实质性程序结合使用。

  当评估的财务报表层次重大错报风险属于高风险水平，并相应采取更强调审计程序不可预见性以及重视调整审计程序的性质、时间安排和范围等总体应对措施时，拟实施进一步审计程序的总体方案往往更倾向于实质性方案。

第二节　针对财务认定层次重大错报风险的进一步审计程序

一、进一步审计程序的含义

  进一步审计程序(Further Audit Procedures)相对于风险评估程序而言，是指审计人员针对评估的各类交易、账户余额和披露认定层次重大错报风险实施的审计程序，包括控制测试和实质性程序。审计人员应当针对评估的认定层次重大错报风险设计和实施进一步审计程序，包括审计程序的性质、时间安排和范围。审计人员设计和实施的进一步审计程序的性质、时间安排和范围，应当与评估的认定层次重大错报风险具备明确的对应关系。审计人员实施的审计程序应具有目的性和针对性，有的放矢地配置审计资源有利于提高审计效率和效果。

  审计人员对认定层次重大错报风险的评估为确定进一步审计程序的总体审计方案奠定了基础。因此，审计人员应当根据对认定层次重大错报风险的评估结果，恰当选用实质性方案或综合性方案。

  通常情况下，审计人员出于成本效益的考虑，可以采用综合性方案设计进一步审计程序，即结

合使用测试控制运行的有效性与实质性程序。但在某些情况下(如仅通过实质性程序无法应对重大错报风险),审计人员必须通过实施控制测试,才可能有效应对评估出的某一认定的重大错报风险;而在另一些情况下(如审计人员的风险评估程序未能识别出与认定相关的任何控制,或审计人员认为控制测试很可能不符合成本效益原则),审计人员可能认为仅实施实质性程序就是适当的。

需要强调的是,无论选择何种方案,审计人员都应当对所有重大的各类交易、账户余额和披露设计和实施实质性程序。

二、进一步审计程序的性质

(一) 进一步审计程序的性质的含义

进一步审计程序的性质(Nature)是指进一步审计程序的目的和类型。其中,进一步审计程序的目的包括通过实施控制测试以确定内部控制运行的有效性,通过实施实质性程序以发现认定层次的重大错报;进一步审计程序的类型包括检查、观察、询问、函证、重新计算、重新执行和分析程序。

在应对评估的风险时,合理确定审计程序的性质是最重要的。这是因为不同的审计程序应对特定认定错报风险的效力不同。例如,实施应收账款的函证程序可以为应收账款在某一时点存在的认定提供审计证据,但通常不能为应收账款的计价认定提供审计证据。对应收账款的计价认定,审计人员通常需要实施其他更为有效的审计程序,如审查应收账款账龄和期后收款情况,了解欠款客户的信用情况等。

(二) 进一步审计程序的性质的选择

在确定进一步审计程序的性质时,审计人员首先需要考虑的是认定层次重大错报风险的评估结果。因此,审计人员应当根据认定层次重大错报风险的评估结果选择审计程序。评估的认定层次重大错报风险越高,对通过实质性程序获取的审计证据的相关性和可靠性的要求就越高,从而可能影响进一步审计程序的类型及其综合运用。

在确定拟实施的审计程序时,审计人员还应当考虑评估的认定层次重大错报风险产生的原因,包括考虑各类交易、账户余额和披露的具体特征以及内部控制。

需要说明的是,如果在实施进一步审计程序时拟利用被审计单位信息系统生成的信息,审计人员应当就信息的准确性和完整性获取审计证据。例如,审计人员在对被审计单位的存货期末余额实施实质性程序时,拟利用被审计单位信息系统生成的各个存货存放地点及其余额清单,审计人员应当获取关于这些信息的准确性和完整性的审计证据。

三、进一步审计程序的时间

(一) 进一步审计程序的时间的含义

进一步审计程序的时间(Timing)是指审计人员何时实施进一步审计程序,或审计证据适用的期间或时点。因此,当提及进一步审计程序的时间时,在某些情况下指的是审计程序的实施时间,在另一些情况下是指需要获取的审计证据适用的期间或时点。

(二) 进一步审计程序的时间的选择

有关进一步审计程序的时间的选择问题，第一个层面是审计人员选择在何时实施进一步审计程序的问题；第二个层面是选择获取什么期间或时点的审计证据的问题。第一个层面的选择问题主要集中在如何权衡期中与期末实施审计程序的关系；第二个层面的选择问题分别集中在如何权衡期中审计证据与期末审计证据的关系、如何权衡以前审计获取的审计证据与本期审计获取的审计证据的关系。这两个层面的最终落脚点都是如何确保获取审计证据的效率和效果。

审计人员可以在期中或期末实施控制测试或实质性程序。这就引出了审计人员应当如何选择实施审计程序的时间的问题。一项基本的考虑因素应当是审计人员评估的重大错报风险，当重大错报风险较高时，审计人员应当考虑在期末或接近期末实施实质性程序，或采用不通知的方式，或在管理层不能预见的时间实施审计程序。

虽然在期末实施审计程序在很多情况下非常必要，但仍然不排除审计人员会在期中实施审计程序。如果在期中实施了进一步审计程序，审计人员还应当针对剩余期间获取审计证据。

审计人员在确定何时实施进一步审计程序时应当考虑的几项重要因素包括：

1) 控制环境。良好的控制环境可以抵消在期中实施进一步审计程序的局限性，使审计人员在确定实施进一步审计程序的时间时有更大的灵活度。

2) 何时能得到相关信息。例如，某些控制活动可能仅在期中(或期中以前)发生，而之后可能难以再被观察到。再如，某些电子化的交易和账户文档如未能及时取得，可能被覆盖。在这些情况下，审计人员如果希望获取相关信息，则需要考虑能够获取相关信息的时间。

3) 错报风险的性质。例如，被审计单位可能为了保证盈利目标的实现，而在会计期末以后伪造销售合同以虚增收入，此时审计人员需要考虑在期末(即资产负债表日)这个特定时点获取被审计单位截止期所能提供的所有销售合同及相关资料，以预防被审计单位在资产负债表日后伪造销售合同虚增收入的做法。

4) 审计证据适用的期间或时点。审计人员应当根据需要获取的特定审计证据确定何时实施进一步审计程序。例如，为了获取资产负债表日的存货余额证据，显然不宜在与资产负债表日间隔过长的期中时点或期末以后时点实施存货监盘等相关审计程序。

需要注意的是，某些审计程序只能在期末或期末以后实施，包括将财务报表与会计记录相核对，检查财务报表编制过程中所做的会计调整等。如果被审计单位在期末或接近期末发生了重大交易，或重大交易在期末尚未完成，审计人员应当考虑交易的发生或截止等认定可能存在的重大错报风险，并在期末或期末以后检查此类交易。

实例7-2 单选题

下列有关审计人员实施进一步审计程序的时间的说法中，错误的是(　　)。

  A. 如果被审计单位的控制环境良好，审计人员可以更多地在期中实施进一步审计程序

  B. 审计人员在确定何时实施进一步审计程序时需要考虑能够获取相关信息的时间

  C. 对于被审计单位发生的重大交易，审计人员应当在期末或期末以后实施实质性程序

  D. 如果评估的重大错报风险为低水平，审计人员可以选择资产负债表日前的适当日期为截止日实施函证

分析： 对于被审计单位发生的重大交易，审计人员应当在期末或接近期末(即期末前后，包括期末之前，未必在期末之后)实施实质性程序，为的是取得第一手资料，防止被审计单位在期末篡改重大交易的数据而使获得的证据不相关，答案选C。

四、进一步审计程序的范围

(一) 进一步审计程序的范围的含义

进一步审计程序的范围(Extent)是指实施进一步审计程序的数量,包括抽取的样本量、对某项控制活动的观察次数等。

(二) 确定进一步审计程序的范围时考虑的因素

在确定进一步审计程序的范围时,审计人员应当考虑下列因素:

1) 确定的重要性水平。认定层次的重要性水平又称为"可容忍的错报",确定的重要性水平越低,审计人员实施进一步审计程序的范围越广。

2) 评估的重大错报风险。评估的重大错报风险越高,对拟获取审计证据的相关性、可靠性的要求就越高,因此,审计人员实施的进一步审计程序的范围也越广。

3) 计划获取的保证程度。计划获取的保证程度,是指审计人员计划通过所实施的审计程序对测试结果可靠性获取的信心。计划获取的保证程度越高,对测试结果可靠性要求就越高,审计人员实施的进一步审计程序的范围就越广。

需要说明的是,随着重大错报风险的增加,审计人员应当考虑扩大审计程序的范围。但是,只有当审计程序本身与特定风险相关时,扩大审计程序的范围才是有效的。

第三节 控制测试与实质性程序

一、控制测试

(一) 控制测试的含义

控制测试(Test of Control)是指用于评价内部控制在防止或发现并纠正认定层次重大错报方面的运行有效性的审计程序。这一概念与"了解内部控制"是有区别的。"了解内部控制"包含两层含义:一是评价控制的设计;二是确定控制是否得到执行。测试控制运行的有效性与确定控制是否得到执行所需获取的审计证据是不同的。

在实施风险评估程序以获取控制是否得到执行的审计证据时,审计人员应当确定某项控制是否存在,被审计单位是否正在使用。而在测试控制运行的有效性时,审计人员应当从下列方面获取关于控制是否有效运行的审计证据:(1)控制在所审计期间的不同时点是如何运行的;(2)控制是否得到一贯执行;(3)控制由谁执行;(4)控制以何种方式运行。从这四个方面来看,控制运行有效性强调的是控制能够在各个不同时点按照既定设计得以一贯执行。

测试控制运行的有效性与确定控制是否得到执行所需获取的审计证据虽然存在差异,但两者也有联系。为评价控制设计和确定控制是否得到执行而实施的某些风险评估程序并非专为控制测试而设计,但可能提供有关控制运行有效性的审计证据,审计人员可以考虑在评价控制设计和获取得到执行的审计证据的同时测试控制运行有效性,以提高审计效率;同时审计人员应当考虑这些审计证据是否足以实现控制测试的目的。

(二) 控制测试的要求

控制测试并非在任何情况下都需要实施。但当存在下列情形之一时，审计人员应当实施控制测试：

1) 在评估认定层次重大错报风险时，预期控制的运行是有效的。
2) 仅实施实质性程序不足以提供认定层次充分、适当的审计证据。

对于第一种情形，审计人员应当实施控制测试，就控制在相关期间或时点的运行有效性获取充分、适当的审计证据。

审计人员通过实施风险评估程序，可能发现某项控制的设计是存在的，也是合理的，同时得到了执行。在这种情况下，审计人员出于成本效益原则可能会预期，如果相关控制在不同时点都得到了一贯执行，与该项控制有关的财务报表认定发生重大错报的可能性就不会很大，也就可以减少实质性程序的实施。为此，审计人员可能会认为值得对相关控制在不同时点是否得到了一贯执行进行测试，即实施控制测试。这种测试主要出于成本效益的考虑，其前提是审计人员通过了解内部控制以后认为某项控制存在着被信赖和利用的可能。也就是只有认为控制设计合理、能够防止或发现和纠正认定层次的重大错报，审计人员才有必要对控制运行的有效性实施测试。

对于第二种情形，如果审计人员认为，对有些认定层次重大错报风险仅实施实质性程序获取的审计证据无法将其降至可接受的低水平，那么应当实施相关的控制测试，以获取控制运行有效性的审计证据。例如，在被审计单位对日常交易或与财务报表相关的其他数据(包括信息的生成、记录、处理、报告)采用高度自动化处理的情况下，审计证据可能仅以电子形式存在，此时审计证据是否充分和适当通常取决于自动化信息系统相关控制的有效性。如果信息的生成、记录、处理和报告均通过电子格式进行而没有适当有效的控制，则生成不正确信息或信息被不恰当修改的可能性就会大大增加。在认为仅通过实施实质性程序不能获取充分、适当的审计证据的情况下，审计人员必须实施控制测试，且这种测试已经不再是单纯出于成本效益的考虑，而是必须获取的一类审计证据。

(三) 控制测试的性质

控制测试的性质是指控制测试所使用的审计程序的类型及其组合。计划从控制测试中获取的保证水平是决定控制测试性质的主要因素之一。审计人员应当选择适当类型的审计程序以获取有关控制运行有效性的保证。计划的保证水平越高，对有关控制运行有效性的审计证据的可靠性要求越高。当拟实施的进一步审计程序主要以控制测试为主，尤其是仅实施实质性程序获取的审计证据无法将认定层次重大错报风险降至可接受的低水平时，审计人员应当获取有关控制运行有效性的更高的保证水平。

虽然控制测试与了解内部控制的目的不同，但两者采用审计程序的类型通常相同，包括询问、观察、检查和穿行测试。此外，控制测试的程序还包括重新执行。

审计人员可以向被审计单位的适当员工询问，获取与内部控制运行情况相关的信息。但询问本身并不足以测试控制运行的有效性，审计人员应将询问与其他审计程序结合使用，印证被询问者的答复。

观察提供的证据仅限于观察发生的时点，本身也不足以测试控制运行的有效性；将询问与检查或重新执行结合使用，通常能够比仅实施询问和观察获取更高的保证。

当询问、观察和检查程序结合在一起仍无法获得充分的证据时，审计人员需要考虑通过重新执行来证实控制是否有效运行。但如果需要进行大量的重新执行，审计人员就要考虑通过实施控制测试以缩小实质性程序的范围是否有效率。

除了上述四类常用的审计程序外,实施穿行测试也是一种重要的审计程序。穿行测试是通过追踪交易在财务报告信息系统中的处理过程,来证实审计人员对控制的了解、评价控制设计的有效性以及确定控制是否得到执行的方法。它不是单独的一种程序,而是将多种程序按特定审计需要进行结合运用的方法,更多地了解内部控制时运用,但也可能获取部分控制运行有效性的审计证据。

(四) 控制测试的时间

控制测试的时间包含两层含义:一是何时实施控制测试;二是测试所针对的控制适用的时点或期间。审计人员应当根据控制测试的目的确定控制测试的时间,并确定拟信赖的相关控制的时点或期间。

如果仅需要测试控制在特定时点运行的有效性,审计人员只需要获取该时点的审计证据。由于关于控制在多个不同时点的运行有效性的审计证据的简单累加并不能构成控制在某期间的运行有效性的充分、适当的审计证据,因此,如果需要获取控制在某一期间有效运行的审计证据,审计人员应当辅以能提供相关控制在所有相关时点都运行有效的审计证据的其他控制测试。

1) 期中审计证据的考虑。审计人员可能在期中实施进一步审计程序,即使审计人员已获取有关控制在期中运行有效性的审计证据,也仍然需要考虑如何能够将控制在期中运行有效性的审计证据合理延伸至期末。因此,如果已获取有关控制在期中运行有效性的审计证据,并拟利用该证据,审计人员应当实施下列审计程序:(1)获取这些控制在剩余期间变化情况的审计证据;(2)确定针对剩余期间还需获取的补充审计证据。

2) 如何考虑以前审计获取的审计证据。审计人员考虑以前审计获取的有关控制运行有效性的审计证据。一方面,内部控制中的诸多要素对于被审计单位往往是相对稳定的(相对于具体的交易、账户余额和列报),因此,审计人员在本期审计时还可以适当考虑利用以前审计获取的有关控制运行有效性的审计证据。

如果控制在本期发生变化,审计人员应当考虑以前审计获取的有关控制运行有效性的审计证据是否与本期审计相关。如果拟信赖的控制自上次测试后未发生变化,且不属于旨在减轻特别风险的控制,审计人员应当运用职业判断确定是否在本期审计中测试其运行有效性,以及本次测试与上次测试的时间间隔,但两次测试的时间间隔不得超过两年。

如果拟信赖以前审计获取的某些控制运行有效性的审计证据,审计人员应当在每次审计时从中选取足够数量的控制,测试其运行有效性;不应将所有拟信赖控制的测试集中于某一次审计,而在之后的两次审计中不进行任何测试。

(五) 控制测试的范围

审计人员在确定某项控制的测试范围时通常考虑的一系列因素如下:

1) 在拟信赖的整个期间,被审计单位执行控制的频率。控制执行的频率越高,控制测试的范围越大。

2) 在审计期间,审计人员拟信赖控制运行有效性的时间长度。拟信赖控制运行有效性的时间长度不同,在该时间长度内发生的控制活动次数也不同。审计人员需要根据拟信赖控制的时间长度确定控制测试的范围。拟信赖期间越长,控制测试的范围越大。

3) 为证实控制能够防止或发现并纠正认定层次重大错报,所需获取审计证据的相关性和可靠性。对审计证据的相关性和可靠性要求越高,控制测试的范围越大。

4) 通过测试与认定相关的其他控制获取的审计证据的范围。针对同一认定,可能存在不同的控制。当针对其他控制获取审计证据的充分性和适当性较高时,测试该控制的范围可适当缩小。

5) 在风险评估时拟信赖控制运行有效性的程度。审计人员在风险评估时对控制运行有效性的拟信赖程度越高,需要实施控制测试的范围越大。

6) 控制的预期偏差。预期偏差可以用控制未得到执行的预期次数占控制应当得到执行次数的比率加以衡量(也可称作预期偏差率)。控制的预期偏差率越高,需要实施控制测试的范围越大。如果控制的预期偏差率过高,审计人员应当考虑控制可能不足以将认定层次的重大错报风险降至可接受的低水平,从而针对某一认定实施的控制测试可能是无效的。

实例7-3 穿行测试法控制测试案例

本例继续使用第六章实例6-3中的资料,TJ会计师事务所项目组成员李阳根据了解的销售业务内部控制的结果决定采用穿行测试法执行控制测试,以确定销售业务主要内部控制是否有效执行,测试的总体是2019年全年的销售业务,代表总体实物是全年的订单、销售合同、销售单、发货单、发票等凭证,由于全年的发生次数(即总体)大于250次,因此采用非统计抽样确定的最低样本量是25(其中包含了实例6-3中穿行测试的两个样本),采用随机选样。具体测试结果见表7-2(为了节省篇幅,没有列示审计工作底稿的表头等辅助部分。此外,实务中诸多凭证票据(如发票、合同)的编号字符较多,这里也进行了简化缩短处理)。

表7-2 销售与收款循环穿行测试——与销售有关的业务活动的控制

业务活动	测试内容	测试结果		
	测试样本编号	1	…	25
	销售订单编号#(日期)	LT08611#(2019.1.9)	…	XF03561#(2019.12.15)
	销售订单内容	玻纤布规格7628		玻纤布规格7637
	是否复核顾客信用额度(是/否)	是		是
	销售订单是否有适当的审批(是/否)	是	…	是
销售审批	合同编号#(日期)	ZL201901047DC#(2019.1.9)		ZL201912068DC#(2019.12.16)
	合同是否有适当的审批(是/否)	是		是
	销售单编号#(日期)	SI01048#(2019.1.10)	…	SI012098#(2019.12.16)
	发货单编号#(日期)	0148#(2019.1.10)		01268#(2019.12.16)
	发货单是否与销售单核对并审核	是		是
	客户签收回执单编号#(日期)	0148#(2019.1.17)	…	01268#(2019.12.20)
	销售发票编号#(日期)	03754648#(2019.1.21)		03757126#(2019.12.22)
	销售发票是否经过复核	是		是
	销售订单、合同、发货单、签收回执、销售发票内容是否一致(是/否)	是		是
记录应收账款	记录应收账款的凭证编号#(日期)	1月098#(2019.1.21)	…	12月102#(2019.12.22)
	发票上是否盖"相符"印戳(是/否)	是		是
	是否输入应收账款借方(是/否)	是		是
	是否输入营业收入贷方(是/否)	是		是

(续表)

业务活动	测试内容	测试结果		
收款	收款通知单编号#(日期)	079#(2019.3.20)	…	079#(2020.2.15)
	收款凭证编号#(日期)	3月0168#(2019.3.21)	…	2月0254#(20120.2.16)
	会计主管是否审批收款凭证(是/否)	是		是
	付款人名称是否与顾客一致(是/否)	是		是
	银行进账单编号#/#(日期)	3月21日收款通知0190408	…	2月16日银行汇款通知0111731
	是否正确输入应收账款贷方(是/否)	是		是

穿行测试的结果表明25个样本没有发现异常情况，均按照内部控制流程执行，其中有3笔销售属于新客户并且都进行了基本情况调查且经授权批准。注册会计师李阳认为销售有关的业务活动的内部控制得到有效执行，信赖程度为高水平，随后的销售有关的实质性程序获取的保证程度计划为中等水平，即执行有限的实质性程序。

问题：讨论了解内部控制中与控制测试中运用穿行测试法的异同点及联系。

分析提示：测试的目的不同，样本规模和选样方法也有所区别；测试的流程相同，控制测试中的样本可以包含了解内部控制中穿行测试的样本，只要两次测试选取样本的方法相同即可。

二、实质性程序

(一) 实质性程序

实质性程序(Substantive Procedures)是审计人员针对评估的重大错报风险实施的直接用以发现认定层次重大错报的审计程序。审计准则要求，审计人员实施的实质性程序应当包括下列与财务报表编制完成阶段相关的审计程序：

1) 将财务报表与其所依据的会计记录进行核对或调节。
2) 检查财务报表编制过程中做出的重大会计分录和其他调整。

审计人员对重大错报风险的评估是一种判断，可能无法充分识别所有的重大错报风险，并且由于内部控制存在局限性。因此，无论评估的重大错报风险结果如何，审计人员都应当针对所有重大的各类交易、账户余额、列报实施实质性程序。而且，要根据认定层次重大错报风险的评估和控制测试的结果，确定实质性程序的性质、时间和范围。

(二) 实质性程序的性质

实质性程序的性质是指实质性程序的类型及其组合，实质性程序有两种基本类型，包括对各类交易、账户余额、列报的细节测试以及实质性分析程序。由于细节测试和实质性分析程序的目的和技术手段存在一定差异，因此各自有着不同的适用领域。审计人员应当根据各类交易、账户余额和披露的性质选择实质性程序的类型。

1. 细节测试

细节测试(Test of Details)是对各类交易、账户余额和披露的具体细节进行测试，目的在于直接识别财务报表认定是否存在错报。细节测试适用于对各类交易、账户余额和披露认定的测试，尤其是对存在或发生、计价认定的测试。例如，对应收账款实施函证程序，可以确认应收账款的存在性和记录的可靠性。

2. 实质性分析程序

实质性分析程序(Substantive Analytical Procedures)从技术特征上讲仍然是分析程序，主要是通过研究数据间关系来评价信息，只是将该技术方法用作实质性程序，即用以识别各类交易、账户余额和披露及相关认定是否存在错报。审计人员在设计实质性分析程序时应当考虑的因素包括：

1) 对特定认定使用实质性分析程序的适当性。实质性分析程序通常更适用于在一段时期内存在可预期关系的大量交易。例如，比较本期各月各类营业收入的波动情况，分析其变动趋势是否正常；又如，分类计算本期计提折旧额与固定资产原值的比率，与上期相比，分析本期折旧率是否正常。在信赖实质性分析程序的结果时，审计人员应当考虑实质性分析程序存在的风险，即实质性分析程序的结果显示数据之间存在预期关系而实际上却存在重大错报。

2) 对已记录的金额或比率做出预期时，所依据的内部或外部数据的可靠性。数据的可靠性受其来源及性质的影响，并有赖于获取该数据的环境。在确定实质性分析程序使用的数据是否可靠时，审计人员应当考虑下列因素：(1)可获得信息的来源；(2)可获得信息的可比性；(3)可获得信息的性质和相关性；(4)与信息编制相关的控制。

3) 做出预期的准确程度是否足以在计划的保证水平上识别重大错报。审计人员应当考虑下列主要因素：(1)对实质性分析程序的预期结果做出预测的准确性；(2)信息可分解的程度；(3)财务和非财务信息的可获得性。

4) 已记录金额与预期值之间可接受的差异额。在设计和实施实质性分析程序时，审计人员应当确定已记录金额与预期值之间可接受的差异额。在确定差异额时，应当主要考虑各类交易、账户余额、列报及相关认定的重要性和计划的保证水平。审计人员可以通过降低可接受的差异额应对重大错报风险的增加。

(三) 实质性程序的时间

实质性程序的时间主要是指审计人员何时实施实质性程序，以及如何考虑期中审计证据的充分性和适当性。审计人员可以考虑是在期中还是期末实施实质性程序，如果在期中实施实质性程序，审计人员应当针对剩余期间实施进一步的实质性程序，或将实质性程序和控制测试结合使用，以将期中测试得出的结论合理延伸至期末。

审计人员在考虑是否在期中实施实质性程序时应当考虑以下因素：

1) 控制环境和其他相关的控制。控制环境和其他相关的控制越薄弱，审计人员越不宜在期中实施实质性程序。

2) 实施审计程序所需信息在期中之后的可获得性。如果实施实质性程序所需信息在期中之后可能难以获取(如系统变动导致某类交易记录难以获取)，审计人员应考虑在期中实施实质性程序；但如果实施实质性程序所需信息在期中之后的获取并不存在明显困难，该因素不应成为审计人员在期中实施实质性程序的重要影响因素。

3) 实质性程序的目的。如果针对某项认定实施实质性程序的目的就包括获取该认定的期中审计证据(从而与期末比较)，审计人员应在期中实施实质性程序。

4) 评估的重大错报风险。审计人员评估的某项认定的重大错报风险越高，针对该认定所需获取的审计证据的相关性和可靠性要求也就越高，审计人员越应当考虑将实质性程序集中于期末(或接近期末)实施。

5) 特定类别交易或账户余额以及相关认定的性质。例如，某些交易或账户余额以及相关认定的特殊性质(如收入截止认定、未决诉讼等)决定了审计人员必须在期末(或接近期末)实施实质性程序。

6) 针对剩余期间，能否通过实施实质性程序或将实质性程序与控制测试相结合，降低期末存在错报而未被发现的风险。如果针对剩余期间，审计人员认为还需要消耗大量审计资源才有可能降低期末存在错报而未被发现的风险，甚至没有把握通过适当的进一步审计程序降低期末存在错报而未被发现的风险，审计人员就不宜在期中实施实质性程序。

(四) 实质性程序的范围

评估的认定层次重大错报风险和实施控制测试的结果是审计人员在确定实质性程序的范围时的重要考虑因素。审计人员评估的认定层次的重大错报风险越高，需要实施实质性程序的范围就越广；如果对控制测试结果不满意，审计人员应当考虑扩大实质性程序的范围。

在设计细节测试时，审计人员除了从样本量的角度考虑测试范围外，还要考虑选样方法的有效性等因素。例如，从总体中选取大额或异常项目，而不是进行代表性抽样或分层抽样。

在设计实质性分析程序时，审计人员应该确定已记录金额与预期值之间可接受的差额。在确定该差额时，审计人员应当主要考虑各类交易、账户余额和披露及相关认定的重要性和计划的保证水平。

实例7-4 单选题

下列有关实质性程序时间安排的说法中，错误的是( )。
  A. 控制环境和其他相关的控制越薄弱，注册会计师越不宜在期中实施实质性程序
  B. 注册会计师评估的某项认定的重大错报风险越高，越应当考虑将实质性程序集中在期末或接近期末实施
  C. 如果实施实质性程序所需信息在期中之后难以获取，注册会计师应考虑在期中实施实质性程序
  D. 如果在期中实施了实质性程序，注册会计师应当针对剩余期间实施控制测试，以将期中测试得出的结论合理延伸至期末

分析：如果在期中实施了实质性程序，注册会计师应当针对剩余期间实施进一步的实质性程序，或将实质性程序和控制测试结合使用，以将期中测试得出的结论合理延伸至期末，答案选择D。

三、控制测试结果与实质性程序实施结果的相互影响

(一) 控制测试结果对实质性程序的影响

经过测试后，如果控制测试的结果证明客户的内部控制在整个测试期间都得到了有效运行，那么审计人员应对控制有较高的信赖，在实施的实质性程序中只需要获取较低程度的保证，以节省审计成本，提高审计效率；如果测试的结果表明控制没有得到有效执行，那么审计人员应当降低对客户内部控制的信赖程度，重新考虑风险评估程序中的预期，并执行扩大的、更为有效的实质性程序。当然，也会导致相应的审计成本上升，审计效率下降。

(二) 实质性程序实施结果对控制测试结果的影响

如果控制测试结果表明被审计单位相关的控制是有效的，可以给予较高的信赖，审计人员一般选择较低保证程度的实质性程序，以节省审计成本。如果实质性程序实施后没有发现相关会计认定存在错报，这本身并不能说明内部控制是有效运行的，因为实质性程序也存在着审计风险。但是，如果实质性程序实施后发现相关会计认定存在错报，这在一定程度上也证明了控制测试结论是不恰当的，这时审计人员应当考虑实质性程序发现的错报对评价相关控制运行有效性的影响，可考虑降低对相关控制的信赖程度、调整实质性程序的性质或扩大实质性程序的范围等。

习 题

一、复习思考题

1. 财务报表层次重大错报风险的总体应对措施主要有哪些？
2. 如何提高审计程序的不可预见性？
3. 什么是进一步审计程序？
4. 进一步审计程序的性质、时间和范围的含义分别是指什么？
5. 什么是控制测试？什么情形下进行控制测试？
6. 控制测试的性质、时间和范围的含义分别是指什么？
7. 什么是实质性程序？
8. 实质性程序的性质、时间和范围的含义是指什么？
9. 什么是细节测试？
10. 什么是实质性分析程序？运用实质性分析程序应考虑哪些因素？
11. 控制测试结果与实质性程序实施结果具有什么样的关系？

二、单项选择题

1. 下列选项中，有关实质性分析程序的适用性的说法中，错误的是(　　)。
    A. 实质性分析程序通常更适用于在一段时间内存在预期关系的大量交易
    B. 实质性分析程序不适用于识别出特别风险的认定
    C. 对特定实质性分析程序适用性的确定，受到认定的性质和注册会计师对重大错误风险评估的影响
    D. 注册会计师无须在所有审计业务中运用实质性分析程序
2. 下列措施中，不能应对财务报表层次重大错报风险的是(　　)。
    A. 在期末而非期中实施更多的审计程序
    B. 扩大控制测试的范围
    C. 增加拟纳入审计范围的经营地点的数量
    D. 增加审计程序的不可预见性
3. 下列有关注册会计师实施进一步审计程序的时间的说法中，错误的是(　　)。
    A. 如果被审计单位的控制环境良好，注册会计师可以更多地在期中实施进一步审计程序
    B. 注册会计师在确定何时实施进一步审计程序时需要考虑能否获取相关信息的时间

C. 对于被审计单位发生的重大交易，注册会计师应当在期末或期末以后实施实质性程序

D. 如果评估的重大错报风险为低水平，注册会计师可以选择资产负债表日前的适当日期为截止日实施函证

4. "进一步审计程序的目的和类型"这句话描述的是( )。
   A. 进一步审计程序的性质
   B. 控制测试的性质
   C. 实质性程序的性质
   D. 综合性方案的性质

5. 下列关于控制测试目的的说法中，正确的是( )。
   A. 控制测试旨在评价内部控制在防止或发现并纠正认定层次重大错报方面的运行有效性
   B. 控制测试旨在发现认定层次发生错报的金额
   C. 控制测试旨在验证实质性程序结果的可靠性
   D. 控制测试旨在确定控制是否得到执行

三、多项选择题

1. 实施控制测试的情况有( )。
   A. 预期控制的运行是有效的
   B. 风险评估程序是有效的
   C. 固有风险很大
   D. 存在特别风险
   E. 仅实施实质性程序不足以提供认定层次充分、适当的审计证据

2. 在确定控制测试的范围时，注册会计师通常考虑的因素有( )。
   A. 控制的执行频率
   B. 控制的预期偏差
   C. 在风险评估时拟信赖控制运行有效性的程度
   D. 总体变异性
   E. 内部控制执行者的政治面貌

3. 注册会计师应当针对评估的认定层次重大错报风险，设计和实施进一步审计程序，下列属于进一步审计程序的是( )。
   A. 风险评估程序
   B. 细节测试
   C. 实质性分析程序
   D. 控制测试
   E. 了解内部控制

4. 在确定进一步审计程序的范围时，注册会计师应当考虑的主要因素有( )。
   A. 审计程序与特定风险的相关性
   B. 评估的认定层次重大错报风险
   C. 计划获取的保证程度
   D. 可容忍的错报

5. 下列有关采用总体审计方案的说法中，错误的有( )。
   A. 注册会计师可以针对不同认定采用不同的审计方案
   B. 注册会计师可以采用综合性方案或实质性方案应对重大错报风险
   C. 注册会计师应当采用实质性方案应对特别风险
   D. 注册会计师应当采用与前期审计一致的审计方案，除非评估的重大错报风险发生重大变化

四、案例分析题

ABC会计师事务所负责审计甲公司2019年年度财务报表，审计工作底稿中与内部控制相关的部分内容摘录如下：

(1) 甲公司营业收入的发生认定存在特别风险。相关控制在2018年年度审计中经测试运行有

效。因这些控制本年未发生变化，审计项目组拟继续予以信赖，并依赖上年审计获取的有关这些控制运行有效的审计证据。

(2) 考虑到甲公司2019年固定资产的采购主要发生在下半年，审计项目组从下半年固定资产采购中选取样本实施控制测试。

(3) 甲公司与原材料采购批准相关的控制每日运行数次，审计项目组确定样本规模为25个。考虑到该控制自2019年7月1日起发生重大变化，审计项目组从上半年和下半年的交易中分别选取12个和13个样本实施控制测试。

(4) 审计项目组对银行存款实施了实质性程序，未发现错报，因此认为甲公司与银行存款相关的内部控制运行有效。

(5) 甲公司内部控制制度规定，财务经理每月应复核销售返利计算表，检查销售收入金额和返利比例是否准确，如有异常，进行调查并处理，复核完成后签字存档。审计项目组选取了3个月的销售返利计算表，检查了财务经理的签字，认为该控制运行有效。

(6) 审计项目组拟信赖与固定资产折旧计提相关的自动化应用控制。因该控制在2018年年度审计中测试结果满意，且在2019年未发生变化，审计项目组仅对信息技术一般控制实施测试。

问题：针对上述第(1)至第(6)项，逐项指出审计项目组的做法是否恰当。如不恰当，简要说明理由。

第八章

审 计 抽 样

【导读】

现代财务报表审计面对的是总体数量庞大的审计对象,为提高审计效率,抽样技术成为现代审计获取充分、适当审计证据的重要手段。根据审计目的合理地选择抽样方法,判断恰当的抽样规模,选择合理的样本选取方法,根据样本特征科学地推断总体特征是保证审计效果的基础。在控制测试中运用属性抽样,在实质性程序中运用变量抽样,此外考虑到审计的特殊性,例如通常要考虑金额的大小和重要性,概率比率规模抽样也是比较适合的选择。实践工作中,审计软件的很多统计抽样技术隐含在后台,不需要手工计算,但是作为审计专业人士,理解和掌握审计抽样技术也是非常必要的。

【学习重点】

了解统计抽样与非统计抽样的区别,掌握样本规模的影响因素、抽取样本的方法,理解和掌握根据样本特征推断总体特征,掌握属性抽样和变量抽样的基本过程。

【学习难点】

理解和掌握属性抽样中的固定样本量法、变量抽样中的均值估计法是本章的一个难点,需要掌握一定的数理统计和概率论知识。

【教学建议】

第一节以学生讨论分析为主,第二节和第三节需要教师结合一定的案例以课堂讲授为主。

第一节 审计抽样概述

随着企业规模的扩大和业务复杂程度的增加,现代财务报表审计的对象总体数量庞大,通常无法采用详细审计的方法进行取证,审计抽样成为现代审计获取充分、适当审计证据的重要手段。

一、审计抽样的含义和特征

审计抽样(Auditing Sampling)是指注册会计师对某类交易或账户余额中低于百分之百的项目实施审计程序,使所有抽样单元都有被选取的机会,为注册会计师针对整个总体得出结论提供合理基础。审计抽样使注册会计师能够获取和评价与被选取项目的某些特征有关的审计证据,以形成或帮助形成对从中抽取样本的总体结论。其中,抽样单元是指构成总体的个体项目;总体是指注册会计师从中选取样本并期望据此得出结论的整个数据集合。总体可分为多个层或子总体,每一层或子总体可予以分别检查。

审计抽样应当具备三个基本特征:(1)对某类交易或账户余额中低于百分之百的项目实施审计程序;(2)所有抽样单元都有被选取的机会;(3)审计测试的目的是评价该账户余额或交易类型的某一特征。

审计抽样不同于选取特定项目审计,选取特定项目是指对总体中的特定项目进行针对性测试。两者的区别在于:(1)对按照选取特定项目实施审计程序的结果,不能推断至整个总体,而审计抽样以抽样结果推断总体是重要的步骤;(2)选取特定项目的方法,并非所有抽样单元都有被选取的机会,而采用审计抽样的方法,所有抽样单元都有被选取的机会。

二、审计抽样的种类

审计抽样的种类很多,通常按抽样决策的依据不同,可将审计抽样分为统计抽样和非统计抽样;按审计抽样所了解的总体特征的不同,可将审计抽样分为属性抽样和变量抽样。

(一) 统计抽样和非统计抽样

1. 统计抽样

统计抽样是指同时具备下列特征的抽样方法:(1)随机选取样本项目;(2)运用概率论评价样本结果,包括计量抽样风险。它具有如下优点:(1)能够科学地确定样本规模,避免样本量过多或过少的情况;(2)随机地抽取样本,提高样本的代表性;(3)抽样风险数量化,并加以控制;(4)利用概率论原理推断总体,审计结论具有科学依据;(5)便于实现审计工作规范化。但是,应用统计抽样也有缺点,诸如需要对审计人员进行必要培训,增加审计成本;选择样本时,需要对被审资料重新组织,导致审计费用增加;审计结论只是对总体特性的一种概率推断,无法做到绝对准确;等等。

2. 非统计抽样

不同时具备统计抽样两个基本特征的抽样方法为非统计抽样。非统计抽样凭借审计人员的审计经验和判断能力确定样本数量,有目的、有重点地选取样本进行审查,并据以推断总体特征。该方法具有使用灵活简便、重点突出、针对性强、适用范围广泛、能充分发挥审计人员的主观能动性等优点。但它不能精确地确定样本规模,可能出现样本量过多或过少的情况,影响审计工作效率或质量;无法量化审计风险;审计质量的高低完全取决于审计人员的专业水平。

专业判断并非非统计抽样独有的特征,在审计抽样的整个过程中都需要运用专业判断。如审计人员在决定使用审计抽样后,需要依靠专业判断决定是采用统计抽样还是非统计抽样;在采用统计抽样后,应进一步运用专业判断确定审计对象总体,并明确其特征;决定所采用的选样方法;对样本结果进行数量和质量上的评价等。

(二) 属性抽样和变量抽样

属性抽样是一种用来对总体中某一事件发生率得出结论的统计抽样方法。属性抽样在审计中最常用的是测试某一控制的误差率,以支持注册会计师评估的控制有效性。在属性抽样中,设定控制的每一次发生或偏离都被赋予同样的权重,而不管交易金额的大小。

变量抽样是一种用来对总体金额得出结论的统计抽样方法。变量抽样通常回答下列问题:金额是多少?账户是否存在错报?变量抽样在审计中的主要用途是进行实质性细节测试,以确定记录金额是否合理。

三、审计抽样的适用情形

注册会计师获取审计证据时可能使用三种目的的审计程序:风险评估程序、控制测试和实质性程序。注册会计师拟实施的审计程序将对运用审计抽样产生重要影响。有些审计程序可以使用审计抽样,有些审计程序则不宜使用审计抽样。

1. 风险评估程序

风险评估程序通常不涉及使用审计抽样和其他选取测试项目的方法。其原因是:一方面,注册会计师实施风险评估程序的目的是了解被审计单位及其环境,识别和评估重大错报风险,而不需要对总体取得结论性证据;另一方面,风险评估程序实施的范围较为广泛,且根据所获取的信息形成的证据通常是说服性的,而非结论性的,具有较强的主观色彩,因此通常不涉及使用审计抽样和其他测试项目的方法。

但如果注册会计师在了解控制的设计和确定其是否得到执行后,一并计划和实施控制测试,则会涉及审计抽样和其他选取测试项目的方法,但应当明确,此时审计抽样是针对控制测试进行的。

2. 控制测试

当控制的运行留下轨迹时,注册会计师可以考虑使用审计抽样。对一些未留下运行轨迹的控制实施测试时,注册会计师应当考虑实施询问、观察等审计程序,以获取有关控制运行有效性的审计证据,此时不涉及审计抽样。

3. 实质性程序

实质性程序包括对各类交易、账户余额、列报的细节测试,以及实质性分析程序。在实施细节测试时,注册会计师可以使用审计抽样和其他选取测试项目的方法获取审计证据,以验证有关财务报表金额的一项或多项认定(如应收账款的存在性),或对某些金额做出独立估计(如陈旧存货的价值)。在实施实质性分析程序时,注册会计师不宜使用审计抽样。

第二节　样本的设计、选取及抽样结果的评价

一、样本的设计

样本的设计是注册会计师围绕样本的性质、样本量、抽样组织方式、抽样工作质量要求等进行的计划工作，注册会计师在设计样本时应考虑许多因素。

(一) 确定测试目标

审计抽样必须紧紧围绕审计测试的目标展开，因此，确定测试目标是样本设计阶段的第一项工作。一般而言，控制测试的目的是获取关于某项控制的设计或运行是否有效的证据，而细节测试的目的是确定某类交易或账户余额的金额是否正确，以提供与存在的错报有关的证据。

(二) 审计对象总体与抽样单元

1. 定义总体

抽样对象总体是注册会计师从中选取样本并期望据此得出结论的整个数据集合。在确定抽样对象总体时，应注意以下几点：

1) 适当性。首先，应明确抽样对象总体的内涵，如被查总体是存货，则要明确存货的内容和范围。其次，应保证抽样对象总体的相关性，即必须与特定审计目标相符合，包括适合于测试的方向。例如，如果审计目标是审查应收账款是否多计，则抽样对象总体应为应收账款明细账；如果审计目标是审查应付账款少计，则抽样对象总体不仅应包括应付账款明细账，还应包括期后付款、未付发票以及足以提供应付账款少计证据的其他项目。最后，在控制测试中应当考虑总体的同质性，要求总体中的所有项目应该具有同样的特征。例如在集团公司内部，有许多从事相同业务、面临相同风险且设置了相同控制的子公司，执行控制测试时，可以把它们看作总体；相反，如果存在业务不同、控制相差很大的子公司，则应该分别独立进行控制测试。

2) 完整性。注册会计师应当从总体项目的内容和涉及时间等方面确定总体的完整性，应保证审计对象总体必须包括与审计目标相关的被审经济业务或资料的全部项目。

2. 定义抽样单元

抽样单元是指构成审计对象总体的单位项目。注册会计师应根据审计目标的要求及客户实际确定抽样单元。例如，对客户购货业务的内部控制执行情况进行控制测试，可将每张发票作为抽样单元；对客户的应收账款账户余额的正确性进行审查，作为抽样单元的既可以是每一笔应收账款，也可以是每一个应收账款账户，还可以是构成应收账款余额的每一货币单位。

(三) 审计风险

在获取审计证据时，注册会计师应当运用职业判断，评估重大错报风险，并设计进一步审计程序，以确保将审计风险降至可接受的低水平。使用审计抽样时，审计风险可能受到抽样风险和非抽样风险的影响。

1. 抽样风险

抽样风险是指注册会计师根据样本得出的结论,可能不同于对整个总体实施与样本相同的审计程序所得出结论的风险。无论是在控制测试还是在细节测试中,抽样风险都可以分为两种类型:一类是影响审计效果的抽样风险,另一类是影响审计效率的抽样风险。但在控制测试和细节测试中,这两类抽样风险的表现形式有所不同。

1) 控制测试中的抽样风险。在实施控制测试时,注册会计师主要关注的两类抽样风险是信赖过度风险和信赖不足风险。信赖过度风险是指推断的控制有效性高于其实际有效性的风险,信赖过度风险与审计的效果有关。如果注册会计师评估的控制有效性高于其实际有效性,从而导致评估的重大错报风险水平偏低,注册会计师可能不适当地减少从实质性程序中获取的证据,因此,审计的有效性下降。信赖不足风险是指推断的控制有效性低于其实际有效性的风险,信赖不足风险与审计的效率有关。当注册会计师评估的控制有效性低于其实际有效性时,评估的重大错报风险水平偏高,注册会计师可能会增加不必要的实质性程序,在这种情况下,审计效率可能降低。

2) 细节测试中的抽样风险。在实施细节测试时,注册会计师主要关注的两类抽样风险是误受风险和误拒风险。误受风险是指注册会计师推断某一重大错报不存在而实际上存在的风险。如果账面金额实际上存在重大错报而注册会计师认为其不存在重大错报,注册会计师通常会停止对该账面金额继续进行测试,并根据样本结果得出账面金额无重大错报的结论。误受风险影响审计效果,容易导致注册会计师发表不恰当的审计意见。误拒风险是指注册会计师推断某一重大错报存在而实际上不存在的风险。与信赖不足风险类似,误拒风险影响审计效率。如果账面金额不存在重大错报而注册会计师认为其存在重大错报,注册会计师通常会扩大细节测试的范围并考虑获取其他审计证据,虽然最终注册会计师会得出恰当的结论,但在这种情况下,审计效率可能降低。

只要使用了审计抽样,抽样风险就总会存在。在使用统计抽样时,注册会计师可以准确地计量和控制抽样风险。在使用非统计抽样时,注册会计师无法量化抽样风险,只能根据职业判断对其进行定性的评价和控制。对特定样本而言,抽样风险与样本规模反方向变动:样本规模越小,抽样风险越大;样本规模越大,抽样风险越小。既然抽样风险只与被检查项目的数量有关,那么控制抽样风险的唯一途径就是控制样本规模。无论是控制测试还是细节测试,注册会计师都可以通过扩大样本规模降低抽样风险。如果对总体中的所有项目都实施检查,就不存在抽样风险,此时审计风险完全由非抽样风险产生。

2. 非抽样风险

非抽样风险是指由于某些与样本规模无关的因素而导致注册会计师得出错误结论的可能性。非抽样风险对审计效率和审计效果都产生一定影响,且一般难以量化。

在审计过程中,可能导致非抽样风险的原因包括下列情况:

1) 注册会计师选择的总体不适合测试目标。例如,注册会计师在测试销售收入完整性认定时将主营业务收入日记账界定为总体。

2) 注册会计师未能适当地定义控制误差或错报,导致注册会计师未能发现样本中存在的误差或错报。例如,注册会计师在测试现金支付授权控制的有效性时,未将签字人未得到适当授权的情况界定为控制误差。

3) 注册会计师选择了不适于实现特定目标的审计程序。例如,注册会计师依赖应收账款函证来揭露未入账的应收账款。

4) 注册会计师未能适当地评价审计发现的情况。例如，注册会计师错误解读审计证据导致没有发现误差；对所发现误差的重要性的判断有误，从而忽略了性质十分重要的误差，也可能导致得出不恰当的结论。

非抽样风险是由人为错误造成的，因而可以降低、消除或防范。可以通过采取适当的质量控制政策和程序，对审计工作进行适当的指导、监督与复核，以及对注册会计师实务的适当改进，可以将非抽样风险降至可以接受的水平。注册会计师也可以通过仔细设计审计程序，尽量降低非抽样风险。

实例8-1 单选题
下列有关抽样风险的说法中，错误的是( )。
  A. 在非统计抽样中，注册会计师可以对抽样风险进行定性的评价和控制
  B. 如果注册会计师对总体中的所有项目都实施检查，就不存在抽样风险
  C. 注册会计师未能适当地定义控制误差将导致抽样风险
  D. 无论控制测试还是细节测试，注册会计师都可以通过扩大样本规模降低抽样风险
分析：抽样风险源自样本规模，注册会计师未能适当地定义控制误差将导致非抽样风险，答案选C。

(四) 可信赖程度

可信赖程度是指通过审计抽样得出的审计结论的可靠程度或保证程度，也即总体的实际特征落在审计结论精确区间内的概率。例如，可信赖程度为95%，则意味着根据样本的审查结果做出的审计结论有95%的把握代表总体的特征，相应地有5%的可能性没有代表总体的特征，即注册会计师要承担5%的风险。由此可见，可信赖程度与风险程度是互补的关系。可信赖程度主要取决于客户的内部控制。一般可将最小可信赖程度置为90%。当客户的内部控制不完善、不充分或项目本身相对比较重要时，可信赖程度可以置为95%~99%。可信赖程度要求越高，所需的样本量就越大。

(五) 可容忍误差

可容忍误差是审计人员认为抽样结果可以达到审计目标要求所愿意接受的审计对象总体的最大误差。在控制测试中，可容忍误差是审计人员确定的可以接受的内部控制实际运行中偏离规定的控制要求的最大比率，只要实际偏离率低于这一比率，就可以维持对内部控制的信赖；在实质性程序中，可容忍误差是审计人员对某一账户余额或某类经济业务总体特征做出合理评价所愿意接受的最大绝对值误差。可容忍误差应在审计计划阶段根据审计重要性原则合理确定。可容忍误差越小，所需的样本量越大。

(六) 预期总体误差

预期总体误差即注册会计师预期在审计过程中发现的误差。在控制测试中，预计总体误差是指预计总体误差率。预计总体误差越大，可容忍误差也应当越大。在既定的可容忍误差下，当预计总体误差增加时，所需的样本规模更大。

(七) 分层

如果总体项目存在重大的变异性，注册会计师应当考虑分层。分层是指将一个总体划分为多个子总体的过程，每个子总体由一组具有相同特征(通常为货币金额)的抽样单元组成。分层可以降低每一层中项目的变异性，从而在抽样风险没有成比例增加的前提下减小样本规模。注册会计师可以考虑将总体分为若干个离散的具有识别特征的子总体(层)，以提高审计效率。注册会计师应当仔细界定子总体，以使每一抽样单元只能属于一个层。

例如，对某企业的应收账款进行函证时，首先将应收账款按金额大小分为三组，对不同的组采用不同的抽样方法和函证方式，如表8-1所示。

表8-1 应收账款金额构成分组表

级别	金额构成	抽样方法	函证方式
1	10 000元以上	100%函证	积极函证
2	1000~10 000元	使用随机数表抽查30%	积极函证
3	1000元以下	使用系统抽样抽查10%	消极函证

实例8-2 单选题

下列有关样本规模的说法中，正确的是( )。
  A. 注册会计师愿意接受的抽样风险越高，样本规模越大
  B. 在控制测试中，注册会计师确定的可容忍误差率越低，样本规模越小
  C. 在细节测试中，总体规模越大，注册会计师确定的样本规模越大
  D. 在既定的可容忍误差下，注册会计师预计的总体误差越大，样本规模越大

分析：选项A，可接受的抽样风险越高，样本规模越小；选项B，可容忍误差越高，样本规模越小；选项C，除非总体规模非常小，否则一般而言，总体规模对样本规模的影响几乎为零，答案是选项D。

二、样本的选取

在选取样本项目时，审计抽样的基本特征之一是注册会计师应当使总体中的所有抽样单元均有被选取的机会。因此，不管使用统计抽样或非统计抽样方法，所有的审计抽样均要求注册会计师选取的样本对总体来讲具有代表性。否则，就无法根据样本结果推断总体特征。

选取样本的基本方法主要包括随机选样、系统选样和任意选样等。

(一) 随机选样

随机选样是指遵循随机原则从被审总体中选取样本的一种方法。随机原则是指选取样本时，总体各项目被选中与否完全由概率决定，主观因素不起任何作用，因而每一总体项目被选中的机会均等。随机选样具体可运用随机数表或计算机产生的随机数来进行。以下以随机数表法为例说明如何进行随机选样。

随机数表也称乱数表，是由0到9的任意5位数随意组合、排列而成的数表，每个数字在表中出现的次数大致相同，如表8-2所示。

表8-2 随机数表(部分)

列\行	1	2	3	4	5
1	04743	39426	91035	54839	76873
2	10417	19688	83404	42038	48226
3	07514	48374	35658	38971	53779
4	52305	86925	16223	25946	90222
5	96357	11486	30102	01091	57983
6	92870	05921	65698	27993	86406
7	00500	75924	38803	05386	10072
8	34862	93784	52709	15370	96276
9	25709	21860	46780	79883	29536
10	77487	38419	20631	48695	12638

运用随机数表法选取样本的步骤如下：

① 对总体项目连续编号。可利用总体项目的原有编号，如现金支票、凭单文件或账页上的顺序编号等。如总体项目没有编号，应临时编号。例如，由40页50行组成的应收账款明细账，可采用四位数字编号，前两位由01到40的整数组成，表示某记录在明细账中的页数；后两位数由01到50的整数组成，表示该记录所在的行次。例如，编号0834表示第8页第34行的记录。

② 确定总体项目与随机数表位数的对应关系。如果上述被查总体共2000条明细记录，其编号为0101至4050，有效编号为4位，在随机数表中可取前4位或后4位。

③ 随机选择起点和查找路线。查找路线一旦选定，应一贯坚持，不得中途改变。查找中，符合总体项目编号范围的数字即为抽取号码，相对应的项目即为样本项目，依次查对，直至选出所需的全部样本数量。例如，拟从前述应收账款明细账的2000条记录中抽取100个样本，从表8-2的第1行第1列开始，向右查找，则选中的前5个样本的号码为3942、1041、1622、1148和3010。

(二) 系统选样

系统选样也称等距选样，是指按照相同的间隔从审计对象总体中等距离地选取样本的一种选样方法。采用系统选样法，首先要计算选样间距，确定选样起点，然后根据间距顺序地选取样本。选样间距的计算公式如下：

选样间距=总体规模÷样本规模

例如，拟从被查总体2000张收款凭证中采用系统选样抽取200张样本进行审查。首先，计算抽样距离：

选样间距=2000÷200=10(张)

然后，随机确定起点。假设抽签确定起点为46，则应选取样本的编号向下为36、26、16、6，向上为56、66、76……

该方法使用方便，可适应无限总体，但它要求总体项目必须随机排列，不带有任何规律，否则易发生较大误差。

(三) 任意选样

任意选样，是指不带任何偏见地选取样本，即注册会计师不考虑样本项目的性质、大小、外观、位置或其他特征而选取总体项目。任意选样的主要缺点在于很难完全无偏见地选取样本项目，即这种方法难以彻底排除注册会计师的个人偏好对选取样本的影响，因而很可能使样本失去代表性。因此，使用任意选样方法时，注册会计师要避免由于项目性质、大小、外观和位置等的不同所引起的偏见，尽量使所选取的样本具有代表性。

三、抽样结果的评价

(一) 分析样本误差

注册会计师应当考虑分析样本的结论、已识别的所有误差的性质和原因，及其对具体审计目标和审计其他方面可能产生的影响。

无论是统计抽样还是非统计抽样，对样本结果的定性评估和定量评估一样重要。即使样本的统计评价结果在可以接受的范围内，注册会计师也应对样本中的所有误差(包括控制测试中的控制误差和细节测试中的金额错报)进行定性分析。

(二) 推断总体误差

在实施控制测试时，由于样本的误差率就是整个总体的推断误差率，注册会计师无须推断总体误差率。

在控制测试中，注册会计师将样本中发现的误差数量除以样本规模，计算出样本误差率。无论使用统计抽样还是非统计抽样方法，样本误差率都是注册会计师对总体误差率的最佳估计，但注册会计师必须考虑抽样风险。

当实施细节测试时，注册会计师应当根据样本中发现的误差金额推断总体误差金额，并考虑推断误差对特定审计目标及审计其他方面的影响。

(三) 形成审计结论

注册会计师应当评价样本结果，以确定对总体相关特征的评估是否得到证实或需要修正。

1. 控制测试中样本结果评价

在控制测试中，注册会计师应当将总体误差率与可容忍误差率相比较，但必须考虑抽样风险。

1) 统计抽样。在统计抽样中，注册会计师通常使用表格或计算机程序计算抽样风险。经量化的抽样风险被称为抽样风险允许限度，它代表抽样风险对样本评价结果的影响，用来对推断的总体误差进行调整。在控制测试中，抽样风险允许限度用百分数表示。用以评价抽样结果的大多数计算机程序都能根据样本规模、样本结果，计算在注册会计师确定的信赖过度风险条件下可能发生的误差率上限的估计值。误差率上限的估计值即总体误差率与抽样风险允许限度之和。

(1) 如果估计的总体误差率上限低于可容忍误差率，则总体可以接受。这时注册会计师对总体做出结论：样本结果支持计划评估的控制有效性，从而支持计划的重大错报风险评估水平。

(2) 如果估计的总体误差率上限低于但接近可容忍误差率，注册会计师应当结合其他审计程序的结果，考虑是否可以接受总体，并考虑是否需要扩大测试范围，以进一步证实计划评估的控制有效性和重大错报风险水平。

(3) 如果估计的总体误差率上限大于或等于可容忍误差率，则总体不能接受。这时注册会计师对总体做出结论：样本结果不支持计划评估的控制有效性，从而不支持计划的重大错报风险评估水平。注册会计师应当修正重大错报风险评估水平，并增加实质性程序的数量。注册会计师也可以对影响重大错报风险评估水平的其他控制进行测试,以支持计划的重大错报风险评估水平。

2) 非统计抽样。在非统计抽样中,抽样风险无法直接计量。注册会计师通常将样本误差率(即估计的总体误差率)与可容忍误差率相比较,以判断总体是否可以接受。

(1) 如果样本误差率大大低于可容忍误差率,注册会计师通常认为总体可以接受。

(2) 如果样本误差率低于总体的可容忍误差率,注册会计师要考虑即使总体实际误差率高于可容忍误差率也仍出现这种结果的风险。

(3) 如果样本误差率虽然低于可容忍误差率,但两者很接近,注册会计师通常认为总体实际误差率高于可容忍误差率的抽样风险很高,因而总体不可接受。如果样本误差率与可容忍误差率之间的差额不是很大,也不是很小,以至于不能认定总体是否可以接受,注册会计师则要考虑扩大样本规模,以进一步收集证据。

(4) 如果样本误差率大于可容忍误差率,则总体不能接受。这时注册会计师对总体做出结论,样本结果不支持计划评估的控制有效性,从而不支持计划的重大错报风险评估水平。因此,注册会计师应当修正重大错报风险评估水平,并增加实质性程序的数量。注册会计师也可以对影响重大错报风险评估水平的其他控制进行测试,以支持计划的重大错报风险评估水平。

2. 细节测试中样本结果评价

在细节测试中,注册会计师首先必须根据样本中发现的实际错报要求被审计单位调整账面记录金额。在将被审计单位已更正的错报从推断的总体错报金额中减掉后,注册会计师应当将调整后的推断总体错报与该类交易或账户余额的可容忍错报相比较,但必须考虑抽样风险。

1) 统计抽样。在统计抽样中,注册会计师利用计算机程序或数学公式计算出总体错报上限,并将计算的总体错报上限与可容忍错报比较。计算的总体错报上限等于推断的总体错报(调整后)与抽样风险允许限度之和。

(1) 如果计算的总体错报上限低于可容忍错报,则总体可以接受。这时注册会计师对总体做出结论,所测试的交易或账户余额不存在重大错报。

(2) 如果计算的总体错报上限大于或等于可容忍错报,则总体不能接受。这时注册会计师对总体做出结论,所测试的交易或账户余额存在重大错报。在评价财务报表整体是否存在重大错报时,注册会计师应将该类交易或账户余额的错报与其他审计证据一起考虑。通常,注册会计师会建议被审计单位对错报进行调查,且在必要时调整账面记录。

2) 非统计抽样。在非统计抽样中,注册会计师要运用其经验和职业判断评价抽样结果,同时要考虑错报的性质和原因,是错误还是舞弊,是会计政策选择错误还是应用差异方面的原因。

(1) 如果调整后的总体错报远远小于可容忍错报,注册会计师可以做出总体实际错报小于可容忍错报的结论,即该类交易或账户余额不存在重大错报,因而总体可以接受。

(2) 如果调整后的总体错报小于可容忍错报但两者之间的差距很接近(既不很小,又不很大),注册会计师必须特别仔细地考虑,总体实际错报超过可容忍错报的风险是否能够接受,并考虑是否需要扩大细节测试的范围,以获取进一步的证据。

(3) 如果调整后的总体错报大于可容忍错报,或虽小于可容忍错报但两者很接近,注册会计师通常做出总体实际错报大于可容忍错报的结论。也就是说,该类交易或账户余额存在重大错报,因而总体不能接受。如果对样本结果的评价显示,对总体相关特征的评估需要修正,注册会计师可以单独或综合采取下列措施:提请管理层对已识别的误差和存在更多误差的可能性进行调查,并在必要时予以调整;修改进一步审计程序的性质、时间和范围;以及考虑对审计报告产生的影响。

第三节 审计抽样的应用

审计抽样在控制测试和实质性程序中的应用是不同的。在控制测试中运用统计抽样技术,主要是属性抽样(Attribute Sampling)。属性抽样的结果只有两种:"对"与"错",或"是"与"不是"。在实质性程序中运用统计抽样技术,主要是变量抽样(Variables Sampling)和概率比例规模抽样(Probability-Proportion-Size Sampling)。变量抽样可用于确定账户金额是多是少、是否存在重大误差等。

一、审计抽样在控制测试中的运用

在控制测试中,注册会计师通常使用的抽样方法有三种:固定样本量抽样、停-走抽样和发现抽样。

(一) 固定样本量抽样

固定样本量抽样是一种用于估计被审对象总体中某种错误发生比例的方法。该方法运用比较普遍。其基本步骤如下:

1) 确定测试目标。注册会计师实施控制测试的目标是提供关于控制运行有效性的审计证据,以支持计划的重大错报风险评估水平。例如,具体审计目标是确定领料业务是否符合内部控制。

2) 界定误差。在控制测试中,误差是指控制误差。注册会计师应仔细定义所要测试的控制及可能出现误差的情况。注册会计师应根据对内部控制的理解,确定哪些特征能够显示所测试控制的运行情况,然后据此定义误差构成条件。在定义误差构成条件时,注册会计师应考虑审计程序的目标。例如,根据上述审计目标,可将误差定义为下列情况之一:(1)领料单未经领导批准;(2)未经发料部门经手人签章;(3)领料单内容填列不全;(4)数量、单价和金额计算有误;(5)领料单有涂改现象;(6)品名、数量或金额与发料记录不符;(7)发料部门未将一联领料单转给财会部门核对。

3) 定义审计对象总体。上例中,审计对象总体就是被审期间内的所有领料单据XX张。

4) 确定样本选取方法。由于每张领料单金额不一,注册会计师应决定首先对全部领料单分层,然后在各层中采用系统抽样选取样本。

5) 确定可信赖程度。由于领料业务处理错误将可能导致期末存货和期间损益的错误,对会计报表产生影响,其内部控制比较重要,因此将可信赖程度确定为95%。

6) 确定可容忍误差。注册会计师根据专业判断,确定可容忍误差率为5%。

7) 确定预期总体误差。预期总体误差可以根据往期经验数据或采用初始样本审查计算确定。假设注册会计师从前三年审计中得知上述内部控制曾发生过的误差率分别为1.2%、1.5%和1.7%,基于稳健,确定本期预期总体误差为1.75%。

8) 确定样本量。实际工作中,为了简化手续,样本量的确定可从事先编制的样本量确定表中查得。在可信赖程度为95%、可容忍误差为5%、预期总体误差为1.75%时,查阅表8-3,得知样本量为153项,样本中预期误差数为3。

9) 抽取并审查样本。审计人员按确定的选样方法选取样本,并进行审查。在审查中应注意:(1)某一有问题的项目是否构成定义的误差,如果审计目标是确定应收账款余额的正确性,那么应收账款明细账中的登记串户错误因不影响应收账款余额,所以在样本评价时不视为误差;(2)获取的审计证据是否充分，如果实施必要的审计程序后未能取得相应的审计证据，应当执行替代审计程序，如无法执行，在评价样本结果时，应视为一项误差；(3)分析误差的性质及其他特征，包括误差造成的影响、产生的原因和发生的频率等。

表8-3　95%可信赖程度下控制测试样本量表

——信赖过度风险5%(括号内数字为预计误差数)

预期总体误差率	可容忍误差率										
	2%	3%	4%	5%	6%	7%	8%	9%	10%	15%	20%
0.00%	149(0)	99(0)	74(0)	59(0)	49(0)	42(0)	36(0)	32(0)	29(0)	19(0)	14(0)
0.25	236(1)	157(1)	117(1)	93(1)	78(1)	66(1)	58(1)	51(1)	46(1)	30(1)	22(1)
0.50	*	157(1)	117(1)	93(1)	78(1)	66(1)	58(1)	51(1)	46(1)	30(1)	22(1)
0.75	*	208(1)	117(1)	93(1)	78(1)	66(1)	58(1)	51(1)	46(1)	30(1)	22(1)
1.00	*	*	156(1)	93(1)	78(1)	66(1)	58(1)	51(1)	46(1)	30(1)	22(1)
1.25	*	*	156(1)	124(2)	78(1)	66(1)	58(1)	51(1)	46(1)	30(1)	22(1)
1.50	*	*	192(3)	124(2)	103(2)	88(2)	77(2)	51(1)	46(1)	30(1)	22(1)
1.75	*	*	227(4)	153(3)	103(2)	88(2)	77(2)	51(1)	46(1)	30(1)	22(1)
2.00	*	*	*	181(4)	127(3)	88(2)	77(2)	68(2)	46(1)	30(1)	22(1)
2.25	*	*	*	208(5)	127(3)	88(2)	77(2)	68(2)	61(2)	30(1)	22(1)
2.50	*	*	*	*	150(4)	109(3)	77(2)	68(2)	61(2)	30(1)	22(1)
2.75	*	*	*	*	173(5)	109(3)	95(3)	68(2)	61(2)	30(1)	22(1)
3.00	*	*	*	*	195(6)	129(4)	95(3)	84(3)	61(2)	30(1)	22(1)
3.25	*	*	*	*	*	148(5)	112(4)	84(3)	61(2)	30(1)	22(1)
3.50	*	*	*	*	*	167(6)	112(4)	84(3)	76(3)	30(1)	22(1)
3.75	*	*	*	*	*	185(7)	129(5)	100(4)	76(3)	40(2)	22(1)
4.00	*	*	*	*	*	*	146(6)	100(4)	89(4)	40(2)	22(1)
5.00	*	*	*	*	*	*	*	158(8)	116(6)	40(2)	30(2)
6.00	*	*	*	*	*	*	*	*	179(11)	50(3)	30(2)
7.00	*	*	*	*	*	*	*	*	*	68(5)	37(3)

10) 评价样本结果，推断总体。注册会计师应将样本审查中发现的误差予以汇总，按不同情况分别进行处理。但在样本审查中若出现欺诈、舞弊或逃避内部控制等情况，不论误差率高低，均应采用其他有助于彻底揭露这类误差的审计程序，并应及时通知客户主要负责人。

(1) 计算总体误差率。将样本中发现的误差数除以样本规模，计算出样本误差率。样本误差率就是注册会计师对总体误差率的最佳估计，因而在控制测试中无须另外推断总体误差率。但注册会计师还必须考虑抽样风险。

(2) 考虑抽样风险。在审计实务中，注册会计师使用统计抽样方法时通常使用公式、表格或计算机程序直接计算在确定的信赖过度风险水平下可能发生的误差率上限，即估计的总体误差率与抽样风险允许限度之和。假设注册会计师使用样本结果评价表评价统计抽样的结果。表8-4列示了可接受的信赖过度风险为5%的总体误差率上限。

表8-4 控制测试中的统计抽样结果评价

——信赖过度风险5%时的误差率上限

样本规模	实际发现的误差数										
	0	1	2	3	4	5	6	7	8	9	10
25	11.3	17.6	*	*	*	*	*	*	*	*	*
30	9.5	14.9	19.6	*	*	*	*	*	*	*	*
35	8.3	12.9	17.0	*	*	*	*	*	*	*	*
40	7.3	11.4	15.0	18.3	*	*	*	*	*	*	*
45	6.5	10.2	13.4	16.4	19.2	*	*	*	*	*	*
50	5.9	9.2	12.1	14.8	17.4	19.9	*	*	*	*	*
55	5.4	8.4	11.1	13.5	15.9	18.2	*	*	*	*	*
60	4.9	7.7	10.2	12.5	14.7	16.8	18.8	*	*	*	*
65	4.6	7.1	9.4	11.5	13.6	15.5	17.4	19.3	*	*	*
70	4.2	6.6	8.8	10.8	12.6	14.5	16.3	18.0	19.7	*	*
75	4.0	6.2	8.2	10.1	11.8	13.6	15.2	16.9	18.5	20.0	*
80	3.7	5.8	7.7	9.5	11.1	12.7	14.3	15.9	17.4	18.9	*
90	3.3	5.2	6.9	8.4	9.9	11.4	12.8	14.2	15.5	16.8	18.2
100	3.0	4.7	6.2	7.6	9.0	10.3	11.5	12.8	14.0	15.2	16.4
125	2.4	3.8	5.0	6.1	7.2	8.3	9.3	10.3	11.3	12.3	13.2
150	2.0	3.2	4.2	5.1	6.0	6.9	7.8	8.6	9.5	10.3	11.1
200	1.5	2.4	3.2	3.9	4.6	5.2	5.9	6.5	7.2	7.8	8.4

本例中，如表8-4所示，样本规模为153，注册会计师可以选择样本规模为150的那一行。(1)当样本中未发现误差时，应选择误差数为0的那一列，两者交叉处的2.0%即为总体的误差率上限。此时，由于总体误差率上限小于本例中的可容忍误差率5%，因此总体可以接受。也就是说，样本结果证实注册会计师对控制运行有效性的估计和评估的重大错报风险水平是适当的。(2)当样本中发现三个误差时，应选择误差数为3的那一列，两者交叉处的5.1%即为总体的误差率上限。此时，总体误差率上限略大于但接近可容忍误差率5%，注册会计师应重新考虑信赖过度风险，并考虑有无必要增加样本量或执行其他替代审计程序；(3)当样本中发现四个误差时，总体的误差率上限为6%。此时，总体误差率上限大于可容忍误差率5%，因此不能接受总体。也就是说，样本结果不支持注册会计师对控制运行有效性的估计和评估的重大错报风险水平。注册会计师应当扩大控制测试范围，以证实初步评估结果，或提高重大错报风险评估水平，并增加实质性程序的数量，或者对影响重大错报风险评估水平的其他控制进行测试，以支持计划的重大错报风险评估水平。

11) 书面说明抽样程序。审计人员应在审计工作底稿中说明前述抽样步骤，作为抽样整体结论的基础。

(二) 停-走抽样

停-走抽样以总体误差为零开始，通过边抽样边评价去完成抽样工作的一种属性抽样方法。这种方法可以避免固定样本量法下可能出现的预期总体误差过高、抽取样本量过大、影响审计效率的问题。

停-走抽样的步骤如下：

1) 确定可信赖程度和可容忍误差。比如假设某一被审总体的可信赖程度为95%(相应的风险水平为5%)，可容忍误差率为6%。

2) 确定初始样本量。"停-走抽样初始样本量表"如表8-5所示，得出初始样本量为50项。

表8-5 停-走抽样初始样本量表

——预期总体误差为零

可容忍误差 \ 风险水平 样本量	10%	5%	2.5%
10%	24	30	37
9%	27	34	42
8%	30	38	47
7%	35	43	53
6%	40	50	62
5%	48	60	74
4%	60	75	93
3%	80	100	124
2%	120	150	185
1%	240	300	270

3) 进行停-走抽样决策。决策内容如下：

(1) 若初始样本量审查中未发现误差，则审计结论为：在95%可信赖程度时被审总体的误差率不超过6%。

(2) 若初始样本量审查后发现1个误差，查"停-走抽样样本量扩大及总体误差评估表"，如表8-6所示，得知风险系数为4.8，则总体误差率变为9.6%(风险系数4.8除以初始样本量50)，高于可容忍误差率6%，因而应增加样本量至80项(风险系数4.8除以可容忍误差率6%)。如果对增加的30项样本审查后未发现误差，则可得出审计结论：在95%可信赖程度时总体误差率不超过6%。

表8-6 停-走抽样样本量扩大及总体误差评估表

发现的错误数 \ 风险系数	10%	5%	2.5%
0	2.4	3.0	3.7
1	3.9	4.8	5.6
2	5.4	6.3	7.3
3	6.7	7.8	8.8
4	8.0	9.2	10.3
5	9.3	10.6	11.7
6	10.6	11.9	13.1
7	11.8	13.2	14.5

(续表)

发现的错误数 \ 风险系数	10%	5%	2.5%
8	13.0	14.5	15.8
9	14.3	16.0	17.1
10	15.5	17.0	18.4
11	16.7	18.3	19.7
12	18.0	19.5	21.0
13	19.0	21.0	22.3
14	20.2	22.0	23.5
15	21.4	23.4	24.7
16	22.6	24.3	26.0
17	23.8	26.0	27.3
18	25.0	27.0	28.5
19	26.0	28.0	29.6
20	27.1	29.0	31.0

(3) 若初始样本量审查后发现2个误差，则总体误差率为12.6%(即6.3÷50)，审计人员应再增加样本量55项(即6.3÷0.06-50)。如果对增加的样本审查后未发现误差，审计人员也可据以推断总体：在可信赖程度为95%时总体误差率不超过6%。如果又发现1个误差，则总体误差率为7.4%(即7.8÷105)，这时审计人员应决定是继续扩大样本量，还是将7.4%作为预期总体误差率改用固定样本量抽样。一般而言，样本量不宜扩大到初始样本量的3倍。

(三) 发现抽样

发现抽样是在既定的可信赖程度下，在假定误差以既定的误差率存在于总体之中的情况下，至少查出1个误差的抽样方法。发现抽样主要用于查找重大舞弊事项。在样本审查中，只要发现1个误差，就停止抽查而进行全面彻底审查；而如果未发现误差，那么就做出在既定的误差率范围内没有发现重大误差的结论。这种方法的执行过程如下：

1) 确定可容忍误差率和可信赖程度。由于发现抽样用于判断总体中有无重大错误，而总体中出现重大错误的可能性往往很小，因此发现抽样中确定的可容忍误差率要低于固定样本量抽样。假设被审总体为6000张现金支票，确定的可容忍误差率为2%，可信赖程度为95%。其含义为：在95%可信赖程度下，如果总体中包含2%或2%以上的欺诈性项目，那么样本将显示出不实的凭据。

2) 确定样本量。在预期总体误差率为0的假设下，样本量的确定可以通过查适当的控制测试样本量表求得，例如，查表8-3得知样本量为149项。

3) 评价样本结果。审计人员选取并审查149个样本后，如未发现重大误差，则做出如下审计结论：在95%可信赖程度下，被审总体误差率不超过2%；如果发现1个或更多个误差，则应放弃抽样程序而对总体进行全面彻底的审查。

二、审计抽样在实质性程序中的运用

在实质性程序中,审计抽样只能在实施细节测试时使用。在细节测试中,注册会计师可能使用统计抽样方法,也可能使用非统计抽样方法。注册会计师使用的统计抽样主要包括传统的变量抽样和概率比例规模抽样。变量抽样是对审计对象总体的货币金额进行细节测试时所采用的抽样方法,被广泛运用于审查应收账款金额、存货的数量和金额、工资费用以及各项交易活动等方面。传统的变量抽样主要包括三种具体的方法:均值估计抽样、比率估计抽样和差额估计抽样。概率比例规模抽样是一种运用属性抽样原理对货币金额而不是发生率得出结论的统计抽样方法。

(一) 均值估计抽样

均值估计抽样是指通过抽样审查确定样本的平均值,再根据样本平均值推断总体的平均值和总值的一种变量抽样方法。使用这种方法时,注册会计师先计算样本中所有项目审定金额的平均值,然后用这个样本平均值乘以总体规模,就可以得出总体金额的估计值。总体估计金额和总体账面金额之间的差额就是推断的总体错报。

1) 确定审计目标。例如,审计目标是确定期末存货账面价值的正确性。
2) 界定误差。根据上述审计目标,将误差界定为账面价值与实际价值之间的差额。
3) 确定审计对象总体和抽样单位。审计对象总体是被审期间的3000个存货明细账户,每一明细账户为一抽样单位。
4) 确定风险水平和可信赖程度。根据存货内部控制情况和可接受的风险水平,审计人员确定可信赖程度为95%,相应的风险水平为5%。为了计算样本量,应根据可信赖程度查得可信赖程度系数。常用的可信赖程度及相应系数如表8-7所示。

表8-7 可信赖程度系数表

项目	数字				
可信赖程度	80%	85%	90%	95%	99%
可信赖程度系数	1.28	1.44	1.65	1.96	2.58

5) 确定可容忍误差和预期总体误差,并进一步确定计划抽样误差。审计人员根据存货账户余额的重要性,确定可容忍误差为180 000元;随机抽取初始样本30户予以审查,确定预期总体误差为80 000元。计划抽样误差是可容忍误差与预期总体误差的差额,即100 000(180 000 -80 000)元。

6) 确定总体标准差。总体标准差是用于衡量个别项目值在总体平均值范围周围的可变异或离散程度的一个指标,其计算公式如下:

$$S = \sqrt{\frac{\sum (X_i - \overline{X})^2}{N}}$$

式中,S代表标准差,X_i代表总体各项目数值,$\overline{X}$代表总体平均值,N代表总体容量。

总体内各项目数值差异越小,标准差越小;反之,标准差越大。通常,审计人员可以通过初始样本审查,计算样本标准差作为预期标准差,或者根据往期经验确定预期总体标准差。假设通过对上述30户初始样本的审查,确定总体标准差为200元。

7) 确定分层与否。本例中,假设审计人员不对总体分层。

8) 确定样本量。在均值估计抽样法下,样本量的计算方法如下。

不重复抽样法下样本量的计算:$n = \dfrac{n'}{1+\dfrac{n'}{N}}$

重复抽样法下样本量的计算:$n' = \left(\dfrac{U_r \times S \times N}{P_n}\right)^2$

以上公式中,n'代表放回抽样的样本量,n代表不放回抽样的样本量,N代表总体容量,P_n代表计划的抽样误差,U_r代表可信赖程度系数。

U_r、S、N和P_n四个因素决定了样本量,其中P_n是分配到账户层次的重要性水平,从公式中可以看出P_n与样本量成反比。

借助前例中的有关资料,样本量计算如下:

$$n' = \left(\dfrac{1.96 \times 200 \times 3000}{100\,000}\right)^2 = 138\,(户)$$

$$n = \dfrac{138}{1+\dfrac{138}{3000}} \approx 132\,(户)$$

9) 选取样本并进行审计。审计人员采用随机数表法从存货明细账中选取132户作为样本进行详细审查。审计结果表明:样本平均值为5520元,样本标准差为182元。

10) 评价抽样结果。对抽样结果进行评价,审计人员应首先计算实际抽样误差,并与计划抽样误差进行比较。若实际抽样误差小于计划抽样误差,则可以根据抽样结果推断总体;若实际抽样误差大于计划抽样误差,则审计人员应考虑增加样本数量以降低实际抽样误差,提高抽样结论的可靠性。实际抽样误差的计算方法如下:

$$P_1 = U_r \times \dfrac{S_1}{\sqrt{n_1}} \times N \times \sqrt{1 - \dfrac{n_1}{N}}$$

以上公式中,P_1表示实际抽样误差,S_1表示实际样本的标准差,n_1代表样本量。

借助前例中的有关资料,实际抽样误差为:

$$P_1 = 1.96 \times \dfrac{182}{\sqrt{132}} \times 3000 \times \sqrt{1 - \dfrac{132}{3000}} \approx 91\,073$$

由于实际抽样误差91 073元小于计划抽样误差100 000元,因此可以根据抽样结果推断总体。根据抽样结果推断总体时,审计人员应首先进行点估计,然后进行区间估计。

被审总体的点估计值=样本平均值×总体容量=5520×3000=16 560 000 (元)

被审总体的区间估计值=被审总体点估计值±实际抽样误差=16 560 000 ± 91 073 (元)

最后审计人员做出的审计抽样结论为:有95%的可信赖程度,该企业的期末存货余额的正确数值在16 468 927元和16 651 073元之间。

根据以上审计抽样结论,如果客户的期末存货账面余额为16 562 000元,处于估计区间范围内,那么说明其存货账面价值并无重大误差;如果客户的期末存货账面余额为16 700 000元,没有落入估计区间范围内,那么审计人员应分析原因,视不同情况或者扩大样本量,重新评价抽样结果,或者要求客户详细检查其存货,调整账面价值。

(二) 差额估计抽样

差额估计抽样是以样本实际金额与账面金额的平均差额来估计总体实际金额与账面金额的平均差额,然后再以这个平均差额乘以总体规模,从而求出总体的实际金额与账面金额的差额(即总体错报)的一种方法。差额估计抽样的计算公式如下:

平均错报=样本实际金额与账面金额的差额÷样本规模

推断的总体错报=平均错报×总体规模

使用这种方法时,注册会计师先计算样本项目的平均错报,然后根据这个样本平均错报推断总体。例如,注册会计师从总体规模为1000的存货项目中选取200个项目进行检查。总体的账面金额总额为1 040 000元。注册会计师逐一比较200个样本项目的审定金额和账面金额并将账面金额(208 000元)和审定金额(196 000元)之间的差额加总,本例中为12 000元。将12 000元的差额除以样本项目个数200,得到样本平均错报60元。然后注册会计师用这个平均错报乘以总体规模,计算出总体错报为60 000元(60元×1000)。

(三) 比率估计抽样

比率估计抽样是指以样本的实际金额与账面金额之间的比率关系来估计总体实际金额与账面金额之间的比率关系,然后以这个比率乘以总体的账面金额,从而求出估计的总体实际金额的一种抽样方法。比率估计抽样法的计算公式如下:

比率=样本审定金额÷样本账面金额

估计的总体实际金额=总体账面金额×比率

推断的总体错报=估计的总体实际金额－总体账面金额

如果上例中注册会计师使用比率估计抽样,样本审定金额合计与样本账面金额的比例则为0.94(196 000元÷208 000元)。注册会计师用总体的账面金额乘以比例0.94,得到估计的存货余额977 600元(1 040 000元×0.94)。推断的总体错报则为62 400元(1040 000元－977 600元)。

(四) 概率比例规模抽样

概率比例规模抽样(Probability-Proportion-Size Sampling,简称PPS选样),有时也被称为金额加权抽样、货币单位选样、累计货币金额抽样等,是以货币单位作为抽样单元进行选样的一种方法。在该方法下,总体中的每个货币单位被选中的机会相同,所以总体中某一项目被选中的概率等于该项目的金额与总体金额的比率。项目金额越大,被选中的概率就越大。但实际上,注册会计师并不是对总体中的货币单位实施检查,而是对包含被选取货币单位的余额或交易实施检查。注册会计师检查的余额或交易被称为逻辑单元。

PPS抽样有助于注册会计师将审计重点放在较大的余额或交易上,此抽样方法之所以得名,是因为总体中每一余额或交易被选取的概率与其账面金额(规模)成比例。

1. PPS抽样的优点

1) PPS抽样一般比传统变量抽样更易于使用。由于PPS抽样以属性抽样原理为基础,注册会计师可以很方便地计算样本规模,并手工或使用量表评价样本结果。样本的选取可以在计算机程序或计算器的协助下进行。

2) PPS抽样的样本规模不需要考虑被审计金额的预计变异性。传统变量抽样的样本规模是在总体项目共有特征的变异性或标准差的基础上计算的。PPS抽样在确定所需的样本规模时不需要直接考虑货币金额的标准差。

3) PPS抽样中项目被选取的概率与其货币金额大小成比例，因而生成的样本自动分层。如果使用传统变量抽样，注册会计师通常需要对总体进行分层，以减小样本规模。

4) PPS抽样中如果项目金额超过选样间距，PPS系统选样自动识别所有单个重大项目。

5) 如果注册会计师预计没有错报，PPS抽样的样本规模通常比传统变量抽样方法更小。

6) PPS抽样的样本更容易设计，且可在能够获得完整的总体之前开始选取样本。

2. PPS抽样的缺点

1) 使用PPS抽样时通常假设抽样单元的审定金额不应小于零或大于账面金额。如果注册会计师预计存在低估或审定金额小于零的情况，那么在设计PPS抽样方法时就要特别考虑。

2) 如果注册会计师在PPS抽样的样本中发现低估，在评价样本时需要特别考虑。

3) 对零余额或负余额的选取需要在设计时特别考虑。例如，如果准备对应收账款进行抽样，注册会计师可能需要将贷方余额分离出去，作为一个单独的总体。如果检查零余额的项目对审计目标非常重要，注册会计师需要单独对其进行测试，因为零余额在PPS抽样中不会被选取。

4) 当发现错报时，如果风险水平一定，PPS抽样在评价样本时可能高估抽样风险的影响，从而导致注册会计师更可能拒绝一个可接受的总体账面金额。

5) 在PPS抽样中注册会计师通常需要逐个累计总体金额，但如果相关的会计数据以电子形式储存，那么不会额外增加大量的审计成本。

6) 当预计总体错报金额增加时，PPS抽样所需的样本规模也会增加。在这些情况下，PPS抽样的样本规模可能大于传统变量抽样的相应规模。

PPS抽样中可以使用随机数表法、系统选样法等方法选取样本，以货币单位作为抽样单元，但注册会计师却不是对具体货币单位进行审计，而必须确定实物单位(即逻辑单元)来执行审计测试。PPS抽样的运用举例如下：假设被查总体为10张销货发票，记录额如表8-8所示。

表8-8　货币单位选样示例计算表

项目号	记录额	累计金额	选取的随机数
1	600	600	474
2	580	1180	1041
3	1100	2280	
4	340	2620	
5	860	3480	
6	410	3890	
7	900	4790	3942
8	680	5470	
9	350	5820	5483
10	1000	6820	

假设采用PPS选样拟从中抽取4张销售发票，基本步骤如下：

① 计算总体项目的累计金额。计算结果如表8-8所示。

② 根据所需的样本规模，从随机数表中抽取不大于累计金额总数的随机数。假设从随机数表中抽取的不大于6820的4个数分别为474、3942、5483和1041。

③ 将随机数由小到大排列，即为474、1041、3942和5483。

④ 找出包含被抽取的随机数最小的累计金额数，与此相对应的项目即为逻辑单元。从表8-8中可见，4个随机数分别包含于与第1、第2、第7和第9四张销售发票相对应的累计金额之内，所以，这四张销售发票即为被抽取的样本项目。

由于每个货币单位被选取的机会均等，因此逻辑单元所含的货币单位越多(即账面金额越大)，被选中的机会越大。相反，较小的逻辑单元被选中的机会也越小。在PPS系统选样法下，金额等于或高于选样间距的所有逻辑单元肯定会被选中，而规模只有选样间距一半的逻辑单元被选中的概率为50%。

习　题

一、复习思考题

1. 审计抽样有哪些基本特征？
2. 解释统计抽样与非统计抽样之间的主要差别？
3. 抽样风险与非抽样风险的关系如何？如何对其进行控制？
4. 审计抽样的样本规模受到哪些因素的影响？
5. 思考固定样本量抽样、停-走抽样和发现抽样的区别？
6. 审计抽样主要包括哪些步骤？
7. 变量抽样的几种方法间有什么区别？

二、单项选择题

1. 下列有关测试项目选取方法的说法中，正确的是(　　)。
   A. 从某类交易中选取特定项目进行检查构成审计抽样
   B. 从总体中选取特定项目进行测试时，应当使总体中的每个项目都有被选取的机会
   C. 对全部项目进行检查，通常更适用于细节测试
   D. 审计抽样更适用于控制测试

2. 下列有关抽样风险的说法中，错误的是(　　)。
   A. 在使用非统计抽样时，注册会计师可以对抽样风险进行定性的评价和控制
   B. 如果注册会计师对总体中的所有项目都实施检查，就不存在抽样风险
   C. 注册会计师未能恰当地定义误差将导致抽样风险
   D. 无论是控制测试还是细节测试，注册会计师都可以通过扩大样本规模降低抽样风险

3. 下列有关统计抽样和非统计抽样的说法中，错误的是(　　)。
   A. 注册会计师应当根据具体情况并运用职业判断，确定使用统计抽样或非统计抽样方法
   B. 注册会计师在统计抽样与非统计抽样方法之间进行选择时主要考虑成本效益

C. 非统计抽样如果设计适当，也能提供与统计抽样方法同样有效的结果

D. 注册会计师使用非统计抽样时，不需要考虑抽样风险

4. 在统计抽样中，如果总体误差率上限低于可容忍误差率，注册会计师应(　　)。

　　A. 不接受总体　　　　　　　　B. 接受总体

　　C. 判断是否接受总体　　　　　D. 尚不能得出结论

5. 下列有关信赖过度风险的说法中，正确的是(　　)。

　　A. 信赖过度风险属于非抽样风险

　　B. 信赖过度风险影响审计效率

　　C. 信赖过度风险与控制测试和细节测试均相关

　　D. 注册会计师可以通过扩大样本规模降低信赖过度风险

三、多项选择题

1. 有关审计抽样的下列表述中，注册会计师认同的有(　　)。

　　A. 统计抽样能够减少审计过程中的专业判断

　　B. 统计抽样和非统计抽样均不能减少注册会计师对样本的专业判断

　　C. 审计抽样方法适用于未留下运行轨迹的控制测试和细节测试

　　D. 对可信赖程度要求越高，须选取的样本量就应越大

2. 下列各项中，直接影响控制测试样本规模的因素有(　　)。

　　A. 可容忍误差率

　　B. 拟测试总体的预期误差率

　　C. 控制所影响账户的可容忍错报

　　D. 注册会计师在评估风险时对相关控制的依赖程度

3. 当运用固定样本量抽样法进行控制测试时，发现总体误差率上限大于可容忍误差率时，注册会计师可以采取的措施有(　　)。

　　A. 扩大控制测试范围，以证实初步评估结果

　　B. 提高重大错报风险评估水平，并增加实质性程序的数量

　　C. 对影响重大错报风险评估水平的其他控制进行测试，以支持计划的重大错报风险评估水平

　　D. 接受总体

4. 下列各项审计程序中，通常不采用审计抽样的有(　　)。

　　A. 风险评估程序　　　　　　　B. 控制测试

　　C. 实质性分析程序　　　　　　D. 细节测试

5. 下列有关非抽样风险的说法中，正确的有(　　)。

　　A. 注册会计师实施控制测试和实质性程序时均可能产生非抽样风险

　　B. 注册会计师保持职业怀疑有助于降低非抽样风险

　　C. 注册会计师可以通过扩大样本规模降低非抽样风险

　　D. 注册会计师可以通过加强对审计项目组成员的监督和指导降低非抽样风险

第九章

审 计 报 告

【导读】

审计报告是注册会计师在实施审计工作的基础上发表审计意见的书面文件,标准化的审计报告分为标准的无保留意见、保留意见、否定意见和无法表示意见四种。2015年国际审计与鉴证准则理事会改革了审计报告模式,制定了基于需求者视角的审计报告模式,除了审计报告格式有较大变化外,增加了审计报告的信息披露量,要求增加"关键审计事项"段,在一定条件下可能需要披露"与持续经营相关的重大不确定性"段、"强调事项"段和"其他事项"段,并且明确了许多审计专业术语的含义,增加了审计程序的说明,提高了审计的透明度。我国于2016年末也发布了新的审计报告准则,率先在A+H股上市公司财务报表审计中实施,2018年1月1日开始全面实施,实现了与国际审计准则全面、持续地趋同。

【学习重点】

掌握出具审计报告之前的主要准备工作,掌握审计报告的格式和内容,区分出具不同意见的标准,掌握关键审计事项、强调事项和其他事项的选择标准和披露要求,判断持续经营审计对审计报告的影响。

【学习难点】

理解和区分出具不同意见的标准,掌握关键审计事项、强调事项和其他事项的选择标准,以及判断持续经营审计对审计报告的影响都需要审计职业判断,这是本章的一个难点。

【教学建议】

第一节以学生讨论分析为主,第二节、第三节和第四节需要教师结合一定的案例以课堂讲授为主。

第一节 审计报告编制前的准备工作

在审计完成阶段,注册会计师在编制审计报告之前需要进行一系列的准备工作,主要包括:评价审计中的重大发现;评价审计过程中发现的错报;获取管理层声明;执行分析程序;完成质量控制复核;评价审计结果;与治理层沟通以及评价独立性和道德问题。

一、评价审计中的重大发现

在审计完成阶段,项目合伙人和审计项目组应考虑审计过程中的重大发现和事项。这些重大发现和事项,既包括财务报表中存在的重大错报、对审计方法有重大影响的值得关注的内部控制缺陷和其他缺陷等事项,也包括在实施审计程序过程中遇到的重大困难、审计项目组内部就重大会计和审计事项达成最终结论所存在的意见分歧等事项。

在审计完成阶段注册会计师需要考虑,为了实现预定的审计目标,是否有必要对重要性进行修订,因为注册会计师在审计计划阶段对重要性的判断,与在完成阶段评估审计差异时对重要性的判断有可能是不同的。

二、评价审计过程中发现的错报

(一) 错报的沟通与更正

在整个审计过程中,注册会计师要及时累积和记录识别的所有错报,要及时与适当层级的管理层沟通这些错报事项,除非注册会计师将低于某一金额的错报界定为明显微小的错报,对这类错报不需要累积。这些错报包括事实错报、判断错报和推断错报。

审计项目经理应对注册会计师在审计中发现的错报内容予以初步确定并汇总,建议被审计单位管理层对错报进行更正,使审计后的财务报表所载信息能够公允地反映被审计单位的财务状况、经营成果和现金流量。注册会计师应以书面方式征求被审计单位管理层对需要调整财务报表事项的意见。若被审计单位同意调整,应取得其同意调整的书面确认;若被审计单位不同意调整或部分错报不同意调整,则应分析原因,并根据未调整不符事项的性质和重要程度,确定是否在审计报告中予以反映,以及如何反映。

(二) 评价未更正错报的影响

注册会计师通常要求管理层对所有错报进行更正,当管理层全部拒绝或部分拒绝更正错报时,注册会计师应当从定量因素和定性因素两个方面评价这些未更正错报对财务报表的影响。

1. 从定量因素方面评价未更正错报的影响

在计划审计工作阶段,评估确定重要性水平时,通常依据的是被审计单位的未审财务报表,此时尚不知道实际的财务结果。因此,在完成阶段评价未更正错报的影响之前,注册会计师可能有必要依据实际的财务结果对重要性做出评价,并确定是否需要做出修改,以使其与被审计单位的实际财务结果相适应。如果注册会计师对重要性或重要性水平进行的重新评价导致需要确定较低的金额,则应重新考虑实际执行的重要性和进一步审计程序的性质、时间安排和范围的适当性,以获取充分、适当的审计证据,作为发表审计意见的基础。

注册会计师需要考虑每一单项错报,以评价其对相关类别的交易、账户余额或披露的影响,包括评价该项错报是否超过特定类别的交易、账户余额或披露的重要性水平。如果注册会计师认为某一单项错报是重大的,则该项错报不太可能被其他错报抵销。例如,如果收入存在重大高估,即使这项错报对收益的影响完全可被相同金额的费用高估所抵销,注册会计师也仍认为财务报表整体存在重大错报。对于同一账户余额或同一类别的交易内部的错报,这种抵销可能是适当的。然而,在得出抵销错报是适当的这一结论之前,需要考虑可能存在其他未被发现的错报的风险。

2. 从定性因素方面评价未更正错报的影响

确定一项分类错报是否重大,还需要进行定性评估。即使某些错报低于财务报表整体的重要性,但因与这些错报相关的某些情况,在将其单独或连同在审计过程中累积的其他错报一并考虑时,注册会计师也可能将这些错报评价为重大错报。例如,某个错报的金额虽小,但是会改变被审计单位的盈利趋势,则该项错报也会被认为是重大的。

除了评价未更正错报的影响外,注册会计师需要要求管理层提供有关未更正错报的书面声明,说明其是否认为这些未更正错报对财务报表的整体影响不重大,并将未更正错报项目附在声明书之后。

三、获取管理层声明

管理层声明(Representation Letter)是指管理层向注册会计师提供的书面陈述,用以确认某些事项或支持其他审计证据。书面声明不包括财务报表及其认定,以及支持性账簿和相关记录。

尽管书面声明提供必要的审计证据,但其本身并不为所涉及的任何事项提供充分、适当的审计证据。而且,管理层已提供可靠书面声明的事实,并不影响注册会计师就管理层责任履行情况或具体认定获取的其他审计证据的性质和范围。

一般来说,管理层声明的内容应包括以下两个方面。

1) 针对财务报表的编制,注册会计师应当要求管理层提供书面声明,确认其根据审计业务约定条款,履行了按照适用的财务报告编制基础编制财务报表并使其实现公允反映(如适用)的责任。

2) 针对提供的信息和交易的完整性,注册会计师应当要求管理层就下列事项提供书面声明:(1)按照审计业务约定条款,已向注册会计师提供所有相关信息,并允许注册会计师不受限制地接触所有相关信息以及被审计单位内部人员和其他相关人员;(2)所有交易均已记录并反映在财务报表中。

注册会计师应当要求管理层按照审计业务约定条款中对管理层责任的描述方式,在书面声明中对管理层责任进行描述。除对以上事项必须要求提供书面声明外,如果注册会计师认为有必要获取一项或多项其他书面声明,以支持与财务报表或者一项或多项具体认定相关的其他审计证据,注册会计师应当要求管理层提供这些书面声明。

书面声明的日期应当尽量接近对财务报表出具审计报告的日期,但不得在审计报告日之后。书面声明应当涵盖审计报告针对的所有财务报表和期间。

书面声明应当以声明书的形式致送注册会计师。如果管理层不提供审计准则要求的书面声明,或注册会计师对管理层的诚信产生重大疑虑,以至于认为针对财务报表的编制和针对提供的信息和交易的完整性做出的书面声明不可靠,注册会计师应当对财务报表发表无法表示意见。

四、执行分析程序

在审计结束或临近结束时,注册会计师运用分析程序的目的是确定经审计调整后的财务报表整体是否与对被审计单位的了解一致,是否具有合理性。注册会计师应当围绕这一目的运用分析程序。

在运用分析程序进行总体复核时,如果识别出以前未识别的重大错报风险,注册会计师应当重新考虑对全部或部分各类交易、账户余额、披露评估的风险是否恰当,并在此基础上重新评价之前计划的审计程序是否充分,是否有必要追加审计程序。

五、完成质量控制复核

会计师事务所应当建立完善审计工作底稿分级复核制度,包括两个层次:项目组内部复核和项目质量控制复核。由审计项目经理在审计过程进行中对工作底稿的复核属于第一级复核;第二级复核在外勤工作结束时由项目合伙人进行,这两级复核合称为项目组内部复核。此后,在完成审计工作、签发审计报告前还要进行独立的项目质量控制复核,可由会计师事务所的主任会计师承担,是对整套审计工作底稿进行的原则性复核。

(一) 项目组内部复核

审计项目经理在审计现场对审计工作底稿进行一级复核的目的是及时发现和解决问题,争取审计工作的主动。这级复核主要是评价已完成的审计工作、所获得的证据和工作底稿编制人员形成的结论。

在完成审计外勤工作时,由项目合伙人实施的二级复核既是对一级复核的再监督,也是对重要审计事项的重点把关。主要包括以下内容:(1)复查计划确定的重要审计程序是否适当,是否得以较好实施,是否实现了审计目标;(2)复查重点审计项目的审计证据是否充分、适当;(3)复查审计范围是否充分;(4)复查对建议调整的不符事项和未调整不符事项的处理是否恰当;(5)复核审计工作底稿中重要的勾稽关系是否正确;(6)检查审计工作中发现的问题及其对财务报表和审计报告的影响,审计项目组对这些问题的处理是否恰当;(7)复核已审财务报表总体上是否合理、可信。

(二) 项目质量控制复核

项目质量控制复核也称独立复核,是指在出具报告前,对项目组做出的重大判断和在准备报告时形成的结论做出客观评价的过程。根据质量控制准则,要求对包括上市公司财务报表审计在内的特定业务实施项目质量控制复核,并在出具报告前完成。

在会计师事务所的主要负责人签发审计报告前,进行项目质量控制复核的主要内容如下:(1)所采用审计程序是否恰当;(2)所编制审计工作底稿是否充分;(3)审计过程中是否存在重大遗漏;(4)审计工作是否符合会计师事务所的质量标准。

六、评价审计结果

注册会计师评价审计结果,主要是为了确定将要发表的审计意见的类型以及在整个审计工作中是否遵循了审计准则。

在审计过程中，要实施各种测试。这些测试通常是由参与本次审计工作的审计项目组成员来执行的，而每个成员所执行的测试可能只限于某几个领域或账项。所以，在每个功能领域或报表项目的测试都完成之后，审计项目负责人应综合考虑所有成员在审计过程中所收集到的全部证据，汇总评价各种分散的审计结果，以对财务报表整体发表适当的意见。

在对审计意见形成最后决定之前，会计师事务所通常要与被审计单位召开沟通会。在会议上，注册会计师可口头报告本次审计发现的问题，并说明建议被审计单位作必要调整或表外披露的理由。当然，管理层也可以在会上申辩其立场。最后，通常会对需要被审计单位做出的改变达成协议。若协议达成，注册会计师即可签发标准审计报告；否则，注册会计师可能不得不发表其他类型的审计意见。

七、与治理层沟通

(一) 沟通目的

借助公司内部的权利平衡和制约关系，现代公司治理结构往往要求治理层对管理层编制财务报表的过程实施有效监督，以保证财务信息的质量。因此，公司治理层和注册会计师在健全完善公司治理结构中都扮演着重要的角色，两者在对管理层编制的财务报表进行监督方面具有共同的关注点，为了促进注册会计师与治理层之间的良性互动，审计准则规定了注册会计师与治理层沟通的要求。注册会计师与治理层沟通的主要目的是：

1) 就审计范围和时间以及注册会计师、治理层和管理层各方在财务报表审计和沟通中的责任，取得相互了解。

2) 及时向治理层告知审计中发现的与治理层责任相关的事项。

3) 共享有助于注册会计师获取审计证据和治理层履行责任的其他信息。

(二) 沟通内容

注册会计师应当直接与治理层沟通的事项主要包括：

1. 注册会计师与财务报表审计相关的责任

注册会计师应当向治理层说明，注册会计师的责任是对管理层在治理层监督下编制的财务报表发表审计意见，对财务报表的审计并不能减轻管理层或治理层的责任。

2. 计划的审计范围和时间

注册会计师应当就计划的审计范围和时间直接与治理层作简要沟通。但是当与治理层沟通计划的审计范围和时间时，注册会计师应当保持职业谨慎，以防止由于具体审计程序易于被治理层，尤其是承担管理责任的治理层所预见等原因而损害审计工作的有效性。

3. 审计中的重大发现

注册会计师应当就审计工作中发现的问题与治理层直接沟通下列事项：

1) 注册会计师对被审计单位会计实务(包括会计政策、会计估计和财务报表披露)重大方面的质量的看法。

2) 审计工作中遇到的重大困难。

3) 已与管理层讨论或需要书面沟通的审计中出现的重大事项,以及注册会计师要求提供的书面声明,除非治理层全部成员参与管理被审计单位。

4) 影响审计报告形式和内容的情形。

5) 审计中发现的、根据职业判断认为重大且与治理层履行财务报告过程监督责任直接相关的其他事项。

4. 注册会计师的独立性

如果被审计单位是上市公司,注册会计师应当就独立性与治理层直接沟通下列内容:

1) 就审计项目组成员、会计师事务所其他相关人员以及会计师事务所按照法律法规和职业道德规范的规定保持了独立性做出声明。

2) 根据职业判断,注册会计师认为会计师事务所与被审计单位之间存在的可能影响独立性的所有关系和其他事项,其中包括会计师事务所在财务报表涵盖期间为被审计单位和受被审计单位控制的组成部分提供审计、非审计服务的收费总额。

3) 为消除对独立性的威胁或将其降至可接受的水平,已经采取的相关防护措施。

如果出现违反与注册会计师独立性有关的职业道德规范的情形,注册会计师应当尽早就该情形及已经或拟采取的补救措施与治理层直接沟通。

八、评价独立性和道德问题

项目合伙人应当考虑项目组成员是否遵守职业道德规范,在整个审计过程中对项目组成员违反职业道德规范的迹象保持警惕,并就审计业务的独立性是否得到遵守形成结论。为此,项目合伙人应该:

1) 从会计师事务所获取相关信息,以识别、评价对独立性产生不利影响的情形。

2) 评价已识别的违反会计师事务所独立性政策和程序的情况,以确定是否对审计业务的独立性产生不利影响。

3) 采取适当的防护措施以消除对独立性产生的不利影响,或将其降至可接受的水平。对未能解决的事项,项目合伙人应当立即向会计师事务所报告,以便会计师事务所采取适当的行动。

4) 记录与独立性有关的结论,以及会计师事务所内部支持这一结论的相关讨论情况。

在签署审计报告前,项目合伙人应确信,审计过程中产生的所有独立性和道德问题已经得到圆满解决。

第二节 审计报告概述

审计报告(Audit Report)是注册会计师根据审计准则的规定,在实施审计工作的基础上出具的对被审计单位财务报表发表审计意见的书面文件。审计报告是审计工作的最终成果,具有法定证明效力。

一、审计报告模式的发展沿革

从历史演变看,审计报告先后经历了非标准审计报告和标准审计报告两个阶段。

(一) 非标准审计报告阶段

非标准审计报告最早产生于18世纪的英国。1721年英国"南海公司事件"之后,受英国议会聘请的会计师查尔斯·斯奈尔(Charles Snell)对"南海公司"进行审计,斯奈尔以"会计师"名义提出了"查账报告书",被认为是民间审计第一份以会计师名义出具的审计报告。当时没有职业机构统一规定审计报告的格式和用语,实务中审计报告的格式和用语完全由审计师自己决定,这种状态一直持续到20世纪初期。

(二) 标准审计报告的探索和确立阶段

20世纪初期,美国引入英国审计实务之后,审计报告较长时间内没有统一的标准格式,审计报告的格式和措辞的多样性给使用者带来了理解方面的困惑,缺乏可比性。为此,1917年美国会计师协会(AIAO)及美国联邦储备委员会(FRB)开始建议审计报告的标准化,并推荐了一份格式标准化的审计报告,由于不具有强制性,这一阶段被称为标准审计报告的探索阶段。

1933年经济危机后,美国会计师协会(AIAO)和美国纽约证券交易所(NYSE)对审计报告进行了修订,推荐了一份标准的审计报告,要求在上市公司财务报表审计中强制执行。至此,实现了审计报告格式和用语的标准化,审计报告模式正式进入标准化确立时代。

(三) 标准审计报告发展阶段

自1933年确立了标准的审计报告后,在其后的40多年内,审计报告的格式和内容没有重大改动。为了降低使用者的审计期望差距,1988年美国注册会计师协会(AICPA)对标准审计报告进行了一次重大的修改,主要包括:(1)在审计报告中区分了会计责任和审计责任;(2)明确审计只是对财务报表是否存在重大错报提供合理保证而非担保;(3)在"意见"段增加了"在所有重大方面"这一术语。这次修订突出了提高报告使用者对审计功能的理解这一目标,借以希望缩小"审计期望差距"。随后,国际会计师联合会和其他许多国家也以此为范本,进行了类似修订。

使用者对传统的标准审计报告模式的批评和指责从未停止过,尤其是2008年金融危机以来,使用者对审计报告的不满日益强烈,批评审计报告用语模糊,缺乏交流价值,在内容上有用信息量不足,对被审计单位未来存在的重大潜在风险不能进行及时预警等。

2015年1月,国际审计与鉴证准则理事会(IAASB)和美国会计监察委员会(PCAOB)先后发布了注册会计师审计报告系列准则,并于2016年12月在上市公司率先实施,形成了侧重于使用者需求目标为基础的审计报告模式基本框架。基于国际审计准则持续、全面趋同的要求,我国财政部在一年征求意见的基础上,于2016年12月发布了注册会计师审计系列报告准则,并于2017年1月开始在A+H股上市公司实施,2018年在所有上市公司的年报审计中实施新的审计报告准则。

这次审计报告准则改革的目标主要是:提高审计报告的信息含量,增强其决策相关性;提高审计报告的沟通价值,增强审计工作的透明度;强化注册会计师的责任,提高审计质量,回应财务报表使用者对持续经营、其他信息和注册会计师独立性的关注;优化了报告格式安排、披露独立性标准、披露合伙人姓名等其他修改。

二、审计报告的作用

(一) 鉴证作用

注册会计师签发的审计报告意见具有鉴证作用,得到财务报表使用者的普遍认可。政府有关部门、投资者、债权人了解、掌握企业财务状况和经营成果的主要依据是企业提供的财务报表,审计报告提供的鉴定意见提高了财务报表的信息价值,从而提高了会计信息的决策效力。

(二) 保护作用

审计报告中载明的不同类型的审计意见,可以提高或降低财务报表信息使用者对财务报表的信赖程度,发挥对投资者、债权人等利益相关者的保护作用。

(三) 证明作用

审计报告是对注册会计师审计任务完成情况及结果所做的总结,可以表明审计工作的质量并明确注册会计师的审计责任,具有法定证明效力。通过审计报告,可以证明注册会计师在审计过程中是否实施了必要的审计程序,是否以审计工作底稿为依据发表审计意见,发表的审计意见是否与被审计单位的实际情况相一致,审计工作的质量是否符合要求,等等。

实例9-1 单选题

下列有关财务报表审计的说法中,错误的是( )。
  A. 审计可以有效满足财务报表预期使用者的需求
  B. 审计的目的是增强财务报表预期使用者对财务报表的信赖程度
  C. 审计涉及为财务报表预期使用者如何利用相关信息提供建议
  D. 财务报表审计的基础是注册会计师的独立性和专业性

分析:审计不涉及为如何利用信息提供建议,选项C说法错误。

三、审计报告的种类

按照审计报告意见的性质可分为标准意见的审计报告和非标准意见的审计报告。

1) 标准意见的审计报告。注册会计师出具的不附加说明段、强调事项段或任何修饰性用语的无保留意见的审计报告,称为标准意见的审计报告。其中"无保留意见",是指当注册会计师认为财务报表在所有重大方面按照适用的财务报告编制基础编制并实现公允反映时发表的审计意见。包含其他报告责任段,但不含强调事项段或其他事项段的无保留意见的审计报告也被视为标准意见的审计报告。

2) 非标准意见的审计报告。这类审计报告是指带强调事项段或其他事项段的无保留意见的审计报告和非无保留意见的审计报告。非无保留意见的审计报告包括保留意见的审计报告、否定意见的审计报告和无法表示意见的审计报告。

四、审计报告的基本内容

审计报告应当包括：标题、收件人、审计意见、形成审计意见的基础、管理层对财务报表的责任、注册会计师对财务报表审计的责任、会计师事务所的名称和地址及盖章、注册会计师的签名和盖章、审计报告日期。

(一) 审计报告标题

审计报告标题应统一规范为"审计报告"。

(二) 审计报告收件人

审计报告收件人是指注册会计师按照业务约定书的要求致送审计报告的对象，一般是指审计业务的委托人。审计报告应当载明收件人的全称，如"ABC股份有限公司全体股东"或"ABC有限责任公司董事会"。

(三) 审计意见

审计意见包括两部分：一部分是指已审财务报表，另一部分是注册会计师发表的审计意见。
已审财务报表部分包括：
1) 指出被审计单位的名称。
2) 说明财务报表已经审计。
3) 指出构成整套财务报表的每一财务报表的名称。
4) 提及财务报表附注，包括重大会计政策和会计估计。
5) 指明构成整套财务报表的每一财务报表的日期或涵盖的期间。

注册会计师发表的审计意见部分应当说明，财务报表是否在所有重大方面按照适用的财务报告编制基础(如企业会计准则)编制，公允反映了被审计单位的财务状况、经营成果和现金流量。

(四) 形成审计意见的基础

审计报告应当包含标题为"形成审计意见的基础"的部分。该部分应当紧接审计意见部分之后，并包括下列方面：
1) 说明注册会计师按照审计准则的规定执行了审计工作。
2) 提及审计报告中用于描述审计准则规定的注册会计师责任的部分。
3) 声明注册会计师按照与审计相关的职业道德要求独立于被审计单位，并履行了职业道德方面的其他责任。声明中应当指明适用的职业道德要求，如中国注册会计师职业道德守则。
4) 说明注册会计师是否相信获取的审计证据是充分、适当的，为发表审计意见提供了基础。

(五) 管理层对财务报表的责任

管理层对财务报表的责任部分应当说明管理层负责下列方面：
1) 按照适用的财务报告编制基础的规定编制财务报表，使其实现公允反映，并设计、执行和维护必要的内部控制，以使财务报表不存在由于舞弊或错误导致的重大错报。
2) 评估被审计单位的持续经营能力和使用持续经营假设是否适当，并披露与持续经营相关的事项(如适用)。对管理层评估责任的说明应当包括描述在何种情况下使用持续经营假设是适当的。

当对财务报告过程负有监督责任的人员与履行上述责任的人员不同时，管理层对财务报表的责任部分还应当提及对财务报告过程负有监督责任的人员，通常是指公司的治理层。

(六) 注册会计师对财务报表审计的责任

审计报告应当包含标题为"注册会计师对财务报表审计的责任"的部分。注册会计师对财务报表审计的责任部分应当包括下列内容。

1) 说明注册会计师的目标是对财务报表整体是否存在由于舞弊或错误导致的重大错报获取合理保证，并出具包含审计意见的审计报告。

2) 说明合理保证是高水平的保证，但并不能保证按照审计准则执行的审计在某一重大错报存在时总能发现。

3) 说明错报可能由于舞弊或错误导致。在说明错报可能由于舞弊或错误导致时，注册会计师应当从下列两种做法中选取一种。

(1) 描述如果合理预期错报单独或汇总起来可能影响财务报表使用者依据财务报表做出的经济决策，则通常认为错报是重大的。

(2) 根据适用的财务报告编制基础，提供关于重要性的定义或描述。

注册会计师对财务报表审计的责任部分还应当包括下列内容。

1) 说明在按照审计准则执行审计工作的过程中，注册会计师运用职业判断，并保持职业怀疑。

2) 通过说明注册会计师的责任，对审计工作进行描述。这些责任包括：

(1) 识别和评估由于舞弊或错误导致的财务报表重大错报风险，设计和实施审计程序以应对这些风险，并获取充分、适当的审计证据，作为发表审计意见的基础。由于舞弊可能涉及串通、伪造、故意遗漏、虚假陈述或凌驾于内部控制之上，未能发现由于舞弊导致的重大错报的风险高于未能发现由于错误导致的重大错报的风险。

(2) 了解与审计相关的内部控制，以设计恰当的审计程序，但目的并非对内部控制的有效性发表意见。当注册会计师有责任在财务报表审计的同时对内部控制的有效性发表意见时，应当略去上述"目的并非对内部控制的有效性发表意见"的表述。

(3) 评价管理层选用会计政策的恰当性和做出会计估计及相关披露的合理性。

(4) 对管理层使用持续经营假设的恰当性得出结论。同时，根据获取的审计证据，就可能导致对被审计单位持续经营能力产生重大疑虑的事项或情况是否存在重大不确定性得出结论。如果注册会计师得出结论认为存在重大不确定性，审计准则要求注册会计师在审计报告中提请报表使用者关注财务报表中的相关披露；如果披露不充分，注册会计师应当发表非无保留意见。注册会计师的结论基于截至审计报告日可获得的信息。然而，未来的事项或情况可能导致被审计单位不能持续经营。

(5) 评价财务报表的总体列报、结构和内容(包括披露)，并评价财务报表是否公允反映相关交易和事项。

注册会计师对财务报表审计的责任部分还应当包括下列内容。

1) 说明注册会计师与治理层就计划的审计范围、时间安排和重大审计发现等事项进行沟通，包括沟通注册会计师在审计中识别的值得关注的内部控制缺陷。

2) 对于上市实体财务报表审计，指出注册会计师就已遵守与独立性相关的职业道德要求向治理层提供声明，并与治理层沟通可能被合理认为影响注册会计师独立性的所有关系和其他事项，以及相关的防范措施(如适用)。

3) 对于上市实体财务报表审计,以及决定按照《中国注册会计师审计准则第1504号——在审计报告中沟通关键审计事项》的规定沟通关键审计事项的其他情况,说明注册会计师从与治理层沟通过的事项中确定哪些事项对本期财务报表审计最为重要,因而构成关键审计事项。注册会计师应当在审计报告中描述这些事项,除非法律法规禁止公开披露这些事项,或在极少数情形下,注册会计师合理预期在审计报告中沟通某事项造成的负面后果超过在公众利益方面产生的益处,因而确定不应在审计报告中沟通该事项。

(七) 注册会计师的签名及盖章

审计报告应当由项目合伙人和另一名负责该项目的注册会计师签名和盖章。注册会计师应当在对上市实体整套通用目的财务报表出具的审计报告中注明项目合伙人,这项内容有利于明确法律责任,增强审计报告的透明度。

(八) 会计师事务所的名称、地址及盖章

审计报告应当载明会计师事务所的名称和地址,并加盖会计师事务所公章。

(九) 审计报告日期

审计报告应当注明报告日期。审计报告日期是指注册会计师完成审计工作的日期,而不是资产负债表日。审计报告的日期不应早于注册会计师获取充分、适当的审计证据(包括管理层认可对财务报表的责任且已批准财务报表的证据),并在此基础上对财务报表形成审计意见的日期。

在确定审计报告日时,注册会计师应当确信已获取下列两方面的审计证据:
(1) 构成整套财务报表的所有报表(包括相关附注)已编制完成。
(2) 被审计单位的董事会、管理层或类似机构已经认可其对财务报表负责。

审计报告的日期非常重要,它是划分责任时段的关键。在实务中,注册会计师在正式签署审计报告前,通常把审计报告草稿和已审计财务报表草稿一同提交给管理层。如果管理层批准并签署已审计财务报表,注册会计师即可签署审计报告。注册会计师签署审计报告的日期通常与管理层签署已审计财务报表的日期为同一天,或晚于管理层签署已审计财务报表的日期。

五、在审计报告中沟通关键审计事项

(一) 关键审计事项的含义及其确定标准

审计报告要素中除上述基本要素外,审计准则还要求在"形成审计意见的基础"部分后增加"关键审计事项"段。关键审计事项(Critical Audit Matter或Key Audit Matter)是指注册会计师根据职业判断认为对本期财务报表审计最为重要的事项。关键审计事项从注册会计师与治理层沟通过的事项中选取。

注册会计师应当从与治理层沟通过的事项中确定在执行审计工作时重点关注过的事项。在确定哪些事项属于重点关注过的事项时,注册会计师应当考虑下列方面:

1) 评估的重大错报风险较高的领域或识别出的特别风险。这一领域通常需要更多的审计资源予以确定。

2) 与财务报表中涉及重大管理层判断(包括被认为具有高度估计不确定性的会计估计)的领域相关的重大审计判断。

3) 本期重大交易或事项对审计的影响。

(二) 关键审计事项的披露要求

注册会计师应当在审计报告中单设一部分,以"关键审计事项"为标题,并在该部分使用恰当的子标题逐项描述关键审计事项。关键审计事项部分的引言应当同时说明下列事项:

1) 关键审计事项是注册会计师根据职业判断,认为对本期财务报表审计最为重要的事项。

2) 关键审计事项的应对以对财务报表整体进行审计并形成审计意见为背景,注册会计师不对关键审计事项单独发表意见。

在审计报告的关键审计事项部分逐项描述关键审计事项时,注册会计师应当分别索引至财务报表的相关披露(如有),并同时说明下列内容:

1) 该事项被认定为审计中最为重要的事项之一,因而被确定为关键审计事项的原因。

2) 该事项在审计中是如何应对的。在审计报告中描述一项关键审计事项在审计中如何应对时,描述的详细程度属于职业判断。通常包括下列方面:

(1) 审计应对措施或审计方案中,与该事项最为相关或对评估的重大错报风险最有针对性的方面。

(2) 对已实施审计程序的简要概述。

(3) 实施审计程序的结果。

(4) 对该事项做出的主要看法。

实例9-2 在审计报告中沟通关键审计事项

瑞华会计师事务所审计了晨鸣纸业(股票代码000488)的2016年年度财务报表,并根据报告准则出具了标准无保留意见的审计报告,以下是财务报表审计报告中关于"三、关键审计事项"段的部分描述内容。

三、关键审计事项

关键审计事项是我们根据职业判断,认为对本期财务报表审计最为重要的事项。这些事项的应对以对财务报表整体进行审计并形成审计意见为背景,我们不对这些事项单独发表意见。

(一) 以公允价值计价的消耗性生物资产

1. 事项描述

截至2016年12月31日,晨鸣纸业公司合并财务报表附注所示以公允价值计价的消耗性生物资产余额12 600.27万元,属于晨鸣纸业公司的特殊资产,且金额较大,为此我们确定消耗性生物资产的计量为关键审计事项。

根据晨鸣纸业公司的会计政策,消耗性生物资产在形成蓄积量以前按照成本进行初始计量,形成蓄积量以后按公允价值计量,公允价值变动计入当期损益。由于晨鸣纸业公司的消耗性生物资产没有活跃的市场可参考价格,因此晨鸣纸业公司采用估值技术确定已形成蓄积量的消耗性生物资产(下称"该类生物资产")的公允价值(详见附注七、6"存货"所述)。

2. 审计应对

针对该类生物资产的公允价值计量问题,我们实施的审计程序主要包括:我们对晨鸣纸业公司与确定该类生物资产相关的控制进行了评估;对该类生物资产的估值方法进行了了解和评价,并与估值专家讨论了估值方法的具体运用;对在估值过程中运用的估值参数和折现率进行了考虑和评价。

(二) 固定资产减值准备计提

1. 事项描述

截至2016年12月31日，晨鸣纸业公司财务报表附注列示固定资产减值准备19482.32万元，在计提固定资产减值准备时，晨鸣纸业公司考虑固定资产处置时的市场价值及快速变现因素，并聘请专家对固定资产运用估值技术核定固定资产的减值。

2. 审计应对

在审计固定资产减值准备的过程中，我们实地勘察了相关固定资产，取得了相关资产资料，评估了晨鸣纸业公司的估值方法，并与估值专家讨论了估值方法运用的适当性。

基于获取的审计证据，我们得出审计结论，管理层对固定资产减值准备的计提是合理的，相关信息在财务报表附注七、13"固定资产"及附注七、21"资产减值准备明细"中所做出的披露是适当的。

要求：

1. 根据以上案例讨论关键审计事项段描述内容，并比较这两个关键审计事项段描述的差异。

2. 在第二个关键审计事项段描述中，在审计应对段的最后，注册会计师得出结论"管理层对固定资产减值准备的计提是合理的……，所做出的披露是适当的"，而在很多审计报告中注册会计师使用了"根据所实施的审计程序，我们未发现……不合理之处"等用语，你认为这两者有何不同？(编者注：选取本案例仅为教学参考，并不代表编者对案例具有任何个人观点及倾向)。

(三) 关键审计事项段描述需要注意的问题

在一份审计报告中，有可能同时存在"关键审计事项"段、"与持续经营相关的重大不确定性"段、"强调事项"段和"其他事项"段。根据重要性程度，在排列顺序上，导致发表非无保留意见的事项和与持续经营相关的重大不确定性优先于关键审计事项，关键审计事项优先于强调事项和其他事项。

存在与持续经营相关的重大不确定性时，对关键审计事项的表述为：关键审计事项是我们根据职业判断，认为对本期财务报表审计最为重要的事项。这些事项的应对以对财务报表整体进行审计并形成审计意见为背景，我们不对这些事项单独发表意见。除"与持续经营相关的重大不确定性"部分所描述的事项外，我们确定下列事项是需要在审计报告中沟通的关键审计事项。

当注册会计师发表保留意见或否定意见时，在"形成保留(否定)意见的基础"部分描述导致非无保留意见的事项有助于预期使用者了解并识别存在的这些事项。因此，将这些事项与"关键审计事项"部分描述的其他关键审计事项区分开来单独沟通，能够使其在审计报告中得以适当地突出显示。保留(否定)意见审计报告对关键审计事项的表述为：关键审计事项是我们根据职业判断，认为对本期财务报表审计最为重要的事项。这些事项的应对以对财务报表整体进行审计并形成审计意见为背景，我们不对这些事项单独发表意见。除"形成保留(否定)意见的基础"部分所述事项外，我们确定下列事项是需要在审计报告中沟通的关键审计事项。

(四) 就关键审计事项与治理层沟通

治理层负有监督财务报告过程的责任，就关键审计事项与治理层沟通，能够使治理层注意到注册会计师拟在审计报告中沟通的关键审计事项，并给治理层提供在必要时进一步澄清的机会，同时为治理层提供了解注册会计师如何确定关键审计事项以及将如何在审计报告中描述这些事项的机

会。注册会计师应当就下列事项与治理层沟通:

1) 注册会计师确定的关键审计事项。

2) 根据被审计单位和审计业务的具体事实和情况,注册会计师确定不存在需要在审计报告中沟通的关键审计事项(如适用)。

(五) 不需要在审计报告中沟通关键审计事项的情形

除非存在下列情形之一,注册会计师通常应当在审计报告中描述每项关键审计事项:

1) 法律法规禁止公开披露某事项。例如,法律法规可能明确禁止任何可能损害相关机构对某项违法行为或疑似违法行为(如与洗钱相关或疑似与洗钱相关的行为)进行调查的公开披露。

2) 在极少数情形下,如果合理预期在审计报告中沟通某事项造成的负面后果超过在公众利益方面产生的益处,注册会计师确定不应在审计报告中沟通该事项。

需要说明的是,某些事项导致注册会计师应当发表非无保留意见,或者可能导致对被审计单位持续经营能力产生重大疑虑的事项或情况存在重大的不确定性,注册会计师不得在审计报告的"关键审计事项"部分沟通这些事项或情况。前者在"形成保留(或否定)意见的基础"中披露,后者当财务报表对重大不确定性已做出充分披露时,注册会计师通常在审计报告中增加以"与持续经营相关的重大不确定性"为标题的单独部分予以披露。同样需要注意的是,除非法律法规另有规定,当对财务报表发表无法表示意见时,注册会计师不得在审计报告中包含关键审计事项部分。

六、注册会计师对其他信息的责任

其他信息,是指在被审计单位年度报告中包含的除财务报表和审计报告以外的财务信息和非财务信息,例如董事会报告、公司治理情况说明、经营情况讨论与分析等。如果其他信息与财务报表或与注册会计师在审计中了解到的情况存在重大不一致,可能表明财务报表或其他信息存在重大错报,两者均会损害财务报表和审计报告的可信性。此类重大错报也可能不恰当地影响审计报告使用者的经济决策。因此,审计准则要求注册会计师应当阅读其他信息。

(一) 获取并阅读其他信息

注册会计师应当通过与管理层讨论,确定哪些文件组成年度报告,以及被审计单位计划公布这些文件的方式和时间安排,就及时获取组成年度报告的文件的最终版本与管理层做出适当安排。如果可能,在审计报告日之前获取。

在获取这些其他信息后,注册会计师应当及时阅读其他信息。在阅读时,注册会计师应当:

1) 考虑其他信息和财务报表之间是否存在重大不一致。作为考虑的基础,注册会计师应当将其他信息中选取的金额或其他项目(这些金额或其他项目旨在与财务报表中的金额或其他项目相一致,或对其进行概括,或为其提供更详细的信息)与财务报表中的相应金额或其他项目进行比较,以评价其一致性。

2) 在已获取审计证据并已得出审计结论的背景下,考虑其他信息与注册会计师在审计中了解到的情况是否存在重大不一致。

(二) 似乎存在重大不一致或重大错报时的应对

阅读其他信息后,如果注册会计师识别出似乎存在重大不一致,或者知悉其他信息似乎存在重大错报，注册会计师应当与管理层讨论该事项。必要时，实施其他程序以确定：
1) 其他信息是否存在重大错报。
2) 财务报表是否存在重大错报。
3) 注册会计师对被审计单位及其环境的了解是否需要更新。

当注册会计师认为其他信息确实存在重大错报时，应当要求管理层更正其他信息。如果管理层同意做出更正，注册会计师应当确定更正已经完成；如果管理层拒绝做出更正，注册会计师应当就该事项与治理层进行沟通，并要求做出更正。

如果注册会计师认为审计报告日前获取的其他信息存在重大错报，且在与治理层沟通后，其他信息存在的重大错报仍未得到更正，注册会计师应当考虑对审计报告的影响，并就注册会计师计划如何在审计报告中处理重大错报与治理层进行沟通。少数情况下，注册会计师甚至可能对财务报表发表无法表示意见，或在法律法规允许的情况下，解除业务约定。

(三) 在审计报告中披露

对于上市实体财务报表审计，如果在审计报告日注册会计师已获取或预期将获取其他信息，或者对于上市实体以外其他被审计单位的财务报表审计，如果在审计报告日注册会计师已获取部分或全部其他信息；审计报告应当包括一个单独部分，位置可在"关键审计事项"部分之后，以"其他信息"为标题，包含以下内容。

1) 管理层对其他信息负责的说明。
2) 指明：
(1) 注册会计师于审计报告日前已获取的其他信息(如有)。
(2) 对于上市实体财务报表审计，预期将于审计报告日后获取的其他信息(如有)。
3) 说明注册会计师的审计意见未涵盖其他信息，因此，注册会计师对其他信息不发表审计意见或任何形式的鉴证结论。
4) 描述注册会计师根据审计准则的要求，对其他信息进行阅读、考虑和报告的责任。
5) 在审计报告日前已经获取其他信息。如果注册会计师认为其他信息存在未更正的重大错报，应当说明其他信息中的未更正重大错报；否则，应当说明注册会计师无任何需要报告的事项。

需要注意的是，当对财务报表发表无法表示意见时，为避免影响审计报告使用者阅读和理解审计意见，注册会计师不得在审计报告中包含"其他信息"部分。

第三节　审计报告基本类型

根据审计准则规定，注册会计师根据审计结论，可以出具五种基本类型的审计报告，即标准审计报告以及保留意见、否定意见、无法表示意见的审计报告和带强调事项段的无保留意见审计报告。

一、标准审计报告

(一) 标准审计报告的含义

标准审计报告,也称标准的无保留审计报告(Standard Unqualified Audit Report),是指注册会计师对被审计单位财务报表发表不带强调事项段的无保留意见审计报告。包含其他报告责任段,但不含强调事项段或其他事项段的无保留意见审计报告也被视为标准审计报告。

无保留意见(Unqualified Opinion),是指当注册会计师认为财务报表在所有重大方面按照适用的财务报告编制基础编制并实现公允反映时发表的审计意见。无保留意见是被审计单位希望获得的审计意见,可以使审计报告的使用者对被审计单位的财务报表具有较高的信赖。

(二) 标准审计报告的出具条件

经过审计后,在注册会计师认为财务报表在所有重大方面按照适用的财务报告编制基础编制并实现公允反映时应当出具标准审计报告。

(三) 标准无保留意见审计报告的专业术语

当出具无保留意见的审计报告时,注册会计师应当以"我们认为"作为意见段的开头,以表明本段内容为注册会计师提出的意见,并表示承担对该审计意见的责任。不能使用"我们保证"等字样,因为注册会计师发表的是自己的判断或意见,不能对财务报表的合法性和公允性做出绝对保证。在对财务报表的反映内容是否公允提出审计意见时,应使用"公允反映了"这一专业术语,因为人们已普遍认识到财务报表不可能做到完全正确和绝对公允,所以审计报告中不应使用"完全正确""绝对公允"等词汇,但也不能使用"大致反映""基本反映"等模糊不清的术语。

标准审计报告的格式如例9-1所示。

【例9-1】标准无保留意见审计报告

审 计 报 告

ABC股份有限公司全体股东:

一、审计意见

我们审计了ABC股份有限公司(以下简称ABC公司)财务报表,包括20×1年12月31日的资产负债表、20×1年度的利润表、现金流量表、股东权益变动表以及相关财务报表附注。

我们认为,后附的财务报表在所有重大方面按照企业会计准则的规定编制,公允反映了ABC公司20×1年12月31日的财务状况以及20×1年度的经营成果和现金流量。

二、形成审计意见的基础

我们按照中国注册会计师审计准则的规定执行了审计工作。审计报告的"注册会计师对财务报表审计的责任"部分进一步阐述了我们在这些准则下的责任。按照中国注册会计师职业道德守则,我们独立于ABC公司,并履行了职业道德方面的其他责任。我们相信,我们获取的审计证据是充分、适当的,为发表审计意见提供了基础。

三、关键审计事项

关键审计事项是我们根据职业判断,认为对本期财务报表审计最为重要的事项。这些事项的应对以对财务报表整体进行审计并形成审计意见为背景,我们不对这些事项单独发表意见。

(一) 事项描述

截至20×1年12月31日,ABC公司资产负债表中列示了×万元的递延所得税资产。其中×万元递延所得税资产与可抵扣亏损相关。在确认与可抵扣亏损相关的递延所得税资产时,ABC公司管理层在很有可能有足够的应纳税利润来抵扣亏损的限度内,就所有未利用的税务亏损确认递延所得税资产。这需要ABC公司管理层运用大量的判断来估计未来应纳税利润发生的时间和金额,结合纳税筹划策略,以决定应确认的递延所得税资产的金额。评估递延所得税资产能否在未来期间得以实现需要管理层做出重大判断,并且管理层的估计和假设具有不确定性。

(二) 实施的审计程序及结果

在审计相关税务事项时,我们的审计团队包含了税务专家。在税务专家的支持下,我们实施的审计程序主要包括:我们对ABC公司与税务事项相关的内部控制的设计与执行进行了评估;我们获取了与可抵扣亏损相关的所得税汇算清缴资料,并在税务专家协助下复核了可抵扣亏损金额;我们获取了经管理层批准的相关子公司未来期间的财务预测,评估其编制是否符合行业总体趋势及各该子公司自身情况,是否考虑了特殊情况的影响,并对其可实现性进行了评估;我们复核了递延所得税资产的确认是否以未来期间很可能取得用来抵扣可抵扣亏损的应纳税所得额为限。

四、其他信息

ABC公司管理层对其他信息负责。其他信息包括年度报告中除财务报表和本审计报告以外的信息。

我们对财务报表发表的审计意见不涵盖其他信息,我们也不对其他信息发表任何形式的鉴证结论。

结合我们对财务报表的审计,我们的责任是阅读其他信息,在此过程中,考虑其他信息是否与财务报表或我们在审计过程中了解到的情况存在重大不一致或者似乎存在重大错报。

基于我们已经针对审计报告日前获取的其他信息执行的工作,如果我们确定该其他信息存在重大错报,我们应当报告该事实。在这方面,我们无任何事项需要报告。

五、管理层和治理层对财务报表的责任

ABC公司管理层(以下简称管理层)负责按照企业会计准则的规定编制财务报表,使其实现公允反映,并设计、执行和维护必要的内部控制,以使财务报表不存在由于舞弊或错误导致的重大错报。

在编制财务报表时,管理层负责评估ABC公司的持续经营能力,披露与持续经营相关的事项(如适用),并运用持续经营假设,除非管理层计划清算ABC公司、终止运营或别无其他现实的选择。

治理层负责监督ABC公司的财务报告过程。

六、注册会计师对财务报表审计的责任

我们的目标是对财务报表整体是否存在由于舞弊或错误导致的重大错报获取合理保证,并出具包含审计意见的审计报告。合理保证是高水平的保证,但并不能保证按照审计准则执行的审计在某一重大错报存在时总能发现。错报可能由于舞弊或错误导致,如果合理预期错报单独或汇总起来可能影响财务报表使用者依据财务报表做出的经济决策,则通常认为错报是重大的。

在按照审计准则执行审计工作的过程中,我们运用职业判断,并保持职业怀疑。同时,我们也执行以下工作:

1) 识别和评估由于舞弊或错误导致的财务报表重大错报风险,设计和实施审计程序以应对这些风险,并获取充分、适当的审计证据,作为发表审计意见的基础。由于舞弊可能涉及串通、伪造、故意遗漏、虚假陈述或凌驾于内部控制之上,未能发现由于舞弊导致的重大错报的风险高于未能发现由于错误导致的重大错报的风险。

2) 了解与审计相关的内部控制,以设计恰当的审计程序,但目的并非对内部控制的有效性发表意见。

3) 评价管理层选用会计政策的恰当性和做出会计估计及相关披露的合理性。

4) 对管理层使用持续经营假设的恰当性得出结论。同时,根据获取的审计证据,就可能导致对ABC公司持续经营能力产生重大疑虑的事项或情况是否存在重大不确定性得出结论。如果我们得出结论认为存在重大不确定性,审计准则要求我们在审计报告中提请报表使用者注意财务报表中的相关披露;如果披露不充分,我们应当发表非无保留意见。我们的结论基于截至审计报告日可获得的信息。然而,未来的事项或情况可能导致ABC公司不能持续经营。

5) 评价财务报表的总体列报、结构和内容(包括披露),并评价财务报表是否公允反映相关交易和事项。

我们与治理层就计划的审计范围、时间安排和重大审计发现等事项进行沟通,包括沟通我们在审计中识别出的值得关注的内部控制缺陷。

我们还就已遵守与独立性相关的职业道德要求向治理层提供声明,并与治理层沟通可能被合理认为影响我们独立性的所有关系和其他事项,以及相关的防范措施(如适用)。

从与治理层沟通过的事项中,我们确定哪些事项对本期财务报表审计最为重要,因而构成关键审计事项。我们在审计报告中描述这些事项,除非法律法规禁止公开披露这些事项,或在极少数情形下,如果合理预期在审计报告中沟通某事项造成的负面后果超过在公众利益方面产生的益处,我们确定不应在审计报告中沟通该事项。

××会计师事务所　　　　　　　　　　　中国注册会计师(项目合伙人): ×××
(盖章)　　　　　　　　　　　　　　　 (签名并盖章)
　　　　　　　　　　　　　　　　　　　中国注册会计师: ×××
(签名并盖章)
中国××市　　　　　　　　　　　　　　20×2年×月×日

二、非无保留意见的审计报告

非无保留意见的审计报告包括保留意见(Qualified Opinion)、否定意见(Adverse Opinion)和无法表示意见(Disclaimer of Opinion)的审计报告。

(一) 发表非无保留意见审计报告的情形

当存在下列情形之一时,注册会计师应当在审计报告中发表非无保留意见:

1. 根据获取的审计证据,得出财务报表整体存在重大错报的结论

为了形成审计意见,针对财务报表整体是否存在由于舞弊或错误导致的重大错报,注册会计师应当得出结论,确定是否已就此获取合理保证。在得出结论时,注册会计师需要评价未更正错报对财务报表的影响。财务报表的重大错报可能源于:

1) 选择的会计政策的恰当性。
2) 对所选择的会计政策运用的恰当性。
3) 财务报表披露的恰当性或充分性。

2. 无法获取充分、适当的审计证据，不能得出财务报表整体不存在重大错报的结论

下列情形可能导致注册会计师无法获取充分、适当的审计证据(也称为审计范围受到限制)：

1) 超出被审计单位控制的情形。例如：(1)被审计单位的会计记录已被毁坏；(2)重要组成部分的会计记录已被政府有关机构无限期查封。

2) 与注册会计师工作的性质或时间安排相关的情形。例如：(1)被审计单位需要使用权益法对联营企业进行核算，注册会计师无法获取有关联营企业财务信息的充分、适当的审计证据以评价是否恰当运用了权益法；(2)注册会计师接受审计委托的时间安排，使注册会计师无法实施存货监盘；(3)注册会计师确定仅实施实质性程序是不充分的，但被审计单位的控制是无效的。

3) 管理层施加限制的情形。例如：(1)管理层阻止注册会计师实施存货监盘；(2)管理层阻止注册会计师对特定账户余额实施函证。

(二) 确定非无保留意见的类型

由于非无保留意见具体又包括保留意见、否定意见和无法表示意见三种类型，在影响程度上这三种意见之间存在很大差异。在判断和选择具体非无保留意见的类型时，取决于以下事项：(1)导致非无保留意见的事项的性质，是财务报表存在重大错报，还是在无法获取充分、适当的审计证据的情况下，财务报表可能存在重大错报；(2)注册会计师就导致非无保留意见的事项对财务报表产生或可能产生影响的广泛性做出的判断。

这里提到的"广泛性"是描述错报影响的术语，用以说明错报对财务报表的影响，或者由于无法获取充分、适当的审计证据而未发现的错报(如存在)对财务报表可能产生的影响。根据注册会计师的判断，对财务报表的影响具有广泛性的情形包括：(1)不限于对财务报表的特定要素、账户或项目产生影响；(2)虽然仅对财务报表的特定要素、账户或项目产生影响，但这些要素、账户或项目是或可能是财务报表的主要组成部分；(3)当与披露相关时，产生的影响对财务报表使用者理解财务报表至关重要。

表9-1列示了注册会计师对导致发表非无保留意见的事项的性质和这些事项对财务报表产生或可能产生影响的广泛性做出的判断，以及注册会计师的判断对审计意见类型的影响。

表9-1 事项影响的广泛性及其对审计意见类型的影响

导致发表非无保留意见的事项的性质	这些事项对财务报表产生或可能产生影响的广泛性	
	重大但不具有广泛性	重大且具有广泛性
财务报表存在重大错报	保留意见	否定意见
无法获取充分、适当的审计证据	保留意见	无法表示意见

发表非无保留意见时，注册会计师应当对审计意见段使用恰当的标题，例如"保留意见""否定意见"或"无法表示意见"。同时，应当对形成审计意见的基础段也相应使用与审计意见相符合的标题，例如"形成保留意见的基础""形成否定意见的基础"或"形成无法表示意见的基础"，并在该部分增加问题段的说明。审计意见段和形成审计意见的基础段的标题能够使财务报表使用者清楚了解注册会计师发表的审计意见内容，并能够表明意见的类型。

实例9-3 多选题

下列各项错报中，通常对财务报表具有广泛影响的有(   )。

A. 被审计单位没有披露关键管理人员薪酬
B. 信息系统缺陷导致的应收账款、存货等多个财务报表项目的错报
C. 被审计单位没有将年内收购的一家重要子公司纳入合并范围
D. 被审计单位没有按照成本与可变现净值孰低原则对存货进行计量

分析：对财务报表的影响具有广泛性的情形包括不限于对财务报表特定要素、账户或项目产生影响。信息系统缺陷，未将子公司纳入合并范围将会涉及多个财务报表项目而不局限于特定的项目，因此选项BC正确。

(三) 保留意见审计报告

1. 出具保留意见审计报告的条件

存在下列情形之一，注册会计师应当出具保留意见的审计报告：

1) 在获取充分、适当的审计证据后，注册会计师认为错报单独或汇总起来对财务报表影响重大，但不具有广泛性。

注册会计师在获取充分、适当的审计证据后，只有当认为财务报表就整体而言是公允的，但还存在对财务报表产生重大影响的错报时，才能发表保留意见。保留意见被视为注册会计师在不能发表无保留意见情况下最不严厉的审计意见。

2) 注册会计师无法获取充分、适当的审计证据以作为形成审计意见的基础，但认为未发现的错报(如存在)对财务报表可能产生的影响重大，但不具有广泛性。

注册会计师因审计范围受到限制而发表保留意见还是无法表示意见，取决于无法获取的审计证据对形成审计意见的重要性。注册会计师在判断重要性时，应当考虑有关事项潜在影响的性质和范围以及在财务报表中的重要程度。只有当未发现的错报(如存在)对财务报表可能产生的影响重大但不具有广泛性时，才能发表保留意见。

2. 保留意见审计报告的专业术语及格式要求

当出具保留意见的审计报告时，首先，注册会计师应当对审计意见段使用恰当的标题"保留意见"。当由于财务报表存在重大错报而发表保留意见时，注册会计师应当根据适用的财务报告编制基础在保留意见段中说明：我们认为，除"形成保留意见的基础"部分所述事项产生的影响外，财务报表在所有重大方面按照适用的财务报告编制基础编制，并实现公允反映等措辞。当无法获取充分、适当的审计证据而导致发表保留意见时，注册会计师应在保留意见段中说明：我们认为，除"形成保留意见的基础"部分所述事项可能产生的影响外，财务报表在所有重大方面按照适用的财务报告编制基础编制，并实现公允反映等措辞。

其次，注册会计师应当直接在随后的"形成保留意见的基础"段增加一个段落说明导致发表保留意见的事项(通常称为事项段)。当涉及重大错报时，事项段通常要描述被审计单位错误的会计处理、会计准则规定的正确处理方法等内容，如果财务报表中存在与具体金额(包括定量披露)相关的重大错报，注册会计师应当在事项段中说明并量化该错报的财务影响。举例来说，如果存货被高估，注册会计师就可以在审计报告的导致保留意见的事项段中说明该重大错报的财务影响，即量化其对所得税、税前利润、净利润和股东权益的影响。如果无法量化财务影响，注册会计师应当在"形成保留意见的基础"段的事项段中说明这一情况。

因财务报表存在重大错报而出具保留意见审计报告的格式如例9-2所示。

【例9-2】保留意见的审计报告

审 计 报 告

ABC股份有限公司全体股东:

一、保留意见

我们审计了后附的ABC股份有限公司(以下简称ABC公司)财务报表,包括20×1年12月31日的资产负债表、20×1年度的利润表、现金流量表和股东权益变动表以及财务报表附注。

我们认为,除"形成保留意见的基础"部分所述事项产生的影响外,ABC公司财务报表在所有重大方面按照企业会计准则的规定编制,公允反映了ABC公司20×1年12月31日的财务状况以及20×1年度的经营成果和现金流量。

二、形成保留意见的基础

ABC公司20×1年12月31日资产负债表中存货的列示金额为×元。管理层根据成本对存货进行计量,而没有根据成本与可变现净值孰低的原则进行计量,这不符合企业会计准则的规定。公司的会计记录显示,如果管理层以成本与可变现净值孰低来计量存货,存货列示金额将减少×元。相应地,资产减值损失将增加×元,所得税、净利润和股东权益将分别减少×元、×元和×元。

我们按照中国注册会计师审计准则的规定执行了审计工作。审计报告的"注册会计师对财务报表审计的责任"部分进一步阐述了我们在这些准则下的责任。按照中国注册会计师职业道德守则,我们独立于ABC公司,并履行了职业道德方面的其他责任。我们相信,我们获取的审计证据是充分、适当的,为发表保留意见提供了基础。

三、关键审计事项

略(按照《中国注册会计师审计准则第1504号——在审计报告中沟通关键审计事项》的规定报告,具体格式参考例9-1。)

四、其他信息

略(按照《中国注册会计师审计准则第1521号——注册会计师对其他信息的责任》的规定报告,具体格式参考例9-1。)

五、管理层和治理层对财务报表的责任

略(按照《中国注册会计师审计准则第1501号——对财务报表形成审计意见和出具审计报告》的规定报告,具体格式参考例9-1。)

六、注册会计师对财务报表审计的责任

略(按照《中国注册会计师审计准则第1501号——对财务报表形成审计意见和出具审计报告》的规定报告,具体格式参考例9-1。)

××会计师事务所	中国注册会计师(项目合伙人):×××
(盖章)	(签名并盖章)
	中国注册会计师:×××
(签名并盖章)	
中国××市	20×2年×月×日

因无法获取充分、适当的审计证据而出具保留意见的审计报告的格式如例9-3所示。

【例9-3】保留意见的审计报告

审 计 报 告

ABC股份有限公司全体股东：

一、保留意见

我们审计了后附的ABC股份有限公司(以下简称ABC公司)财务报表，包括20×1年12月31日的资产负债表，20×1年度的利润表、现金流量表和股东权益变动表以及财务报表附注。

我们认为，除"形成保留意见的基础"部分所述事项产生的影响外，ABC公司财务报表在所有重大方面按照企业会计准则的规定编制，公允反映了ABC公司20×1年12月31日的财务状况以及20×1年度的经营成果和现金流量。

二、形成保留意见的基础

如财务报表附注×所述，ABC公司于20×1年取得了XYZ公司30%的股权，因能够对XYZ公司施加重大影响，故采用权益法核算该项股权投资，于20×1年度确认对XYZ公司的投资收益×元，截至20×1年12月31日该项股权投资的账面价值为×元。由于我们未被允许接触XYZ公司的财务信息、管理层和执行XYZ公司审计的注册会计师，我们无法就该项股权投资的账面价值以及ABC公司确认的20×1年度对XYZ公司的投资收益获取充分、适当的审计证据，也无法确定是否有必要对这些金额进行调整。

我们按照中国注册会计师审计准则的规定执行了审计工作。审计报告的"注册会计师对财务报表审计的责任"部分进一步阐述了我们在这些准则下的责任。按照中国注册会计师职业道德守则，我们独立于ABC公司，并履行了职业道德方面的其他责任。我们相信，我们获取的审计证据是充分、适当的，为发表保留意见提供了基础。

三、关键审计事项

略(按照《中国注册会计师审计准则第1504号——在审计报告中沟通关键审计事项》的规定报告，具体格式参考例9-1。)

四、其他信息

略(按照《中国注册会计师审计准则第1521号——注册会计师对其他信息的责任》的规定报告，具体格式参考例9-1。)

五、管理层和治理层对财务报表的责任

略(按照《中国注册会计师审计准则第1501号——对财务报表形成审计意见和出具审计报告》的规定报告，具体格式参考例9-1。)

六、注册会计师对财务报表审计的责任

略(按照《中国注册会计师审计准则第1501号——对财务报表形成审计意见和出具审计报告》的规定报告，具体格式参考例9-1。)

××会计师事务所	中国注册会计师(项目合伙人)：×××
(盖章)	(签名并盖章)
	中国注册会计师：×××
(签名并盖章)	
中国××市	20×2年×月×日

(三) 否定意见的审计报告

所谓发表否定意见，是指与无保留意见相反，提出否定财务报表编制合法、公允反映被审计单位财务状况、经营成果和现金流量的审计意见。否定意见说明被审计单位的财务报表不能信赖，因此，无论是注册会计师还是被审计单位都不期望发表此类意见。

1. 出具否定意见审计报告的条件

在获取充分、适当的审计证据后，如果注册会计师认为错报对财务报表产生的影响极为严重且具有广泛性，则应发表否定意见。

2. 否定意见审计报告的专业术语及格式要求

当出具否定意见的审计报告时，首先，注册会计师应当对审计意见段使用恰当的标题"否定意见"。在否定意见段中说明：我们认为，由于"形成否定意见的基础"部分所述事项的重要性，财务报表没有在所有重大方面按照××财务报告编制基础的规定编制，未能实现公允反映等措辞。

其次，注册会计师应当直接在随后的"形成否定意见的基础"段中增加一个事项段说明导致发表否定意见的事项。与出具保留意见审计报告的要求相同，也要在此段尽量说明量化错报的财务影响。

否定意见审计报告的格式如例9-4所示。

【例9-4】否定意见的审计报告

审 计 报 告

ABC股份有限公司全体股东：

一、否定意见

我们审计了ABC股份有限公司及其子公司(以下简称ABC集团)的合并财务报表，包括20×1年12月31日的合并资产负债表，20×1年度的合并利润表、合并现金流量表、合并股东权益变动表以及相关合并财务报表附注。

我们认为，由于"形成否定意见的基础"部分所述事项的重要性，后附的合并财务报表没有在所有重大方面按照企业会计准则的规定编制，未能公允反映ABC集团20×1年12月31日的合并财务状况以及20×1年度的合并经营成果和合并现金流量。

二、形成否定意见的基础

如财务报表附注×所述，20×1年ABC集团通过非同一控制下的企业合并获得对XYZ公司的控制权，因未能取得购买日XYZ公司某些重要资产和负债的公允价值，故未将XYZ公司纳入合并财务报表的范围。按照××财务报告编制基础的规定，该集团应将这一子公司纳入合并范围，并以暂估金额为基础核算该项收购。如果将XYZ公司纳入合并财务报表的范围，后附的ABC集团合并财务报表的多个报表项目将受到重大影响。但我们无法确定未将XYZ公司纳入合并范围对合并财务报表产生的影响。

我们按照中国注册会计师审计准则的规定执行了审计工作。审计报告的"注册会计师对财务报表审计的责任"部分进一步阐述了我们在这些准则下的责任。按照中国注册会计师职业道德守则，我们独立于ABC集团，并履行了职业道德方面的其他责任。我们相信，我们获取的审计证据是充分、适当的，为发表否定意见提供了基础。

三、关键审计事项

除"形成否定意见的基础"部分所述事项外，我们认为，没有其他需要在我们的报告中沟通的关键审计事项。

四、其他信息

略(按照《中国注册会计师审计准则第1521号——注册会计师对其他信息的责任》的规定报告，具体格式参考例9-1。)

五、管理层和治理层对合并财务报表的责任

略(按照《中国注册会计师审计准则第1501号——对财务报表形成审计意见和出具审计报告》的规定报告，具体格式参考例9-1。)

六、注册会计师对合并财务报表审计的责任

略(按照《中国注册会计师审计准则第1501号——对财务报表形成审计意见和出具审计报告》的规定报告，具体格式参考例9-1。)

××会计师事务所	中国注册会计师(项目合伙人)：×××
(盖章)	(签名并盖章)
	中国注册会计师：×××
(签名并盖章)	
中国××市	20×2年×月×日

(四) 无法表示意见的审计报告

无法表示意见是指注册会计师对被审计单位的财务报表不能发表意见，即对财务报表不发表包括肯定、否定或保留的审计意见。

注册会计师出具无法表示意见的审计报告，不同于拒绝接受委托，而是注册会计师实施了必要的审计程序后发表审计意见的一种方式。注册会计师出具无法表示意见的审计报告，也不是不愿发表意见。如果注册会计师已能确定应当出具保留意见或否定意见的审计报告，不得以无法表示意见的审计报告来代替。保留意见或否定意见是注册会计师在取得充分、适当的审计证据后形成的。无法表示意见是由于某些限制而未对某些重要事项取得证据，没有完成取证工作，使得注册会计师无法判断问题的性质。

1. 无法表示意见审计报告的出具条件

如果无法获取充分、适当的审计证据以作为形成审计意见的基础，但认为未发现的错报(如存在)对财务报表可能产生的影响重大且具有广泛性，注册会计师应当发表无法表示意见。

在极其特殊的情况下，可能存在多个不确定事项，即使注册会计师对每个单独的不确定事项获取了充分、适当的审计证据，但由于不确定事项之间可能存在相互影响，以及可能对财务报表产生累积影响，注册会计师不可能对财务报表形成审计意见。在这种情况下，注册会计师也应当发表无法表示意见。

2. 无法表示意见审计报告的专业术语及格式要求

当出具无法表示意见的审计报告时，首先，注册会计师应当对审计意见段使用恰当的标题"无法表示意见"。在无法表示意见段中说明：由于"形成无法表示意见的基础"部分所述事项的重要性，注册会计师无法获取充分、适当的审计证据以作为对财务报表发表审计意见的基础，因此，注册会计师不对财务报表发表审计意见。

其次，注册会计师应当直接在随后的"形成无法表示意见的基础"段中增加一个事项段说明导致发表无法表示意见的事项。无法表示意见的审计报告既不需要包含"关键审计事项"段，也不需要包含"其他信息"段，审计报告中"注册会计师对合并财务报表审计的责任"也需要相应地修改。

无法表示意见审计报告的格式如例9-5所示。

【例9-5】无法表示意见的审计报告

审 计 报 告

ABC股份有限公司全体股东：

一、无法表示意见

我们接受委托，审计ABC股份有限公司及其子公司(以下简称ABC集团)合并财务报表，包括20×1年12月31日的合并资产负债表，20×1年度的合并利润表、合并现金流量表、合并股东权益变动表以及相关合并财务报表附注。

我们不对后附的ABC集团合并财务报表发表审计意见。由于"形成无法表示意见的基础"部分所述事项的重要性，我们无法获取充分、适当的审计证据以作为对合并财务报表发表审计意见的基础。

二、形成无法表示意见的基础

ABC集团对共同经营XYZ公司享有的利益份额在该集团的合并资产负债表中的金额(资产扣除负债后的净影响)为×元，占该集团20×1年12月31日净资产的90%以上。我们未被允许接触XYZ公司的管理层和注册会计师，包括XYZ公司注册会计师的审计工作底稿。因此，我们无法确定是否有必要对XYZ公司资产中ABC集团共同控制的比例份额、XYZ公司负债中ABC集团共同承担的比例份额、XYZ公司收入和费用中ABC集团的比例份额，以及合并现金流量表和合并股东权益变动表中的要素做出调整。

三、管理层和治理层对合并财务报表的责任

略(按照《中国注册会计师审计准则第1501号——对财务报表形成审计意见和出具审计报告》的规定报告，具体格式参考例9-1。)

四、注册会计师对合并财务报表审计的责任

我们的责任是按照中国注册会计师审计准则的规定，对ABC集团的合并财务报表执行审计工作，以出具审计报告。但由于"形成无法表示意见的基础"部分所述的事项，我们无法获取充分、适当的审计证据以作为发表审计意见的基础。

按照中国注册会计师职业道德守则，我们独立于ABC集团，并履行了职业道德方面的其他责任。

××会计师事务所	中国注册会计师(项目合伙人)：×××
(盖章)	(签名并盖章)
	中国注册会计师：×××
(签名并盖章)	
中国××市	20×2年×月×日

三、在审计报告中增加强调事项段

(一) 强调事项段的含义及其条件

强调事项段，是指审计报告中含有的一个段落，该段落提及已在财务报表中恰当列报或披露的事项，根据注册会计师的职业判断，该事项对财务报表使用者理解财务报表至关重要。

在同时满足下列条件时，注册会计师应当在审计报告中增加强调事项段：

1) 该事项不会导致注册会计师发表非无保留意见。
2) 该事项未被确定为在审计报告中沟通的关键审计事项。

(二) 在审计报告中增加强调事项段的情形

1) 根据审计准则，注册会计师在特定情况下，为在审计报告中增加强调事项段提出具体要求。这些情形包括：

(1) 法律法规规定的财务报告编制基础是不可接受的，但其是基于法律法规做出的规定。
(2) 提醒财务报表使用者关注财务报表按照特殊目的编制基础编制。
(3) 注册会计师在审计报告日后知悉了某些事实(即期后事项)，并且出具了新的或经修改的审计报告。

2) 除审计准则的强制要求之外，注册会计师可能认为需要增加强调事项段的情形举例如下：

(1) 异常诉讼或监管行动的未来结果存在不确定性。
(2) 在财务报表日至审计报告日之间发生的重大期后事项。
(3) 在允许的情况下，提前应用对财务报表有重大影响的新会计准则。
(4) 存在已经或持续对被审计单位财务状况产生重大影响的特大灾难。

(三) 在审计报告中增加强调事项段时注册会计师应采取的措施

如果在审计报告中增加强调事项段，注册会计师应当采取下列措施：

1) 将强调事项段作为单独的一部分置于审计报告中，并使用包含"强调事项"这一术语的适当标题。
2) 明确提及被强调事项以及相关披露的位置，以便能够在财务报表中找到对该事项的详细描述，强调事项段应当仅提及已在财务报表中列报或披露的信息。
3) 指出审计意见没有因该强调事项而改变。

在审计报告中包含强调事项段既不能代替发表非无保留意见，也不能代替当可能导致对被审计单位持续经营能力产生重大疑虑的事项或情况存在重大不确定性时做出的报告。此外，如果拟在审计报告中增加强调事项段，注册会计师应当就该事项和拟使用的措辞与治理层沟通。

带强调事项段的保留意见审计报告的格式如例9-6所示。

【例9-6】带强调事项段的保留意见审计报告

审 计 报 告

ABC股份有限公司全体股东：

一、保留意见

我们审计了后附的ABC股份有限公司(以下简称ABC公司)财务报表,包括20×1年12月31日的资产负债表,20×1年度的利润表、现金流量表和股东权益变动表以及财务报表附注。

我们认为,除"形成保留意见的基础"部分所述事项产生的影响外,ABC公司财务报表在所有重大方面按照企业会计准则的规定编制,公允反映了ABC公司20×1年12月31日的财务状况以及20×1年度的经营成果和现金流量。

二、形成保留意见的基础

ABC公司于20×1年12月31日资产负债表中反映的交易性金融资产为×元,ABC公司管理层对这些交易性金融资产未按照公允价值进行后续计量,而是按照其历史成本进行计量,这不符合企业会计准则的规定。如果按照公允价值进行后续计量,ABC公司20×1年度利润表中公允价值变动损益将减少×元,20×1年12月31日资产负债表中交易性金融资产将减少×元,相应地,所得税、净利润和股东权益将分别减少×元、×元和×元。

我们按照中国注册会计师审计准则的规定执行了审计工作。审计报告的"注册会计师对财务报表审计的责任"部分进一步阐述了我们在这些准则下的责任。按照中国注册会计师职业道德守则,我们独立于ABC公司,并履行了职业道德方面的其他责任。我们相信,我们获取的审计证据是充分、适当的,为发表保留意见提供了基础。

三、强调事项

我们提醒财务报表使用者关注,财务报表附注×描述了火灾对ABC公司的生产设备造成的影响。本段内容不影响已发表的审计意见。

四、关键审计事项

略(按照《中国注册会计师审计准则第1504号——在审计报告中沟通关键审计事项》的规定报告,具体格式参考例9-1。)

五、其他信息

略(按照《中国注册会计师审计准则第1521号——注册会计师对其他信息的责任》的规定报告,具体格式参考例9-1。)

六、管理层和治理层对财务报表的责任

略(按照《中国注册会计师审计准则第1501号——对财务报表形成审计意见和出具审计报告》的规定报告,具体格式参考例9-1。)

七、注册会计师对财务报表审计的责任

略(按照《中国注册会计师审计准则第1501号——对财务报表形成审计意见和出具审计报告》的规定报告,具体格式参考例9-1。)

××会计师事务所	中国注册会计师(项目合伙人): ×××
(盖章)	(签名并盖章)
	中国注册会计师: ×××
(签名并盖章)	
中国××市	20×2年×月×日

四、在审计报告中增加其他事项段

(一) 其他事项段的含义及其条件

其他事项段,是指审计报告中含有的一个段落,该段落提及未在财务报表中列报或披露的事项,根据注册会计师的职业判断,该事项与财务报表使用者理解审计工作、注册会计师的责任或审计报告相关。该事项既未被确定为在审计报告中沟通的关键审计事项,又未被法律法规禁止时,注册会计师应当在审计报告中增加其他事项段。对于既未被确定为在审计报告中沟通,又未被法律法规禁止的关键审计事项,注册会计师应当在审计报告中增加其他事项段。

(二) 增加其他事项段的情形

对于未在财务报表中列报或披露,但根据职业判断认为与财务报表使用者理解审计工作、注册会计师的责任或审计报告相关且未被法律法规禁止的事项,如果认为有必要沟通,注册会计师应当在审计报告中增加其他事项段,并使用"其他事项"或其他适当标题。

具体来讲,需要在审计报告中增加其他事项段的情形包括:

1. 与使用者理解审计工作相关的情形

在极其特殊的情况下,即使由于管理层对审计范围施加的限制导致无法获取充分、适当的审计证据可能产生的影响具有广泛性,注册会计师也不能解除业务约定。在这种情况下,注册会计师可能认为有必要在审计报告中增加其他事项段,解释为何不能解除业务约定。

2. 与使用者理解注册会计师的责任或审计报告相关的情形

法律法规或得到广泛认可的惯例可能要求或允许注册会计师详细说明某些事项,以进一步解释注册会计师在财务报表审计中的责任或审计报告。在这种情况下,注册会计师可以使用一个或多个子标题来描述其他事项段的内容。

3. 对两套以上财务报表出具审计报告的情形

被审计单位可能按照通用目的编制基础(如×国财务报告编制基础)编制一套财务报表,且按照另一个通用目的编制基础(如国际财务报告准则)编制另一套财务报表,并委托注册会计师同时对两套财务报表出具审计报告。如果注册会计师已确定两个财务报告编制基础在各自情形下是可接受的,可以在审计报告中增加其他事项段,说明该被审计单位根据另一个通用目的编制基础(如国际财务报告准则)编制了另一套财务报表以及注册会计师对这些财务报表出具了审计报告。

4. 限制审计报告分发和使用的情形

为特定目的编制的财务报表可能按照通用目的编制基础编制,因为财务报表预期使用者已确定这种通用目的财务报表能够满足他们对财务信息的需求。由于审计报告旨在提供给特定使用者,注册会计师可能认为在这种情况下需要增加其他事项段,说明审计报告只是提供给财务报表预期使用者,不应被分发给其他机构或人员或者被其他机构或人员使用。

需要注意的是,其他事项段的内容明确反映了未被要求在财务报表中列报或披露的其他事项。其他事项段不包括法律法规或其他职业准则(如中国注册会计师职业道德守则中与信息保密相关的规定)禁止注册会计师提供的信息。其他事项段也不包括要求管理层提供的信息。如果拟在审计报告中增加其他事项段,注册会计师应当就该事项和拟使用的措辞与治理层沟通。

实例9-4　审计报告判断实例

ABC会计师事务所的A注册会计师负责审计多家上市公司2019年年度财务报表，遇到下列与审计报告相关的事项：

(1) A注册会计师对甲公司关联方关系及交易实施审计程序并与治理层沟通后，对是否存在未在财务报表中披露的关联方关系及交易仍存有疑虑，拟将其作为关键审计事项在审计报告中沟通。

(2) A注册会计师在乙公司审计报告日后获取并阅读了乙公司2019年年度报告的最终版本，发现其他信息存在重大错报，与管理层和治理层沟通后，该错报未得到更正。A注册会计师拟重新出具审计报告，指出其他信息存在重大错报。

(3) ABC会计师事务所首次接受委托，审计丙公司2019年年度财务报表。A注册会计师拟在审计报告中增加其他事项段，说明上期财务报表由前任注册会计师审计及其出具的审计报告的日期。

(4) 丁公司2019年发生重大经营亏损。A注册会计师实施审计程序并与治理层沟通后，认为可能导致对持续经营能力产生重大疑虑的事项或情况不存在重大不确定性。因在审计工作中对该事项进行过重点关注，A注册会计师拟将其作为关键审计事项在审计报告中沟通。

(5) 戊公司管理层在2019年年度财务报表附注中披露了2020年1月发生的一项重大收购。A注册会计师认为该事项对财务报表使用者理解财务报表至关重要，拟在审计报告中增加其他事项段予以说明。

问题：针对第(1)至第(5)项，逐项指出审计人员的做法是否恰当。如不恰当，简要说明理由。

分析提示：第(2)和第(4)项恰当。

第(1)项不恰当。关键审计事项必须是已经得到满意解决的事项。关键审计事项不能替代非无保留意见，应当发表非无保留意见。

第(3)项不恰当。应当说明前任注册会计师发表的审计意见类型。

第(5)项不恰当。应当增加强调事项段。其他事项段用于提及未在财务报表附注中列报或披露的事项，与财务报表使用者理解审计工作、注册会计师的责任或审计报告相关。

第四节　持续经营审计对审计报告的影响

持续经营假设是会计确认和计量的四项基本假定之一，对财务报表的编制和审计关系重大。是否以持续经营假设为基础编制财务报表，对会计确认、计量和列报将产生很大影响。因此，审计人员必须关注客户持续经营能力问题并考虑审计结果对审计报告的影响。下面将重点介绍持续经营审计过程及其结果对审计报告的影响。

一、管理层的责任和注册会计师的责任

(一) 管理层的责任

我国企业会计准则明确要求管理层对被审计单位持续经营能力做出专门评估，并规定了与此相关的需要考虑的事项和做出的披露。如果认为以持续经营假设为基础编制财务报表不再合理，管理层应当采用其他基础编制，如清算基础。

(二) 注册会计师的责任

注册会计师的责任是，就管理层在编制和列报财务报表时运用持续经营假设的适当性获取充分、适当的审计证据并得出结论，并就持续经营能力是否存在重大不确定性得出结论。即使编制财务报表时采用的财务报告编制基础没有明确要求管理层对持续经营能力做出专门评估，注册会计师的这种责任也仍然存在。

如果存在可能导致被审计单位不再持续经营的未来事项或情况，审计的固有限制对注册会计师发现重大错报能力的潜在影响会加大。注册会计师不能对这些未来事项或情况做出预测，相应地，注册会计师未在审计报告中提及持续经营的不确定性，不能被视为对被审计单位持续经营能力的保证。

二、计划审计工作与实施风险评估程序

实施风险评估程序时，注册会计师应当考虑是否存在可能导致对被审计单位持续经营能力产生重大疑虑的事项或情况。在进行考虑时，注册会计师应当确定管理层是否已对被审计单位持续经营能力做出初步评估。

如果管理层已对持续经营能力做出初步评估，注册会计师应当与管理层进行讨论，并确定管理层是否已识别出单独或汇总起来可能导致对被审计单位持续经营能力产生重大疑虑的事项或情况。如果管理层已识别出这些事项或情况，注册会计师应当与其讨论应对计划。如果管理层未对持续经营能力做出初步评估，注册会计师应当与管理层讨论其拟运用持续经营假设的理由，询问管理层是否存在单独或汇总起来可能导致对被审计单位持续经营能力产生重大疑虑的事项或情况。

在计划审计工作和实施风险评估程序时，注册会计师应当考虑是否存在可能导致对持续经营能力产生重大疑虑的事项或情况及相关的经营风险，评价管理层对持续经营能力做出的评估，并考虑已识别的事项或情况对重大错报风险评估的影响。

被审计单位在财务、经营以及其他方面存在的某些事项或情况可能导致经营风险，这些事项或情况单独或连同其他事项或情况可能导致对持续经营假设产生重大疑虑。

(一) 财务方面

被审计单位在财务方面存在的可能导致对持续经营假设产生重大疑虑的事项或情况主要包括：(1)净资产为负或营运资金出现负数；(2)定期借款即将到期，但预期不能展期或偿还，或过度依赖短期借款为长期资产筹资；(3)存在债权人撤销财务支持的迹象；(4)历史财务报表或预测性财务报表表明经营活动产生的现金流量净额为负数；(5)关键财务比率不佳；(6)发生重大经营亏损或用以产生现金流量的资产的价值出现大幅下跌；(7)拖欠或停止发放股利；(8)在到期日无法偿还债务；(9)无法履行借款合同中的条款；(10)与供应商由赊购变为货到付款；(11)无法获得开发必要的新产品或进行其他必要投资所需的资金。

(二) 经营方面

被审计单位在经营方面存在的可能导致对持续经营假设产生重大疑虑的事项或情况主要包括：(1)管理层计划清算被审计单位或终止运营；(2)关键管理人员离职且无人替代；(3)失去主要市场、关键客户、特许权、执照或主要供应商；(4)出现用工困难问题；(5)重要供应短缺；(6)出现非常成功的竞争者。

此外，越来越多的企业通过并购来达到快速扩张、提高利润的目的。如果管理层的经营管理方式与规模的快速扩张不相适应，或是对并购企业缺乏管理经验，未实施有效的监控，这很可能使公司整体管理陷入瘫痪，从而导致企业持续经营能力存在重大不确定性。

(三) 其他方面

被审计单位在其他方面存在的可能导致对持续经营假设产生重大疑虑的事项或情况主要包括：(1)违反有关资本或其他法定或监管要求，例如对金融机构的偿债能力或流动性要求；(2)未决诉讼或监管程序，可能导致其无法支付索赔金额；(3)法律法规或政府政策的变化预期会产生不利影响；(4)对发生的灾害未购买保险或保额不足。

需要说明的是，不能认为当存在一项或多项所列举的事项或情况时，就必然导致被审计单位无法持续经营，对此注册会计师应做出职业判断。例如，被审计单位可能无法按期归还到期债务，管理层可以通过处置资产、债务重组或采取其他方式进行融资，以保证企业正常经营所需的现金流量。在这种情况下，注册会计师不一定会得出被审计单位无法持续经营的结论。

注册会计师就可能导致对持续经营能力产生重大疑虑的事项或情况以及相关经营风险的关注应当贯穿于审计工作的始终。注册会计师应当考虑在实施风险评估程序时，识别出的事项或情况对重大错报风险评估的影响，及其对进一步审计程序的性质、时间和范围的影响。如果被审计单位存在资不抵债、无法偿还到期债务等事项或情况，这可能表明被审计单位存在因持续经营问题导致的重大错报风险，该项风险与财务报表整体广泛相关，从而影响多项认定。

三、评价管理层对持续经营能力做出的评估

管理层对持续经营能力的评估是注册会计师考虑持续经营假设的一个重要组成部分。注册会计师应当评价管理层对持续经营能力做出的评估。

(一) 管理层评估涵盖的期间

在评价管理层对被审计单位持续经营能力做出的评估时，注册会计师的评价期间应当与管理层按照适用的财务报告编制基础或法律法规(如果法律法规要求的期间更长)中的规定做出评估的涵盖期间相同。

一般来讲，管理层对持续经营能力的合理评估期间应是自资产负债表日起的下一个会计期间，如果管理层评估持续经营能力涵盖的期间短于自资产负债表日起的十二个月，注册会计师应当提请管理层将评估期间延伸至十二个月。

(二) 管理层做出评估的过程、依据的假设以及应对计划

在评价管理层做出的评估时，注册会计师应当考虑管理层做出评估的过程、依据的假设以及应对计划。注册会计师应当考虑管理层做出的评估是否已考虑所有相关信息，其中包括注册会计师实施审计程序获取的信息。

管理层的评估过程包括对可能导致对其持续经营能力产生重大疑虑的事项或情况的识别、对相关事项或情况结果的预测、对拟采取改善措施的考虑以及最终的评估结论。在考虑管理层的评估过程时，注册会计师应当关注管理层如何识别可能导致对其持续经营能力产生重大疑虑的事项或情

况，所识别的事项或情况是否完整，是否已经对注册会计师在实施审计程序的过程中发现的所有相关信息进行了充分考虑。

在考虑管理层做出的评估所依据的假设时，要特别关注具有以下几类特征的假设：(1)对预测性信息具有重大影响的假设；(2)特别敏感或容易发生变动的假设；(3)与历史趋势不一致的假设。注册会计师应当基于对被审计单位的了解，比较以前年度的预测与实际结果、本期的预测和截至目前的实际结果。如果发现某些因素的影响尚未反映在相关预测中，注册会计师应当与管理层讨论这些因素，必要时，要求管理层对相关预测所依据的假设进行修正。

当然，如果被审计单位具有良好的盈利记录并很容易获得外部资金支持，管理层可能无须详细分析就能对持续经营能力做出评估。在此情况下，注册会计师通常无须实施详细的审计程序，就可对管理层做出评估的适当性得出结论。

四、超出管理层评估期间的事项或情况

只有当存在充分证据表明超出评估期间的有关事项或情况对被审计单位的持续经营能力具有重大影响时，注册会计师才有必要采取进一步措施，注册会计师可以提请管理层对超出评估期间的有关事项或情况的潜在重大影响进行说明。除询问管理层外，注册会计师没有责任实施其他任何审计程序，以识别超出管理层评估期间并可能导致对被审计单位持续经营能力产生重大疑虑的事项或情况。

实例9-5　单选题
注册会计师应当评价管理层对持续经营能力做出的评估。下列说法中错误的是(　　)。
  A. 在某些情况下，管理层缺乏详细分析以支持其评估，并不妨碍注册会计师确定管理层运用持续经营假设是否适合具体情况
  B. 注册会计师应当考虑管理层做出的评估是否已经考虑所有相关信息，这些信息不包括注册会计师实施审计程序时获取的信息
  C. 如果管理层评价持续经营能力涵盖的期间短于自财务报表日起的十二个月，注册会计师应当要求管理层延长评估期间
  D. 注册会计师应当考虑管理层对相关事项或情况结果的预测所依据的假设是否合理
分析：注册会计师应当考虑管理层做出的评估是否已经考虑所有相关信息，这些信息包括注册会计师实施审计程序时获取的信息，答案是选项B。

五、进一步审计程序

当识别出可能导致对持续经营能力产生重大疑虑的事项或情况时，注册会计师应当实施下列进一步审计程序。

(一) 如果管理层尚未对被审计单位持续经营能力进行评估，提请其进行评估

如果管理层尚未对被审计单位持续经营能力进行评估，提请其进行评估。如果管理层没有对持续经营能力进行初步评估，注册会计师应当与管理层讨论运用持续经营假设的理由，询问是否存在导致对持续经营能力产生重大疑虑的事项或情况，并提请管理层对持续经营能力进行评估。

(二) 评价管理层提出的应对计划

注册会计师应当询问管理层的应对计划，包括是否准备变卖资产、借款或债务重组、削减或延缓开支以及获得新的投资等；评价管理层与持续经营评估相关的未来应对计划，这些计划的结果是否可能改善目前的状况，以及管理层的计划对于具体情况是否可行。

(三) 评价被审计单位已编制现金流量预测

如果被审计单位已编制现金流量预测，且对预测的分析是评价管理层未来应对计划时所考虑事项或情况的未来结果的重要因素，评价用于编制预测的基础数据的可靠性，并确定预测所基于的假设是否具有充分的支持。除此之外，注册会计师还可能：(1)将最近若干期间的预测性财务信息与实际结果相比较；(2)将本期预测性财务信息与截至目前的实际结果相比较。

(四) 考虑如果管理层进行评估后是否存在其他可获得的事实或信息

考虑如果管理层进行评估后是否存在其他可获得的事实或信息。如果存在其他可获得的事实或信息，应进一步获取充分的证据，并考虑对持续经营能力的影响。

(五) 要求管理层和治理层(如适用)提供有关未来应对计划及其可行性的书面声明

如果合理预期不存在其他充分、适当的审计证据，注册会计师应当就对财务报表有重大影响的事项向管理层获取书面声明。由于管理层就持续经营能力而提出的应对计划和其他缓解措施多基于假设基础之上，注册会计师在进行评价时，取得的多为说服性而非结论性的审计证据，因此，注册会计师应当向管理层获取有关应对计划的书面声明。

六、审计结论

注册会计师应当评价是否已就管理层编制财务报表时运用持续经营假设的适当性获取了充分、适当的审计证据，并就运用持续经营假设的适当性得出结论。注册会计师应当根据获取的审计证据，运用职业判断，就单独或汇总起来可能导致对被审计单位持续经营能力产生重大疑虑的事项或情况是否存在重大不确定性得出结论。

如果注册会计师根据职业判断认为，鉴于不确定性潜在影响的重要程度和发生的可能性，为了使财务报表实现公允反映，管理层有必要适当披露该不确定性的性质和影响，则表明存在重大不确定性。如果认为管理层运用持续经营假设适合具体情况，但存在重大不确定性，注册会计师应当确定：

1) 财务报表是否已充分披露可能导致对持续经营能力产生重大疑虑的主要事项或情况，以及管理层针对这些事项或情况的应对计划。

2) 财务报表是否已清楚披露可能导致对持续经营能力产生重大疑虑的事项或情况存在重大不确定性，并由此导致被审计单位可能无法在正常的经营过程中变现资产和清偿债务。

如果已识别出可能导致对被审计单位持续经营能力产生重大疑虑的事项或情况，但根据获取的审计证据，注册会计师认为不存在重大不确定性，则注册会计师应当根据适用的财务报告编制基础的规定，评价财务报表是否对这些事项或情况做出充分披露。

七、对审计报告的影响

注册会计师应当根据获取的审计证据,确定可能导致对被审计单位持续经营能力产生重大疑虑的事项或情况是否存在重大不确定性,并考虑对审计报告的影响。

(一) 被审计单位在编制财务报表时运用持续经营假设是适当的,但存在重大不确定性

1) 如果认为被审计单位在编制财务报表时运用持续经营假设是适当的,但可能导致对持续经营能力产生重大疑虑的事项或情况存在重大不确定性,注册会计师应当考虑:

(1) 财务报表是否已充分描述导致对持续经营能力产生重大疑虑的主要事项或情况,以及管理层针对这些事项或情况提出的应对计划。

(2) 财务报表是否已清楚指明可能导致对持续经营能力产生重大疑虑的事项或情况存在重大不确定性,被审计单位可能无法在正常的经营过程中变现资产、清偿债务。

2) 如果被审计单位在编制财务报表时运用持续经营假设是适当的,但存在重大不确定性,财务报表已进行了充分披露,注册会计师应当出具无保留意见的审计报告,并在审计报告中增加以"与持续经营相关的重大不确定性"为标题的单独部分,从而

(1) 提醒财务报表使用者注意财务报表附注中对有关事项的披露。

(2) 说明可能导致对持续经营能力产生重大疑虑的事项或情况存在重大不确定性的事实,并说明该事项并不影响发表的审计意见。注册会计师发表无保留意见时相关段落的举例参考例9-7。

【例9-7】无保留意见的审计报告

审 计 报 告

ABC股份有限公司全体股东:

一、审计意见

我们审计了ABC股份有限公司(以下简称ABC公司)财务报表,包括20×1年12月31日的资产负债表,20×1年度的利润表、现金流量表、股东权益变动表以及相关财务报表附注。

我们认为,后附的财务报表在所有重大方面按照企业会计准则的规定编制,公允反映了ABC公司20×1年12月31日的财务状况以及20×1年度的经营成果和现金流量。

二、形成审计意见的基础

我们按照中国注册会计师审计准则的规定执行了审计工作。审计报告的"注册会计师对财务报表审计的责任"部分进一步阐述了我们在这些准则下的责任。按照中国注册会计师职业道德守则,我们独立于ABC公司,并履行了职业道德方面的其他责任。我们相信,我们获取的审计证据是充分、适当的,为发表审计意见提供了基础。

三、与持续经营相关的重大不确定性

我们提醒财务报表使用者关注。如财务报表附注×所述,ABC公司在20×1年发生亏损×万元。在20×1年12月31日,流动负债高于资产总额×万元。ABC公司已在财务报表附注×中充分披露了拟采取的改善措施。但其持续经营能力仍然存在重大不确定性。可能无法在正常的经营过程中变现资产、清偿债务。本段内容不影响已发表的审计意见。

四、关键审计事项

略(按照《中国注册会计师审计准则第1504号——在审计报告中沟通关键审计事项》的规定报告，具体格式参考例9-1。)

五、其他信息

略(按照《中国注册会计师审计准则第1521号——注册会计师对其他信息的责任》的规定报告，具体格式参考例9-1。)

六、管理层和治理层对财务报表的责任

略(按照《中国注册会计师审计准则第1501号——对财务报表形成审计意见和出具审计报告》的规定报告，具体格式参考例9-1。)

七、注册会计师对财务报表审计的责任

略(按照《中国注册会计师审计准则第1501号——对财务报表形成审计意见和出具审计报告》的规定报告，具体格式参考例9-1。)

××会计师事务所　　　　　　　　　　　中国注册会计师(项目合伙人)：×××

(盖章)　　　　　　　　　　　　　　　　(签名并盖章)

　　　　　　　　　　　　　　　　　　　中国注册会计师：×××

(签名并盖章)

中国××市　　　　　　　　　　　　　　20×2年×月×日

在极端情况下，如同时存在多项对财务报表整体具有重要影响的重大不确定性，注册会计师应当考虑出具无法表示意见的审计报告，而不是增加以"与持续经营相关的重大不确定性"为标题的单独部分。

实例9-6　与持续经营相关的重大不确定性审计报告举例

瑞华会计师事务所审计了*ST昆机(原名昆明机床，股票代码600806)的2016年年度财务报表，并根据新报告准则出具了无法表示意见的审计报告，以下是财务报表审计报告中关于"三、与持续经营相关的重大不确定性"段的描述内容：

三、与持续经营相关的重大不确定性

我们提醒财务报表使用者关注，如财务报表附注二所述，近三年的净利润为负，且于2016年12月31日，昆明机床公司流动负债高于流动资产20 268 973.32元，累计未弥补亏损258 488 508.63元，资产负债率为80.99%。昆明机床公司已在财务报表附注中披露了拟采取的改善措施，但其持续经营能力仍然存在一定的不确定性。我们提醒财务报表使用者对上述事项予以关注。

问题：下载*ST昆机2016年年度财务报表及其审计报告，分析和讨论注册会计师应对与持续经营相关的重大不确定性的措施是否合理？

3) 如果被审计单位在编制财务报表时运用持续经营假设是适当的，但存在重大不确定性，且财务报表对重大不确定性未做出充分披露，注册会计师认为未充分披露对财务报表的影响重大但不具有广泛性，应发表保留意见的审计报告。

注册会计师应当在审计报告中的"形成保留意见的基础"部分说明，存在可能导致对被审计单位持续经营能力产生重大疑虑的重大不确定性，但财务报表未充分披露该事项。注册会计师发表保留意见时相关段落的举例参见例9-8。

【例9-8】保留意见的审计报告

审 计 报 告

ABC股份有限公司全体股东：

一、保留意见

我们审计了后附的ABC股份有限公司(以下简称ABC公司)财务报表，包括20×1年12月31日的资产负债表、20×1年度的利润表、现金流量表和股东权益变动表以及财务报表附注。

我们认为，除"形成保留意见的基础"部分所述事项产生的影响外，ABC公司财务报表在所有重大方面按照企业会计准则的规定编制，公允反映了ABC公司20×1年12月31日的财务状况以及20×1年度的经营成果和现金流量。

二、形成保留意见的基础

如财务报表附注×所述，ABC公司融资协议期满，且未偿付余额已于20×1年3月19日到期。该公司未能重新商定协议或获取替代性融资。这种情况表明存在可能导致对该公司持续经营能力产生重大疑虑的重大不确定性。因此，该公司可能无法在正常经营过程中变现资产、清偿债务。财务报表(及其附注)并未对这一事实做出全面披露。

我们按照中国注册会计师审计准则的规定执行了审计工作。审计报告的"注册会计师对财务报表审计的责任"部分进一步阐述了我们在这些准则下的责任。按照中国注册会计师职业道德守则，我们独立于ABC公司，并履行了职业道德方面的其他责任。我们相信，我们获取的审计证据是充分、适当的，为发表保留意见提供了基础。

三、关键审计事项

略(按照《中国注册会计师审计准则第1504号——在审计报告中沟通关键审计事项》的规定描述每一关键审计事项，具体格式参考例9-1。)

四、其他信息

略(按照《中国注册会计师审计准则第1521号——注册会计师对其他信息的责任》的规定报告，具体格式参考例9-1。)

五、管理层和治理层对财务报表的责任

略(按照《中国注册会计师审计准则第1501号——对财务报表形成审计意见和出具审计报告》的规定报告，具体格式参考例9-1。)

六、注册会计师对财务报表审计的责任

略(按照《中国注册会计师审计准则第1501号——对财务报表形成审计意见和出具审计报告》的规定报告，具体格式参考例9-1。)

××会计师事务所　　　　　　　　　　　中国注册会计师(项目合伙人)：×××
(盖章)　　　　　　　　　　　　　　　　(签名并盖章)
　　　　　　　　　　　　　　　　　　　中国注册会计师：×××
(签名并盖章)
中国××市　　　　　　　　　　　　　　20×2年×月×日

4) 如果被审计单位在编制财务报表时运用持续经营假设是适当的，但存在重大不确定性，且财务报表遗漏了与重大不确定性相关的必要披露，那么当注册会计师认为该漏报对财务报表的影响重大且具有广泛性时，应发表否定意见的审计报告。

注册会计师应当在审计报告的"形成否定意见的基础"部分说明，存在可能导致对被审计单位持续经营能力产生重大疑虑的重大不确定性，但财务报表未充分披露该事项。注册会计师发表否定意见时相关段落的举例参见例9-9。

【例9-9】否定意见的审计报告

审 计 报 告

ABC股份有限公司全体股东：

一、否定意见

我们审计了后附的ABC股份有限公司(以下简称ABC公司)财务报表，包括20×1年12月31日的资产负债表，20×1年度的利润表、现金流量表和股东权益变动表以及财务报表附注。

我们认为，由于"形成否定意见的基础"部分所述事项的重要性，后附的财务报表没有在所有重大方面按照企业会计准则的规定编制，未能公允反映ABC公司20×1年12月31日的财务状况以及20×1年度的经营成果和现金流量。

二、形成否定意见的基础

ABC公司融资协议期满，且未偿付余额于20×1年12月31日到期。该公司未能重新商定协议或获取替代性融资，正在考虑申请破产。这些情况表明存在可能导致对该公司持续经营能力产生重大疑虑的重大不确定性，因此，该公司可能无法在正常经营过程中变现资产、清偿债务。财务报表(及其附注)并未披露这一事实。

我们按照中国注册会计师审计准则的规定执行了审计工作。审计报告的"注册会计师对财务报表审计的责任"部分进一步阐述了我们在这些准则下的责任。按照中国注册会计师职业道德守则，我们独立于ABC公司，并履行了职业道德方面的其他责任。我们相信，我们获取的审计证据是充分、适当的，为发表否定意见提供了基础。

三、其他信息

略(按照《中国注册会计师审计准则第1521号——注册会计师对其他信息的责任》的规定报告，具体格式参考例9-1。)

四、管理层和治理层对财务报表的责任

略(按照《中国注册会计师审计准则第1501号——对财务报表形成审计意见和出具审计报告》的规定报告，具体格式参考例9-1。)

五、注册会计师对财务报表审计的责任

略(按照《中国注册会计师审计准则第1501号——对财务报表形成审计意见和出具审计报告》的规定报告，具体格式参考例9-1。)

××会计师事务所	中国注册会计师(项目合伙人)：×××
(盖章)	(签名并盖章)
	中国注册会计师：×××
(签名并盖章)	
中国××市	20×2年×月×日

(二) 被审计单位将不能持续经营，但财务报表仍然按持续经营假设编制

如果财务报表按照持续经营基础编制，而注册会计师运用职业判断认为管理层在编制财务报表时运用持续经营假设是不适当的，则无论财务报表中对管理层运用持续经营假设的不适当性是否做出披露，注册会计师均应发表否定意见。注册会计师发表否定意见时相关段落的举例参见例9-10。

【例9-10】否定意见的审计报告

审 计 报 告

ABC股份有限公司全体股东：

一、否定意见

我们审计了后附的ABC股份有限公司(以下简称ABC公司)财务报表，包括20×1年12月31日的资产负债表，20×1年度的利润表、现金流量表和股东权益变动表以及财务报表附注。

我们认为，由于"形成否定意见的基础"部分所述事项的重要性，后附的财务报表没有在所有重大方面按照企业会计准则的规定编制，未能公允反映ABC公司20×1年12月31日的财务状况以及20×1年度的经营成果和现金流量。

二、形成否定意见的基础

ABC公司已连续三个会计年度发生巨额亏损，主要财务指标显示其财务状况严重恶化，巨额逾期债务无法偿还，且存在巨额对外担保。截至审计报告日无任何证据表明ABC公司采取的各项措施能够有效改善公司的财务和经营状况。根据我们的判断，ABC公司不具有持续经营能力。因此，ABC公司继续按照持续经营假设编制20×1年年度财务报表是不适当的。

我们按照中国注册会计师审计准则的规定执行了审计工作。审计报告的"注册会计师对财务报表审计的责任"部分进一步阐述了我们在这些准则下的责任。按照中国注册会计师职业道德守则，我们独立于ABC公司，并履行了职业道德方面的其他责任。我们相信，我们获取的审计证据是充分、适当的，为发表否定意见提供了基础。

三、其他信息

略(按照《中国注册会计师审计准则第1521号——注册会计师对其他信息的责任》的规定报告，具体格式参考例9-1。)

四、管理层和治理层对财务报表的责任

略(按照《中国注册会计师审计准则第1501号——对财务报表形成审计意见和出具审计报告》的规定报告，具体格式参考例9-1。)

五、注册会计师对财务报表审计的责任

略(按照《中国注册会计师审计准则第1501号——对财务报表形成审计意见和出具审计报告》的规定报告，具体格式参考例9-1。)

××会计师事务所	中国注册会计师(项目合伙人)：×××
(盖章)	(签名并盖章)
	中国注册会计师：×××
(签名并盖章)	
中国××市	20×2年×月×日

(三) 严重拖延对财务报表的批准

如果管理层或治理层在财务报表日后严重拖延对财务报表的批准，注册会计师应当询问拖延的原因。如果认为拖延可能涉及与持续经营评估相关的事项或情况，注册会计师有必要实施前述识别出可能导致对持续经营能力产生重大疑虑的事项或情况时追加的审计程序，并就存在的重大不确定性考虑对审计结论的影响。

八、与治理层的沟通

注册会计师应当与治理层就识别出的可能导致对被审计单位持续经营能力产生重大疑虑的事项或情况进行沟通，除非治理层全部成员参与管理被审计单位。与治理层的沟通应当包括下列方面：
1) 这些事项或情况是否构成重大不确定性。
2) 管理层在编制财务报表时运用持续经营假设是否适当。
3) 财务报表中的相关披露是否充分。
4) 对审计报告的影响(如适用)。

实例9-7 审计报告关注持续经营案例分析题

ABC会计师事务所的A注册会计师担任多家被审计单位2019年年度财务报表审计的项目合伙人，遇到下列导致出具非标准审计报告的事项：

1) 2019年2月，丁公司由于生产活动产生严重污染，被当地政府部门责令无限期停业整改。截至审计报告日，管理层的整改计划尚待董事会批准。管理层按照持续经营假设编制了2019年年度财务报表，并在财务报表附注中披露了上述情况。审计项目组认为管理层运用持续经营假设符合丁公司的具体情况，无须在审计报告中披露。

2) 因丙公司严重亏损，董事会拟于2020年对其进行清算。管理层运用持续经营假设编制了2017年年度财务报表，并在财务报表附注中充分披露了清算计划，注册会计师出具了无保留意见的审计报告。

3) 甲公司2019年年度末营运资金为负数，大额银行借款将于2020年到期，存在导致对持续经营能力产生重大疑虑的事项，A注册会计师评估后认为管理层的应对计划可行，甲公司持续经营能力不存在重大不确定性，无须与治理层沟通。

要求：

针对上述第(1)至第(3)项，假定不考虑其他条件，逐项指出A注册会计师的应对是否合适，并简要说明理由。

分析：

第(1)项不适当。注册会计师应当出具无保留意见的审计报告，并在审计报告中增加以"与持续经营相关的重大不确定性"为标题的单独部分。导致对持续经营能力产生疑虑的事项或情况具有重大不确定性。

第(2)项不适当。注册会计师应当出具否定意见的审计报告。运用持续经营假设不适当。

第(3)项不适当。注册会计师应当出具无保留意见的审计报告，在审计报告中增加以"与持续经营相关的重大不确定性"为标题的单独部分，并与治理层沟通。

习 题

一、复习思考题

1. 审计报告编制前有哪些准备工作？
2. 什么是管理层声明？它有什么作用？
3. 什么是审计报告？审计报告包括哪些种类？
4. 审计报告的意见类型有哪些？在什么条件下注册会计师应出具标准无保留的审计报告，其标准格式是怎样的？
5. 在什么情况下审计报告应增加说明段？不同类型的审计报告中说明段的位置有何不同？
6. 需要出具带强调事项段的审计报告的条件是什么？
7. 从哪些方面评价被审计单位持续经营能力是否遭受威胁？被审计单位的持续经营能力如何影响审计报告？

二、单项选择题

1. 下列有关审计报告日的说法中，错误的是( )。
   A. 审计报告日可以晚于管理层签署已审计财务报表的日期
   B. 审计报告日不应早于管理层书面声明的日期
   C. 在特殊情况下，注册会计师可以出具双重日期的审计报告
   D. 审计报告日应当是注册会计师获取充分、适当的审计证据，并在此基础上对财务报表形成审计意见的日期
2. 如果管理层不提供审计准则要求的书面声明，注册会计师应当对财务报表发表( )。
   A. 无法表示意见　　　　　　　　B. 无保留意见
   C. 保留意见　　　　　　　　　　D. 否定意见
3. 在审计结束或临近结束时，注册会计师运用分析程序的目的是确定( )。
   A. 经审计调整后的财务报表整体是否与对被审计单位的了解一致，是否具有合理性
   B. 识别认定层次的重大错报风险
   C. 调查异常的波动
   D. 对比财务数据与非财务数据之间异常的内在关系
4. 注册会计师的审计报告的主要作用是( )。
   A. 检查　　　　　　　　　　　　B. 评价
   C. 鉴证　　　　　　　　　　　　D. 监督
5. 下列( )是可用于保留意见审计报告的专业术语。
   A. 由于无法实施必要的审计程序
   B. 我们认为，上述会计报表
   C. 除上述问题造成影响外
   D. 由于上述问题造成重大影响

三、多项选择题

1. 审计准则要求注册会计师应当阅读其他信息，下列叙述中正确的有（　　）。
   A. 注册会计师需要对其他信息发表审计意见
   B. 当发表无法表示意见时，不得在审计报告中包含"其他信息"
   C. 其他信息不影响已发表的审计意见
   D. 实施程序以确定其他信息是否存在重大错报

2. 下列属于管理层对财务报表责任的有（　　）。
   A. 选择和运用恰当的会计政策
   B. 设计、实施和维护与财务报表编制相关的内部控制，以使财务报表不存在由于舞弊或错误而导致的重大错报
   C. 做出合理的会计估计
   D. 评估被审计单位的持续经营能力和使用持续经营假设是否适当

3. 在确定哪些事项属于关键审计事项时，注册会计师应当考虑下列方面（　　）。
   A. 评估的重大错报风险较高的领域或识别出的特别风险
   B. 与财务报表中涉及重大管理层判断的领域相关的重大审计判断
   C. 本期重大交易或事项对审计的影响
   D. 对持续经营能力具有重大影响的事项

4. 关于审计报告中关键审计事项的披露要求，叙述正确的有（　　）。
   A. 以"关键审计事项"为标题，并在该部分使用恰当的子标题逐项描述关键审计事项
   B. 披露关键审计事项部分的引言段
   C. 披露关键审计事项的描述段
   D. 叙述关键审计事项的应对措施

5. 会计师事务所的主要负责人签发审计报告前，项目质量控制复核的主要内容是（　　）。
   A. 所采用审计程序是否恰当
   B. 所编制审计工作底稿是否充分
   C. 审计过程中是否存在重大遗漏
   D. 审计工作是否符合会计师事务所的质量标准

四、实训测试题

ABC会计师事务所的A注册会计师担任多家被审计单位2019年年度财务报表审计的项目合伙人，遇到下列导致出具非标准审计报告的事项：

（1）甲公司2019年年初开始使用新的ERP系统，因系统缺陷导致2019年度成本核算混乱，审计项目组无法对营业成本、存货等项目实施审计程序。

（2）从中国裁判文书网查询到乙公司在资产负债表日之前涉及6起案件纠纷，乙公司表示未收到法院送达的诉讼资料，截至审计报告日，上述6起民间借贷纠纷案件尚处于审理阶段，无法实施审计程序以判断相关诉讼纠纷的真实性、准确性以及对财务报表可能产生的影响。

（3）丙公司2019年度因时任董事长滥用控制权导致上市公司发生未经董事会批准的对外巨额违规担保事项而被起诉，2020年审计期间法院一审判决应承担的连带责任共计2603万元，占丙公司2019年全年利润的69%，丙公司仅在年报附注中进行了充分披露，拒绝了审计人员的调整建议。

(4) 丁公司是金融机构，在风险管理中运用了大量复杂的金融工具。因风险管理负责人离职，人事部暂未招聘到合适的人员，管理层未能在财务报表附注中披露与金融工具相关的风险。

(5) 戊公司主营国内外旅游，2019年12月份中国大陆有少量不明肺炎病例报道，2020年1月份，中国政府为控制新冠肺炎疫情传播，采取了诸多严厉的隔离措施，再加上国际上许多国家发布了旅游限制令，导致大量业务被迫取消，戊公司预计2020年度业绩会大幅度下滑，截至审计报告日疫情仍未结束，进一步的影响无法预计，戊公司已经在年报附注中进行了充分披露。

问题：针对上述第(1)至第(5)项，逐项指出A注册会计师应当出具何种类型的非标准审计报告，并简要说明理由。

第十章

销售与收款循环审计

【导读】

审计实务中通常运用循环法组织财务报表审计工作，即把紧密联系的交易种类和账户余额归入同一循环，按业务循环组织实施审计，此法称为循环法(Cycle Approach)。本书以传统制造业企业为例，将交易和账户余额划分为销售与收款循环、采购与付款循环、生产与存货循环、投资与筹资循环，按照循环法举例介绍各循环的审计。从本章至第十四章，一般首先介绍循环中的重要业务流程，从业务流程层面了解和评价相关内部控制，评估重大错报风险，然后设计和实施进一步审计程序，包括控制测试和实质性程序。受限于篇幅，以上每个循环通常只选择两三个代表性报表项目对其实质性程序进行详细介绍，而并非对循环中的所有报表项目进行完整介绍。

【学习重点】

熟悉和掌握销售与收款循环涉及的主要业务环节及其生成的文件记录，熟悉收入确认业务中常见的舞弊手段，掌握销售与收款循环的控制测试程序，掌握营业收入和应收账款两个报表项目的审计目标和主要实质性程序。

【学习难点】

理解和掌握收入的实质性分析程序、应收账款的函证程序是本章的一个难点，需要在掌握一定的会计、财务知识的基础上，灵活运用。

【教学建议】

第一节和第二节结合会计收入准则知识，以学生课堂讨论分析为主，第三节和第四节建议教师结合案例教学，以课堂讲授为主，同时建议老师和学生结合中国注册会计师协会编著的《财务报表审计工作底稿编制指南》(2012版)中有关销售与收款循环的工作底稿内容进行教与学。

第一节　了解销售与收款循环业务流程及内部控制

销售与收款循环是指企业接受销售订单并向顾客销售商品或提供劳务的过程,主要业务活动包括销售、记录应收账款、记录税金、收款或收到票据、维护顾客档案。受本循环影响的报表项目或账户包括：应收票据、应收账款、长期应收款、预收款项、应交税费、营业收入、税金及附加、销售费用等。

为了在业务流程层面了解和评价销售与收款循环相关的内部控制,审计人员要做的主要工作包括：了解本循环和财务报告相关的内部控制的设计,并记录了解的情况,以评价其健全性；并针对本循环的控制目标,记录相关控制活动,以评价控制活动对实现控制目标是否有效,即评价控制的恰当性；然后执行穿行测试,以确定相关控制是否得到执行；最后记录在了解和评价本循环的控制设计和执行过程中识别的风险以及拟采取的应对措施。

一、了解销售与收款循环业务流程

(一) 接受顾客订单

顾客提出订货要求是整个销售与收款循环的起点。顾客的订货单只有在符合企业管理层的授权标准时,才能被接受。管理层一般都列出了已批准销售的顾客名单。销售单管理部门在决定是否同意接受某顾客的订货单时,应追查该顾客是否已被列入该名单。若未被列入,则通常需要由销售单管理部门的主管来决定批准销售与否。

企业批准了顾客订单后,通常应编制一式多联的销售单,销售单是企业根据顾客订货单的相关内容填列的内部凭证,是销售方内部处理顾客订货单的依据。订单经批准后,销售部门还需要编制销售合同,提交销售部主管审核,并交更高的管理层审核批准,并与客户签订销售合同。销售单是证明管理层有关销售交易的"发生"认定的凭据之一,也是此笔销售的交易轨迹的起点。

(二) 批准赊销信用

对于赊销业务,必须经过授权批准。信用管理部门收到销售单后,若是老顾客,应将销售单与该顾客已被授权的赊销信用额度以及至今尚欠的账款余额加以比较；若是新顾客,则应对其进行信用调查,包括获取信用评审机构对顾客信用等级的评定报告。无论批准赊销与否,都要求信用管理部门的人员在销售单上签署意见,然后将已签署意见的销售单送回销售单管理部门。

赊销信用批准的目的是降低坏账风险,因此,这些控制与应收账款账面余额的"计价和分摊"认定有关。

(三) 按销售单供货或生产

销售单的一联通常应送至仓库部门,而仓库部门只有在收到经过批准的销售单时才能供货。目的在于防止仓库部门在未经授权的情况下擅自发货。以销定产的企业通常需要将批准的销售单作为安排生产任务的凭据。

(四) 按销售单装运货物

供货与装运货物须职责分离，有助于避免装运部门职员在未经授权的情况下装运产品。此外，装运部门职员在装运之前，必须进行独立验证，以确定从仓库提取的商品都附有经批准的销售单，且所提取商品的数量、规格与销售单一致。若符合要求，应填制装运凭证。装运凭证应一式多联、连续编号。

装运凭证提供了商品确实已装运的证据，因此，它是证实销售交易"发生"认定的另一种凭据。而定期检查以确定每张装运凭证后均附有相应的销售发票，则有助于保证销售交易"完整性"认定的正确性。

(五) 向顾客开具账单

开具账单包括编制和向顾客寄送事先连续编号的销售发票。为了降低开单过程中出现遗漏、重复、错误计价或其他差错的风险，应设立以下控制程序：

1) 开单部门职员在编制每张销售发票之前，应独立检查是否存在装运凭证和相应的经批准的销售单。
2) 应依据已授权批准的商品价目表编制销售发票，商品价目表是列示已经授权批准的、可供销售的各种商品的价格清单。
3) 独立检查销售发票计价和计算的正确性。
4) 将装运凭证上的商品总数与相对应的销售发票上的商品总数进行比较。

上述控制程序有助于确保用于记录销售交易的销售发票的正确性。因此，这些控制与销售交易的"发生""完整性"和"准确性"认定有关。销售发票副联通常由开单部门保管。

(六) 记录销售

在手工会计系统中，记录销售的过程包括区分赊销、现销，按销售发票编制转账记账凭证或现金、银行存款收款凭证，再据以登记销售明细账和应收账款明细账或库存现金、银行存款日记账。记录销售的控制程序通常包括以下内容：

1) 只依据附有有效装运凭证和销售单的销售发票记录销售。
2) 控制所有事先连续编号的销售发票。
3) 独立检查已处理销售发票上的销售金额同会计记录金额的一致性。
4) 记录销售的职责应与处理销售交易的其他职责相分离。
5) 对记录过程中涉及的有关记录的接触予以限制，以减少未经授权批准的记录的发生。
6) 定期独立检查应收账款明细账与总账的一致性。
7) 定期向顾客寄送对账单，并要求顾客将任何例外情况直接向指定的未涉及执行或记录销售交易的会计主管报告。顾客对账单通常是一种按月定期寄送给顾客的、用于购销双方定期核对账目的凭证。

以上这些控制与"发生""完整性""准确性"以及"计价和分摊"认定有关。

(七) 办理和记录现金、银行存款收入

处理货币资金收入时最重要的是要保证全部货币资金都必须如数、及时地记入库存现金、银行存款日记账或应收账款明细账，并如数、及时地将现金存入银行，以减少货币资金失窃的可能性。

借助销售发票附寄汇款通知书的方法可以有效加强对这一环节的控制,汇款通知书是与销售发票一起寄给顾客,由顾客在付款时再寄回销售单位的凭证。

(八) 办理和记录销售退回、销售折扣与折让

发生此类事项时,必须经过授权批准,并应确保与办理此业务有关的部门和职员各司其职,分别控制实物流和会计处理。在这一环节,严格使用贷项通知单起到尤为关键的作用,贷项通知单是用来表示由于销售退回或经批准的折让而引起的应收销货款减少的凭证。

(九) 提取坏账准备

企业一般要定期对应收账款的信用风险进行评估,并根据预期信用损失计提坏账准备,坏账准备提取的数额必须能够抵补企业以后无法收回的销货款。

(十) 注销坏账

不管赊销部门的工作如何主动,顾客因宣告破产、死亡等原因而不支付货款的情况仍时有发生。企业若认为某项货款再也无法收回,应获取货款无法收回的确凿证据,经适当审批后及时做出会计调整。在这一环节,严格使用坏账审批表起到尤为关键的作用,坏账审批表是一种用来批准将某些应收款项注销为坏账,仅在企业内部使用的凭证。

实例10-1 单选题

下列认定中,与销售信用批准控制相关的是( )。

A. 发生 B. 计价和分摊
C. 权利和义务 D. 完整性

分析:设计信用批准控制的目的是降低坏账风险,因此与应收账款账面余额的"计价和分摊"认定有关,选项B正确。

二、了解销售与收款循环业务的关键内部控制

(一) 适当的职责分离

适当的职责分离有助于防止销售与收款循环中可能出现的各种错误与舞弊。例如,主营业务收入账由记录应收账款之外的职员独立登记,并由另一位不负责账簿记录的职员定期调查总账和明细账;负责主营业务收入和应收账款记账的职员不得经手货币资金;编制销售单的人员与开具销售发票的人员相互分离;赊销批准职能与销售职能分离;等等。上述措施都可以达到相互牵制的效果。

注册会计师通过观察有关人员的活动以及与这些人员进行讨论,实施职责分离的控制测试。

(二) 恰当的授权审批

销售交易必须经过恰当的授权审批。注册会计师应充分关注以下四个关键点上的审批程序:第一,赊销业务发生之前必须经过恰当的授权审批;第二,只有经过正当审批后才能发货;第三,销售价格、销售条件、运费、折扣等必须经过审批;第四,审批人员应在其授权范围内审批,不得超越权限审批。前两项控制是为了防止企业因向虚构的或无力支付货款的顾客发货而遭受损失;价格审批控制则是为了确保销售交易按照企业定价政策规定的价格开票收款;而授权审批范围的权限设定则是为了防止因审批人决策失误造成严重损失。

注册会计师通过检查相关凭证在上述关键点上是否经过审批，就可以测试出授权审批方面的内部控制的效果。

(三) 充分的凭证和记录

只有具备充分的记录手续，才有可能实现其他各项控制目标。例如，有的企业在收到顾客订货单后，就立即编制一份预先编号的一式多联的销售单，分别用于批准赊销、审批发货、记录发货数量以及向顾客开具账单等。在这种制度下，只要定期清点销售发票，漏开账单的情形几乎就不太会发生。相反的情况是，有的企业只在发货以后才开具账单，如果没有其他控制措施，这种制度下漏开账单的情况就很可能会发生。

(四) 凭证的预先编号

预先对凭证进行编号，可以防止销售后忘记向顾客开具账单或登记入账，也可防止重复开具账单或重复记账。当然，预先编号的凭证只有经过恰当的检查复核，这一控制才会发挥作用。例如，由收款员对每笔销售开具账单后，将发运凭证按顺序归档，而由另一位职员定期检查全部凭证的编号，并调查凭证缺号的原因。

注册会计师常用的一种控制测试程序是清点各种凭证。比如从主营业务收入明细账中选取样本，追查至相应的销售发票存根，看其编号是否连续，有无不正常的缺号发票或重号发票。这种测试程序可同时提供有关真实性和完整性目标的证据。

(五) 按月寄出对账单

由不负责现金出纳和销售及应收账款记账的人员按月向顾客寄发对账单，能促使顾客在核对应付账款余额不符后及时反馈信息。为了使这项控制更为有效，顾客对账户余额提出的所有异议都应直接通知既不负责处理货币资金、也不记录主营业务收入与应收账款账目的某位主管人员。

注册会计师通过观察指定人员寄送对账单和检查顾客复函档案的情况，以测试客户是否按月向顾客寄出对账单。

(六) 内部核查程序

由内部审计人员或其他独立人员核查销售交易的处理和记录，是实现内部控制目标不可或缺的一项控制措施。表10-1所列程序是针对各项控制目标的典型内部核查程序。

表10-1 内部核查程序

内部控制目标	内部核查程序举例
登记入账的销售交易是真实的	检查销售发票的连续性并检查所附的佐证凭证
销售交易均经适当审批	了解顾客的信用情况，确定是否符合企业的赊销政策
所有销售交易均已登记入账	检查发运凭证的连续性，并将其与主营业务收入明细账核对
登记入账的销售交易均经正确估价	将销售发票上的数量与发运凭证上的记录进行比较核对
登记入账的销售交易分类恰当	将登记入账的销售交易的原始凭证与会计科目表比较核对
销售交易的记录及时	检查开票员所保管的未开票发运凭证，确定是否包括所有应开票的发运凭证在内
销售交易已正确记入明细账并经正确汇总	从发运凭证追查至主营业务收入明细账和总账

三、评估重大错报风险

被审计单位可能有各种各样的收入来源，处于不同的控制环境和经营模式，存在复杂的合同安排，这些情况对收入交易的会计核算可能存在诸多影响。注册会计师应当考虑影响收入交易的重大错报风险，并对被审计单位经营活动中可能发生的重大错报风险保持警觉。

(一) 收入交易和余额存在的固有风险

1) 管理层对收入造假的偏好和动因。被审计单位管理层可能为了完成预算，满足业绩考核要求，保证从银行获得额外的资金，为了吸引潜在投资者或害怕影响公司股价等原因，而在财务报告中虚增收入。

2) 收入的复杂性。例如，被审计单位可能针对一些特定的产品或服务提供一些特殊的交易安排(例如特殊的退货约定、特殊的服务期限安排等)，但管理层可能对这些不同安排下所涉及的交易风险的判断缺乏经验，因此收入确认上就容易发生错误。

3) 管理层凌驾于财务控制之上的风险。被审计单位在年末编造虚假销售，然后在次年转回，可能导致当年收入以及当年年末应收账款余额、货币资金余额和应交税费余额的高估。

4) 采用不正确的收入截止。将属于下一会计期间的收入有意或无意地计入本期，或者将属于本期的收入有意或无意地计入下一会计期间，可能导致本期收入以及本期期末应收账款余额、货币资金余额和应交税费余额的高估或低估。

5) 低估应收账款坏账准备的压力。尤其是当欠款金额较大的几个主要客户面临财务困难，或者整体经济环境出现恶化时，这种压力更大，可能导致资产负债表中应收账款余额的高估。

(二) 常用的收入确认舞弊手段

在销售与收款循环中，既有为粉饰业绩虚增收入的舞弊行为，也有为降低税负而漏记收入的舞弊行为。知彼知己，百战不殆，了解被审计单位利用收入进行舞弊的手段，才能够有助于注册会计师采取有针对性的审计程序。

1. 被审计单位粉饰业绩虚增收入或提前确认收入的主要方法

1) 利用与未披露的关联方之间的资金循环虚构交易。
2) 通过未披露的关联方进行显失公允的交易。
3) 通过出售关联方的股权，使形式上不再构成关联方，但仍进行显失公允交易，或与未来或潜在的关联方进行显失公允的交易。
4) 为虚构销售收入，将商品从某一地点移送至另一地点，凭出库单和运输单为依据记录销售收入。
5) 通过虚开销售发票虚增收入，将货款挂在应收账款中，期后冲销或在以后期间计提坏账准备。
6) 采用代理商的销售模式时，在代理商仅向购销双方提供帮助接洽、磋商等中介代理服务的情况下，按交易总额而非净额(扣除佣金和代理费等)确认收入。

2. 为了降低税负或转移利润而少计收入的方法

1) 被审计单位将商品发出、收到货款并满足收入确认条件后，不确认收入，而将收到的货款作为负债挂账，或转入本单位以外的其他账户。

2) 被审计单位采用以旧换新的方式销售商品时，以新旧商品的差价确认收入。

3) 在提供劳务或建造合同的结果能够可靠估计的情况下，不在资产负债表日按完工百分比法确认收入，而推迟到劳务结束或工程完工时确认收入。

3. 表明被审计单位在收入确认方面可能存在舞弊风险的迹象

存在舞弊风险迹象并不必然表明发生了舞弊，但了解舞弊风险迹象，有助于注册会计师对审计过程中发现的异常情况产生警觉，从而更有针对性地采取应对措施。以下迹象表明可能存在舞弊风险。

1) 注册会计师发现，被审计单位的客户是否付款取决于下列情况：
(1) 能否从第三方取得融资。
(2) 能否转售给第三方(如经销商)。
(3) 被审计单位能否满足特定的重要条件。
2) 未经客户同意，在销售合同约定的发货期之前发送商品。
3) 未经客户同意，将商品运送到销售合同约定地点以外的其他地点。
4) 被审计单位的销售记录表明，已将商品发往外部仓库或货运代理人，却未指明客户。
5) 在实际发货之前开具销售发票，或实际未发货而开具销售发票。
6) 对于期末之后的发货，在本期确认相关收入。
7) 实际销售情况与订单不符，或者根据已取消的订单发货或重复发货。
8) 已经销售给货运代理人的商品，在期后有大量退回。
9) 销售合同或发运单上的日期被更改，或者销售合同上加盖的公章并不属于合同中指定的客户。
10) 在接近期末时发生了大量或大额的交易。
11) 交易之后长期不进行结算。
12) 在被审计单位业务或其他相关事项未发生重大变化的情况下，询证函回函相符比例明显异于以前年度。
13) 发生异常大量的现金交易，或被审计单位有非正常的资金流转及往来，特别是有非正常现金收付的情况。
14) 应收款项收回时，付款单位与购买方不一致，存在较多代付款的情况。
15) 交易标的对交易对手而言不具有合理用途。
16) 主要客户自身规模与其交易规模不匹配。

(三) 充分利用分析程序评估收入确认的重大错报风险

在收入确认领域实施审计程序时，分析程序是一种较为有效的方法，注册会计师需要重视并充分利用分析程序，发挥其在识别收入确认舞弊中的作用。

1. 常用的分析程序

在收入确认领域，注册会计师可以实施的分析程序的例子包括：
1) 将本期销售收入与以前可比期间的对应数据或预算金额做比较。
2) 分析月度或季度销量变动趋势。
3) 将销售收入变动幅度与销售商品及提供劳务收到的现金、应收账款、存货、税金等项目的变动幅度做比较。
4) 将销售毛利率、应收账款周转率、存货周转率等关键财务指标与可比期间数据、预算数据或同行业其他企业数据做比较。

5) 分析销售收入等财务信息与投入产出率、劳动生产率、产能、水电能耗、运输数量等非财务信息之间的关系。

6) 分析销售收入与销售费用之间的关系,包括销售人员的人均业绩指标、销售人员薪酬、差旅费用、运费,以及销售机构的设置、规模、数量、分布等。

注册会计师通过实施分析程序,可能识别出未注意到的异常关系或难以发现的变动趋势,从而有目的、有针对性地关注可能发生重大错报风险的领域,有助于评估重大错报风险,为设计和实施应对措施提供基础。例如,如果注册会计师发现被审计单位不断地为完成销售目标而增加销售量,或者因不能收现而导致应收账款大量增加,就需要对销售收入的真实性予以额外关注;如果注册会计师发现被审计单位临近期末销售量大幅增加,就需要警惕将下期收入提前确认的可能性;如果注册会计师发现单笔大额收入能够减轻被审计单位盈利方面的压力,或使被审计单位完成销售目标,就需要警惕被审计单位虚构收入的可能性。

2. 针对收入确认异常迹象的调查方法

如果发现异常或偏离预期的趋势或关系,注册会计师就需要认真调查原因,评价是否表明可能存在由于舞弊导致的重大错报风险。涉及期末收入和利润的异常关系尤其值得关注,例如在报告期的最后几周内记录了不寻常的大额收入或异常交易。注册会计师可能采取的调查方法举例如下:

1) 如果注册会计师发现被审计单位的毛利率变动较大或与所在行业的平均毛利率差异较大,注册会计师可以采用定性分析与定量分析相结合的方法,从行业及市场变化趋势、产品销售价格和产品成本要素等方面对毛利率变动的合理性进行调查。

2) 如果注册会计师发现应收账款余额较大,或其增长幅度高于销售收入的增长幅度,注册会计师需要分析具体原因(如赊销政策和信用期限是否发生变化等),并在必要时采取恰当的措施,如扩大函证比例、增加截止测试和期后收款测试的比例等。

3) 如果注册会计师发现被审计单位的收入增长幅度明显高于管理层的预期,可以询问管理层的适当人员,并考虑管理层的答复是否与其他审计证据一致。例如,如果管理层表示收入增长是由于销量增加所致,注册会计师可以调查与市场需求相关的情况。

在实施用以识别和评估重大错报风险相关的审计程序后,注册会计师应当充分关注可能表明被审计单位存在重大错报风险的事项和情况,考虑由于上述事项和情况导致的风险是否重大,以及该风险导致财务报表发生重大错报的可能性。注册会计师应当确定,识别的重大错报风险是与特定的某类交易、账户余额和披露的认定相关,还是与财务报表整体广泛相关,进而影响多项认定。

在评估重大错报风险时,注册会计师还应当将所了解的控制与特定认定相联系,并且应当考虑对识别的销售与收款交易、账户余额和披露认定层次的重大错报风险予以汇总和评估,以确定进一步审计程序的性质、时间安排和范围。

实例10-2 企业虚增营业收入舞弊案例

2019年5月,上市公司康美药业(股票代码:600518)发布前期会计差错更正公告,修改了2017年的年报数据:分别调减货币资金299.44亿元、营业收入88.98亿元、营业成本76.62亿元,同时调增了诸多资产类报表项目,巨额会计差错令市场哗然。而后,证监会的调查发现了康美药业名为会计差错、实为财务舞弊的事实:一是使用虚假银行单据虚增存款,二是通过伪造业务凭证进行收入造假。康美药业造假案又一次刷新了证券市场财务舞弊记录。

近几年在证券市场上,尤其在IPO过程中,发现不少公司的收入舞弊安排变得更加隐蔽,通过虚构交易同时达到以下目的：一是公司的主营业务将变得十分突出；二是保持利润、收入、资产的同步增长态势；三是考虑了财务指标之间的关系，能保持各项财务指标的稳健性，不容易引起审计师和监管部门的注意。

销售舞弊的基本路径通常如下：舞弊人根据公司的年度目标利润金额计算出当年需要虚增利润的金额，再根据实际销售毛利率、销售净利率等指标反算出需要虚增营业收入和营业成本的数量和金额，根据虚增营业成本的金额和实际生产成本的结构，推算出需要虚增的产量和生产成本，包括直接材料、直接人工等，根据虚构的直接人工成本虚列职工薪酬，根据虚构的直接材料导出虚假采购数量和金额，同时安排虚假采购，并将采购款项支付给虚假的供应商或者虚假支付给真实的供应商，然后经过多个主体，将采购款项转换成虚增营业收入的回款。按照以上路径把目标数量和金额分解到每个月份组织实施，如此构造循环交易，不断虚增业绩。

例如，2014年1月在创业板上市的欣泰电气（股票代码：300372），2015年5月被辽宁证监局现场检查时发现财务虚假情况。调查发现：为了满足上市条件，欣泰电气自2010年就开始虚列销售业务以增加利润。为了减少应收账款期末余额，欣泰电气一方面将自有资金以应付账款名义转出给供应商，供应商再将资金转给相关客户，欣泰电气再以应收账款的名义收回，从而使自有资金在欣泰电气、供应商和客户之间实现闭环流动，或由欣泰电气向第三方借款，由第三方伪装成欣泰电气回收客户的应收账款，报告期结束后再将现金交还原借款单位，资金实现了原路转回；欣泰电气另一方面自2013年开始直接自行伪造银行进账单、付款单和银行流水，根据事先预计减少的应收账款金额填写相应内容后到串通舞弊的开户银行加盖印章。即使这样串通舞弊的隐蔽设计安排，如果保持职业怀疑，运用分析程序也能识别出诸多重大错报风险迹象。欣泰电气部分指标分析见表10-2。

表 10-2 欣泰电气应收账款分析表

项目	2013 年	2014 年	2015 年
应收账款(千万元)	20.78	39.00	49.45
总资产(千万元)	75.11	104.34	119.49
营业收入(千万元)	47.35	41.90	37.23
应收账款占总资产比例	27.67%	37.38%	41.38%
应收账款周转率	2.51	1.40	0.84

问题：

(1) 请思考从表10-2中可以发现哪些异常迹象？讨论构造销售循环交易、资金闭环流动舞弊会导致哪些异常迹象？

(2) 搜集康美药业、康得新、万福生科和绿大地等造假案例的具体报表资料，运用上面列举的常用分析程序分析其营业收入相关指标存在的异常迹象？讨论其舞弊手段和特征并考虑如何进行审计应对。

四、了解销售与收款循环内部控制的主要工作底稿

在审计实务中，为了解销售与收款循环内部控制，通常需要编制以下工作底稿：

1)《了解内部控制汇总表》。具体记录如下内容：(1)受本循环影响的相关交易、账户余额及相关认定；(2)主要业务流程；(3)了解销售与收款循环交易流程；(4)相关信息系统。

2)《了解业务流程》。审计人员应当采用文字叙述、问卷、核对表和流程图等方式，或将以上几种方式相结合，记录对业务流程的了解。

3)《评价控制的设计并确定控制是否得到执行》(简易底稿举例见表10-1)。该底稿主要记录"主要业务流程""控制目标""受影响的相关交易、账户余额及相关认定""被审计单位的控制活动""控制活动对实现控制目标是否有效""控制活动是否得到执行"以及"是否测试控制活动的运行有效性"等内容。该底稿用以确定客户内部控制设计是否恰当、是否得到执行,并说明是否需要执行进一步审计程序中的控制测试以及理由。

表10-3 《评价控制的设计并确定控制是否得到执行》工作底稿

主要业务流程	控制目标	受影响的相关交易、账户余额及相关认定	被审计单位的控制活动	控制活动对实现控制目标是否有效(是/否)	控制活动是否得到执行(是/否)	是否测试控制活动的运行有效性(是/否)
销售	管理层核准销售订单的价格、条件	应收账款:存在 主营业务收入:发生	收到现有顾客的采购订单后,业务员赵×对订单金额与顾客已被授权的信用额度以及至今尚欠的账款余额进行检查,经销售经理钱×审批后,交至信用管理经理孙×复核。如果是超过信用额度的采购订单,应由总经理李×审批	是	是	是
记录应收账款	已记录的销售均确已发出货物	应收账款:存在、权利和义务 主营业务收入:发生	船运单位在货船离岸后,开出货运提单,通知公司货物离岸时间。信息管理员周×将商品离岸信息输入系统,系统内销售订单状态由"已完工"自动更改为"已离岸" 应收账款记账员吴×根据系统显示的"已离岸"销售订单信息,对销售发票所载信息和报关单、货运提单等进行核对,核对一致,在发票上加盖"相符"印戳并将信息输入系统,系统内的采购订单状态即由"已离岸"自动更改为"已处理"	是	是	是
收款	收款是真实发生的	应收账款:完整性、权利和义务	收到顾客已付款通知,由出纳员郑×前往银行办理托收。款项收妥后,应收账款记账员吴×将编制收款凭证,并附相关单证,如银行结汇水单、银行到款通知单等,提交会计主管复核。完成复核后,王×在收款凭证上签字作为审批证据,并在所有单证上加盖"核销"印戳	是	是	是

第二节　销售与收款循环交易的进一步审计程序

在从业务流程层面了解销售与收款循环的内部控制，识别和评估销售与收款循环中的重大错报风险后，审计人员应当制定进一步审计程序的总体方案。基于销售与收款循环交易发生频率较高，通常情况下，与该循环相关的大多数财务报表项目的认定需要运用综合方案以应对认定层次的重大错报风险，即包括控制测试和实质性程序，少数相关财务报表项目的认定采用实质性方案。

一、销售与收款循环交易的控制测试

只有当认为控制设计合理、能够防止或发现并纠正认定层次的重大错报时，注册会计师才有必要对控制运行的有效性实施测试。如果客户的相关内部控制不存在，或相关内部控制尽管存在但未得到执行，则注册会计师不应再继续实施控制测试，而应直接实施实质性程序。

在审计实务中，注册会计师可以考虑以被审计单位的内部控制目标为起点实施控制测试，注册会计师还可以考虑以上述识别的重大错报风险为起点实施控制测试。以内部控制目标和相关认定为起点的常用控制测试程序见表10-4。

表10-4　销售交易的控制目标、内部控制和测试一览表

内部控制目标	相关财务报表项目及认定	关键内部控制	常用的控制测试程序
登记入账的销售交易确系已经发货给真实的顾客(发生)	应收账款：存在、权利和义务 收入：发生	(1) 销售交易是以经过审核的发运凭证及经过批准的顾客订货单为依据登记入账的 (2) 在发货前，顾客的赊购已经被授权批准 (3) 销售发票均经事先编号，并已恰当地登记入账 (4) 每月向顾客寄送对账单，对顾客提出的意见进行专门追查	(1) 检查销售发票副联是否附有发运凭证(或提货单)及顾客订货单 (2) 检查顾客的赊购是否经授权批准 (3) 检查销售发票连续编号的完整性 (4) 观察是否寄发对账单，并检查顾客回函档案
所有销售交易均已登记入账(完整性)	应收账款：完整性 收入：完整性	(1) 发运凭证(或提货单)均经事先编号并已登记入账 (2) 销售发票均经事先编号并已登记入账	(1) 检查发运凭证连续编号的完整性 (2) 检查销售发票连续编号的完整性
登记入账的销售数量确系已发货数量，并且已正确开具收款账单和登记入账(计价和分摊)	应收账款：准确性、计价与分摊 收入：准确性、分类	(1) 销售价格、付款条件、运费和销售折扣的确经适当的授权批准 (2) 由独立人员对销售发票的编制作内部核查	(1) 检查销售发票是否经适当的授权批准 (2) 检查有关凭证上的内部核查标记
销售交易的分类恰当(分类)	应收账款：分类、列报 收入：分类、列报	(1) 采用适当的会计科目表 (2) 内部复核和核查	(1) 检查会计科目表是否适当 (2) 检查有关凭证上的内部复核和核查标记
销售交易的记录及时(截止)	应收账款：存在性、完整性 收入：截止	(1) 采用尽量能在销售发生时开具收款账单和登记入账的控制方法 (2) 内部核查	(1) 检查尚未开具收款账单的发货和尚未登记入账的销售交易 (2) 检查有关凭证上的内部核查标记

(续表)

内部控制目标	关键内部控制	常用的控制测试	常用的交易实质性程序
销售交易已经正确地记入明细账,并经正确汇总(准确性、计价和分摊)	应收账款：准确性、计价与分摊、列报 收入：准确性、列报	(1) 每月定期给顾客寄送对账单 (2) 由独立人员对应收账款明细账进行内部核查 (3) 对应收账款明细账余额合计数与总账余额进行比较	(1) 观察对账单是否已经寄出 (2) 检查内部核查标记 (3) 检查对应收账款明细账余额合计数与总账余额进行过比较的标记

二、销售与收款循环交易审计常用的实质性程序

(一) 登记入账的销售交易是真实的

对于这一目标，注册会计师应充分关注以下三类错弊的可能性，并实施有效的审计程序：

1) 未发货已入账。检查未曾发货却已将销售交易登记入账这类错误，注册会计师可以采用逆查法，如图10-1所示。从主营业务收入明细账中抽取若干笔分录，追查有无发运凭证及其他佐证，以查明有无事实上并未发货但却登记入账的销售交易。如果注册会计师对发运凭证等的真实性也存有疑问，则应进一步追查至存货的永续盘存记录，测试存货余额有无减少。

图10-1 销售交易逆查法

2) 重复入账。针对销售交易重复入账这类错误，注册会计师可检查客户的销售交易记录清单以确定是否存在重号、缺号的情况。

3) 虚假入账。向虚构的顾客发货并作为销售交易登记入账，这属于企业的蓄意舞弊行为。注册会计师应检查主营业务收入明细账中与销售分录相应的销售单，查明其有无赊销批准手续和发货审批手续。

检查上述三类多报销售错误的另一有效方法，是追查应收账款明细账中贷方发生额的记录。如果应收账款最终得以收回货款或者由于合理的原因收到退货，则记录入账的销售交易一开始通常是真实的；如果贷方发生额是注销坏账，或者直至审计时所欠货款仍未收回，鉴于这些情况可能表明企业存在虚构的销售交易，注册会计师必须详细追查相应的发运凭证和顾客订货单等。

(二) 已发生的销售交易均已登记入账

通常无须对销售交易完整性目标实施交易实质性程序，但是，如果内部控制不健全，就有必要对其实施交易实质性程序。测试未开票的发货的一种有效程序是：从发货部门的档案中选取部分发运凭证，并追查至有关的销售发票副本和主营业务收入明细账。为使这一程序成为一项有意义的测试，注册会计师必须能够确定全部发运凭证均已归档，这一点可以通过检查凭证的编号顺序来查明。

设计发生目标和完整性目标的审计程序时，确定测试的方向是非常重要的，如图10-2所示。测试发生目标时，起点是明细账，即从主营业务收入明细账中抽取发票号码样本，追查至销售发票存根、发运凭证以及顾客订货单；测试完整性目标时，起点应是发运凭证，即从发运凭证中选取样本，追查至销售发票存根和主营业务收入明细账，以测试有无遗漏事项。

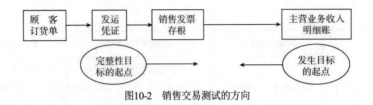

图10-2 销售交易测试的方向

(三) 登记入账的销售交易的计价准确

销售交易的计价准确具体包括以下三个方面：第一，按订货数量发货；第二，按发货数量准确地开具账单；第三，将账单上的数额准确地记入会计账簿。对于上述三个方面，注册会计师在每次审计中一般都须实施实质性程序，以确保其准确无误。通常的做法是：

1) 从主营业务收入明细账中抽取适量的会计记录，与应收账款明细账和销售发票存根进行比较核对。

2) 将销售发票存根上所列的单价，与经过批准的商品价目表进行比较核对，包括其金额小计和合计数的复算。

3) 将销售发票中列示的商品的规格、数量和顾客代号等，与发运凭证进行比较核对。

4) 审核顾客订货单和销售单中的同类数据。

(四) 登记入账的销售交易的分类恰当

收入的正确分类是极为重要的，注册会计师应采用适当的方法测试收入的分类。恰当的销售分类测试一般可与计价准确性测试一并进行。注册会计师可以通过审核原始凭证来确定具体交易业务的类别是否恰当，并以此与账簿的实际记录作比较。

(五) 销售交易的记录及时

注册会计师一般可在执行计价准确性测试的同时，将所选取的提货单或其他发运凭证的日期与相应的销售发票存根、主营业务收入明细账和应收账款明细账上的日期作比较。如有重大差异，就可能存在销售截止期限上的错误。

(六) 销售交易已正确计入明细账并准确地汇总

在多数审计中，注册会计师通常都应采用加总主营业务收入明细账数，并将加总数和一些具体内容分别追查至主营业务收入总账和应收账款明细账或库存现金、银行存款日记账等测试方法，以检查在销售过程中是否存在有意或无意的错报问题。将主营业务收入明细账加总，并追查、核对加总数至其总账，应当作为单独的一项测试程序来执行。

第三节 营业收入审计的实质性程序

一、审计目标

营业收入审计的目标包括：确定记录的营业收入是否已发生，且与客户有关；确定营业收入记录是否完整；确定与营业收入有关的金额及其他数据是否恰当记录，包括对销售退回、销售折扣与折让的处理是否适当；确定营业收入是否已记录于正确的会计期间；确定营业收入是否已按照企业会计准则的规定在财务报表中做出恰当的列报。

二、实质性程序

营业收入包括主营业务收入和其他业务收入，下面分别介绍这两部分的实质性程序。

(一) 主营业务收入的实质性程序

1. 取得或编制主营业务收入明细表

注册会计师应首先取得或编制主营业务收入明细表。如果由客户协助提供，应复核加计是否正确，并与总账数和明细账合计数核对相符；结合其他业务收入科目数额，与报表数核对相符。

2. 实施实质性分析程序

注册会计师应实施实质性分析程序，检查主营业务收入是否存在异常变动或重大波动，从而在总体上对主营业务收入的真实性做出初步判断。

1) 针对已识别需要运用分析程序的有关项目，并基于对被审计单位及其环境的了解，通过进行以下比较，同时考虑有关数据间关系的影响，以建立有关数据的期望值：

(1) 将本期的主营业务收入与上期的主营业务收入、销售预算或预测数等进行比较，分析主营业务收入及其构成的变动是否异常，并分析异常变动的原因。

(2) 计算本期重要产品的毛利率，与上期或预算或预测数据比较，检查是否存在异常，各期之间是否存在重大波动，查明原因。

(3) 比较本期各月各类主营业务收入的波动情况，分析其变动趋势是否正常，是否符合被审计单位季节性、周期性的经营规律，查明发生异常现象和重大波动的原因。

(4) 将本期重要产品的毛利率与同行业企业进行对比分析，检查是否存在异常。

(5) 根据增值税发票中的报表或普通发票，估算全年收入，与实际收入金额比较。

2) 确定可接受的差额。

3) 将实际的情况与期望值相比较，识别需要进一步调查的差异。

4) 如果差额超过可接受的差额，调查并获取充分的解释和恰当的、佐证性质的审计证据(如通过检查相关的凭证等)。

5) 评估分析程序的测试结果。

3. 检查主营业务收入确认的正确性

查明主营业务收入的确认原则、方法，注意是否符合企业会计准则规定的收入实现条件，前后期是否一致。

根据企业会计收入准则的规定，当企业与客户之间的合同同时满足下列条件时，企业应当在客户取得相关商品控制权时确认收入：(1)合同各方已批准该合同并承诺将履行各自义务；(2)该合同明确了合同各方与所转让商品或提供劳务(以下简称"转让商品")相关的权利和义务；(3)该合同有明确的与所转让商品相关的支付条款；(4)该合同具有商业实质，即履行该合同将改变企业未来现金流量的风险、时间分布或金额；(5)企业因向客户转让商品而有权取得的对价很可能收回。取得相关商品控制权，是指能够主导该商品的使用并从中获得几乎全部的经济利益。

合同中企业向客户转让可明确区分商品的承诺就构成了企业的履约义务。对于在某一时段内履行的履约义务，企业应当在该段时间内按照履约进度确认收入(履约进度不能合理确定的除外)，企业应当考虑商品的性质，采用产出法或投入法确定恰当的履约进度；对于在某一时点履行的履约义务，企业应当在客户取得相关商品控制权时点确认收入。在判断客户是否已取得商品控制权时，企业应当考虑下列迹象：(1)企业就该商品享有现时收款权利，即客户就该商品负有现时付款义务；(2)企业已将该商品的法定所有权转移给客户，即客户已拥有该商品的法定所有权；(3)企业已将该商品实物转移给客户，即客户已占有该商品；(4)企业已将该商品所有权上的主要风险和报酬转移给客户，即客户已取得该商品所有权上的主要风险和报酬；(5)客户已接受该商品。

因此，注册会计师应在了解被审计单位经营模式和确认营业收入的会计政策基础上，重点测试被审计单位是否依据上述标准确认营业收入。

4. 核对收入交易的原始凭证与会计分录

以主营业务收入明细账中的会计分录为起点，检查相关的原始凭证，包括订购单、销售合同、销售单、发运凭证和发票等，以评价已入账的营业收入是否真实发生。检查订购单、销售合同和销售单，用以确认存在真实的客户购买要求，销售交易已经过授权批准。发票存根上所列的单价要和价目表进行核对，发票所列的商品规格、名称、数量和客户代码等要和发运凭证相核对，尤其是客户的签收联，确定已按合同约定完成交易。

5. 检查收入的完整性

从发运凭证中选取样本，追查至销售发票存根和主营业务收入明细账，以确定是否存在漏记收入事项。在执行这一程序时，注册会计师必须确信全部发运凭证均已归档，这点通常可以通过检查发运凭证的顺序编号来确定。

6. 实施销售的截止测试

对主营业务收入实施截止测试，其目的主要在于检查客户主营业务收入的会计记录归属期的正确性：是否存在应计入本期或下期的主营业务收入被推迟至下期或提前至本期的情况。

在审计过程中，注册会计师应该充分关注与主营业务收入确认密切相关的三个重要日期：一是发票开具日期或收款日期；二是记账日期；三是发货日期(对于服务业则是提供劳务的日期)。主营业务收入截止测试的关键就在于检查三者是否归属于同一适当的会计期间。

根据上述三个重要日期，注册会计师可以考虑选择以下两条审计路线实施主营业务收入的截止测试：

一是以账簿记录为起点。从资产负债表日前后若干天的账簿记录追查至记账凭证，检查发票存根与发运凭证，确定已入账收入是否在同一期间已开具发票并发货，有无多记收入。

二是以发运凭证为起点。从资产负债表日前后若干天的发运凭证追查至发票开具情况与账簿记录，确定主营业务收入是否已记入适当的会计期间，防止低估收入。

上述两条审计路线并不是孤立存在的，在审计实务中，注册会计师可以考虑在同一客户财务报表审计中并用这两条审计路线，甚至可以在同一主营业务收入科目审计中并用。

7. 检查销售折扣、销售退回与折让

销售折扣、销售退回与折让都属于收入的抵减项目，直接影响收入的确认和计量。具体的实质性程序主要包括：

1) 取得或编制销售退回、折让与折扣明细表，复核加计正确，并与明细账合计数核对相符。

2) 抽查较大的折扣与折让发生额的授权批准情况,参照客户有关折扣与折让的具体规定和其他文件资料,检查审批手续是否规范完备,有无越权乱批、贪污货款等情况。

3) 检查销售退回的产品是否已验收入库并登记入账,有无形成账外物资的情况;销售折让与折扣是否及时足额提交对方,有无虚设中介、转移收入、私设账外"小金库"等情况。

4) 检查折扣与折让的会计处理是否正确。

8. 检查外币收入

对于使用外币结算的收入,注册会计师应检查所采用折算汇率的正确性。

9. 检查特殊的销售行为

对于特殊的销售行为,如附有销售退回条件的商品销售、商品需要安装和检验的销售、委托代销、售后回购、售后租回、以旧换新、分期收款销售、出口销售等,注册会计师应根据不同的情况确定恰当的审计程序并进行审核。

10. 检查关联方销售

调查向关联方销售的情况,记录其交易品种、价格、数量、金额和比例,并记录占主营业务收入总额的比例。对于合并范围内的销售活动,记录应予合并抵销的金额。

(二) 其他业务收入的实质性程序

1) 应首先取得或编制其他业务收入明细表。如果由客户协助提供,注册会计师则应复核其加计是否正确,并与总账数和明细账合计数核对是否相符,结合主营业务收入科目与营业收入报表数核对是否相符。

2) 计算本期其他业务收入与其他业务成本的比率,并与上期进行比较,查明产生重大波动的原因,分析其合理性。

3) 检查其他业务收入的内容是否真实、合法,收入确认原则及会计处理是否符合规定。

4) 关注异常项目,追查其入账依据及有关法律文件是否充分。

5) 必要时,实施截止测试,追踪至发票、收据等,确定其入账时间是否正确,并对重大跨期项目作必要调整。

(三) 检查营业收入列报的恰当性

注册会计师应结合主营业务收入和其他业务收入审计结果,检查利润表中营业收入项目的金额是否与审定数相符,确认为主营业务收入和其他业务收入采用的会计政策是否已在财务报表附注中恰当披露。

第四节 应收账款审计的实质性程序

一、审计目标

应收账款审计的目标一般包括:确定应收账款是否存在;确定应收账款是否归客户所有;确定所有应当记录的应收账款是否均已记录;确定应收账款是否可收回,坏账准备的计提方法和比例是否恰当，计提是否充分；确定应收账款及坏账准备期末余额是否正确；确定应收账款及其坏账准备是否已按照企业会计准则的规定在财务报表中做出恰当列报。

二、应收账款-账面余额的实质性程序

(一) 取得或编制应收账款明细表

注册会计师应首先取得或编制应收账款明细表。如果由客户协助提供，则注册会计师应复核加计是否正确，并与总账数和明细账合计数核对相符；结合坏账准备科目与报表数核对相符。

(二) 分析应收账款账龄

注册会计师可以通过编制或获取应收账款账龄分析表来分析应收账款的账龄，以便了解应收账款的可收回性。如果从客户获取的账龄分析表，注册会计师应当测试分析表计算的准确性，并将分析表中的合计数与应收账款总分类账余额相比较，并调查重大调节项目，还要从账龄分析表中抽取一定数量的项目，追查至相关销售原始凭证，测试账龄划分的准确性。该表可以选择列示重要的顾客及其余额，而对于不重要的或余额较小的顾客可汇总列示，基本格式如表10-5所示。

表10-5 应收账款账龄分析表

年　月　日　　　　　　　　　　　　　　货币单位：

顾客名称	期末余额	账龄			
		1年以内	1年～2年	2年～3年	3年以上
合　计					

(三) 必要时，实施实质性分析程序

1) 复核应收账款借方累计发生额与主营业务收入是否匹配，若存在不匹配的情况，应查明原因。

2) 在明细表上标注重要客户，并编制针对重要客户的应收账款增减变动表，将其与上期进行比较分析，必要时，应收集客户相关资料，分析变动合理性。

3) 计算应收账款周转率、应收账款周转天数等指标，并与客户上年指标、同行业同期相关指标进行对比分析，检查是否存在重大异常情况。

(四) 向债务人函证应收账款

应收账款函证是指直接发函给客户的债务人，以核实客户应收账款的记录是否真实、正确，防止或发现客户及其有关人员在销售交易中发生的错弊行为。通过函证，可以有力地证明债务人的存在和客户记录的可靠性。

注册会计师应当对应收账款进行函证，除非有充分证据表明应收账款对于客户财务报表而言并不重要，或者函证很可能无效。如果注册会计师不对应收账款进行函证，则应当在工作底稿中说明理由。如果认为函证很可能无效，则应当实施替代审计程序，以获取充分、适当的审计证据。

注册会计师应当考虑客户的经营环境、内部控制的有效性、应收账款账户的性质、被询证者处理询证函的习惯做法以及回函的可能性等,以确定应收账款函证的方式、时间、范围和对象。

1. 函证的方式

应收账款函证可以采用积极式函证和消极式函证两种形式。

1) 积极式函证。积极式函证具体可分为两种形式:一种是在询证函中列明拟函证的账户余额或其他信息,要求被询证者确认所函证的款项是否正确,具体格式参见例10-1。通常认为,对这种询证函的回复能够提供可靠的证据。但是,其缺点是被询证者可能对所列信息根本不加以验证就予以确认。另一种形式是在询证函中并不列明账户余额或其他信息,而要求被询证者填写相关信息或提供进一步信息,具体格式参见例10-2。由于这种询证函要求被询证者做出更多的努力,可能会导致回函率降低,进而导致注册会计师不得不执行更多的替代程序。

【例10-1】积极式询证函(格式一)

企业询证函

编号:

_____(公司):

本公司聘请的××会计师事务所正在对本公司××年度财务报表进行审计,按照中国注册会计师审计准则的要求,应当询证本公司与贵公司的往来账项等事项。下列数据出自本公司账簿记录,如与贵公司记录相符,请在本函下端"信息证明无误"处签章证明;如有不符,请在"信息不符"处列明不符金额。回函请直接寄至××会计师事务所。

回函地址:

邮编: 电话: 传真: 联系人:

1. 本公司与贵公司的往来账项列示如下:

单位:元

截止日期	贵公司欠	欠贵公司	备注

2. 其他事项:

本函仅为复核账目之用,并非催款结算。若款项在上述日期之后已经付清,仍请及时函复为盼。

(公司签章)   (日期)

结论: 1. 信息证明无误。

(公司签章)   (日期)   经办人

   2. 信息不符,请列明不符的详细情况。

(公司签章)   (日期)   经办人

【例10-2】积极式询证函(格式二)

企业询证函

编号：

_____(公司)：

　　本公司聘请的××会计师事务所正在对本公司××年年度财务报表进行审计，按照中国注册会计师审计准则的要求，应当询证本公司与贵公司的往来账项等事项。请列示截至××年×月×日贵公司与本公司往来款项余额。回函请直接寄至××会计师事务所。

　　回函地址：
　　邮编：　　　　　　电话：　　　　　　传真：　　　　　　联系人：

　　本函仅为复核账目之用，并非催款结算。若款项在上述日期之后已经付清，仍请及时函复为盼。

(公司签章)　　(日期)

1. 贵公司与本公司的往来账项列示如下：

单位：元

截止日期	贵公司欠	欠贵公司	备注

2. 其他事项。

(公司签章)　　(日期)　　经办人

2) 消极式函证，又称否定式函证，在采用消极式函证时，注册会计师通常还需要辅之以其他审计程序。当同时存在下列所有情况时，注册会计师可以考虑采用消极式函证：(1)重大错报风险评估为低水平；(2)涉及大量余额较小的账户；(3)预期不存在大量的错误；(4)没有理由相信被询证者不认真对待函证。参考格式如例10-3所示。

【例10-3】消极式询证函

企业询证函

编号：

_____(公司)：

　　本公司聘请的××会计师事务所正在对本公司××年年度财务报表进行审计，按照中国注册会计师审计准则的要求，应当询证本公司与贵公司的往来账项等事项。下列数据出自本公司账簿记录，如与贵公司记录相符，则无须回复；如有不符，请直接通知会计师事务所，并请在空白处列明贵公司认为正确的信息。回函请直接寄至××会计师事务所。

　　回函地址：
　　邮编：　　　　　　电话：　　　　　　传真：　　　　　　联系人：

1. 本公司与贵公司的往来账项列示如下：

单位：元

截止日期	贵公司欠	欠贵公司	备 注

2. 其他事项

本函仅为复核账目之用，并非催款结算。若款项在上述日期之后已经付清，仍请及时函复为盼。

(公司签章)　　(日期)

××会计师事务所：

上面的信息不正确，差异如下：

(公司签章)　　(日期)　经办人

在审计实务中，有时将上述两种函证方式有效结合可能更为适宜：对于大额账项采用积极式函证，而对于小额账项则采用消极式函证。

2. 函证的时间

注册会计师通常以资产负债表日为截止日，充分考虑对方复函的时间，在资产负债表日后的适当时间内实施函证，尽可能做到在审计工作结束前取得函证的全部资料。如果重大错报风险评估为低水平，注册会计师可选资产负债表日前的适当日期为截止日实施函证，并对所函证项目自该截止日起至资产负债表日止这一期间实施进一步的实质性程序或将实质性程序和控制测试结合使用，以将期中测试得出的结论合理延伸至期末。

3. 函证的范围

函证数量的多少、范围是由诸多因素决定的，主要有以下几方面：

1) 应收账款的重要性。如果应收账款在资产总额中所占的比重较大，则函证的范围应当相应扩大。

2) 内部控制的强弱。如果客户内部控制制度较健全，则可以相应减少函证量。

3) 以前期间的函证结果。如果在以前期间函证中发现过重大差异，或欠款纠纷较多，则应相应扩大函证范围。

4) 函证方式的选择。若采用积极式函证，则可以相应减少函证量；若采用消极式函证，则要相应增加函证量。

4. 函证的对象

一般情况下，注册会计师应选择以下项目作为函证对象：(1)大额或账龄较长的项目；(2)与债务人发生纠纷的项目；(3)关联方项目；(4)主要客户(包括关系密切的客户)项目；(5)新增客户项目；(6)交易频繁但期末余额较小甚至余额为零的项目；(7)可能产生重大错报或舞弊的非正常项目。

5. 函证的控制

1) 函证控制措施。注册会计师通常根据客户提供的应收账款明细账户名称及地址等资料编制询证函，但应当对选择被询证者、设计询证函以及发出和收回询证函保持控制。具体控制措施如下：(1)将被询证者的名称、地址与被审计单位有关记录核对；(2)将询证函中列示的账户余额或其他信息与被审计单位有关资料核对；(3)在询证函中指明直接向接受审计业务委托的会计师事务所回函；(4)询证函经被审计单位盖章后，由审计人员直接发出；(5)将发出询证函的情况形成审计工作记录；(6)将收到的回函形成审计工作记录，并汇总统计函证结果。

2) 执行替代程序。若被询证者以传真、电子邮件等方式回函，注册会计师应直接接收，并要求被询证者寄回询证函原件。对于退回的信函要认真分析，查明是由于被询证者地址迁移、差错所致，还是由于客户蓄意舞弊造假所致。对于采用积极式询证函而未有复函的，应实施追查程序，发送第二次乃至第三次询证函，如果仍未有答复，注册会计师则应考虑实施必要的替代审计程序。常用的替代程序主要如下。

(1) 检查与销售有关的文件。根据客户的相关收入确认政策，用应收账款期末余额涵盖的交易核对销售合同、销售订单、销售发票副本、提单(装运单或发货单)、客户签收和验收记录等一项或多项文件，确定能够证明收入发生的凭证，以验证这些应收账款的真实性。

(2) 检查资产负债表日后收回的货款。查看期后相关的收款单据，例如现金收据、银行进账单、银行对账单等收款单据，以及销售合同、销售订单、销售发票副本、提单(装运单或发货单)、客户签收和验收记录等，以证实付款方确为该客户且确与资产负债表日的应收账款相关。

(3) 检查被审计单位与客户之间的往来邮件，如有关发货、对账、催款等事宜的邮件。

需要注意的是，在执行替代程序时，注册会计师应该更注重独立的第三方的证据，例如外部物流单位开具的物流或货运单据、经被审计单位的客户签字确认的签收单或其他外部支持性文件等审计证据，不要仅依赖于出库单或发票等内部支持性文件；此外，后两种替代程序受审计期间是否有回款或之前是否有联系文件等条件的限制，使用时存在一定的局限性。

注册会计师可通过编制函证结果汇总表的方式对询证函的收回情况加以控制。参考格式如表10-6所示。

表10-6 应收账款函证结果汇总表

客户名称：_____ 制表：_____ 日期：_____
结账日：____年____月____日 复核：_____ 日期：_____

询证函编号	债务人名称	债务人地址及联系方式	账面金额	函证方式	函证日期		回函日期	替代程序	确认金额	差异金额及说明	备注
					第一次	第二次					

6. 函证回函差异的分析

回函存在差异并不表明应收账款一定存在错报，注册会计师应仔细分析函证结果产生差异的原因，并与债务人直接联系，进一步核实。如有必要，应提请客户予以调整。产生差异的原因可能是购销双方登记入账的时间不同，或其中一方或双方记账错误，也可能是其中有弄虚作假或舞弊的行为。

购销双方入账时间不同可能导致应收账款回函不符，这种情形下，注册会计师应当根据双方入账时间不同的表现形式，采取相应的进一步审计程序，具体如表10-7所示。

表10-7　购销双方入账时间不同的表现形式和注册会计师的进一步审计程序

购销双方入账时间不同的表现形式	进一步审计程序
询证函发出时，债务人已经付款，而客户尚未收到货款。	检查银行存款日记账、收款凭证及银行对账单，查明是否收到该笔款项，以及如何进行会计处理等。
询证函发出时，客户的货物已经发出并已做销售记录，而货物仍在途中，债务人尚未收到货物。	检查销售合同、销售发票、装运凭证等原始凭证的真实性并关注资产负债表日后的回款情况。
债务人由于某种原因将货物退回，而客户尚未收到。	检查销售合同、销售退回相关的增值税发票、入库单，查明退回货物是否已验收入库等。
债务人对收到的货物的数量、质量及价格等存有争议而拒付全部或部分款项。	检查销售合同，核对装运凭证、出库单、商品价目表等原始凭证以确认拒付货款的原因。

7. 函证结果的总结和评价

注册会计师应将函证的过程和情况记录于工作底稿，据以总结和评价应收账款情况。通常注册会计师对函证结果可作如下评价：(1)重新考虑内部控制的原有评价、控制测试的结果、分析程序的结果、相关风险的评价是否适当等；(2)如果函证结果表明没有审计差异，且函证样本的设计和对样本的审计是适当的，则注册会计师可以合理推论全部应收账款总体是正确的；(3)如果存在审计差异，则注册会计师应当估算应收账款总额中可能出现的累计差错，还应估算未被选中进行函证的应收账款的累计差错。为了取得对应收账款累计差错更加准确的估计，也可以进一步扩大函证的范围。

实例10-3　应收账款函证程序实例

近年来，在财务报表审计过程中，因为函证(尤其是应收账款函证)程序执行不充分，过程控制失当导致的审计失败案例非常多。限于篇幅，仅举一例，2018年8月17日，甘肃省证监局发布《关于对ZH会计师事务所及注册会计师赵某、黄某采取出具警示函措施的决定》。

该决定指出ZH会计师事务所及两名注册会计师在审计"刚泰控股"公司2017年年报时存在的主要问题之一是往来款函证审计程序存在缺陷。

审计人员对往来款项实施函证审计程序时，有26份(涉及应收账款2.68亿元，占公司应收账款余额的14.55%；预收账款1915万元，占公司预收账款余额的58.78%；预付账款700万元，占公司预付账款余额的11.7%；应付账款2276万元，占公司预收账款余额的4.44%)以邮寄方式发出的询证函没有发函运单，无法证明上述函证为审计人员独立发出；对广州市优娜珠宝首饰有限公司9家客户应收账款(涉及金额5244万元)实施替代测试审计程序时，审计底稿显示会计师只查看了出库单，未见查看相关合同、发票等其他支持性文件的审计证据；对珂兰公司其他应收款实施函证时，有1笔回函金额不符，审计底稿中未就回函金额不符原因进行说明并记录。

上述行为不符合《中国注册会计师审计准则1312号——函证》等法规规定，依法决定对ZH会计师事务所和注册会计师赵某、黄某采取出具警示函的监管措施。

……

问题：

(1) 从中国注册会计师协会网站下载《中国注册会计师审计准则问题解答第2号——函证》(2019年12月31日修订)，阅读和学习更多的关于应收账款函证的具体规定，讨论上述案例中审计人员应当如何实施正确的审计程序。

(2) 从网上搜集更多类似因函证程序失当导致的处罚案例，对照规定，比较总结当前应收账款函证程序中存在的问题，并讨论如何进行应对。

(本案例资料来源于中国证券监督管理委员会网站)

(五) 检查未函证的应收账款

注册会计师不可能对所有应收账款都进行函证，而对于未函证的应收账款，注册会计师应当抽查与销售相关的原始凭证，包括现金收据、银行进账单、银行对账单等收款单据，以及销售合同、销售订单、销售发票副本、提单(装运单或发货单)、客户签收和验收记录等，以验证这些应收账款是否真实正确。

(六) 检查已收回的大额应收账款

请客户协助，在应收账款明细表上标出至审计时已收回的应收账款金额。注册会计师应对已收回的大额款项进行常规检查，如核对收款凭证、银行对账单、销售发票等，并关注凭证的发生日期是否合理。

(七) 抽查有无不属于结算业务的债权

应收账款不应包括不属于结算业务的债权，注册会计师应抽查应收账款明细账，并追查有关原始凭证，查找客户有无不属于结算业务的债权。如有，注册会计师应作记录或建议客户作适当调整。

(八) 审查外币应收账款的折算

1) 外币应收账款的增减变动是否采用交易发生日的即期汇率或通过系统合理的方法确定的、与交易发生日即期汇率近似的汇率进行折算。
2) 选择采用汇率的方法前后各期是否一致。
3) 期末外币应收账款余额是否按期末即期汇率折合为记账本位币金额。
4) 折算差额的会计处理是否正确。

(九) 检查贴现、质押或出售应收账款

检查应收账款是否已用于贴现，注册会计师应充分考虑交易的经济实质，判定应收账款贴现业务属于质押还是出售，其会计处理是否正确。

(十) 分析应收账款明细账的余额方向

一般情况下，应收账款明细账的余额在借方。注册会计师在分析应收账款明细账余额时，若发现贷方余额，就应进一步查明原因，必要时建议客户作重分类调整。

(十一) 检查应收账款列报的恰当性

如果客户为上市公司，则其财务报表附注通常应披露期初、期末余额的账龄分析，期末欠款金额较大的单位账款，以及持有5%(含5%)以上股份的股东单位账款等情况。

实例10-4　多选题

下列各项审计程序中，可以为营业收入发生认定提供审计证据的有(　　)。

A. 从营业收入明细账中选取若干记录，检查相关原始凭证
B. 对应收账款余额实施函证
C. 检查应收账款明细账的贷方发生额
D. 调查本年新增客户的工商资料、业务活动及财务状况

分析：选项A是逆查，为营业收入发生认定提供证据；对于选项BC，应收账款的存在通常伴随着营业收入的发生，因此可以为营业收入发生认定提供证据；对于选项D，可以发现虚增客户的情况，调查客户的真实性和相关活动可以为营业收入的真实性提供证据。答案是选项ABCD。

三、应收账款-坏账准备的实质性程序

企业会计准则规定，企业应当在期末对应收款项进行检查，并预计可能产生的坏账损失。应收款项包括应收票据、应收账款、预付款项、应收利息、应收股利、其他应收款和长期应收款等。下面仅以应收账款相关的坏账准备为例，阐述坏账准备审计常用的实质性程序：

(一) 取得或编制坏账准备明细表

注册会计师应首先取得或编制坏账准备明细表。如果由客户协助提供，注册会计师则应复核其加计是否正确，并与总账数和明细账合计数核对，以检查是否相符。

(二) 检查坏账准备的计提

1) 检查坏账准备的计提方法的恰当性和会计处理的正确性。客户应当对所有应收账款根据整个存续期内预期信用损失金额计提坏账准备，在以前年度应收账款实际损失率、对未来回收风险的判断及信用风险特征分析的基础上，确定预期损失率并据此计提坏账准备。

2) 分析应收账款坏账准备会计估计的合理性，包括确定应收账款组合的依据、金额重大的判断、单独计提坏账准备的判断等，评估管理层将应收账款划分为若干组合进行减值评估的方法和计算是否适当。

3) 复核管理层用来计算预期信用损失率的历史信用损失经验数据及关键假设的合理性，从而评估管理层对应收账款的信用风险评估和识别的合理性。

(三) 检查坏账损失

注册会计师应特别关注有无通过核销已收款的应收账款来掩盖挪用资金的行为，重点查明坏账损失的原因是否清楚，是否符合有关规定，有无授权批准。另外，还应检查有无已作坏账处理后又重新收回的应收账款，相应的会计处理是否正确。

(四) 检查长期挂账的应收账款

注册会计师应检查应收账款明细账及相关原始凭证，查找是否存在资产负债表日后仍未收回的长期挂账应收账款，若有，应建议客户进行适当处理。

(五) 检查函证结果

对债务人回函中反映的例外事项及存在争议的余额，注册会计师应分析原因并作相关记录，必要时，应建议客户予以调整。

(六) 实施实质性分析程序

计算坏账准备余额占应收账款余额的比例，并与以前期间的相关比例进行比较，检查并分析重大差异，以发现存在重要问题的审计领域。

(七) 检查坏账准备列报的恰当性

确定客户在财务报表附注中披露坏账的确认标准、坏账准备的计提方法和计提比例是否恰当、清晰。

实例10-5　应收账款函证案例

A注册会计师负责审计甲公司2019年年度财务报表。甲公司2019年12月31日应收账款余额为3000万元。A注册会计师认为应收账款存在重大错报风险，决定选取金额较大以及风险较高的应收账款明细账户实施函证程序，选取的应收账款明细账户余额合计为1800万元。相关事项如下：

(1) 审计项目组成员要求被询证的甲公司客户将回函直接寄至会计师事务所，但甲公司客户X公司将回函寄至甲公司财务部，审计项目组成员取得了该回函，将其归入审计工作底稿。

(2) 对于审计项目组以传真方式收到的回函，审计项目组成员与被询证方取得了电话联系，确认回函信息，并在审计工作底稿中记录了电话内容与时间、对方姓名与职位，以及实施该程序的审计项目组成员姓名。

(3) 审计项目组成员根据甲公司财务人员提供的电子邮箱地址，向甲公司境外客户Y公司发送了电子邮件，询证应收账款余额，并收到了电子邮件回复。Y公司确认余额准确无误。审计项目组成员将电子邮件打印后归入审计工作底稿。

(4) 甲公司客户Z公司的回函确认金额比甲公司账面余额少150万元。甲公司销售部人员解释，甲公司于2019年12月末销售给Z公司的一批产品，在2019年末尚未开具销售发票，Z公司因此未入账。A注册会计师认为该解释合理，未实施其他审计程序。

(5) 实施函证的1800万元应收账款余额中，审计项目组未收到回函的余额合计950万元，审计项目组对此实施了替代程序：对其中的500万元查看了期后收款凭证；对没有期后收款记录的450万元，检查了与这些余额相关的销售合同和发票，未发现例外事项。

(6) 鉴于对60%应收账款余额实施函证程序未发现错报，A注册会计师推断其余40%的应收账款余额也不存在错报，无须实施进一步审计程序。

问题：针对上述第(1)至第(6)项，逐项指出甲公司审计项目组的做法是否恰当。如不恰当，简要说明理由。

分析：

第(1)项不恰当。注册会计师应当对函证的全过程保持控制，可靠性不足。

第(2)项恰当。

第(3)项不恰当。注册会计师应当核实被询证者的信息，电子回函的可靠性存在风险，注册会计师和回函者要采用一定的程序创造安全环境。

第(4)项不恰当。函证的差异不能仅以口头解释为证据，应实施其他审计程序核实不符事项。

第(5)项不恰当。获取的销售合同和发票为内部证据,应检查能够证明交易实际发生的证据。

第(6)项不恰当。选取特定项目的方法不能以样本的测试结果推断至总体,仍然可能存在重大错报风险。

习 题

一、复习思考题

1. 销售与收款循环的关键内部控制有哪些?如何进行销售与收款循环的控制测试?
2. 如何实施销售与收款循环交易类别的实质性程序?
3. 如何实施主营业务收入余额的实质性程序?
4. 如何实施应收账款余额的实质性程序?
5. 在确定应收账款函证方式时,积极式函证与消极式函证分别适用于哪些情况?
6. 应收账款函证结果与客户会计记录不一致的原因主要有哪些?注册会计师应相应实施哪些主要的审计程序?

二、单项选择题

1. 对通过函证无法证实的应收账款,最有效的替代审计程序是(   )。
   A. 审查资产负债表日后的收款情况   B. 审查与应收账款相关的销货凭证
   C. 进行分析性复核   D. 审查已作为坏账的应收账款
2. 注册会计师对被审单位实施销售截止测试,主要目的是检查(   )。
   A. 年底应收账款的真实性   B. 是否存在过多的销货折扣
   C. 销货业务的入账时间是否正确   D. 销售退回是否已经核准
3. 为了确定应收账款的存在性,下列最有效的审计程序是(   )。
   A. 核对明细账   B. 审阅明细账   C. 积极式函证   D. 消极式函证
4. 注册会计师为了验证被审计单位记录的销售交易是否真实发生和存在,下列最有效的实质性程序是(   )。
   A. 以营业收入明细账为起点追查至销售单、发运凭证等原始凭证
   B. 复核销售发票上的数据与发运凭证是否一致
   C. 以发运凭证为起点,追查至营业收入明细账
   D. 追查销售发票上的详细信息至发运凭证、经批准的商品价目表和顾客订货单
5. 主营业务收入截止测试的关键是,检查开具发票日期、记账日期、发货日期(   )。
   A. 是否在同一适当会计期间   B. 是否临近
   C. 是否在同一天   D. 相距是否不超过30天

三、多项选择题

1. 收入交易和余额存在的固有风险可能包括(   )。
   A. 管理层凌驾于控制之上的风险   B. 管理层对收入造假的偏好和动因
   C. 款项无法收回的风险   D. 低估应收账款坏账准备的压力

2. 注册会计师确定应收账款函证数量的大小、范围时，应考虑的主要因素有(   )。
   A. 应收账款在全部资产中的重要性　　B. 被审计单位内部控制的强弱
   C. 以前年度的函证结果　　　　　　　D. 函证方式的选择
3. 下列销售与收款循环中，职责分离适当的是(   )。
   A. 主营业务收入账由记录应收账款账之外的职员独立登记
   B. 负责主营业务收入和应收账款记账的职员不得经手货币资金
   C. 编制销售单的人员与开具销售发票的人员相互分离
   D. 赊销批准职能与销售职能分离
4. 在应收账款审计中，注册会计师通常作为函证对象的是(   )。
   A. 可能产生重大错报或舞弊的非正常项目
   B. 交易频繁但期末余额较小甚至余额为零的项目
   C. 主要客户
   D. 关联方项目或与债务人发生纠纷的项目
5. 在应收账款的函证中，当同时存在下列情况时(   )，注册会计师通常采用消极式函证方式。
   A. 重大错报风险评估为低水平　　　B. 涉及大量余额较小的账户
   C. 预期不存在大量的错误　　　　　D. 没有理由相信被询证者不认真对待询证函

第十一章

采购与付款循环审计

【导读】

在采购与付款循环审计中,防止企业低估费用、漏记负债是一个重要的审计目标。可能为了完成预算、提高业绩,错报费用支出和低估应付账款等负债是企业管理层常用的舞弊手段。此外,采购与付款循环涉及的"在建工程""固定资产"等项目还是舞弊企业转移虚构资金的一个重要避风港,注册会计师应该对这些手段的任何异常保持应有的职业怀疑态度。

【学习重点】

熟悉和掌握采购与付款循环涉及的主要业务环节及其生成的文件记录,熟悉采购与付款循环中常见的舞弊手段,掌握采购与付款循环的控制测试程序,掌握应付账款和固定资产两个报表项目的审计目标和主要实质性程序。

【学习难点】

理解和掌握应付账款的函证程序和漏记审计程序是本章的一个难点,需要在掌握一定会计、财务知识的基础上,灵活运用。

【教学建议】

第一节和第二节结合会计业务知识,以学生课堂讨论分析为主,第三节和第四节建议教师结合案例教学,以课堂讲授为主,同时建议老师和学生结合中国注册会计师协会编著的《财务报表审计工作底稿编制指南》(2012版)中有关采购与付款循环的工作底稿内容进行教与学。

第一节 了解采购与付款循环业务流程及内部控制

采购与付款循环是外部商品或劳务的购置和付款的过程,这一循环主要涉及采购、记录应付账款、付款、维护供应商档案的工作,所涉及的财务报表项目主要有预付款项、固定资产、在建工程、工程物资、固定资产清理、无形资产、开发支出、商誉、长期待摊费用、应付票据、应付账款和长期应付款、管理费用、销售费用等。

一、了解采购与付款循环业务流程

(一) 请购商品和劳务

仓库负责对需要购买的已列入存货清单的项目填写请购单,其他部门也可以对所需购买的未列入存货清单的项目编制请购单。请购单是由产品制造、资产使用等部门的有关人员填写,送交采购部门用于申请购买商品、劳务或其他资产的书面凭证。对正常经营所需物资的购买均作一般授权,但对资本支出和租赁合同则通常需要作特别授权,只允许指定人员提出请购。每张请购单必须经过对这类支出负预算责任的主管人员签字批准。

请购单是证明有关采购交易的"发生"认定的凭据之一,也是采购交易轨迹的起点。

(二) 编制订购单

采购部门收到请购单后,只能对经过批准的请购单发出订购单。对于每张订购单,采购部门都应确定最佳的供应来源。订购单应预先编号并经由被授权的采购人员签名。其正联应送交供应商,副联则送至企业内部的验收部门、应付凭单部门和编制请购单的部门。

应独立检查订购单的处理,以确定是否确实收到商品并正确入账。这项检查与采购交易的"完整性"认定有关。

(三) 验收商品

验收部门首先应比较所收商品与订购单上列示的商品品名、规格、数量、到货时间等是否相符,然后再盘点商品并检查商品有无损坏。

验收后,验收部门应对已收货的每张订购单编制一式多联、预先编号的验收单,作为验收和检验商品的依据。验收人员将商品送交仓库或其他请购部门时,应取得经过签字的收据,或要求其在验收单的副联上签收,以确立他们对所采购的资产应负的保管责任。验收人员还应将其中的一联验收单送交应付凭单部门。

验收单是支持资产或费用以及与采购有关的负债的"存在"和"发生"认定的重要凭证。定期独立检查验收单的顺序以确定每笔采购交易都已编制凭单,则与采购交易的"完整性"认定有关。

(四) 储存已验收的商品存货

将已验收商品的保管与采购的其他职责相分离,可减少未经授权的采购和盗用商品的风险。存放商品的仓储区应相对独立,并限制其他人员接近。这些控制与商品的"存在"认定有关。

(五) 编制付款凭单

付款凭单(Voucher)是采购方企业的应付凭单部门编制的，载明已收到商品、资产或接受劳务的厂商、应付款金额和付款日期的凭证，是采购方企业内部记录和支付负债的授权证明文件。

记录采购交易之前，应付凭单部门应编制付款凭单。这项功能的控制包括：
1) 确定供应商发票的内容与相关的验收单、订购单的一致性。
2) 确定供应商发票计算的正确性。
3) 编制有预先编号的付款凭单，并附上支持性凭证(如订购单、验收单和供应商发票等)。
4) 独立检查付款凭单计算的正确性。
5) 在付款凭单上填入应借记的资产或费用账户名称。
6) 由被授权人员在凭单上签字，以示批准照此凭单要求付款。所有未付凭单的副联应保存在未付凭单档案中，以待日后付款。经适当批准和预先编号的凭单为记录采购交易提供了依据，因此，这些控制与"存在""发生""完整性""权利和义务"以及"计价和分摊"认定有关。

(六) 确认与记录负债

正确确认已验收货物和已接受劳务的债务，要求准确、及时地记录负债。应付账款部门一般有责任核查购置的财产，并在应付凭单登记簿或应付账款明细账中加以记录。在收到供应商发票时，应付账款部门应将发票上记载的品名、规格、价格、数量、条件及运费与订货单上的有关资料核对，如有可能，还应与验收单上的资料进行比较。

在手工系统下，应将已批准的未付款凭单送达会计部门，据以编制有关记账凭证和登记有关账簿。会计主管应监督为采购交易而编制的记账凭证中账户分类的适当性；通过定期核对编制记账凭证的日期与凭单副联的日期，以监督入账的及时性。而独立检查会计人员则应核对所记录的凭单总数与应付凭单部门送来的每日凭单汇总表是否一致，并定期独立检查应付账款总账余额与应付凭单部门未付款凭单档案中的总金额是否一致。

(七) 付款

通常由应付凭单部门负责确定未付凭单在到期日付款。企业有多种款项结算方式，以支票结算方式为例，编制和签署支票的有关控制包括：
1) 独立检查已签发支票的总额与所处理的付款凭单的总额的一致性。
2) 应由被授权的财务部门的人员负责签署支票。
3) 被授权签署支票的人员应确定每张支票都附有一张经适当批准的未付款凭单，还应确定支票收款人姓名和金额与凭单内容的一致性。
4) 支票一经签署就应在其凭单和支持性凭证上加盖印戳或打洞，以示注销，避免重复付款。
5) 支票签署人不应签发无记名甚至空白的支票。
6) 支票应预先连续编号，保证支出支票存根的完整性和作废支票处理的适当性。
7) 应确保只有被授权的人员才能接近未经使用的空白支票。

(八) 记录现金、银行存款支出

在手工系统下，会计部门应根据已签发的支票编制付款记账凭证，并据此登记银行存款日记账及其他相关账簿。以记录银行存款支出为例，有关控制包括：

1) 会计主管应独立检查记入银行存款日记账和应付账款明细账的金额的一致性,以及与支票汇总记录的一致性。
2) 通过定期比较银行存款日记账记录的日期与支票副本的日期,独立检查入账的及时性。
3) 独立编制银行余额调节表。

二、了解采购与付款循环业务的关键内部控制

(一) 存货采购交易涉及的关键内部控制

在内部控制的设置方面,采购与付款循环和第九章第二节讲述的销售与收款循环存在很多类似之处。以下仅就采购交易内部控制的特殊之处予以说明。

1. 适当的职责分离

适当的职责分离有助于防止各种有意或无意的错误。与销售和收款交易一样,采购与付款交易也需要适当的职责分离。企业应当建立采购与付款交易的岗位责任制,明确相关部门和岗位的职责、权限,确保办理采购与付款交易的不相容岗位相互分离、制约和监督。采购与付款交易不相容岗位至少涉及请购与审批、询价与确定供应商、采购合同的订立与审批、采购和验收、与采购和验收相关的会计记录以及付款审批与付款执行。这些都是对企业提出的、有关采购与付款交易相关职责适当分离的基本要求,以确保办理采购与付款交易的不相容岗位相互分离、制约和监督。

2. 恰当的授权审批

付款需要由经授权的人员审批,审批人员在审批前须检查相关支持文件,并对发现的例外事项进行跟进处理。

3. 凭证的预先编号以及对例外报告的跟进处理

通过对入库单进行预先编号以及对例外情况进行汇总处理,被审计单位可以应对存货和负债记录方面的完整性风险。如果该控制是人工执行的,被审计单位可以安排入库单编制人员以外的独立复核人员定期检查已经进行会计处理的入库单记录,确认是否存在遗漏或重复记录的入库单,并对例外情况予以跟进。如果在IT环境下,则系统可以定期生成列明跳号或重号的入库单统计例外报告,由经授权的人员对例外报告进行复核和跟进,可以确认所有入库单都进行了处理,且没有重复处理。

(二) 固定资产交易涉及的特殊内部控制

商品存货与固定资产属同一个交易循环,它们有许多共性,但固定资产还存在着特殊性,一些特殊的内部控制点也应予以关注。

1. 固定资产的预算制度

预算制度是固定资产内部控制中最重要的部分。通常,大企业应编制年度预算以预测与控制固定资产增减和合理运用资金的情况;小企业即使没有正规的预算,对固定资产的购建也应事先编制计划。如果固定资产增减均处于良好的经批准的预算控制之下,注册会计师即可适当减少对固定资产增加、减少实施的实质性程序的样本量。

2. 资本性支出和收益性支出的区分制度

企业应制定区分资本性支出和收益性支出的书面标准。通常须明确资本性支出的范围和最低金

额，凡不属于资本性支出的范围、金额低于下限的任何支出，均应列出费用并抵减当期收益。

3. 固定资产的处置制度

固定资产的处置包括投资转出、报废、出售等，均要有一定的申请报批程序，不同的处置程序会影响最终处置净损益的会计处理。

4. 固定资产的维护保养制度

固定资产应有严密的维护保养制度，以防止其因各种自然和人为的因素而遭受损失，并应建立日常维护和定期检修制度，以延长其使用寿命。

三、评估重大错报风险

影响采购与付款交易和余额的重大错报风险可能包括：

1) 管理层错报费用支出的偏好和动因。被审计单位管理层可能为了完成预算，满足业绩考核要求，保证从银行获得额外的资金，吸引潜在投资者，误导股东，影响公司股价，或通过把私人费用计入公司进行个人盈利等而错报支出。常见的方法可能有：

(1) 把通常应当及时计入损益的费用资本化，然后通过资产的逐步摊销予以消化。这对增加当年的利润和留存收益都将产生影响。

(2) 平滑利润。通过多计准备或少计负债和准备，把损益控制在被审计单位管理层希望的程度。

(3) 利用特别目的实体把负债从资产负债表中剥离，或利用关联方间的费用定价优势制造虚假的收益增长趋势。

(4) 通过复杂的税务安排推延或隐瞒所得税和增值税。

(5) 被审计单位管理层把私人费用计入企业费用，把企业资金当作私人资金运作。

2) 费用支出的复杂性。例如，被审计单位以复杂的交易安排购买一定期间的多种服务，管理层对于涉及的服务受益与付款安排所涉及的复杂性缺乏足够的了解，这可能导致费用支出分配或计提的错误。

3) 管理层凌驾于控制之上和员工舞弊的风险。例如，通过与第三方串通，把私人费用计入企业费用支出，或有意无意地重复付款。

4) 采用不正确的费用支出截止期。将本期采购并收到的商品计入下一会计期间；或者将下一会计期间采购的商品提前计入本期；未及时计提尚未付款的已经购买的服务支出等。

5) 低估。在承受反映较高盈利水平和营运资本的压力下，被审计单位管理层可能试图低估准备和应付账款，包括低估对存货、应收账款应计提的减值以及对已售商品提供的担保(例如售后服务承诺)应计提的准备。

6) 不正确地记录外币交易。当被审计单位进口用于出售的商品时，可能由于采用不恰当的外币汇率而导致该项采购的记录出现差错。此外，还存在未能将诸如运费、保险费和关税等与存货相关的进口费用进行正确分摊的风险。

7) 舞弊和盗窃的固有风险。如果被审计单位经营大型零售业务，由于所采购商品和固定资产的数量及支付的款项庞大，交易复杂，容易造成商品发运错误，员工和客户发生舞弊和盗窃的风险较高。

8) 存货的采购成本没有按照适当的计量属性确认。结果可能导致存货成本和销售成本的核算不正确。

9) 存在未记录的权利和义务。这可能导致资产负债表分类错误以及财务报表附注不正确或披露不充分。

当被审计单位管理层具有高估利润的动机时,注册会计师应当主要关注费用支出和应付账款的低计。重大错报风险集中体现在遗漏交易,采用不正确的费用支出截止期,以及错误划分资本性支出和费用性支出。这些将对完整性、截止、发生、存在、准确性和分类认定产生影响。

四、了解采购与付款循环内部控制的主要工作底稿

在审计实务中,为了解采购与付款循环内部控制,通常需要编制以下工作底稿:

1)《了解内部控制汇总表》。具体记录如下内容:(1)受本循环影响的相关交易、账户余额及相关认定;(2)主要业务流程;(3)了解采购与付款循环交易流程;(4)相关信息系统。

2)《了解业务流程》。审计人员应当采用文字叙述、问卷、核对表和流程图等方式,或将以上几种方式相结合,记录对业务流程的了解。

3)《评价控制的设计并确定控制是否得到执行》。该底稿主要用于评价本循环中关键控制点是否恰当,能否得到执行,初步评价是否需要信赖,以及是否执行下一步的控制测试。

以上工作底稿的格式、作用及编制流程与销售交易中的工作底稿类似,可参考第十章销售与收款循环部分的介绍,这里不再赘述。

第二节 采购与付款循环的进一步审计程序

在从业务流程层面了解采购与付款循环的内部控制,识别和评估采购与付款循环中的重大错报风险后,审计人员应当制定进一步审计程序的总体方案。根据了解的内部控制结果决定对受采购与付款循环影响的报表项目的认定实施综合性方案(包括控制测试和实质性程序)还是实质性方案。

一、采购与付款循环交易的控制测试

在审计实务中,采购与付款交易的控制测试可以被审计单位的内部控制目标为起点实施控制测试,还可以考虑以上述识别的重大错报风险为起点实施控制测试。以内部控制目标和相关认定为起点的常用控制测试程序见表11-1。

表11-1 采购与付款循环交易的控制测试一览表

内部控制目标	受影响的相关认定	关键内部控制	常用的控制测试
所记录的采购都已收到物品或已接受劳务,并符合采购方的最大利益("存在"认定)	应付账款:存在 管理费用:发生 销售费用:发生	(1) 请购单、订货单、验收单和卖方发票一应俱全,并附在付款凭单后 (2) 采购按正确的级别批准 (3) 注销凭证以防止重复使用 (4) 对卖方发票、验收单、订货单和请购单做内部核查	(1) 查验付款凭单后是否附有单据 (2) 检查批准采购的标记 (3) 检查注销凭证的标记 (4) 检查内部核查的标记

(续表)

内部控制目标	受影响的相关认定	关键内部控制	常用的控制测试
已发生的采购交易均已记录("完整性"认定)	应付账款：完整性 管理费用：完整性 销售费用：完整性	(1) 订货单均经事先编号并已登记入账 (2) 验收单均经事先编号并已登记入账 (3) 卖方发票均经事先编号并已登记入账	(1) 检查订货单连续编号的完整性 (2) 检查验收单连续编号的完整性 (3) 检查卖方发票连续编号的完整性
所记录的采购交易估价正确("准确性""计价和分摊"认定)	应付账款：计价与分摊 管理费用：准确性 销售费用：准确性	(1) 计算和金额的内部核查 (2) 采购价格和折扣的批准	(1) 检查内部核查标记 (2) 审核批准采购价格和折扣的标记
采购交易的分类正确("分类"认定)	应付账款：分类 管理费用：分类 销售费用：分类	(1) 采用适当的会计科目表 (2) 分类的内部核查	(1) 检查工作手册和会计科目表 (2) 检查有关凭证上内部核查的标记
采购交易按正确的日期记录("截止"认定)	应付账款：存在、完整性 管理费用：截止 销售费用：截止	(1) 要求收到商品或接受劳务后及时记录采购交易 (2) 内部核查	(1) 检查工作手册并观察有无未记录的卖方发票存在 (2) 检查内部核查的标记
采购交易被正确计入应付账款和存货等明细账中，并被正确汇总("准确性""计价和分摊"认定)	应付账款：计价与分摊、列报 管理费用：准确性、列报 销售费用：准确性、列报	应付账款细账内容的内部核查	检查内部核查的标记

表11-1的目的在于为注册会计师根据具体审计情况和审计条件设计能够实现审计目标的审计方案提供参考，它既不完整，也非一成不变。在审计实务工作中，注册会计师还应充分考虑客户的具体情况、审计质量、审计成本效益原则，充分运用职业判断，将表中内容转换为更实用、更高效的审计方案。

注册会计师应当通过控制测试获取支持将被审计单位的控制风险评价为中或低的证据。如果能够获取这些证据，注册会计师就可以接受较高的检查风险，并在很大程度上可以通过实施实质性分析程序获取进一步的审计证据，同时减少对采购与付款交易和相关余额实施细节测试的依赖。

实例11-1　多选题

下列控制活动中，与应付账款完整性认定相关的有(　　)。

　　A. 订购单均经事先连续编号并确保已完成的采购交易登记入账
　　B. 验收单、卖方发票上的日期与采购明细账中的日期已经核对一致
　　C. 应付凭单均经事先连续编号并确保已付款的采购交易登记入账
　　D. 验收单均经事先连续编号并确保已验收的采购交易登记入账

分析：选项B能够确定采购交易记录的及时性，检查采购原始凭证的连续编号有助于确定采购交易的完整性，正确选项是ACD。

二、采购与付款循环交易审计常用的实质性程序

鉴于采购交易和销售交易在控制目标、交易实质性程序方面，就原理而言大同小异，以下仅就特殊之处说明如下。

(一) 所记录的采购确已收到商品或接受劳务

如果注册会计师对客户在这个目标上的控制的恰当性感到满意，为查找不正确的、未真实发生的交易而执行的测试程序就可大为减少。针对此目标，审计人员可采取以下常用实质性程序：(1)复核采购明细账、总账及应付账款明细账，注意是否有大额或不正常的金额；(2)检查购货发票、验收单、订货单和请购单的合理性和真实性；(3)追查存货的采购至存货永续盘存记录。

(二) 已发生的采购交易均已记录

已验收的商品和接受的劳务若未入账，将直接影响应付账款余额，从而少计企业的负债。针对此目标，审计人员可采取以下常用实质性程序：(1)从验收单追查至采购明细账；(2)从卖方发票追查至采购明细账。

(三) 所记录的采购交易估价正确

由于许多资产、负债和费用项目的估价有赖于相关采购交易在采购明细账上的正确记录。针对此目标，审计人员可采取以下常用实质性程序：(1)将采购明细账中记录的交易同卖方发票、验收单和其他证明文件做比较；(2)复核包括折扣和运费在内的卖方发票编写的正确性。

第三节　应付账款审计的实质性程序

一、审计目标

应付账款审计的目标一般包括：确定资产负债表中记录的应付账款是否存在；确定所有应当记录的应付账款是否均已记录；确定资产负债表中记录的应付账款是为客户应当履行的现实义务；确定应付账款期末余额是否正确，应付账款是否以恰当的金额包括在财务报表中，与之相关的计价调整已恰当记录；确定应付账款是否已按照企业会计准则的规定在财务报表中做出恰当的列报。

二、实质性程序

(一) 取得或编制应付账款明细表

注册会计师应首先取得或编制应付账款明细表。如果由客户协助提供，则应复核其加计是否正确，并与报表数、总账数和明细账合计数核对，以检查是否相符。

(二) 必要时，实施实质性分析程序

1) 比较期末应付账款余额与期初余额，分析其波动原因。

2) 分析长期挂账的应付账款，要求客户做出解释，判断客户是否缺乏偿债能力或利用应付账款隐瞒利润；关注其是否可能属于无须支付的款项，如果是，应检查其会计处理是否正确，相关依据及审批手续是否完备。

3) 计算应付账款对存货的比率、应付账款对流动负债的比率，并将其与以前期间对比分析，评价应付账款整体的合理性。

4) 根据存货、营业成本等项目的增减变动幅度，分析判断应付账款变动的合理性。

(三) 函证应付账款

一般情况下，应付账款无须函证，因为函证不能保证查出未入账的应付账款，而且注册会计师可通过检查采购发票等外部凭证来证实应付账款的余额。但如果控制风险较高，某应付账款明细账户金额较大或客户处于财务困境，则应进行应付账款的函证。

函证时，注册会计师应选择较大金额的债权人，以及资产负债表日金额不大甚至为零，但为企业重要供货人的债权人，作为函证对象。最好采用积极式函证，并具体说明应付金额。同应收账款的函证一样，注册会计师必须对函证的过程进行控制，要求债权人直接回函，并根据回函情况编制与分析函证结果汇总表，对未回函的，应考虑是否再次函证。

如果存在未回函的重大项目，注册会计师应采用替代审计程序，例如可以检查决算日后应付账款明细账及库存现金和银行存款日记账，核实其是否已经支付，同时检查该笔债务的相关凭证资料，核实交易事项的真实性。

(四) 查找未入账的应付账款

为了防止企业低估负债，注册会计师在检查客户有无故意漏记应付账款时，可从以下几个方面予以考虑：

1) 检查债务形成的相关原始凭证，如供应商发票、验收报告或入库单等，查找有无未及时入账的应付账款，确定应付账款期末余额的完整性。

2) 检查资产负债表日后应付账款明细账贷方发生额的相应凭证，关注其购货发票的日期，确认其入账时间是否合理。

3) 获取被审计单位与其供应商之间的对账单(应从非财务部门(如采购部门)获取)，并将对账单和被审计单位财务记录之间的差异进行调节(如在途款项、在途货物、付款折扣、未记录的负债等)，查找有无未入账的应付账款，确定应付账款金额的准确性。

4) 针对资产负债表日后付款项目，检查银行对账单及有关付款凭证(如银行划款通知、供应商收据等)，问被审计单位内部或外部的知情人员，查找有无未及时入账的应付账款。

5) 结合存货监盘，关注客户在资产负债表日是否存在有材料入库凭证但尚未收到采购发票的经济业务，检查其相关会计处理是否正确。

实例11-2　单选题

下列不能发现应付账款被低估的审计程序是(　　)。

  A. 结合存货监盘，检查被审计单位在资产负债表日是否存在有材料入库凭证但未收到购货发票的经济业务

  B. 检查资产负债表日后收到的购货发票，关注购货发票的日期，确认其入账时间是否正确

  C. 检查资产负债表日后应付账款明细账贷方发生额的应付凭证，确认其入账时间是否正确

  D. 从应付账款明细账上抽取交易，与相关原始凭证核对，检查每笔业务的入账金额是否正确

分析：选项D由账到原始凭证只能检查应付账款的发生性，正确选项是D。

(五) 分析应付账款明细账的余额方向

一般情况下，应付账款明细账的余额应在贷方。如果发现借方余额，就应进一步查明原因，必要时建议客户作重新分类调整。

(六) 检查带有现金折扣的应付账款

检查其是否按发票上记载的全部应付金额入账，待实际获得现金折扣时再冲减财务费用项目。

(七) 检查是否存在应付关联方账款

若存在应付关联方账款，应通过了解关联交易事项的目的、价格和条件，检查采购合同等，以确认应付账款的合法性和合理性；通过向关联方或其他注册会计师查询及函证等方法，以确认交易的真实性。

(八) 检查外币应付账款折算

对于以非记账本位币结算的应付账款，注册会计师应检查其采用的折算汇率及折算是否正确。

(九) 检查债务重组的会计处理

被审计单位与债权人进行债务重组的，检查不同债务重组方式下的会计处理是否正确。

(十) 检查应付账款列报的恰当性

一般来说，"应付账款"项目应根据"应付账款"和"预付账款"科目所属明细科目的期末贷方余额的合计数填列。如果客户为上市公司，则通常在其财务报表附注中还应说明有无欠持有5%(含5%)以上表决权股份的股东单位账款；说明账龄超过3年的大额应付账款未偿还的原因，并在期后事项中反映资产负债表日后是否偿还。

实例11-3　案例分析题

ABC会计师事务所的A注册会计师负责审计甲公司2019年年度财务报表，确定财务报表层次的重要性水平是100万元，审计工作底稿中的部分内容摘录如下：

(1) 甲公司各部门使用的请购单未连续编号，请购单由部门经理批准。超过一定金额的还需要总经理批准，A注册会计师认为该项内部控制设计有效，实施了控制测试，结果满意。

(2) 为查找未入账的应付账款，A注册会计师检查了资产负债表日后的应付账款明细账贷方发生额的相关凭证，并结合存货监盘程序，检查了甲公司资产负债表日后的存货入库资料，结果满意。

(3) 甲公司有一笔账龄三年以上的金额重大的其他应付款，因2018年未发生变动，A注册会计师未实施进一步审计程序。

(4) 甲公司应付账款存在高估风险，A注册会计师选取了若干个应付账款项目实施细节测试，发现一项内部控制缺陷导致多计30万元的错报，要求管理层对该项错报予以调整，认可了调整后的应付账款余额。

(5) 甲公司2019年末与一项未决诉讼相关的预计负债存在特别风险，因其为一项单一事件，A注册会计师认为直接实施细节测试更有效率，未了解和测试相关内部控制。

问题：针对以上第(1)至第(5)项，逐项指出A注册会计师的做法是否恰当，如不恰当，简要说明理由。

分析：

第(1)项恰当。

第(2)项不恰当。还应当检查债务形成的相关原始凭证，获取被审计单位与其供应商之间的对账单，并将对账单和被审计单位财务记录之间的差异进行调节，检查银行对账单及有关付款凭证。

第(3)项不恰当。注册会计师应当对重大账户实施实质性程序。

第(4)项不恰当。由于存在内部控制缺陷导致的错报，可能还存在其他错报，注册会计师应扩大测试范围，确认是否还存在其他错报。

第(5)项不恰当。针对特别风险，应当对内部控制进行了解，并视情况进行相关控制测试。

第四节 固定资产审计的实质性程序

一、审计目标

固定资产审计的目标一般包括：确定资产负债表中记录的固定资产是否存在；确定所有应记录的固定资产是否均已记录；确定记录的固定资产是否由被审计单位拥有或控制；确定固定资产以恰当的金额包括在财务报表中，与之相关的计价或分摊已恰当记录；确定固定资产原价、累计折旧和固定资产减值准备是否已按照企业会计准则的规定在财务报表中做出恰当列报。

二、固定资产-账面余额的实质性程序

（一）取得或编制固定资产及累计折旧分类汇总表

注册会计师应首先取得或编制固定资产及累计折旧分类汇总表，检查固定资产的分类是否正确，并与总账数和明细账合计数核对相符；结合累计折旧、固定资产减值准备科目与报表数核对相符。"固定资产及累计折旧分类汇总表"又称"一览表"或"综合分析表"，是审计固定资产和累计折旧的重要工作底稿，其格式如表11-2所示。

表11-2　固定资产及累计折旧分类汇总表

客户：_____　　　　　　　　　　　编制人：_____　　日期：_____
　　　　　　　　　　　　　　　　　　　　复核人：_____　　日期：_____
　　　　　　　　　　　　　　　　　　　　　　　　　　　年　　月　　日

固定资产类别	固定资产				累计折旧					
	期初余额	本期增加	本期减少	期末余额	折旧方法	折旧率	期初余额	本期增加	本期减少	期末余额
合计										

(二) 实施实质性分析程序

1) 分类计算本期计提折旧额与固定资产原值的比率，并与上期比较，以发现本期折旧额计算上可能存在的错误。

2) 计算固定资产修理及维护费用占固定资产原值的比例，并进行本期各月、本期与以前各期的比较，以发现资本性支出和收益性支出区分上可能存在的错误。

(三) 检查本期固定资产的增加

审计固定资产的增加，是固定资产实质性程序中的重要内容。审计中应注意：

1) 对于外购固定资产，通过核对采购合同、发票、保险单、发运凭证等资料，抽查测试其入账价值是否正确，授权批准手续是否齐全，会计处理是否正确。

2) 对于在建工程转入的固定资产，应检查竣工决算、验收和移交报告是否完备，与在建工程相关的记录是否核对相符；对已达到预定可使用状态但尚未办理竣工决算的固定资产，检查其是否已经暂估入账，并按规定计提折旧；竣工决算完成后，是否及时调整。

3) 对于投资者投入的固定资产，检查投资者投入的固定资产是否按投资各方确认的价值入账，并检查确认价值是否公允，交接手续是否齐全；涉及国有资产的，是否有评估报告并经国有资产管理部门评审备案或核准确认。

4) 对于更新改造增加的固定资产，应检查增加的固定资产原值是否真实，是否符合资本化条件，重新确定的剩余折旧年限是否恰当，会计处理是否正确。

5) 对于融资租赁增加的固定资产，应获取相关证明文件，审查融资租赁合同，并结合长期应付款、未确认融资费用科目检查相关会计处理是否正确。

6) 对于因企业合并、债务重组和非货币性资产交换增加的固定资产，应检查产权过户手续是否齐备，固定资产的入账价值及确认的损益和负债是否符合规定。

7) 对于因其他原因增加的固定资产，应检查相关的原始凭证，核对其计价及会计处理是否正确，法律手续是否齐全。

(四) 检查本期固定资产的减少

审计固定资产减少的主要目的在于查明减少的固定资产是否已作适当的会计处理。其审计要点如下：

1) 结合固定资产清理科目，抽查固定资产账面转销额是否正确。
2) 检查出售、盘亏、转让、报废或毁损的固定资产是否经授权批准，会计处理是否正确。
3) 检查因修理、更新改造而停止使用的固定资产的会计处理是否正确；获取持有待售固定资产的相关证明文件，并作相应记录，检查其会计处理是否正确。
4) 检查投资转出固定资产的会计处理是否正确。
5) 检查债务重组或非货币性资产交换转出固定资产的会计处理是否正确。
6) 检查转出的投资性房地产账面价值及会计处理是否正确。
7) 检查其他减少固定资产的会计处理是否正确。

(五) 检查固定资产的所有权或控制权

对各类固定资产，注册会计师应获取、收集不同的证据以确定其是否确归客户所有：对外购的机器设备等固定资产，应审核采购发票、采购合同等证明文件；对于房地产类固定资产，应查阅有关的合同、产权证明、财产税单、抵押借款的还款凭证、保险单等书面文件；对融资租入的固定资产，应验证有关融资租赁合同，证实其并非经营租赁；对汽车等运输设备，应验证有关运营证件等；对受留置权限制的固定资产，还应审核客户的有关负债项目等。

(六) 实地检查重要固定资产

实施实地检查审计程序时，注册会计师可以以固定资产明细分类账为起点，进行实地追查，以证明会计记录中所列固定资产确实存在，并了解其目前的使用状况；也可以以实地为起点，追查至固定资产明细分类账，以获取实际存在的固定资产均已入账的证据。

注册会计师实地检查的重点是本期新增加的重要固定资产。有时，检查范围也会扩展到以前期间增加的重要固定资产。检查范围的确定需要依据客户内部控制的强弱、固定资产的重要性和注册会计师的经验来判断。若为首次接受审计，则应适当扩大检查范围。

实例11-4 单选题

为检查融资租入固定资产的所有权，注册会计师应当( )。
  A. 审核采购发票、采购合同等证明文件
  B. 查阅财产税单、抵押借款的还款凭据、保险单等书面文件
  C. 验证有关租赁合同，证实其并非经营租赁
  D. 验证有关运营证件

分析：检查租赁合同能够证实租赁的性质，正确选项是C。

(七) 检查固定资产的后续支出

确定固定资产有关的后续支出是否满足资产确认条件；如不满足，该支出是否在该后续支出发生时计入当期损益。

(八) 检查固定资产的租赁

租赁固定资产经常需要执行的程序包括：(1)固定资产的租赁是否签订了合同、租约，手续是否完备，合同内容是否符合国家规定，是否经相关管理部门审批；(2)租入固定资产是否已登入备查簿；(3)在固定资产中，如果融资租入固定资产占比例相当大，复核租赁协议，检查是否符合融资租赁的条件，会计处理是否正确；(4)向出租人函证租赁合同及执行情况；(5)检查租入固定资产改良支出的核算是否符合规定。

(九) 检查有无与关联方之间的固定资产购售活动

如果客户存在与关联方之间的固定资产购售活动，注册会计师应检查是否经适当授权，是否按正常交易价格进行交易。对于合并范围内的购售活动，记录应予合并抵销的金额。

(十) 检查固定资产的抵押、担保情况

结合对银行借款等的检查，了解固定资产是否存在重大的抵押、担保情况。如存在，应取证，并作相应记录，同时提请客户作恰当披露。

(十一) 检查闲置的固定资产

获取暂时闲置固定资产的相关证明文件，并观察其实际状况，检查是否已按规定计提折旧，相关的会计处理是否正确；获取持有待售固定资产的相关证明文件，并作相应记录，检查对其预计净残值调整是否正确、会计处理是否正确。

(十二) 获取已提足折旧但仍继续使用固定资产的相关证明文件，并作相应记录

由于企业多数固定资产是按照分类提取折旧，而个别固定资产是否已提足折旧还需要相应的证明文件。

(十三) 检查固定资产保险情况，复核保险范围是否足够

固定资产是否加入财产保险情况，并不是会计准则的要求，但是对一些特殊的固定资产加入财产保险，有利于固定资产的可变现价值的估价。

(十四) 检查计入固定资产的借款费用

应根据企业会计准则的规定，结合长短期借款、应付债券或长期应付款的审计，检查借款费用(借款利息、折溢价摊销、汇兑差额、辅助费用)资本化的计算方法和资本化金额，以及会计处理是否正确。

(十五) 检查固定资产列报或披露的恰当性

财务报表附注通常应说明固定资产的标准、分类、计价方法和折旧方法；融资租入固定资产的计价方法；固定资产的预计使用寿命和预计净残值；对固定资产所有权的限制及其金额；已承诺将为购买固定资产支付的金额；暂时闲置的固定资产账面价值；已提足折旧但仍继续使用的固定资产账面价值；已退废和准备处置的固定资产账面价值等。

如果客户是上市公司，应在其财务报表附注中按类别分项列示固定资产的期初余额、本期增加额、本期减少额及期末余额；说明固定资产中存在的在建工程转入、出售、置换、抵押或担保等情况；披露通过融资租赁租入的每类固定资产的账面原值、累计折旧、账面净值；披露通过经营租赁租出的每类固定资产的账面价值。

三、固定资产-累计折旧的实质性程序

(一) 取得或编制累计折旧明细表

注册会计师应首先取得或编制累计折旧明细表。如果由客户协助提供，注册会计师则应复核其加计是否正确，并与总账数和明细账合计数核对，以检查是否相符。

(二) 检查折旧政策和方法的正确性

检查客户制定的折旧政策和方法是否符合相关会计准则的规定，确定其所采用的折旧方法能否在固定资产预计使用寿命内合理分摊其成本，前后期是否一致，预计使用寿命和净残值是否合理。

(三) 实施实质性分析程序

1) 对折旧计提的总体合理性进行复核。在不考虑固定资产减值准备的前提下，计算复核的方法是用应计提折旧的固定资产原价乘以本期的折旧率。计算之前，注册会计师应对本期增加或减少固定资产、使用年限长短不一的固定资产和折旧方法不同的固定资产作适当调整。如果总的计算结果和客户的折旧总额相近，且固定资产及累计折旧的内部控制较健全，就可以适当减少累计折旧和折旧费用的其他实质性程序工作量。

2) 计算本期计提折旧额占固定资产原值的比率，并与上期比较，分析本期折旧计提额的合理性和准确性。

3) 计算累计折旧占固定资产原值的比率，评估固定资产的老化程度，并估计因闲置、报废等原因可能发生的固定资产损失，结合固定资产减值准备分析其合理性。

(四) 复核本期计提的折旧费用

根据会计准则固定的折旧范围和企业具体折旧政策，计算复核企业本期折旧费用是否准确。一是要确定企业各种情况的固定资产是否按会计准则的规定纳入折旧范围，二是确定各项固定资产计提的折旧额是否准确。

(五) 检查折旧费用分配的正确性

将"累计折旧"账户贷方的本期计提折旧额与相应的成本费用中折旧费用明细账户的借方相比较，以查明所计提折旧金额是否已全部摊入本期产品成本或费用。一旦发现差异，应及时追查原因，并考虑是否应建议客户予以调整。

(六) 检查累计折旧列报的恰当性

如果客户是上市公司，还应检查在其财务报表附注中是否按固定资产类别分项列示累计折旧的期初余额、本期计提额、本期减少额及期末余额。

四、固定资产-固定资产减值准备的实质性程序

(一) 取得或编制固定资产减值准备明细表

注册会计师应首先取得或编制固定资产减值准备明细表。如果由客户协助提供,注册会计师则应复核其加计是否正确,并与总账数和明细账合计数核对,以检查是否相符。

(二) 检查固定资产减值准备的计提和核销

检查固定资产减值准备的计提和核销的批准程序,取得并核对书面报告等证明文件。主要查明固定资产减值准备的计提方法是否符合制度规定,计提的依据是否充分,计提的数额是否恰当,相关会计处理是否正确,前后期是否一致。

(三) 实施实质性分析程序

计算本期末固定资产减值准备数额占期末固定资产原值的比率,并与期初该比率相比较,分析固定资产的质量状况。

(四) 检查固定资产减值准备列报的恰当性

客户应当在财务报表附注中披露当期确认的固定资产减值损失金额和已提取的固定资产减值准备累计金额。发生重大固定资产减值损失的,还应说明其原因、固定资产可收回金额的确定方法,以及当期确认的重大固定资产减值损失的金额。

如果客户为上市公司,其财务报表附注中还应分项列示计提的固定资产减值准备数额、增减变动情况以及计提的原因。

习 题

一、复习思考题

1. 采购与付款循环的关键内部控制有哪些?如何进行采购与付款循环的控制测试?
2. 如何进行采购与付款循环交易类别的实质性程序?
3. 比较应收账款函证与应付账款函证的异同点。
4. 应付账款审查的重点是什么?为此,审计人员应实施哪些审计程序?
5. 固定资产的实质性程序的要点有哪些?
6. 如何对固定资产折旧进行审计?

二、单项选择题

1. 分析长期挂账的应付账款,可以有助于注册会计师( )。
   A. 评价应付账款整体的合理性　　B. 分析判断应付账款变动的合理性
   C. 判断客户是否缺乏偿债能力　　D. 判断应付账款是否漏记

2. 审计人员在实地观察固定资产时，应重点观察(　　)。
   A. 虚增的固定资产　　　　　　　B. 已毁损的固定资产
   C. 本期减少的固定资产　　　　　D. 本期新增加的固定资产
3. 资产类审计与负债类审计的最大区别是(　　)。
   A. 前者侧重于防止高估和虚列，后者侧重于防止低估和漏列
   B. 前者侧重于审查所有权，后者侧重于审查义务
   C. 前者侧重于应付账款，后者侧重于应收账款
   D. 前者与损益无关，后者与损益有关
4. 为检查融资租入固定资产的所有权，注册会计师应当(　　)。
   A. 审核采购发票、采购合同等证明文件
   B. 查阅财产税单、抵押借款的还款凭据、保险单等书面文件
   C. 验证有关租赁合同，证实其并非经营租赁
   D. 验证有关运营证件
5. 应付账款函证(　　)。
   A. 最好采用积极式函证，并具体说明应付金额
   B. 最好采用积极式函证，不具体说明应付金额
   C. 最好采用消极式函证，并具体说明应付金额
   D. 最好采用消极式函证，不具体说明应付金额

三、多项选择题

1. 应付账款一般不需要函证，但需要对应付账款进行函证的情形有(　　)。
   A. 客户处于财务困难阶段　　　　B. 被审计单位内部控制风险较高
   C. 被审计单位财务状况良好　　　D. 某应付账款明细账金额较大
   E. 被审计单位内部控制风险较低
2. 计算固定资产原值与本期产品产量的比率，并与以前期间比较，可能发现(　　)。
   A. 虚增、闲置的固定资产　　　　B. 已减少固定资产未记账
   C. 固定资产所有权错误　　　　　D. 虚增产量
   E. 累计折旧计算错误
3. 关于应付账款函证，正确的说法有(　　)。
   A. 一般情况下，应付账款无须函证
   B. 应选择较大金额的债权人为函证对象
   C. 最好采用积极式函证，并具体说明应付金额
   D. 最好采用消极式函证，并具体说明应付金额
   E. 资产负债表日金额不大甚至为零，但为企业重要供货人的债权人，作为函证对象
4. 应付账款函证如果存在未回函的重大项目，注册会计师应采用以下替代程序(　　)。
   A. 检查该笔债务的相关凭证资料，核实交易事项的真实性
   B. 检查决算日后应付账款明细账及库存现金和银行存款日记账
   C. 检查其相关会计处理是否正确
   D. 分析应付账款明细账的余额方向
   E. 检查是否存在应付关联方账款

5. 注册会计师在检查客户有无故意漏记应付账款行为时，可采取以下替代程序(　　)。
   A. 检查债务形成的相关原始凭证
   B. 检查资产负债表日后应付账款明细账贷方发生额的相应凭证
   C. 针对资产负债表日后付款项目，检查银行对账单及有关付款凭证
   D. 询问被审计单位内部，查找有无未及时入账的应付账款
   E. 结合存货监盘，关注客户在资产负债表日是否存在有材料入库凭证但尚未收到采购发票的经济业务

第十二章

存货与生产循环审计

【导读】

存货与生产循环既是采购业务的结果，如采购储存的原材料存货，也是销售业务的起点，如发出已销售库存商品存货，结转销售成本。存货与生产循环审计需要结合其他循环的审计程序，避免重复进行，尤其是控制测试程序。存货与生产循环交易数量庞大、成本核算复杂、存货审计成本和难度较高，涉及的报表项目众多，存货与生产循环存在的重大错报风险往往与其他循环涉及的报表项目错报风险相联系，影响比较广泛。因此，注册会计师应当对存货与生产循环的异常现象保持足够的职业谨慎性。

【学习重点】

熟悉和掌握存货与生产循环涉及的主要业务环节及其生成的文件记录，熟悉存货与生产循环中常见的舞弊手段，掌握存货与生产循环的控制测试程序，掌握生产成本、营业成本、存货和应付职工薪酬报表项目的审计目标和主要实质性程序。

【学习难点】

存货的监盘程序是本章的一个难点，应正确掌握存货监盘程序的性质、时间和范围。

【教学建议】

第一节和第二节结合会计业务知识，以学生课堂讨论分析为主，第三节、第四节和第五节建议教师结合案例教学，以课堂讲授为主。

第一节　了解存货与生产循环业务流程及内部控制

存货与生产循环的主要业务内容是按生产计划领用原材料投入生产过程，经过制造加工生产出产成品直至产品验收入库。在这一过程中，涉及的主要业务是材料验收与仓储、计划和安排生产、生产与发运、存货管理。本循环涉及报表项目包括存货、应付职工薪酬、应交税费、其他应收款、营业成本、管理费用、销售费用等。本章以传统的制造业为例介绍存货与生产循环的业务流程和内部控制。

一、了解存货与生产循环涉及的主要业务及控制流程

(一) 存货与生产循环涉及的主要业务流程

1. 计划和安排生产

生产计划部门应根据顾客订单或对销售预测和存货需求的分析来决定生产授权。若决定授权生产，则应签发预先编号的生产通知单。还应根据生产计划编制一份详细的生产各要素需求计划，列示所需要的材料、人工工时、零部件和机器台时等生产要素，通知相关部门准备就绪。

2. 发出原材料

仓库部门应根据从生产部门收到的领料单发出原材料。领料单上必须列示所需要的材料数量、种类及领料部门的名称。领料单通常一式三联，一联交还领料部门；一联登记仓库材料明细账；一联送会计部门进行材料收发核算和成本核算。该环节主要涉及材料发出汇总表、领料单、限额领料单、领料登记簿、退料单等领发料凭证。

3. 生产产品

生产部门根据生产通知单，在领取原材料后，组织产品生产，将检验合格的产成品或半成品办理入库手续或移交下一生产步骤作进一步加工。

4. 核算产品成本

会计部门应汇集生产过程中的各种记录，包括生产通知单、领料单、计工单、入库单等文件资料，并对其加以审查和核对；应设置相应的会计账户，编制有关的费用分配表(包括人工费用分配表、材料费用分配表、制造费用分配表等)，会同有关部门，采用适当的成本核算方法，核算和控制生产过程成本，由此了解和控制生产过程中存货的实物流转，包括由原材料转为在产品、由在产品转为产成品的过程。该环节主要涉及材料费用分配表、工薪汇总表及人工费用分配表、制造费用分配汇总表、成本计算单等凭证。

5. 储存产成品

仓库部门应对入库产成品在点验后签收并及时通知会计部门，根据产成品的品质特征分类存放并填制标签，实施存货定期盘点。该环节主要涉及验收单、入库单、产成品明细账等凭证。

6. 发出产成品

产成品的发出须由独立的发运部门持有经核准的发运通知单进行产成品装运，并据此编制出库

单,出库单至少一式四联:一联交仓库部门;一联交发运部门;一联送交顾客;一联作为给顾客开发票的依据。

7. 存货盘点

管理人员编制盘点指令,安排适当人员对存货实物(包括原材料、在产品和产成品等所有存货类别)进行定期盘点,对盘点结果与存货账面数量进行核对,调查差异并进行适当调整。该环节主要涉及存货盘点表、盘点标签等凭证。

8. 计提存货跌价准备

财务部门根据存货货龄分析表及相关部门提供的有关存货状况的信息,结合存货盘点过程中存货状况的检查结果,对出现损毁、滞销、跌价等降低存货价值的情况进行分析计算,计提存货跌价准备。

(二) 职工薪酬涉及的主要业务流程

1. 雇用员工

人事部门负责员工雇用,控制的重点首先是将新员工的招募时间、工资标准的确定和变动、员工的雇用日期等情况及时通知考勤部门和工资部门;其次,应对新员工的能力和忠诚性进行适当的考查。该环节主要涉及人事授权表、员工人事档案等凭证。

2. 编制出勤和计时资料

应设置专门的计时部门来控制计时,包括使用打卡钟记录员工的工作时间;记工单上所反映的完成某类工作所花费的人工工时应经过主管人员书面批准;将计时卡上的工时数与记工单上的工时总数相对比,起到相互控制作用;设立独立人员对工作时数进行再计算,复核所有加班时间是否经过适当授权,检查工时卡有无删改现象。计时部门在调节已批准的计时卡和记工单后,应将其送达工资部门,据以编制工资单。该环节主要涉及计时卡、记工单等凭证。

3. 编制工资计算表

工资部门根据计时卡、记工单和人事授权表资料,计算每位员工的工资总额,编制工资计算单和人工成本分配汇总表,确保工薪分配到正确的账户中,防止通过工薪分配来影响存货估价。应设置内部核查人员进行独立的核查。该环节主要涉及工资计算表、工资汇总表、人工费用分配表等凭证。

4. 记录工资

会计部门根据工资部门送来的人工成本分配汇总表登记有关账簿。

5. 支付工资

相关的控制包括:签发工资支票应由某一负责人批准,由独立授权人员检查支票数额是否与工资计算表一致;由非考勤人员、记录人员和编制工资计算表的人员签发支票,将代发工资资金足额划转到委托单位在开户行开立的指定账户,并向开户行提供书面代发工资明细清单,由银行向员工发放工资。

6. 编制工薪税申报表及缴纳税款

制定一套完善的政策,仔细说明每种工薪税申报单必须在何时填写,并由一名称职的人员独立进行核对,以防止税款错计。

二、评估重大错报风险

当生产流程得到良好控制时,注册会计师可以将重大错报风险评价为中或低,并且可以根据不同级别的管理层收到的例外报告的类型、实施的不同的监督活动,以及是否有证据表明所选取控制的设计和运行适当,是否能够保证管理层采取及时有效的措施来识别错误并处理舞弊。

影响生产与存货交易和余额的重大错报风险可能包括:

1) 交易的数量和复杂性。制造类企业交易的数量庞大,业务复杂,这就增加了错误和舞弊的风险。

2) 成本基础的复杂性。制造类企业的成本基础是复杂的。虽然原材料和直接人工等直接费用的分配比较简单,但间接费用的分配可能较为复杂,并且同一行业中的不同企业也可能采用不同的认定和计量基础。

3) 产品的多元化。这可能要求聘请专家来验证其质量、状况或价值。另外,计算库存存货数量的方法也可能是不同的。例如,计量煤堆、筒仓里的谷物或糖、钻石或其他贵重的宝石、化工品和药剂产品的存储量的方法都可能不一样。但这并不是要求注册会计师每次清点存货都需要专家配合,如果存货容易辨认,存货数量容易清点,就无须专家帮助。

4) 某些存货项目的可变现净值难以确定。例如价格受全球经济供求关系影响的存货,由于其可变现净值难以确定,会影响存货采购价格和销售价格的确定,并将影响注册会计师对与存货计价认定有关的风险进行的评估。

5) 将存货存放在很多地点。大型企业可能将存货存放在很多地点,并且可以在不同的地点之间配送存货,这将增加商品途中毁损或遗失的风险,或者导致存货在两个地点被重复列示,也可能产生转移定价的错误或舞弊。

6) 寄存的存货。有时候存货虽然还存放在企业,但可能已经不归企业所有。反之,企业的存货也可能被寄存在其他企业。

注册会计师应当了解被审计单位对生产与存货的管理程序。如果注册会计师认为被审计单位可能存在销售成本和存货的重大错报风险,通常需要考虑对已选取的控制活动的运行有效性进行测试,以证实计划依赖的认定层次上的控制已经在整个期间内运行。

存货与生产循环中的主要业务及其控制流程的工作底稿种类和形式与销售与收款循环中的类似,在此不再赘述。

第二节 存货与生产循环的进一步审计程序

存货与生产循环涉及的内部控制主要包括存货的内部控制、成本会计制度的内部控制和工薪的内部控制。存货的大部分相关内部控制在销售与收款循环、采购与付款循环中都有相应的叙述,在此重点介绍后两者的测试。

一、存货与生产循环内部控制测试

(一) 成本会计制度测试

1. 直接材料成本的测试

选择并获取某一成本报告期若干具有代表性的产品成本计算单,同时获取相应的材料费用分配汇总表、材料发出汇总表(或领料单)、材料明细账,作如下检查:

1) 产品成本计算单中直接材料成本与材料费用分配汇总表中该产品负担的直接材料是否相符,分配标准是否合理。
2) 将抽取的材料发出汇总表(或领料单)中若干直接材料的发出总量与各种材料的实际单位成本之积,与材料费用分配汇总表中各材料费用进行比较。
3) 同时检查领料单的签发是否经过授权批准、材料发出汇总表是否经过复核、材料单位成本计价方法是否适当并保持一致。

2. 直接人工成本的测试

获取样本的产量统计报告、个人(班组)产量记录和批准的单位工薪标准或计件工资制度,作如下检查:

1) 根据样本的统计产量和单位工薪标准计算的人工费用与成本计算单中直接人工成本核对是否相符。
2) 抽取若干直接人工(小组)的产量记录,检查是否被汇总计入产量报告。如果被审计单位采用计时工资制,应当获取实际工时统计记录以及工资率,做类似检查。

3. 制造费用的测试

获取样本的制造费用分配汇总表、制造费用明细账以及制造费用分配标准,做如下检查:

1) 制造费用分配汇总表中,分担的制造费用与成本计算单中的制造费用核对是否相符。
2) 制造费用分配汇总表中的合计数与制造费用明细账总计数核对是否相符。
3) 制造费用的分配标准是否合理并保持一致性。

4. 生产成本在当期完工产品与在产品之间分配的测试

检查成本计算单中在产品数量与生产统计报告中的数量是否一致;检查在产品约当产量计算或其他分配标准是否合理。

需要说明的是,以上控制测试程序的方向通常是从生产成本明细账或产成品成本计算单开始去核对材料费用(包括人工费用/制造费用)分配汇总表、材料发出汇总表(或领料单)或工薪汇总表等原始凭证以及制造费用明细账等,这是为了确定内部控制是否有效实现记录成本为实际发生而非虚构发生的认定;如果要确定内部控制是否有效实现所有耗费和物化劳动均已反映在成本中的完整性认定,审计人员应检查生产通知单、领发料凭证产量和工时记录、工薪费用分配表、制造费用分配表等原始凭证的顺序编号是否完整,并执行由原始凭证到成本明细账或成本计算单方向的控制测试程序。

(二) 职工薪酬相关内部控制测试

选择若干月份的工薪汇总表,作如下检查:

1) 计算复核每份工薪汇总表。
2) 检查每份工薪汇总表是否有授权批准。
3) 检查工薪总额与人工费用分配汇总表中的合计数是否相符。
4) 检查代扣款项账务处理是否正确。
5) 检查实发工薪总额与银行付款凭单及银行对账单是否相符。
6) 从工资单中选取若干样本,检查员工工薪卡或人事档案,确保工薪的发放有依据。
7) 检查工资率与工薪的计算,并检查工时记录与员工个人钟点卡是否相符。
8) 检查员工的工薪签发证明,实地抽查部分员工,证明其确实在本单位工作。

二、生产成本审计常用的实质性程序

(一) 直接材料成本的实质性测试

直接材料成本的审查一般应从审阅原材料和生产成本明细账入手,抽查有关的费用凭证,验证企业产品直接耗用材料的数量、计价和材料费用分配是否真实、合理。其主要内容包括:

1) 抽查产品成本计算单,检查直接材料成本的计算是否正确,材料费用的分配标准和计算方法是否合理,是否与材料分配汇总表中分摊的直接材料费用相符。可通过核对、审阅、复算等方法,对发出材料汇总分配表、成本计算单、生产成本明细账等进行审查,证实其分配依据、分配方法、分配结果及账务处理的正确性。

2) 分析比较同一产品前后各年度的直接材料成本,如有重大变动,应查明原因。

3) 检查直接材料耗用量的真实性。材料耗用量的审查通常应结合材料用途进行。在企业中,基本生产车间、基建部门、生活福利等部门都可领用材料,有时也会发生余料销售业务。因此,领料单上必须注明领料用途,以便将发出的材料按其用途进行分类汇总。可抽查领料凭证,并对耗用量大、单位价值高和各部门共耗材料实施重点抽查,并与有关的发料凭证汇总相核对,看材料是否已按用途进行分配。同时还应注意审查已领未用材料是否办理假退料;废料、边角料是否办理退库,并从本期耗用量中冲减。

4) 审查直接材料的计价。直接材料计价有实际成本计价和计划成本计价两种方式。在实际成本计价方式下,首先应审查其计价方法是否前后期一致,有无任意改变材料计价方法从而人为调节直接材料费用;其次,还应审查计价方法运用和有关计算是否正确。在计划成本计价方式下,除进行上述审查外,还应重点审查成本差异率的计算是否正确,材料成本差额计算、结转及账务处理是否正确,材料计划成本在本年度内有无重大变更等。

(二) 直接人工成本的实质性测试

直接人工成本实质性测试的内容包括:

1) 抽查产品成本计算单,检查直接人工成本的计算是否正确,人工费用的分配标准和计算方法是否合理,是否与人工费用分配汇总表中分摊的人工费用相符。

2) 将本年度直接人工成本与前期进行比较,如有重大变动,应查明原因。

3) 分析比较本年度各月份的人工费用,如有重大变动,应查明原因。

4) 检查工薪费用计算的正确性。通过审阅、复算工薪结算表、工薪结算汇总表、成本计算单等,并结合应付职工薪酬的审查,查明工薪计算及汇总的正确性。

5) 检查直接人工分配的正确性。通过审阅、复算、核对成本计算单、人工成本分配表等，检查人工费用在不同产品或产品批次间的划分是否正确，分配标准与计算方法是否合理，分配结果计算是否正确。

6) 审查人工费用会计处理的合规性。结合应付职工薪酬的审查，抽查人工费用会计记录及会计处理是否正确；对采用计划成本核算的企业，抽查确定直接人工成本差异的计算、分配和会计处理是否正确，直接人工成本标准在年度内有无重大变动。

(三) 制造费用的实质性测试

制造费用实质性测试的要点如下：

1) 获取或编制制造费用汇总表，并与明细账、总账核对是否相符。

2) 审查制造费用项目的合规性。审查制造费用明细账及有关凭证，查明制造费用的组成项目是否符合规定，确定有无混入非本制造部门的制造费用，有无混入属于管理费用、销售费用、其他业务成本或营业外支出等的各种耗费。

3) 审查制造费用的真实性。抽取数额较大、变动幅度较大、易与其他费用混淆及制度规定有计提或开支标准的项目，通过追查原始凭证、复算、查对等方法，进行重点审查。

4) 审查制造费用归集和分配的正确性。在制造费用项目合规性和真实性审查的基础上，通过项目数字的加总复算，确定制造费用归集的正确性；对制造费用的分配，首先应确定企业所选择的分配方法是否符合企业自身特点，是否相对稳定；分配率和分配额的计算是否正确，有无以人为估计数代替实际分配数等情况；对按预定分配率分配费用的企业，应查明预定的分配率是否合理，有关差异的计算和处理是否正确；对于采用标准成本法的企业，应抽查标准制造费用的确定是否合理，制造费用差异的计算、分配和会计处理是否正确，确定的标准年度内有无重大变动等。

第三节 营业成本审计的实质性程序

一、审计目标

营业成本审计的目标一般包括：(1)利润表中记录的营业成本已发生，且与被审计单位有关；(2)所有应当记录的营业成本均已记录；(3)与营业成本有关的金额及其他数据已恰当记录；(4)营业成本已记录于正确的会计期间；(5)营业成本已记录于恰当的账户；(6)营业成本已按照企业会计准则的规定在财务报表中做出恰当的列报。

二、实质性程序

营业成本审计又包括主营业务成本审计和其他业务成本审计，考虑到其他业务成本审计发生相对较少，在此重点介绍前者。营业成本的实质性测试，应结合主营业务收入明细账、产成品明细账和有关的原始凭证和记账凭证进行。下面分别介绍这两部分的实质性程序。

(一) 主营业务成本的实质性程序

1. 取得或编制主营业务成本明细表

注册会计师应首先取得或编制主营业务成本明细表。如果由客户协助提供，应复核加计是否正确，并与总账数和明细账合计数核对相符；结合其他业务成本科目数额，与报表数核对相符。

2. 实施实质性分析程序

必要时，注册会计师应实施实质性分析程序，检查主营业务成本是否存在异常变动或重大波动，从而在总体上对主营业务成本的真实性做出初步判断。

1) 针对已识别需要运用分析程序的有关项目，注册会计师基于对被审计单位及其环境的了解，通过进行以下比较，并考虑有关数据间关系的影响，以建立注册会计师有关数据的期望值：

(1) 比较当前年度与以前年度不同品种产品的主营业务成本和毛利率，并查明异常情况的原因。

(2) 比较当前年度与以前年度各月主营业务成本的波动趋势，并查明异常情况的原因。

(3) 比较被审计单位与同行业的毛利率，并查明异常情况的原因。

(4) 比较当前年度与以前年度主要产品的单位产品成本，并查明异常情况的原因。

2) 确定已记录金额与期望值之间可接受的、无须进一步调查的差异额，识别需要进一步调查的差异，并采取适当的调查程序，包括询问管理层，并针对其答复获取适当的审计证据。

3) 评估分析程序的测试结果。

3. 检查主营业务成本确认的正确性

抽查月主营业务成本结转明细清单，比较计入主营业务成本的品种、规格、数量和主营业务收入的口径是否一致，是否符合配比原则。

4. 核对主营业务成本发生的原始凭证与会计分录

对本期发生的主营业务成本选取样本，检查其支持性文件，确定原始凭证是否齐全、记账凭证与原始凭证是否相符以及账务处理是否正确。

5. 检查主营业务成本账户中的重大调整事项

针对主营业务成本中的重大调整事项(如销售退回)、非常规项目，检查相关原始凭证，评价真实性和合理性，检查其会计处理是否正确。

6. 编制生产成本与主营业务成本倒轧表

复核主营业务成本明细表的正确性，编制生产成本与主营业务成本倒轧表，并与相关科目交叉索引。生产成本与主营业务成本倒轧表见表12-1。

(二) 其他业务成本的实质性程序

1) 取得或编制其他业务成本明细表。如果由客户协助提供，注册会计师应复核其加计是否正确，并与总账数和明细账合计数核对是否相符，结合主营业务成本科目与营业成本报表数核对是否相符。

2) 对本期发生的主营业务成本选取样本，检查其支持性文件，确定原始凭证是否齐全、记账凭证与原始凭证是否相符以及账务处理是否正确。

(三) 检查营业成本列报和披露的恰当性

注册会计师应结合主营业务成本和其他业务成本审计结果，检查利润表中营业成本项目的金额是否与审定数相符，确认为主营业务成本和其他业务成本采用的会计政策是否已在财务报表附注中恰当披露。

表12-1 生产成本和主营业务成本倒轧表

项目	未审数	调整和重分类金额(贷)	审定数
原材料期初余额			
加：本期购进额			
减：原材料期末余额			
其他发出额			
直接材料成本			
加：直接人工成本			
制造费用			
本期产品生产成本			
加：期初在产品额			
减：期末在产品额			
其他产品发出额			
库存商品成本			
加：库存商品期初余额			
减：库存商品期末余额			
其他库存商品发出额			
主营业务成本			
审计结论			

第四节　存货审计的实质性程序

对绝大多数企业而言，存货都具有重要的地位，存货的重大错报往往会导致资产、利润等一系列项目的错报。因此，存货审计成为财务报表审计中最重要的一个环节，尤其是期末存货余额的测试，往往是常规审计中最费时、审计成本最高的部分。

一、审计目标

存货审计的目标主要包括：(1)确定资产负债表中记录的存货是存在的；(2)所有应当记录的存货均已记录；(3)记录的存货由被审计单位拥有或控制；(4)存货以恰当的金额包括在财务报表中，与之相关的计价调整已恰当记录；(5)存货已按照企业会计准则的规定在财务报表中做出恰当列报。

二、实质性程序

(一) 获取或编制年末存货余额明细表

获取或编制年末存货余额明细表。如果是从客户那里取得明细表，应复核加计是否正确，并与总账数、明细账合计数核对是否相符。

(二) 实施实质性分析程序

存货审计的实质性分析程序中较常见的是针对存货周转天数的实质性分析程序，过程如下：

① 根据对被审计单位的经营活动、供应商、贸易条件、行业惯例和行业现状的了解，确定存货周转天数的预期值。

② 根据对本期存货余额组成、实际经营情况、市场情况、存货采购情况的了解，确定可接受的差异额。

③ 计算实际存货周转天数和预期周转天数之间的差异。

④ 通过询问管理层和相关员工，调查存在重大差异的原因，并评估差异是否表明存在重大错报风险，是否需要设计恰当的细节测试程序以识别和应对重大错报风险。

(三) 实施存货监盘，编制存货监盘报告

存货监盘是指审计人员现场观察被审计单位存货的盘点，并对已盘点的存货进行适当检查。审计人员监盘存货的目的在于获取有关存货的数量和状况的审计证据，以确定被审计单位记录的存货确实存在，同时也有助于实现存货完整性认定、权利和义务认定等审计目标。当然，后两者审计目标的实现还可能需要实施其他审计程序。存货监盘主要包括制定监盘计划和实施监盘程序两个环节。

1. 存货监盘计划

1) 存货监盘计划的含义。存货监盘计划是审计人员对存货监盘程序做出的合理性规划。审计人员应当根据被审计单位存货的特点、盘存制度和存货内部控制的有效性等情况，在评价被审计单位存货盘点计划的基础上，编制存货监盘计划，对存货监盘做出合理安排。

被审计单位的存货盘点是一项重要的内部控制，审计人员现场观察被审计单位的存货盘点程序或盘点活动，目的是确定被审计单位的存货盘点控制能否合理确定存货的数量和状况，属于一项控制测试；同时，在监盘过程中，审计人员还要检查存货的数量和状况，能够为确定账面存货是否存在错报而提供直接的审计证据，从此目的看，这一程序属于实质性程序。在存货监盘程序中，审计人员需要预先确定以控制测试还是实质性程序为主。如果只有少数项目构成存货的主要部分，那么以实质性程序获取与存在认定相关的证据更有效；但在大多数审计业务中，审计人员会发现以控制测试为主的审计方式更有效，此时，绝大部分的审计程序将限于询问、观察及抽查。

2) 制定存货监盘计划应实施的工作。在编制存货监盘计划时，审计人员应当实施下列审计程序：

(1) 了解存货的内容、性质、各存货项目的重要程度及存放场所。

(2) 了解与存货相关的内部控制。

(3) 评估与存货相关的重大错报风险和重要性。

(4) 查阅以前年度的存货监盘工作底稿。

(5) 考虑实地察看存货的存放场所，特别是金额较大或性质特殊的存货。

(6) 考虑是否需要利用专家的工作或其他审计人员的工作。

(7) 复核或与管理层讨论其存货盘点计划。

3) 存货监盘计划包括的主要内容。存货监盘计划应当包括下列主要内容：

(1) 存货监盘的目标、范围及时间安排。存货监盘的目标是获取被审计单位资产负债表日存货数量和状况的审计证据，检查存货数量是否真实完整、是否归属被审计单位，存货有无毁损陈旧、过时等状况；监盘范围取决于存货的特点、相关内部控制的完善程度以及重大错报风险的评估结果；监盘时间应与被审计单位实施存货盘点的时间相协调。

(2) 存货监盘的要点及关注事项。主要包括监盘程序的方法、步骤，各个环节应注意的问题及所要解决的问题。

(3) 参加存货监盘人员的分工。应根据被审计单位存货盘点人员分工、分组情况、监盘工作量和人员素质等情况确定监盘审计人员的组成，以及职责和具体分工情况。

(4) 检查存货的范围。应根据对被审计单位存货盘点和对内部控制的评价结果确定检查存货的范围。

2. 存货监盘程序

1) 观察程序。在被审计单位盘点存货前，审计人员应当观察盘点现场，确定应纳入盘点范围的存货是否已经适当整理和排列，并附上盘点标识，防止遗漏或重复盘点，对未纳入盘点范围的存货，审计人员应当查明未纳入的原因。对所有权不属于被审计单位的存货，审计人员应当取得其规格、数量等有关资料，并确定这些存货是否已分别存放、标明，且未被纳入盘点范围。审计人员应当观察被审计单位盘点人员是否遵守盘点计划并准确地记录存货的数量和状况。

2) 检查程序。审计人员应当对已盘点的存货进行适当检查，将检查结果与被审计单位盘点记录相核对，并形成相应记录。检查的目的既可以是为了确证被审计单位的盘点计划得到适当执行(控制测试)，也可以是为了证实存货总额(实质性程序)。

在检查已盘点的存货时，审计人员应当从存货盘点记录中选取项目追查至存货实物，以测试盘点记录的准确性；审计人员还应当从存货实物中选取项目追查至存货盘点记录，以测试存货盘点记录的完整性。如果检查时发现差异，审计人员应当查明原因，及时提请被审计单位更正；如果差异较大，审计人员应当扩大检查范围或提请被审计单位重新盘点。

3) 存货监盘结束时的工作。在被审计单位存货盘点结束前，审计人员应当实施下列审计程序：(1)再次观察盘点现场，以确定所有应纳入盘点范围的存货是否已盘点；(2)取得并检查已填用、作废及未使用盘点表单的号码记录，确定其审计人员是否连续编号，查明已发放的表单是否均已收回，并与存货盘点的汇总记录进行核对。同时，审计人员应当复核盘点结果汇总记录，评估其是否正确反映了实际盘点结果。

如果存货盘点日不是资产负债表日，审计人员应当实施适当的审计程序，确定盘点日与资产负债表日之间存货的变动是否已做出正确的记录。在永续盘存制下，如果永续盘存记录与存货盘点结果之间出现重大差异，审计人员应当实施追加的审计程序，查明原因，并检查永续盘存记录是否已做出适当调整；如果认为被审计单位的盘点方式及其结果无效，审计人员应当提请被审计单位重新盘点。

4) 存货监盘中需要特别关注的情况。需要特别关注的情况主要包括：(1)审计人员应当特别关注存货的移动情况，防止遗漏或重复盘点；(2)审计人员应当特别关注存货的状况，观察被审计单位是否已经恰当区分所有毁损、陈旧、过时及残次的存货；(3)审计人员应当获取盘点日前后存货收发及移动的凭证，检查库存记录与会计记录期末截止是否正确。此外，在存货监盘过程中，审计人员应当获取存货验收入库、装运出库以及内部转移截止等信息，以便将来追查被审计单位的会计记录。

5) 对特殊情况的处理。需要处理的特殊情况主要有：

(1) 如果由于被审计单位存货的性质或位置等原因导致无法实施存货监盘，例如，威胁人体安全的放射性存货、处于作业中的远洋捕捞船上的存货，审计人员应当考虑能否实施替代审计程序，获取有关期末存货数量和状况的充分、适当的审计证据。可以实施的替代审计程序主要包括：(i)检查进货交易凭证或生产记录以及其他相关资料；(ii)检查资产负债表日后发生的销货交易凭证；(iii)向顾客或供应商函证。

(2) 如果因不可预见的因素导致无法在预定日期实施存货监盘或接受委托时被审计单位的期末存货盘点已经完成，审计人员应当评估与存货相关的内部控制的有效性，对存货进行适当检查或提请被审计单位另择日期重新盘点；同时测试在该期间发生的存货交易，以获取有关期末存货数量和状况的充分、适当的审计证据。不可预见的因素比如，不可抗力因素（如战争、人类疫情等）导致审计人员无法现场监盘，又如，恶劣的天气导致无法观察存货，例如至审计结束日仍被冰雪覆盖的木材等。

(3) 对被审计单位委托其他单位保管的或已作质押的存货，审计人员应当向保管人或债权人函证。如果此类存货的金额占流动资产或总资产的比例较大，审计人员还应当考虑实施存货监盘或利用其他审计人员的工作。

(4) 当首次接受委托未能对上期期末存货实施监盘，且该存货对本期财务报表存在重大影响时，如果已获取有关本期期末存货余额的充分、适当的审计证据，审计人员应当实施下列一项或多项审计程序，以获取有关本期期初存货余额的充分、适当的审计证据：(i)查阅前任审计人员的审计工作底稿；(ii)复核上期存货盘点记录及文件；(iii)检查上期存货交易记录；(iv)运用毛利百分比法等进行分析。

实例12-1 多选题

下列有关存货监盘的说法中，正确的有（　　）。
　A. 注册会计师在制定监盘计划时，需要考虑是否在监盘中利用专家的工作
　B. 如果存货盘点在财务报表日以外的其他日期进行，注册会计师除实施监盘相关审计程序外，还应当实施其他程序，以确定盘点日与财务报表日之间的存货变动已得到恰当记录
　C. 如果存货存放在不同地点，注册会计师的监盘应当覆盖所有存放地点
　D. 如果由于不可预见的情况，无法在存货盘点现场实施监盘，注册会计师应当实施替代审计程序

分析：选项C，注册会计师通常应当考虑被审计单位的重要存货存放地点，将这些存货地点列入监盘地点；选项D，如果因不可预见情况导致无法在存货盘点现场实施监盘，应当另择日期实施监盘，并对间隔期内发生的交易实施审计程序，答案是选项AB。

实例12-2 一直被出具保留意见的上市公司

我国北方某渔业公司是一家上市公司，其主业之一是从事远洋渔业捕捞，每年的财务报告审计，注册会计师都出具保留意见的审计报告，什么原因呢？原来是：

根据我国证监会及证券交易所的规定，每年的1月1日至4月30日是我国深沪两市规定的上市公司必须披露上年度财务报告的法定期间。但是，每年这个时间恰好是该公司远洋捕捞船在巴西、阿根廷等国家沿海从事渔业捕捞的作业期，每艘作业船上都存有大量待加工或已加工待出口的鱼产品，对这些数量巨大的存货，执行审计的国内注册会计师无法施行现场监盘程序。虽然公司提供了由公司远洋作业船发回的传真，但是仍然无法作为替代监盘获取的审计证据。因此，注册会计师只能以"远洋渔轮存货的审计受到重大限制"为由出具保留意见的审计报告。待到7月份左右，从事远洋捕捞的作业船回到国内后，注册会计师再登船实施存货监盘程序，然后发布无保留意见的审计报告。

问题：请搜集更多的存货监盘程序受到客观限制的实际案例，并讨论注册会计师的应对措施。

（四）存货计价测试

为了验证会计报表上存货项目余额的真实性，还必须对年末存货的计价进行测试。存货计价测

试包括两个方面,一是被审计单位使用的存货单位成本是否正确,二是计提的存货跌价损失准备是否恰当。

1. 存货单位成本的计价测试

存货单位成本计价测试的主要程序包括:

1) 选择测试样本。用于计价测试的样本应从存货数量已经盘点、单价和总金额已经计入存货汇总表的结存存货中选择。选择时应着重结存余额较大且价格变化比较频繁的项目,同时考虑所选样本的代表性。

2) 审查计价方法。存货计价方法多种多样,企业可以结合国家法规要求选择适合自身特点的方法。审计人员除应了解掌握企业的存货计价方法外,还应对选用的计价方法的合理性与一贯性予以关注,没有足够理由,计价方法在同一会计年度内不得变动。

3) 测试计价情况。审计人员在进行计价测试时,首先应审核存货价格的组成内容,然后按照所了解的计价方法对所选择的存货样本进行计价测试。测试时,审计人员应排除企业已有计算方法和结果的影响,独立地进行测试。测试结果出来后,与账面价值对比,编制对比分析表,分析形成差异的原因。如果差异过大,则应扩大范围继续测试,并根据测试结果做出审计调整。

需要说明的是,企业生产成本的审计就是存货计价审计的组成部分之一,前文已有说明,在此不再赘述。

2. 存货跌价损失准备的测试

注册会计师在测试存货跌价损失准备时,需要从以下两个方面进行测试:

1) 识别需要计提跌价损失准备的存货项目。注册会计师可以通过询问管理层和相关部门(生产、仓储、财务、销售等)员工,了解被审计单位如何收集有关滞销、过时、陈旧、毁损、残次存货的信息并为之计提必要的跌价损失准备。如果被审计单位编制存货货龄分析表,则可以通过审阅分析表识别滞销或陈旧的存货。此外,注册会计师还要结合存货监盘过程中因检查存货状况而获取的信息,以判断被审计单位的存货跌价损失准备计算表是否有遗漏。

2) 检查可变现净值的计量是否合理。在存货计价审计中,由于被审计单位对期末存货采用成本与可变现净值孰低的方法计价,因此注册会计师应充分关注其对存货可变现净值的确定及存货跌价准备的计提。可变现净值是指企业在日常活动中,存货的估计售价减去至完工时估计将要发生的成本、估计的销售费用以及相关税费后的金额。企业确定存货的可变现净值,应当以取得的确凿证据为基础,并且考虑持有存货的目的以及资产负债表日后事项的影响等因素。

(五) 存货的截止测试

1. 存货入库的截止测试

1) 在需要测试的某存货明细账的借方发生额中选取资产负债表日前后发生的业务,与入库记录(如入库单、购货发票或运输单据)核对,以确定存货入库被记录在正确的会计期间。

2) 在某存货入库记录(如入库单、购货发票或运输单据)中选取资产负债表日前后发生的业务凭证,与该存货明细账的借方发生额进行核对,以确定存货入库被记录在正确的会计期间。

2. 库存商品出库截止测试:

1) 在某存货明细账的贷方发生额中选取资产负债表日前后发生业务的凭据,与出库记录(如出库单、销货发票或运输单据)核对,以确定存货出库被记录在正确的会计期间。

2) 在某存货出库记录(如出库单、销货发票或运输单据)中选取资产负债表日前后发生业务的凭证，与该存货明细账的贷方发生额进行核对，以确定存货出库被记录在正确的会计期间。

(六) 存货在会计报表上的反映或披露的恰当性

存货是资产负债表上流动资产项下的一个重要项目，审计人员应根据会计准则的要求，对资产负债表上存货的余额列示的合理性进行审计；除此之外，还应就会计报表附注中所披露的存货计价与产品成本计算方法及其变更情况、变更原因与变更结果等进行审计，以查明这些披露的恰当性。

实例12-3　案例分析题

ABC会计师事务所的A注册会计师负责审计甲公司等多家被审计单位2019年年度财务报表，与存货审计相关事项如下：

(1) 在对甲公司存货实施监盘时，A注册会计师在盘点现场评价了管理层用以记录和控制存货盘点结果的程序，认为其设计有效，A注册会计师在检查存货并执行抽盘后结束了现场工作。

(2) 因乙公司存货品种和数量均较少，A注册会计师仅将监盘程序用作实质性程序。

(3) 丙公司2019年年末已入库未收到发票而暂估的存货金额占存货总额的30%，A注册会计师对存货实施了监盘，测试了采购和销售交易的截止，均未发现差错，据此认为暂估的存货记录准确。

(4) 丁公司管理层未将以前年度已全额计提跌价准备的存货纳入年末盘点范围，A注册会计师检查了以前年度审计工作底稿，认可了管理层的做法。

(5) C公司管理层规定，生产部门人员对全部存货进行盘点，再由财务部门人员抽取50%进行复盘。A注册会计师对复盘项目执行抽查，未发现差异，据此认可了管理层的盘点结果。

问题：针对以上第(1)至第(5)项，逐项指出A注册会计师的做法是否恰当，如不恰当，简要说明理由。

分析：

第(1)项不恰当。在实施存货监盘程序时，注册会计师还需要观察管理层制定的盘点程序的执行情况。

第(2)项恰当。

第(3)项不恰当。监盘、截止测试不直接涉及采购单价，不足以证实未收到发票的存货计价认定。注册会计师应检查采购合同、订购单、供应商对账单，或从供应商取得证据等计价测试程序，佐证存货采购金额，以确定存货金额记录的准确性。

第(4)项不恰当。检查存货跌价准备不足以证实存货的存在认定，管理层应当将已全额计提跌价准备的存货纳入盘点范围。

第(5)项不恰当。注册会计师应在盘点现场进行监盘，抽盘的范围不应仅限于已复盘的存货，还应当包括未复盘的存货。

第五节　应付职工薪酬审计的实质性程序

一、审计目标

应付职工薪酬审计的目标一般包括：(1)确定资产负债表中记录的应付职工薪酬是存在的；(2)所有应当记录的应付职工薪酬均已记录；(3)记录的应付职工薪酬是被审计单位应当履行的现时

义务；(4)应付职工薪酬以恰当的金额包括在财务报表中，与之相关的计价调整已恰当记录；(5)应付职工薪酬已按照企业会计准则的规定在财务报表中做出恰当列报和披露。

二、实质性程序

1. 取得或编制应付职工薪酬明细表

取得或编制应付职工薪酬明细表，复核加计正确，并与报表数、总账数和明细账合计数核对是否相符。

2. 对应付职工薪酬进行实质性分析程序

1) 比较被审计单位员工人数的变动情况，检查被审计单位各部门各月工资费用的发生额是否有异常波动，若有，则查明波动原因是否合理。

2) 比较本期与上期工资费用总额，要求被审计单位解释其增减变动原因，或取得公司管理部门关于员工工资标准的决议。

3) 结合员工社保缴纳情况，明确被审计单位员工范围，检查是否与关联公司员工工资混淆列支。

4) 核对下列相互独立部门的相关数据：工资部门记录的工资支出与出纳记录的工资支付数额；工资部门记录的工时与生产部门记录的工时。

5) 比较本期应付职工薪酬余额与上期应付职工薪酬余额是否有异常变动。

3. 检查职工薪酬的计提与分配

1) 检查计提是否正确，依据是否充分，将执行的工资标准与企业有关规定核对，并对工资总额进行测试；被审计单位如果实行工效挂钩的，应取得有关主管部门确认的效益工资发放额认定证明，结合有关合同文件和实际完成的指标，检查其计提额是否正确，是否应做纳税调整。

2) 检查分配方法与上年是否一致，客户是否根据职工提供服务的受益对象，分下列情况进行处理：(1)应由生产产品、提供劳务负担的职工薪酬，计入产品成本或劳务成本；(2)应由在建工程、无形资产负担的职工薪酬，计入建造固定资产或无形资产；(3)其他职工薪酬，计入当期损益；(4)检查发放金额是否正确，代扣的款项及金额是否正确；(5)检查是否存在属于拖欠性质的职工薪酬，并了解拖欠的原因。

4. 检查社会保险费计提及会计处理

检查社会保险费(包括医疗、养老、失业、工伤、生育)、住房公积金、工会经费和职工教育经费等计提(分配)和支付(或使用)的会计处理是否正确，依据是否充分。

5. 检查辞退福利

1) 对于职工没有选择权的辞退计划，检查按辞退职工数量、辞退补偿标准计提辞退福利负债金额是否正确。

2) 对于自愿接受裁减的建议，检查按接受裁减建议的预计职工数量、辞退补偿标准(该标准确定)等计提辞退福利负债金额是否正确。

3) 检查实质性辞退工作在一年内完成，但付款时间超过一年的辞退福利，是否按折现后的金额计量，折现率的选择是否合理。

4) 检查计提辞退福利负债的会计处理是否正确，是否将计提金额计入当期管理费用。

5) 检查辞退福利支付凭证是否真实正确。

6. 检查以现金与职工结算的股份支付

1) 检查授予后立即可行权的以现金结算的股份支付，是否在授予日以承担负债的公允价值计入相关成本或费用。

2) 检查完成等待期内的服务或达到规定业绩条件以后才可行权的以现金结算的股份支付，在等待期内的每个资产负债表日，是否以可行权情况的最佳估计为基础，按照承担负债的公允价值金额，将当期取得的服务计入成本或费用。

3) 检查可行权日之后，以现金结算的股份支付当期公允价值的变动金额，会计处理是否正确。

4) 检查在可行权日，实际以现金结算的股份支付金额是否正确，会计处理是否恰当。

7. 检查非货币性福利

1) 检查以自产产品发放给职工的非货币性福利，检查是否根据受益对象，按照该产品的公允价值，计入相关资产成本或当期损益，同时确认应付职工薪酬。

2) 检查无偿向职工提供住房的非货币性福利、检查租赁住房等资产供职工无偿使用的非货币性福利是否根据受益对象，将该住房每期应计提的折旧计入相关资产成本或当期损益，同时确认应付职工薪酬。

8. 确定应付职工薪酬的披露是否恰当

检查是否在附注中披露与职工薪酬有关的下列信息：

1) 应当支付给职工的工资、奖金、津贴和补贴，及其期末应付未付金额。

2) 应当为职工缴纳的医疗、养老、失业、工伤和生育等社会保险费，及其期末应付未付金额。

3) 应当为职工缴存的住房公积金，及其期末应付未付金额。

4) 为职工提供的非货币性福利，及其计算依据。

实例12-4　企业薪酬舞弊案例："空气员工"何处来

2020年2月至3月，随着新冠肺炎疫情好转，许多企业开始逐步复工复产。江苏省昆山市的一家企业在复工复产时，按照相关工作要求，及时落实人员信息核查等疫情防控措施时，却发现有20多名员工联系不上，无法确定其准确的电话信息，只得求助于警方，警方的调查结果令人惊讶，这些员工自2017年起就根本没有在该公司工作过，但是公司账面记录却显示，每月为这些职工支付8万元左右的薪资，进一步调查后发现了真相：该公司员工300人左右，每月流动职工60多人，人事部负责职员资料的徐某发现有机可乘，遂伙同生产车间的班组长王某联手套取工资，徐某伪造花名册，王某虚报工作量，联手虚构职工薪酬，截至案发前，两人已虚构20多名"空气员工"，累计冒领工资款100多万元。(资料来源：中华网，2020.3.23。)

问题讨论：

1) 根据案例资料判断该舞弊涉及哪些报表项目的哪些认定错报，针对该项认定可能产生的重大错报风险应该采取什么样的审计程序？

2) 从内部控制视角而言，讨论企业应该采取哪些有效措施以防范此类舞弊的发生。

提示：动机不同，企业员工薪酬舞弊的方向也有所不同。近几年发现，有些IPO企业或已上市企业通过漏记员工工资降低费用的手段虚增业绩，甚至由其他关联企业代发部分工资。而虚列职员冒领薪水的舞弊则由来已久，古代军队比较普遍的吃空饷就是一例，今有家属冒领病逝亲属退休金的案例也时有发生。作为现代审计人员，应当从了解客户及其环境、识别和评估重大错报风险入手，有针对性地采取进一步审计程序应对此类舞弊风险。

习 题

一、复习思考题

1. 试述存货与生产循环涉及的主要凭证记录。
2. 简述存货与生产循环涉及的主要业务及部门。
3. 简述存货与生产循环主要的内部控制测试程序。
4. 简述生产成本审计与营业成本审计主要的实质性测试程序。
5. 简述存货监盘计划的主要内容。
6. 简述存货监盘程序的主要内容。
7. 简述存货计价测试、截止测试程序的主要内容。
8. 简述存货监盘程序中需要特别关注的情况。
9. 简述应付职工薪酬审计的实质性测试程序。

二、单项选择题

1. 在存货监盘中,当只有少数项目构成存货的主要部分时,审计人员以(　　)为主的审计方式获取的与存货存在性认定相关的证据更为有效。
   A. 控制测试　　　　B. 询问　　　　C. 实质性程序　　　D. 观察

2. 通过向生产和销售人员询问是否存在过时或周转缓慢的存货,注册会计师认为最可能证实存货认定的是(　　)。
   A. 计价和分摊　　　B. 权利和义务　　C. 存在　　　　　　D. 完整性

3. 下列有关存货监盘的表述中,不正确的是(　　)。
   A. 存货监盘不仅包括监督盘点,还包括适当的检查
   B. 通过存货监盘,可以同时实现存货的真实性、完整性、权利和义务等多个审计目标
   C. 存货监盘程序主要包括控制测试和实质性程序两种方式
   D. 对监盘结果进行适当检查的目的仅是证实被审计单位的存货实物总额

4. 如果通过监盘发现被审计单位存货账面记录与经监盘确认的存货发生重大差异,注册会计师采用的程序可能无效的是(　　)。
   A. 对存货进行分析程序,确认差异的真实性
   B. 提请被审计单位对已确认的差异进行调整
   C. 进一步执行审计程序,查明差异原因
   D. 如果被审计单位不采纳注册会计师的调整意见,应根据其重要程度确定是否在审计报告中予以反映

5. 在检查存货时,审计人员可以从存货实物中选取项目追查至存货盘点记录,以测试盘点记录的(　　)。
   A. 准确性　　　　　B. 计价　　　　　C. 分类　　　　　　D. 完整性

三、多项选择题

1. 注册会计师对被审计单位存货监盘时应特别关注的事项有(　　)。
   A. 注册会计师应当特别关注存货的移动情况,防止遗漏或重复盘点
   B. 注册会计师应当特别关注存货的状况
   C. 注册会计师应当关注截止日期前相关凭证的最后编号

D. 注册会计师应当获取存货验收入库、装运出库以及内部转移等凭证，检查库存记录与会计记录期末截止是否正确

2. 对于存货监盘中一些特殊情况的处理，下列说法中正确的是(　　)。
　　A. 存货存放对注册会计师的安全有威胁的时候，注册会计师可以做出实施存货监盘不可行的决定
　　B. 如果不能实施替代审计程序，注册会计师可发表非无保留意见
　　C. 如果由于不可预见的因素(如气候等)，注册会计师无法实施存货监盘程序，则应另择日期进行监盘
　　D. 对于由第三方保管或控制的存货，如果该存货对财务报表是重要的，注册会计师应当实施一项或两项审计程序，以获取有关该存货存在和状况的充分、适当的审计证据

3. 下列有关存货监盘计划的表述中，正确的是(　　)。
　　A. 存货监盘程序包括控制测试和实质性程序
　　B. 注册会计师在对存货进行监盘时以控制测试为主
　　C. 如果注册会计师准备信赖被审计单位存货盘点的控制措施和程序，则应该以控制测试为主
　　D. 单位价值较高的存货项目，应实施实质性程序

4. 审计人员应当对已盘点的存货进行适当检查，检查的目的包括(　　)。
　　A. 为了确证被审计单位的盘点计划得到适当执行(控制测试)
　　B. 为了证实存货总额(实质性程序)
　　C. 以确定所有应纳入盘点范围的存货是否均已盘点
　　D. 确定被审计单位盘点人员是否遵守盘点计划并准确地记录存货的数量和状况

四、实训测试题

　　甲公司主要从事家电产品的生产和销售。ABC会计师事务所负责审计甲公司2019年度财务报表。审计项目组在审计工作底稿中记录了与存货监盘相关的情况，部分内容摘录如下：

　　(1) 审计项目组拟不信赖与存货相关的内部控制运行的有效性，故在监盘时不再观察管理层制定的盘点程序的执行情况。

　　(2) 审计项目组获取了盘点日前后存货收发及移动的凭证，以确定甲公司是否将盘点日前入库的存货、盘点日后出库的存货以及已确认为销售但尚未出库的存货包括在盘点范围内。

　　(3) 由于甲公司人手不足，审计项目组受管理层委托，于2019年12月31日代为盘点甲公司异地专卖店的存货，并将盘点记录作为甲公司的盘点记录和审计项目组的监盘工作底稿。

　　(4) 审计项目组按存货项目定义抽样单元，选取a产品为抽盘样本项目之一。a产品分布在5个仓库中，考虑到监盘人员安排困难，审计项目组对其中3个仓库的a产品执行抽盘，未发现差异，对该样本项目的抽盘结果满意。

　　(5) 在甲公司存货盘点结束前，审计项目组取得并检查了已填用、作废及未使用盘点表单的号码记录，确定其是否连续编号以及已发放的表单是否均已收回，并与存货盘点汇总表中记录的盘点表单使用情况核对一致。

　　(6) 甲公司部分产成品存放在第三方仓库，其年末余额占资产总额的10%。

要求：
- 针对上述第(1)至第(5)项，逐项指出审计项目组的做法是否恰当。如不恰当，简要说明理由。
- 针对上述第(6)项，列举三项审计项目组可以实施的审计程序。

第十三章

筹资与投资循环审计

【导读】

筹资与投资循环涉及的业务发生频率一般不高,但通常金额较大,一旦发生错报,影响巨大,再加上一些业务核算复杂,主观性比较强,需要较高的会计职业判断水平。例如,金融资产的分类、公允价值的计量、衍生金融工具的核算以及复杂的投资关系区分等。因此,筹资与投资循环业务的审计风险较高,既需要注册会计师具有足够的胜任能力,还需要注册会计师保持较高的职业怀疑态度。

【学习重点】

熟悉和掌握筹资与投资循环涉及的主要业务环节及其生成的文件记录,熟悉筹资与投资循环中常见的舞弊手段,掌握筹资与投资循环的控制测试程序,掌握短期借款、长期借款、所有者权益、交易性金融资产、债权投资、长期股权投资等项目的审计目标和主要实质性程序。

【学习难点】

长期股权投资审计是本章的一个难点,需要正确理解和掌握长期股权投资项目成本法和权益法的运用条件、核算方法要求。

【教学建议】

第一节、第二节、第四节和第五节结合会计业务知识和财务管理知识,以学生课堂讨论分析为主,第三节和第六节建议教师结合案例教学,以课堂讲授为主。

第一节 了解筹资业务流程及内部控制

筹资业务主要由借款交易和股东权益交易组成，涉及的报表项目主要包括短期借款、应付利息、应付股利、长期借款、应付债券、所有者权益、财务费用等项目。

一、了解筹资业务的主要流程

筹资业务的主要流程包括：

1) 审批授权。企业的借款筹资必须经管理当局审批，其中债券的发行要经董事会授权；股票筹资必须依据国家法规或企业章程的规定，报经国家有关管理部门和企业最高权力机构(如董事会或股东大会)批准。

2) 签订合同或协议。企业向银行或金融机构筹资须签订借款合同，发行证券须签订证券契约和证券承销或包销协议。

3) 取得资金。企业取得银行或其他金融机构划入的融资款项，或者证券购买者的投入资金。

4) 计算利息或股利。企业应按照筹资合同或协议的约定及时计算利息或股利。

5) 偿还本息或发放股利。对于银行借款或债券，企业应按照有关合同或协议规定及时偿还本息；对于融入的股本，应根据董事会提议和股东大会的决议发放股利。

二、了解筹资业务的关键内部控制

企业借款交易一般涉及短期借款、长期借款和应付债券业务，三者内部控制基本相似，以下就以应付债券为例说明负债的内部控制及测试。股东权益增减变动较少而金额较大，注册会计师一般直接实施实质性程序。

无论是否依赖内部控制，注册会计师均应对筹资活动的内部控制获得足够的了解，以识别错误的类型、方式及发生的可能性。以应付债券为例，一般来讲，应付债券的内部控制制度的主要内容包括下列几个方面：(1)应付债券的发行要用正式的授权程序，每次均要由董事会授权；(2)申请发行债券时，应履行审批手续，向有关机关递交相关文件；(3)应付债券的发行，要有受托管理人来行使保护发行人和持有人合法权益的权利；(4)每种债券的发行都必须签订债券契约；(5)债券的承销或包销必须签订有关协议；(6)记录应付债券业务的会计人员不得参与债券发行；(7)如果企业保存债券持有人明细分类账，应同总分类账核对相符。若这些记录由外部机构保存，则须定期同外部机构核对；(8)未发行的债券必须有专人负责；(9)债券的购回要有正式的授权程序。

三、评估重大错报风险

影响筹资交易和余额的重大错报风险可能包括：

1) 企业在做筹资计划时常见的问题是预算失误，造成资金流量短缺或冗余，不能满足生产的需要或者增加筹资的成本。

2) 筹资过程中的常见问题是不经授权或批准非法筹资。

3) 筹资款项流入时，存在已经收回的筹资凭证不进行及时注销，造成多次使用的风险。

4) 筹资款项留出时，存在虚增筹资费用，形成账外资金的风险。

5) 筹资会计记录虚假。

考虑到严格的监管环境和董事会针对筹资活动设计的严格控制，除非注册会计师对管理层的诚信产生疑虑，否则重大错报风险一般应评估为低水平。

在了解筹资业务的主要流程及关键内部控制后，首先确定筹资业务的内部控制是否健全、设计是否恰当，然后运用穿行测试方法检查内部控制是否得到执行，在此基础上确定筹资业务的进一步审计程序。筹资业务的主要流程及内部控制的工作底稿可参考销售与收款循环部分的介绍，这里不再赘述。

第二节 筹资业务的进一步审计程序

根据在业务流程层面了解的筹资业务的内部控制，识别和评估筹资与投资循环中的重大错报风险后，审计人员应当制定筹资业务的进一步审计程序的总体方案，决定是采用综合方案还是实质性方案，前者包括控制测试和实质性程序。对于一般企业而言，筹资业务涉及的交易次数较少，而每笔交易的金额通常较大，这就决定了对筹资与投资循环涉及的财务报表项目，更可能采用实质性方案，但是仍然需要进行必要的控制测试程序。

一、筹资业务常用的控制测试程序

在审计实务中，注册会计师可以考虑以被审计单位的内部控制目标为起点实施控制测试，还可以考虑以上述识别的重大错报风险为起点实施控制测试。以内部控制目标和相关认定为起点的常用控制测试程序见表13-1。

表13-1 筹资活动的内部控制目标、关键内部控制和常用测试一览表

内部控制目标	相关报表项目及认定	关键内部控制	常用的内部控制测试
借款和所有者权益账面余额在资产负债表日确实存在，借款利息费用和已支付的股利是由被审计期间实际发生的交易事项引起的(存在与发生认定)	长期(短期)借款：存在 实收资本：存在 应付(利息)股利：存在 财务费用：发生	借款和发行股票经过授权审批； 签订借款合同或协议、债券契约、承销或包销协议等相关法律性文件	索取借款或发行股票的授权批准文件，检查权限是否恰当，手续是否齐全； 索取借款合同或协议、债券契约、承销或包销协议
借款和所有者权益增减变动及其利息和股利已登记入账(完整性认定)	长期(短期)借款：完整性 实收资本：完整性 应付(利息)股利：完整性 财务费用：完整性	筹资业务的会计记录与授权和执行等方面明确职责分工； 借款合同或协议由专人保管	观察并描述筹资业务的职责分工； 了解债券持有人明细资料的保管制度，检查客户是否与总账或外部机构核对
借款均为客户承担的债务，所有者权益代表所有者法定求偿权(权利与义务认定)	长期(短期)借款：权利与义务 实收资本：权利与义务 应付(利息)股利：权利与义务		

(续表)

内部控制目标	相关报表项目及认定	关键内部控制	常用的内部控制测试
借款和所有者权益的期末余额正确(估价和分摊认定)	长期(短期)借款：准确性、计价与分摊 实收资本：准确性、计价与分摊 应付(利息)股利：准确性、计价与分摊 财务费用：准确性	建立严密完善的账簿体系和记录制度；核算方法符合制度规定	抽查筹资业务的会计记录，从明细账抽取部分会计记录，按原始凭证到明细账、总账的顺序核对有关数据和情况，判断其会计处理过程是否合规和完整
借款和所有者权益在资产负债表上的披露正确(表达与披露认定)	长期(短期)借款：分类、列报 实收资本：列报 应付(利息)股利：分类、列报 财务费用：列报	筹资业务明细账与总账的登记职务分离；筹资披露符合会计准则和会计制度的要求	观察职务是否分离

二、筹资业务常用的实质性程序

筹资业务常用的实质性程序将在第三节的报表项目审计中详细讲解，在此仅列举几个主要认定的实质性程序。

(一) 借款和所有者权益账面余额在资产负债表日确实存在，借款利息费用和已支付的股利确实已经发生

1) 获取或编制借款和股本明细表，复核加计正确，并与报表数、总账数和明细账合计数核对相符。
2) 检查与借款或股票发行有关的原始凭证，确认其真实性，并与会计记录核对。
3) 检查利息计算依据，复核应计利息的正确性，并确认全部利息计入适当账户。

(二) 借款和所有者权益增减变动及其利息和股利已登记入账

1) 检查年度内借款和所有者权益增减变动的原始凭证，核实变动的真实性、合规性。
2) 检查授权批准手续是否完备，入账是否及时准确。

(三) 借款均为客户承担的债务，所有者权益代表所有者法定求偿权

1) 向银行或其他金融机构、债券包销人函证，并与账面余额核对。
2) 检查股东是否已按合同、协议、章程约定时间缴付出资额。

第三节 筹资业务相关项目的实质性程序

筹资相关项目的审计一般包括负债项目审计和所有者权益项目审计。一般而言，被审计单位不会高估负债，负债项目审计主要是防止企业低估债务。所有者权益在数量上等于企业的全部资产减去全部负债后的余额，如果注册会计师能够对企业的资产和负债进行充分的审计，证明两者的期初余额、期末余额和本期变动都是正确的，这便从侧面为所有者权益的期末余额和本期变动的正确性提供了有力证据。同时，由于所有者权益增减变动业务较少、金额较大的特点，在审计企业的资产和负债之后，往往只花费相对较少的时间对所有者权益进行审计。尽管如此，在审计过程中，对所有者权益进行单独审计仍是十分必要的。

一、负债的具体相关项目审计

(一) 短期借款的审计

1. 短期借款的审计目标

短期借款的审计目标一般包括：(1)确定期末短期借款是否存在；(2)确定期末短期借款是否为被审计单位应履行的偿还义务；(3)确定短期借款的借入、偿还及计息的记录是否完整；(4)确定短期借款的期末余额是否正确；(5)确定短期借款的披露是否恰当。

2. 短期借款的实质性程序

短期借款的实质性程序通常包括：

1) 获取或编制短期借款明细表。注册会计师应首先获取或编制短期借款明细表，复核其加计数是否正确，并与明细账和总账核对相符。

2) 函证短期借款的实有数。注册会计师应在期末短期借款余额较大或认为必要时向银行或其他债权人函证短期借款。

3) 检查短期借款的增加。对年度内增加的短期借款，注册会计师应检查借款合同和授权批准，了解借款数额、借款条件、借款日期、还款期限、借款利率，并与相关会计记录相核对。

4) 检查短期借款的减少。对年度内减少的短期借款，注册会计师应检查相关记录和原始凭证，核实还款数额。

5) 检查有无到期未偿还的短期借款。注册会计师应检查相关记录和原始凭证，检查被审计单位有无到期未偿还的短期借款。如有，则应查明是否已向银行提出申请并经同意后办理延期手续。

6) 复核短期借款利息。注册会计师应根据短期借款的利率和期限，复核被审计单位短期借款的利息计算是否正确，有无多算或少算利息的情况。如有未计利息和多计利息，应做出记录，必要时进行调整。

7) 检查外币借款的折算。如果被审计单位有外币短期借款，注册会计师应检查外币短期借款的增减变动是否按业务发生时的市场汇率或期初市场汇率折合为记账本位币金额；期末是否按市场汇率将外币短期借款余额折合为记账本位币金额；折算差额是否按规定进行会计处理；折算方法是否前后期一致。

8) 检查短期借款在资产负债表上的列报是否恰当。企业的短期借款在资产负债表上通常设"短期借款"项目单独列示，对于因抵押而取得的短期借款，应在资产负债表附注中揭示。注册会计师应注意被审计单位对短期借款项目的披露是否充分。

(二) 长期借款的审计

1. 长期借款的审计目标

长期借款的审计目标一般包括：(1)确定期末长期借款是否存在；(2)确定期末长期借款是否为被审计单位应履行的偿还义务；(3)确定长期借款的借入、偿还及利息的记录是否完整；(4)确定长期借款的期末余额是否正确；(5)确定长期借款的披露是否恰当。

2. 长期借款的实质性程序

长期借款同短期借款一样都是企业向银行或其他金融机构借入的款项，因此，长期借款的实质性程序同短期借款的实质性程序较为相似。长期借款的实质性程序通常包括：

1) 获取或编制长期借款明细表，复核其加计数是否正确，并与明细账和总账核对相符。

2) 了解金融机构对被审计单位的授信情况以及被审计单位的信用等级评估情况，了解被审计单位获得短期借款和长期借款的抵押和担保情况，评估被审计单位的信誉和融资能力。

3) 对年度内增加的长期借款，应检查借款合同和授权批准，了解借款数额、借款条件、借款日期、还款期限、借款利率，并与相关会计记录相核对。

4) 检查长期借款的使用是否符合借款合同的规定，重点检查长期借款使用的合理性。

5) 向银行或其他债权人函证重大的长期借款。

6) 对年度内减少的长期借款，应检查相关记录和原始凭证，核实还款数额。

7) 检查年末有无到期未偿还的借款，逾期借款是否办理了延期手续；分析计算逾期借款的金额、比率和期限，判断被审计单位的资信程度和偿债能力。

8) 计算短期借款、长期借款在各个月份的平均余额，选取适用的利率匡算利息支出总额，并与财务费用的相关记录核对，判断被审计单位是否高估或低估利息支出，必要时进行适当调整。

9) 检查非记账本位币折合记账本位币时采用的折算汇率，折算差额是否按规定进行会计处理。

10) 检查借款费用的会计处理是否正确。借款费用，指企业因借款而发生的利息及其他相关成本，包括折价或溢价的摊销、辅助费用以及因外币借款而发生的汇兑差额。

11) 检查企业抵押长期借款的抵押资产的所有权是否属于企业，其价值和实际状况是否与抵押契约中的规定相一致。

12) 检查企业重大的资产租赁合同，判断被审计单位是否存在资产负债表外融资的现象。

13) 检查长期借款是否已在资产负债表上充分披露。

长期借款在资产负债表上列示于长期负债类下，该项目应根据"长期借款"科目的期末余额扣减将于一年内到期的长期借款后的数额填列。审计人员应根据审计结果，确定被审计单位长期借款在资产负债表上的列示是否充分，并注意长期借款的抵押和担保是否已在财务报表附注中进行充分的说明。

(三) 财务费用的审计

1. 财务费用的审计目标

财务费用的审计目标一般包括：(1)确定记录的财务费用是否已发生，且与被审计单位有关；(2)确定财务费用记录是否完整；(3)确定与财务费用有关的金额及其他数据是否已恰当记录，确定财务费用是否记录于正确的会计期间；(4)确定财务费用的内容是否正确；(5)确定财务费用的披露是否恰当。

2. 财务费用的实质性程序

财务费用的实质性程序通常包括：

1) 获取或编制财务费用明细表，复核加计是否正确，与报表数、总账数和明细账合计数核对是否相符。

2) 将本期、上期财务费用各明细项目作比较分析，必要时比较本期各月的财务费用，如有重大波动和异常情况，应查明原因，扩大审计范围或增加测试量。

3) 检查利息支出明细账，确认利息支出的真实性及正确性，检查各项借款期末应计利息有无预计入账，注意检查现金折扣的会计处理是否正确。

4) 检查汇兑损失明细账，检查汇兑损益计算方法是否正确，核对所用汇率是否正确，前后期是否一致。

5) 检查"财务费用——其他"明细账，注意检查大额金融机构手续费的真实性与正确性。

6) 审阅下期期初的财务费用明细账，检查财务费用各项目有无跨期入账的现象，对于重大跨期项目，应进行必要调整。

7) 检查从其他企业或非银行金融机构取得的利息收入是否按规定计缴营业税。

8) 检查财务费用的披露是否恰当。

二、所有者权益相关项目的审计

所有者权益项目通常包括实收资本、资本公积、盈余公积和未分配利润等项目。盈余公积主要是在企业税后净利润确认和计算正确的基础上按照既定比例计提的问题，同样利润分配也是如此，同时发生的次数较少。为此，对于所有者权益相关项目的实质性程序，这里只介绍实收资本和资本公积项目的审计程序，其他所有者权益项目的审计可参考这些程序进行。

(一) 实收资本(股本)的审计

1. 实收资本(股本)的审计目标

实收资本(股本)的审计目标一般包括：(1)确定实收资本(股本)是否存在；(2)确定实收资本(股本)的增减变动是否符合法律、法规和合同、章程的规定，记录是否完整；(3)确定实收资本(股本)期末余额是否正确；(4)确定实收资本(股本)的披露是否恰当。

2. 实收资本(股本)的实质性程序

实收资本(股本)的实质性程序通常包括：

1) 取得或编制实收资本(股本)增减变动情况明细表，复核加计是否正确。与报表数、总账数和明细账合计数核对相符。

2) 查阅公司章程、股东大会、董事会会议记录中有关实收资本(股本)的规定。收集与实收资本(股本)变动有关的董事会会议纪要、合同、协议、公司章程及营业执照，还有公司设立批文等法律性文件，并更新永久性档案。

3) 检查实收资本(股本)增减变动的原因，查阅其是否与董事会纪要、补充合同、协议及其他有关法律性文件的规定一致，逐笔追查至原始凭证，检查其会计处理是否正确。注意有无抽资或变相抽资的情况，如有，应取证核实，作恰当处理。对首次接受委托的客户，除取得检验报告外，还应检查并复印记账凭证及进账单。

4) 对于以资本公积、盈余公积和未分配利润转增资本的，应取得股东(大)会等资料，并审核是否符合国家有关规定。

5) 以权益结算的股份支付，取得相关资料，检查是否符合相关规定。

6) 根据证券登记公司提供的股东名录，检查被审计单位及其子公司、合营企业与联营企业是否有违反规定的持股情况。

7) 以非记账本位币出资的,检查其折算汇率是否符合规定。

8) 检查认股权证及其有关交易,确定委托人及认股人是否遵守认股合约或认股权证中的有关规定。

9) 确定实收资本(股本)的披露是否恰当。

(二) 资本公积的审计

1. **资本公积的审计目标**

资本公积是非经营性因素形成的不能计入实收资本的所有者权益,主要包括投资者实际缴付的出资额超过其资本份额的差额(如股本溢价、资本溢价)和其他资本公积等。资本公积的审计目标一般包括:(1)确定资本公积是否存在;(2)确定资本公积的增减变动是否符合法律、法规和合同、章程的规定,记录是否完整;(3)确定资本公积期末余额是否正确;(4)确定资本公积的披露是否恰当。

2. **资本公积的实质性程序**

资本公积的实质性程序通常包括以下内容:

1) 取得或编制资本公积明细表,复核加计是否正确,并与报表数、总账数和明细账合计数核对相符。

2) 收集与资本公积变动有关的股东(大)会决议、董事会会议纪要、资产评估报告等文件资料,更新永久性档案。首次接受委托的,应检查期初资本公积的原始发生依据。

3) 根据资本公积明细账,对股本溢价、其他资本公积各明细的发生额逐项进行审查。

4) 对股本溢价,应取得董事会会议纪要、股东(大)会决议、有关合同、政府批文,追查至银行收款等原始凭证,结合相关科目的审计,检查会计处理是否正确,注意发行股票溢价收入的计算是否已扣除股票发行费用。

5) 检查以权益法核算的被投资单位除净损益、其他综合收益及利润分配以外的所有者权益变动,被审计单位是否已按其享有的份额入账,会计处理是否正确;处置该项投资时,应注意是否已转销与其相关的资本公积。

6) 对拨款转入,审阅有关的拨款批文,检查拨款项目的完成情况,结合专项应付款的审计,检查会计处理是否正确。

7) 以权益结算的股份支付,取得相关资料,检查在权益工具授予日期和行权日的会计处理是否正确。

8) 若有同一控制下企业合并,应结合长期股权投资科目,检查被审计单位(合并方)取得的被合并方所有者权益账面价值的份额与支付的合并对价账面价值的差额计算是否正确,是否依次调整本科目、盈余公积和未分配利润。

9) 被审计单位将回购的本单位股票予以注销、用于奖励职工或转让,其会计处理是否正确。

10) 对资本公积转增资本,应取得股东(大)会决议、董事会会议纪要和政府批文等,检查资本公积转增资本是否符合有关规定,会计处理是否正确。

11) 记录资本公积中不能转增资本的项目。

12) 确定资本公积的披露是否恰当。

第四节 了解投资业务流程及其内部控制

一、了解投资业务的主要流程

投资业务的主要流程包括：
1) 审批授权。投资业务应经由企业高层管理机构审批，重大投资还需要股东大会批准通过。
2) 取得证券或其他投资。企业通过购买股票或债券，或者与其他单位联营，形成长、短期投资。
3) 取得投资收益。企业的股权投资将取得股利收入，债券投资将取得利息收入，联营投资将取得联营分利。
4) 转让证券或收回其他投资。对于以购买股票或债券形式取得的投资，企业可以通过转让证券收回投资；对于联营投资，除非联营合同期满，或由于其他特殊原因使联营企业解散，企业一般不得抽回投资。

二、了解投资业务的关键内部控制

一般来讲，投资业务的关键内部控制主要包括以下几个方面：
1) 合理的职责分工。合法的投资业务应在业务的授权、执行、会计记录以及投资资产的保管等方面都有明确的分工，不得由一人同时负责上述任何两项工作，利用各项职务之间的相互牵制机制，避免或减少投资业务中发生错弊的可能性。
2) 健全的资产保管制度。企业对投资资产(指股票和债券资产)一般有两种保管方式：一种是由独立的专门机构保管，这些机构拥有专门的保存和防护措施，可以大大降低舞弊的可能性；另一种是由企业自行保管，在这种方式下，必须建立严格的财产保管制度。
3) 详尽的会计核算制度。企业应对各项投资业务填制内容齐全、手续完备的原始凭证，以反映投资业务的过程；无论规模大小，对每种股票和债券投资分别设立明细账和辅助登记簿，详细登记其名称、面值、证书编号、数量、取得日期、经纪人(证券商)、购入成本、获得的股息和利息；对以联营方式进行的对外投资，也应设置明细账，记录投资的形式(货币资产、固定资产、存货或无形资产等)、投向、计价和投资收益；通过复式记账，对投资的账簿记录进行勾稽控制，保证账簿记录的正确性。
4) 严格的记名登记制度。企业拥有的各种证券应在购入当日立即登记于企业名下(除非无记名证券)，切忌登记于经办人员名下，防止冒领转移或未经授权利用证券获取投资收益等舞弊行为的发生。
5) 完善的实物盘点制度。对于企业自行保管的证券，应由企业内部审计人员或者不参与投资业务、证券保管业务和记录业务的人员对企业拥有的证券进行定期或不定期的盘点清查，将盘点结果记录与账面记录相互核对，以确认账实的一致性。

三、评估重大错报风险

影响投资交易和余额的重大错报风险可能包括：
1) 管理层错误表述投资业务或衍生金融工具业务的偏见和动机。

2) 所取得资产的性质和复杂程度可能导致确认和计量的错误。
3) 所持有投资的公允价值可能难以计量。
4) 确定持有待售资产或债权投资公允价值的困难性可能最终影响到资产负债表上投资和衍生金融工具的账面价值。
5) 管理层凌驾于控制之上，可能导致投资交易未经授权。
6) 如果对有价证券的控制不充分，权益性有价证券的舞弊和盗窃风险可能很高，从而影响投资的存在性。
7) 关于资产的所有权以及相关权利与义务的审计证据可能难以获得。
8) 如果每年发生的交易数量有限，并且会计人员不能确定在相关的购置或处置业务以及损益的调整中的分配时，交易的记录可能会发生错误。
9) 如果负责记录投资处置业务的人员没有意识到某项投资已经卖出，则对投资的处置业务可能未记录。这种处置业务只能通过在期末进行实物检查来发现。

第五节 投资业务相关项目的进一步审计程序

与筹资业务一样，对于一般企业而言，投资业务涉及的交易次数也较少，但是每笔交易的金额通常较大，这就决定了对筹资与投资循环涉及的财务报表项目，更可能采用实质性方案，但是仍然需要对关键内部控制实施必要的测试程序。

一、投资业务常用的控制测试程序

表13-2列示了在审计实务中，以被审计单位的内部控制目标为起点实施控制测试程序时，注册会计师还可以考虑以上述识别的重大错报风险为起点实施控制测试。

表13-2 投资的内部控制目标、关键内部控制和常用测试一览表

内部控制目标	相关报表项目的认定	关键内部控制	常用的内部控制测试
投资账面余额在资产负债表日确实存在，投资收益(损失)由被审计期间实际发生的交易事项引起	交易性金融资产、长期股权投资等：存在 投资收益：发生性	投资业务经过授权批准； 与被投资单位签订合同、协议，并获取被投资单位出具的投资证明	索取投资授权批准文件，检查权限是否恰当，手续是否齐全； 索取投资合同或协议，检查是否合理有效； 索取被投资单位的投资证明，检查其是否合理有效
投资增减变动及其收益(损失)均已登记入账	交易性金融资产、长期股权投资等：完整性 投资收益：完整性	投资业务的会计记录与授权和执行等方面职责分工明确； 健全证券投资资产的保管制度，客户自行保管时，存取证券应有详细的记录并由所有经手人签字	观察并描述投资业务的职责分工； 了解证券资产保管制度，检查客户自行保管时，存取证券是否进行详细的记录并由所有经手人签字

(续表)

内部控制目标	相关报表项目的认定	关键内部控制	常用的内部控制测试
投资均为客户所有	交易性金融资产、长期股权投资等：权利与义务	内部审计人员或其他独立人员定期盘点证券投资资产，检查是否为企业实际拥有	了解客户是否定期进行证券投资资产盘点； 审阅盘核报告，检查盘点方法是否恰当，盘点结果与会计记录间的差异处理是否合规
投资的计价方法正确，期末余额正确	交易性金融资产、长期股权投资等：准确性、估价与分摊 投资收益：准确性	建立详尽的会计核算制度，按每一种证券分别设立明细账，详细记录相关资料； 核算方法符合会计准则和会计制度的规定； 期末进行成本与市价进行比较，并正确记录	抽查投资会计记录，从明细账抽取部分会计记录，按原始凭证到明细账、总账的顺序核对有关数据和情况，判断其会计处理是否合规完整
投资在资产负债表上的披露正确	交易性金融资产、长期股权投资等：分类、列报 投资收益：分类、列报	投资明细账与总账的登记职务分离； 投资披露符合会计准则和会计制度的规定	观察职务是否分离

二、投资业务常用的实质性程序

投资业务常用的实质性程序将在第六节的报表项目审计中详细讲解，在此仅列举几个主要认定的实质性程序。

(一) 投资账面余额在资产负债表日确实存在，投资收益(损失)是由审计期间实际发生的交易事项引起的

1) 获取或编制投资明细表，复核加计正确，并与报表数、总账数和明细账合计数核对相符。
2) 向被投资单位函证投资金额、持股比例及股利发放情况。

(二) 投资增减变动及其收益(损失)均已登记入账

1) 检查年度内投资增减变动的原始凭证，核实变动的真实性、合规性；
2) 检查授权批准手续是否完备，入账是否及时准确。

(三) 投资的计价方法正确，期末余额正确

1) 检查投资入账价值是否符合投资合同、协议规定，会计处理是否正确；重大投资应查阅董事会有关决定并取证。
2) 检查长期股权投资的核算是否符合规定，检查期末是否按规定计提投资跌价或减值准备，检查应付债券投资折溢价是否正确摊销。

第六节　投资相关项目的实质性程序

狭义的企业投资业务通常由权益性投资交易和债权性投资交易组成，这些交易的结果多数形成了企业的金融资产。按照企业管理金融资产的业务模式和金融资产的合同现金流量特征对金融资产进行合理的分类，一般会形成会计核算差异比较大的资产类项目，分属于不同的会计账户核算，包括"交易性交融资产""权益投资""债权投资""其他债权投资""其他权益工具投资""长期股权投资"等账户，并在资产负债表中按照不同的资产项目加以反映。尽管企业在初始或后续确认和计量的会计核算方面存在较大的差别，但是在取得投资、享受收益以及处置方面还是具有更多的相似性，在审计程序上存在着很大的共性。为此，本书只选取"交易性交融资产""债权投资""长期股权投资"三个项目的实质性程序进行介绍，其他项目的审计可参考这些项目的审计进行。

一、交易性金融资产审计

(一) 交易性金融资产审计的审计目标

交易性金融资产，是指企业分类为以公允价值计量且其变动计入当期损益的金融资产。交易性金融资产的审计目标一般包括：(1)确定交易性金融资产是否存在；(2)确定交易性金融资产是否归被审计单位所有；(3)确定交易性金融资产的增减变动及其损益的记录是否完整；(4)确定交易性金融资产的计价是否正确；(5)确定交易性金融资产期末余额是否正确；(6)确定交易性金融资产的披露是否恰当。

(二) 交易性金融资产的实质性程序

交易性金融资产的实质性程序通常包括：

1) 获取或编制交易性金融资产明细表，复核加计是否正确，并与报表数、总账数和明细账合计数核对相符。

2) 对期末结存的相关交易性金融资产，向被审计单位核实其持有目的，检查本科目核算范围是否恰当。

3) 获取股票、债券及基金等交易流水单及被审计单位证券投资部门的交易记录，与明细账核对，检查会计记录是否完整、会计处理是否正确。

4) 监盘库存交易性金融资产，并与相关账户余额进行核对，如有差异，应查明原因，并作记录或进行适当调整。

5) 向相关金融机构发函询证交易性金融资产期末数量以及是否存在变现限制，并记录函证过程。取得回函时应检查相关签章是否符合要求。

6) 抽取交易性金融资产增减变动的相关凭证，检查其原始凭证是否完整合法，会计处理是否正确；抽取交易性金融资产增加的记账凭证，注意其原始凭证是否完整合法，成本、交易费用和相关利息或股利的会计处理是否符合规定；抽取交易性金融资产减少的记账凭证，检查其原始凭证是否完整合法、会计处理是否正确；注意出售交易性金融资产时其成本结转是否正确。原计入的公允价值变动损益有无调整至投资收益。

7) 复核与交易性金融资产相关的损益计算是否准确，并与公允价值变动损益及投资收益等有关数据核对。

8) 复核股票、债券及基金等交易性金融资产的期末公允价值是否合理，相关会计处理是否正确。

9) 关注交易性金融资产是否存在重大的变现限制。

10) 确定交易性金融资产的披露是否恰当。

二、债权投资审计

(一) 债权投资的审计目标

债权投资是指到期日固定、回收金额固定或可确定，且企业有明确意图和能力持有至到期的非衍生金融资产。债权投资的审计目标一般包括：(1)确定债权投资是否存在；(2)确定债权投资是否归被审计单位所有；(3)确定债权投资的增减变动及其损益记录是否完整；(4)确定债权投资的计价是否正确；(5)确定债权投资减值准备的计提方法是否恰当，计提是否充分；(6)确定债权投资减值准备的增减变动记录是否完整；(7)确定债权投资及其减值准备的期末余额是否正确；(8)确定债权投资及其减值准备的披露是否恰当。

(二) 债权投资的实质性程序

债权投资的实质性程序通常包括：

1) 获取或编制债权投资明细表，复核加计是否正确，并与总账数和明细账合计数核对相符。

2) 获取债权投资对账单，与明细账核对，并检查其会计处理是否正确。

3) 检查库存债权投资，并与账面余额进行核对，如有差异，应查明原因，并作记录或进行适当调整。

4) 向相关金融机构发函询证债权投资期末数量，并记录函证过程。取得回函时应检查相关签章是否符合要求。

5) 对期末结存的债权投资资产，核实被审计单位持有的目的和能力，检查本科目核算范围是否恰当。

6) 抽取债权投资增加的记账凭证，注意其原始凭证是否完整合法，成本、交易费用和相关利息的会计处理是否符合规定。

7) 抽取债权投资减少的记账凭证，检查其原始凭证是否完整合法，会计处理是否正确。

8) 根据相关资料，确定债券投资的计息类型。结合投资收益科目，复核计算利息采用的利率是否恰当，相关会计处理是否正确，检查债权投资持有期间收到的利息会计处理是否正确；检查债券投资票面利率和实际利率有较大差异时，被审计单位采用的利率及其计算方法是否正确。

9) 结合投资收益科目，复核处置债权投资的损益计算是否准确，已计提的减值准备是否同时结转。

10) 检查当持有目的改变时，债权投资划转为其他金融资产的会计处理是否正确。

11) 结合银行借款等科目，了解是否存在已用于债务担保的债权投资。如有，则应取证并作相应记录，同时提请被审计单位作恰当披露。

12) 当有客观证据表明债权投资发生减值的，应当复核相关资产项目的预计未来现金流量现值，并与其账面价值进行比较，检查相关准备计提是否充分。

13) 若发生减值，检查相关利息的计算及处理是否正确。

14) 确定债权投资的披露是否恰当，注意一年内到期的债权投资是否已重分类。

三、长期股权投资审计

(一) 长期股权投资的审计目标

长期股权投资的审计目标一般包括：(1)确定长期股权投资是否存在；(2)确定长期股权投资是否归被审计单位所有；(3)确定长期股权投资的增减变动及投资损益的记录是否完整；(4)确定长期股权投资的核算方法是否正确；(5)确定长期股权投资减值准备的计提方法是否恰当；(6)确定长期股权投资减值准备的增减变动记录是否完整；(7)确定长期股权投资及其减值准备的期末余额是否正确；(8)确定长期股权投资及其减值准备的披露是否恰当。

(二) 长期股权投资的实质性程序

长期股权投资的实质性程序通常包括：

1) 获取或编制长期股权投资明细表，复核加计是否正确，并与总账数和明细账合计数核对相符；结合长期股权投资减值准备科目与报表数核对相符。

2) 根据有关合同和文件，确认股权投资的股权比例和持有时间，检查股权投资核算方法是否正确。

3) 对于重大投资，向被投资单位函证被审计单位的投资额、持股比例及被投资单位发放股利等情况。

4) 对于应采用权益法核算的长期股权投资，获取被投资单位已经注册会计师审计的年度财务报表，如果未经注册会计师审计，则应考虑对被投资单位的财务报表实施适当的审计或审阅程序。

5) 对于采用成本法核算的长期股权投资，检查股利分配的原始凭证及分配决议等资料，确定会计处理是否正确；对被审计单位实施控制而采用成本法核算的长期股权投资，比照权益法编制变动明细表，以备合并报表使用。

6) 对于成本法和权益法相互转换的，检查其投资成本的确定是否正确。

7) 确定长期股权投资的增减变动记录是否完整，包括：检查本期增加的长期股权投资，追查至原始凭证、相关的文件或决议以及被投资单位的验资报告或财务资料等，确认长期股权投资是否符合投资合同、协议的规定，并已确实投资，会计处理是否正确；检查本期减少的长期股权投资，追查至原始凭证，确认长期股权投资的收回有合理的理由及授权批准手续，并已确实收回投资，会计处理是否正确。

8) 期末对长期股权投资进行逐项检查，以确定长期股权投资是否已经发生减值，计提是否充分，是否得到适当批准。减值损失一经确认，在以后会计期间不得转回。

9) 结合对银行借款的检查，了解长期股权投资是否存在质押、担保情况。如有，则应详细记录，并提请被审计单位进行充分披露。

10) 确定长期股权投资在资产负债表中已恰当列报。与被审计单位人员讨论确定是否存在被投资单位由于所在国家和地区及其他方面的影响，其向被审计单位转移资金的能力受到限制的情况。如存在，应详细记录受限情况，并提请被审计单位进行充分披露。

习 题

一、复习思考题

1. 筹资业务的内部控制包括哪些内容？
2. 投资业务的内部控制包括哪些内容？
3. 短期借款的审计目标及其实质性程序有哪些？
4. 长期借款的审计目标及其实质性程序有哪些？所有者权益的内部控制包括哪些要点？
5. 实收资本项目的审计目标及其实质性程序有哪些？
6. 交易性金融资产的审计目标及其实质性程序有哪些？
7. 资本公积项目的审计目标及其实质性程序有哪些？
8. 债权投资的审计目标及其实质性程序有哪些？
9. 长期股权投资的审计目标及其实质性程序有哪些？

二、单项选择题

1. 注册会计师为了验证被审计单位在资产负债表日列示的长期股权投资确实归属于其所拥有，应实施的最佳审计程序是(   )。
   A. 将交易及会议记录进行核对，确定所有交易均经批准或授权
   B. 抽查投资交易原始凭证，证实有关凭证是否已预先编号
   C. 函证资产负债表日被托管的所有证券
   D. 将明细账与总账进行核对

2. 为确定"长期借款"账户余额的真实性，进行函证。函证的对象应当是(   )。
   A. 公司的律师　　　　　　　　B. 金融监管机关
   C. 银行或其他金融机构　　　　D. 公司的主要股东

3. 对未入账的长期借款进行审查，无效的审计程序是(   )。
   A. 向被审计单位索取债务说明书，了解举债业务
   B. 对利息费用实施分析性复核
   C. 编制长期借款明细表并与总账核对
   D. 查阅企业管理部门的会议记录、文件资料，了解与举债相关的信息

4. 企业发生的下列事项中，影响"投资收益"的是(   )。
   A. 交易性金融资产持有期间收到不属于包含在买价中的现金股利
   B. 期末交易性金融资产的公允价值大于账面余额
   C. 期末交易性金融资产的公允价值小于账面余额
   D. 交易性金融资产持有期间收到包含在买价中的现金股利

5. 注册会计师拟对公司与借款活动相关的内部控制进行测试，下列程序中不属于控制测试程序的是(   )。
   A. 索取借款的授权批准文件，检查审批手续是否齐全
   B. 询问借款业务的职责分工情况及内部对账情况
   C. 检查董事会议记录、借款合同、银行询证函等，确定有无未入账的交易
   D. 检查被审计单位是否定期与债权人核对账目

三、多项选择题

1. 对交易性金融资产实施的实质性程序恰当的有(　　)。
   A. 获取股票、债券及基金等交易流水单及被审计单位证券投资部门的交易记录，与明细账核对，检查会计记录的完整性与正确性
   B. 对期末结存的相关交易性金融资产，向被审计单位核实其持有目的，检查本科目核算范围是否恰当
   C. 监盘库存交易性金融资产，并与相关账户余额进行核对，如有差异，应查明原因，并作记录或进行适当调整
   D. 向相关金融机构发函询证交易性金融资产期末数量以及是否存在变现限制，并记录函证过程
   E. 复核与交易性金融资产相关的损益计算是否准确，并与公允价值变动损益及投资收益等有关数据核对

2. 注册会计师在审查公司对外投资的内部控制中，应注意检查公司在办理对外投资中不相容岗位的划分，下列各项中，符合不相容岗位分离的有(　　)。
   A. 有价证券投资总账和明细账登记
   B. 转让有价证券的执行与审批
   C. 有价证券投资预算的编制与审批
   D. 证券部从事证券买卖与会计记录
   E. 有价证券投资记录和保管工作

3. 下列有关长期借款实质性程序的说法中正确的有(　　)。
   A. 了解金融机构对被审计单位的授信情况以及被审计单位的信用等级评估情况，有助于证实长期借款的完整性
   B. 向银行或其他债权人函证重大的长期借款
   C. 对年度内减少的长期借款，注册会计师应检查相关记录和原始凭证，核实还款数额
   D. 长期借款在资产负债表上都应列示于长期负债类下，检查是否有例外情况
   E. 审查借款业务的合法性

4. 检查被审计单位的长期借款业务时，如发现有逾期未偿还的长期借款，注册会计师应当实施的审计程序是(　　)。
   A. 核实是否办理了延期还款手续
   B. 判断被审计单位的偿债能力
   C. 判断被审计单位的资信程度
   D. 计算逾期贷款的金额和比率
   E. 函证重大的长期借款

5. 下列程序中属于借款活动相关的内部控制测试程序的是(　　)。
   A. 索取借款的授权批准文件，检查批准的权限是否恰当、手续是否齐全
   B. 观察借款业务的职责分工，并将职责分工的有关情况记录于审计工作底稿中
   C. 抽取借款明细账的部分会计记录，按原始凭证到明细账再到总账的顺序核对有关会计处理过程，以判断其是否合规
   D. 计算短期借款、长期借款在各个月份的平均余额，选取适用的利率匡算利息支出总额，并与财务费用等项目的相关记录核对
   E. 编制长期借款明细表，与明细账和总账核对

第十四章

货币资金审计

【导读】

货币资金作为一种变现能力最强、流动性最强的资产,有企业"血液"之称。货币资金在使用过程中往往会成为贪污挪用的首要目标,在审计中常发现货币资金有更改既定资金使用用途、违法违规、延误使用资金,转移资金使用方向,非法转出资金,体外资金循环,非法套现,贪污舞弊等现象。此外,坐支、隐瞒、截留、挪用货币资金的收入,以及以非法形式取得收入等也成为时常发生的问题。尽管不属于独立的业务循环,但货币资金与每一个业务循环都息息相关,且舞弊风险较高,因此,注册会计师应当保持应有的职业谨慎态度对待货币资金项目的审计。

【学习重点】

熟悉和掌握货币资金涉及的主要业务环节及其生成的文件记录,熟悉本业务中常见的舞弊手段,掌握该循环的控制测试程序,掌握库存现金、银行存款和其他货币资金等项目的审计目标和主要实质性程序。

【学习难点】

熟悉和掌握货币资金的内部控制要点是本章的一个难点,掌握库存现金监盘和银行存款函证的要点是本章的另一个难点。

【教学建议】

第一节和第四节结合会计业务知识,以学生课堂讨论分析为主,第二节和第三节建议教师结合案例教学,以课堂讲授为主。

第一节　了解货币资金流程及内部控制

货币资金是指企业生产经营过程中以货币形态存在的资金。根据货币资金存放地点及用途的不同，可以分为库存现金、银行存款及其他货币资金。货币资金不是独立的循环，但是货币资金与各交易循环均直接相关，例如，销售与收款循环交易最终表现为货币资金的流入，采购与付款循环交易、存货与生产循环交易等通常表现为货币资金的流出，其他的循环交易也是如此。

一、了解货币资金的业务流程

货币资金的业务流程主要表现为三个环节：收款业务、付款业务和存量货币资金的管理业务。

(一) 收款业务

企业收到现金，通常要给付款人开具发票、收据等凭证，并及时编制记账凭证、登记现金日记账，现金收入应于当日送存银行，根据银行缴款单据回执编制记账凭证并登记银行存款日记账；企业收到支票、银行汇票等票据应及时存入银行，根据银行进账单回执或汇款通知书等有效凭证及时登记入账。

(二) 付款业务

企业应当严格控制现金的使用范围，所有的货币资金支付必须授权批准，支付后，应及时根据获得的收款收据、支票存根、银行付款通知书等凭证，编制记账凭证登记现金日记账或银行存款日记账。

(三) 存量货币资金的管理业务

企业库存现金要保持适量，由出纳专人保管，对现金的收付业务要做到序时逐日逐笔登记入账，要做到日清月结，对库存现金要做到定期或不定期盘点，保证账实相符；企业要依法开立结算账户，办理货币资金的收付结算，对银行存款收付业务要做到序时逐日逐笔登记入账，月末要取得银行对账单，与银行存款日记账核对，并编制银行存款余额调节表，保证双方记录及结存金额的正确性。

二、了解货币资金的关键内部控制

(一) 岗位分工及授权批准

1) 企业应当建立货币资金业务的岗位责任制，明确相关部门和岗位的职责权限，确保办理货币资金业务的不相容岗位相互分离、制约和监督。出纳人员不得兼任稽核、会计档案保管和收入、支出、费用、债权债务账目的登记工作。企业不得由一人办理货币资金业务的全过程。

2) 企业应当对货币资金业务建立严格的授权批准制度，明确审批人对货币资金业务的授权批准方式、权限、程序、责任和相关控制措施，规定经办人办理货币资金业务的职责范围和工作要求。审批人应当根据货币资金授权批准制度的规定，在授权范围内进行审批，不得超越审批权限。

经办人应当在职责范围内，按照审批人的批准意见办理货币资金业务。对于审批人超越授权范围审批的货币资金业务，经办人员有权拒绝办理，并及时向审批人的上级授权部门报告。

3) 企业应当按照规定的程序办理货币资金支付业务：

(1) 支付申请。企业有关部门或个人用款时，应当提前向审批人提交货币资金支付申请，注明款项的用途、金额、预算、支付方式等内容，并附有效经济合同或相关证明。

(2) 支付审批。审批人根据其职责、权限和相应程序对支付申请进行审批。对不符合规定的货币资金支付申请，审批人应当拒绝批准。

(3) 支付复核。复核人应当对批准后的货币资金支付申请进行复核，复核货币资金支付申请的批准范围、权限、程序是否正确，手续及相关单证是否齐备，金额计算是否准确。支付方式、支付企业是否妥当等。复核无误后，交由出纳人员办理支付手续。

(4) 办理支付。出纳人员应当根据复核无误的支付申请，按规定办理货币资金支付手续，及时登记现金和银行存款日记账。

4) 企业对于重要货币资金支付业务，应当实行集体决策和审批，并建立责任追究制度，防范贪污、侵占、挪用货币资金等行为。

5) 严禁未经授权的机构或人员办理货币资金业务或直接接触货币资金。

(二) 库存现金和银行存款的管理

1. 库存现金的管理

1) 企业应当加强现金库存限额的管理，超过库存限额的现金应及时存入银行。

2) 企业必须根据《现金管理暂行条例》的规定，结合本企业的实际情况，确定本企业现金的开支范围。不属于现金开支范围的业务应当通过银行办理转账结算。

3) 企业现金收入应当及时存入银行，不得用于直接支付企业自身的支出。因特殊情况需要开支现金的，应事先报经开户银行审查批准。企业借出款项必须执行严格的授权批准程序，严禁擅自挪用、借出货币资金。

4) 企业取得的货币资金收入必须及时入账，不得私设"小金库"，不得账外设账，严禁收款不入账。

5) 企业应当定期和不定期地进行现金盘点，确保现金账面余额与实际库存相符。发现不符，及时查明原因，进行处理。

2. 银行存款的管理

1) 企业应当严格按照《支付结算办法》等国家有关规定，加强银行账户的管理，严格按照规定开立账户，办理存款、取款和结算。企业应当定期检查、清理银行账户的开立及使用情况，发现问题，及时处理。企业应当加强对银行结算凭证的填制、传递及保管等环节的管理与控制。

2) 企业应当严格遵守银行结算纪律，不准签发没有资金保证的票据或远期支票，套取银行信用；不准签发、取得和转让没有真实交易和债权债务的票据，套取银行和他人资金；不准无理拒绝付款，任意占用他人资金；不准违反规定开立和使用银行账户。

3) 企业应当指定专人定期核对银行账户，每月至少核对一次，编制银行存款余额调节表，使银行存款账面余额与银行对账单调节相符。如调节不符，应查明原因，及时处理。

(三) 票据及有关印章的管理

1) 企业应当加强与货币资金相关的票据的管理，明确各种票据的购买、保管、领用、背书转让、注销等环节的职责权限和程序，并专设登记簿进行记录，防止空白票据的遗失和被盗用。

2) 企业应当加强银行预留印鉴的管理。财务专用章应由专人保管，个人名章必须由本人或其授权人员保管。严禁一人保管支付款项所需的全部印章。按规定需要有关负责人签字或盖章的经济业务，必须严格履行签字或盖章手续。

(四) 监督检查

1) 企业应当建立对货币资金业务的监督检查制度，明确监督检查机构或人员的职责权限，定期和不定期地进行检查。

2) 货币资金监督检查的内容主要包括：

(1) 货币资金业务相关岗位及人员的设置情况。重点检查是否存在货币资金业务不相容职务混岗的现象。

(2) 货币资金授权批准制度的执行情况。重点检查货币资金支出的授权批准手续是否健全，是否存在越权审批行为。

(3) 支付款项印章的保管情况。重点检查是否存在办理付款业务所需的全部印章交由一人保管的现象。

(4) 票据的保管情况。重点检查票据的购买、领用、保管手续是否健全，票据保管是否存在漏洞。

3) 对监督检查过程中发现的货币资金内部控制中的薄弱环节，应当及时采取措施，加以纠正和完善。

三、评估货币资金相关的重大错报风险

(一) 货币资金认定层次的重大错报风险

货币资金认定层次的重大错报风险可能包括：
1) 虚假的余额或交易导致银行存款余额的存在性或交易的发生存在重大错报风险。
2) 因未采用正确的折算汇率导致外币交易计价错误。
3) 期末银行存款收支存在大额的截止性错误(截止)，如银付企未付、企收银未收等。
4) 未按规定对货币资金做出恰当披露。例如，未披露限制使用的大额银行存款。

(二) 需要保持高度职业怀疑的货币资金异常迹象

如果被审计单位存在以下事项或情形，注册会计师需要保持警觉：
1) 被审计单位的现金交易比例较高，与其所在行业常用的结算模式不同。
2) 库存现金规模明显超过业务周转所需资金。
3) 银行账户开立数量与客户实际业务规模不匹配，或存在多个零余额账户且长期不注销。
4) 在没有经营业务的地区开立银行账户，或将高额资金存放于其经营和注册地之外的异地。
5) 企业资金存放于管理层或员工个人账户，或通过个人账户进行客户交易的资金结算。
6) 货币资金收支金额与现金流量表中的经营活动、筹资活动、投资活动的现金流量不匹配，或经营活动现金流量净额与净利润不匹配。

7) 不能提供银行对账单或存款余额调节表，或提供的银行对账单没有银行印章、交易对方名称或摘要。

8) 存在长期或大量银行未达账项，或存款收益金额与存款的规模明显不匹配。

9) 银行存款明细账存在非正常转账。例如，短期内相同金额的一收一付或相同金额的分次转入转出等大额异常交易。

10) 违反货币资金存放和使用规定，如上市公司将募集资金违规用于质押、未经批准开立账户转移募集资金、未经许可将募集资金转作其他用途等。

11) 存在大额外币收付记录而被审计单位并不涉足外贸业务，或针对同一交易对方，在报告期内存在现金和其他结算方式并存的情形。

12) 被审计单位以各种理由不配合注册会计师实施银行函证、不配合注册会计师至人民银行或基本户开户行打印《已开立银行结算账户清单》。

13) 与实际控制人(或控股股东)、银行(或财务公司)签订集团现金管理账户协议或类似协议。

(三) 对于货币资金关联项目，需要保持高度职业怀疑的异常迹象

除上述与货币资金项目直接相关的事项或情形外，注册会计师在审计其他财务报表项目时，还可能关注到其他一些亦需要保持警觉的事项或情形。例如：

1) 存在没有具体业务支持或与交易不相匹配的大额资金或汇票往来。

2) 长期挂账的大额预付款项，或工程付款进度或结算周期异常等。

3) 存在大额自有资金的同时，向银行高额举债，或首次公开发行股票(IPO)的公司在申报期内持续现金分红。

4) 付款方账户名称与销售客户名称不一致、收款方账户名称与供应商名称不一致。

5) 开具的银行承兑汇票没有银行承兑协议支持，或银行承兑票据保证金余额与应付票据比例不合理，或存在频繁的票据贴现。

6) 实际控制人(或控股股东)频繁进行股权质押(冻结)，且累计被质押(冻结)的股权占被审计单位总股本的比例较高。

7) 存在大量货币资金的情况下，频繁发生债务违约，或者无法按期支付股利或偿付债务本息。

当被审计单位存在以上事项或情形时，很可能表明存在舞弊风险。

第二节 货币资金的控制测试

注册会计师需要根据以上重大错报风险评估结果，制订和实施进一步审计程序的总体方案(包括综合性方案和实质性方案)，继而实施控制测试和实质性程序。因为货币资金的实质性程序还要在下面的库存现金审计和银行存款审计的实质性程序里详细讲解，因此对于货币资金的进一步审计程序，这里只介绍货币资金的控制测试程序。

一、库存现金的控制测试程序

1) 询问业务部门的主管和财务部门的主管在日常库存现金收付款业务方面执行的内部控制，

以确定是否与了解的被审计单位内部控制政策要求保持一致。

2) 观察财务主管复核收付款的过程，对于付款是否核对了付款申请的用途、金额及后附相关凭据，以及在核对无误后是否进行了签字确认。

3) 抽取并检查一定期间的收款凭证，确定适当的样本量，进行如下检查：(1)核对现金日记账的收入金额是否正确；(2)核对收款凭证与应收账款明细账的有关记录是否相符；(3)核对实收金额与销货发票是否一致等。

4) 抽取并检查一定期间的付款凭证，确定适当的样本量，进行如下检查：(1)检查付款的授权批准手续是否符合规定；(2)核对现金日记账的付出金额是否正确；(3)核对付款凭证与应付账款明细账的记录是否一致；(4)核对实付金额与购货发票是否相符等。

5) 抽取一定期间的库存现金盘点表，检查现金盘点表中记录的现金盘点余额是否与实际盘点金额保持一致、现金盘点表中记录的金额是否与被审计单位现金日记账中的盘点日余额保持一致。

6) 抽取一定期间的库存现金日记账与总账核对，确定库存现金日记账是否与总分类账核对相符。

7) 评价库存现金的内部控制。注册会计师在完成上述程序之后，即可对库存现金的内部控制进行评价。评价时，注册会计师应首先确定库存现金内部控制的可信赖程度以及存在的薄弱环节和缺点，然后据以确定在库存现金审计的实质性程序中对哪些环节可以适当减少审计程序，对哪些环节应增加审计程序，进行重点检查，以减少审计风险。

二、银行存款的控制测试程序

1) 询问财务部门的主管，企业在银行账户的开立、变更和注销方面，在日常银行存款收付款业务方面，在期末银行存款余额调节表编制方面执行的关键内部控制，以确定是否与了解的被审计单位内部控制政策要求保持一致。

2) 检查企业银行账户的开立、变更和注销情况。询问会计主管被审计单位本年开户、变更、撤销的整体情况；取得本年度账户开立、变更、撤销申请项目清单，检查清单的完整性，并在选取适当样本的基础上检查账户的开立、变更、撤销项目是否已得到财务经理和总经理审批。

3) 抽取并检查一定期间的收款凭证，确定适当的样本量，进行如下检查：(1)核对收款凭证与存入银行账户的日期和金额是否相符；(2)核对银行存款日记账的收入金额是否正确；(3)核对收款凭证与银行对账单是否相符；(4)核对收款凭证与应收账款明细账的有关记录是否相符；(5)核对实收金额与销货发票是否一致等。

4) 抽取并检查一定期间的付款凭证，确定适当的样本量，进行如下检查：(1)检查付款的授权批准手续是否符合规定；(2)核对银行存款日记账的付出金额是否正确；(3)核对付款凭证与银行对账单是否相符；(4)核对付款凭证与应付账款明细账的记录是否一致；(5)核对实付金额与购货发票是否相符等。

5) 抽取一定期间的银行存款余额调节表，针对选取的样本，进行如下检查：(1)查看调节表中记录的企业银行存款日记账余额是否与银行存款日记账余额保持一致；(2)检查调节表中记录的银行对账单余额是否与被审计单位提供的银行对账单中的余额保持一致；(3)针对大额未达账项进行期后收付款的检查。

6) 抽取一定期间的银行存款日记账并与银行存款总分类账核对，检查它们是否相符。

7) 评价银行存款的内部控制。(1)确定银行存款内部控制的可信赖程度以及存在的薄弱环节和缺点；(2)确定在银行存款审计的实质性程序中对哪些环节可以适当减少审计程序，对哪些环节应增加审计程序，进行重点检查，以减少审计风险。

第三节　库存现金审计的实质性程序

一、审计目标

库存现金审计的目标一般应包括：
1) 确定被审计单位资产负债表的货币资金项目中的库存现金在资产负债表日是否确实存在，是否为被审计单位拥有。
2) 确定被审计单位在特定期间内发生的现金收支业务是否均记录完毕，有无遗漏。
3) 确定库存现金余额是否正确。
4) 确定库存现金在财务报表中的披露是否恰当。

二、实质性程序

库存现金审计的实质性程序一般如下。

(一) 核对库存现金日记账与总账的余额是否相符

注册会计师测试现金余额的起点，是核对库存现金日记账与总账的余额是否相符。如果不相符，应查明原因，并进行适当调整。

(二) 监盘库存现金

监盘库存现金是证实资产负债表中所列现金是否存在的一项重要程序。企业盘点库存现金，通常包括对已收到但未存入银行的现金、零用金、找换金等的盘点。盘点库存现金的时间和人员应视被审计单位的具体情况而定，但必须有出纳员和被审计单位会计主管人员参加，并由注册会计师进行监盘。盘点和监盘库存现金的步骤和方法主要有：

1) 制定库存现金盘点程序，实施突击性检查，时间最好选择在上午上班前或下午下班时进行，盘点的范围一般包括企业各部门经管的现金。在进行现金盘点前，应由出纳员将现金集中起来存入保险柜。必要时可加以封存，然后由出纳员把已办妥现金收付手续的收付款凭证登入库存现金日记账。如企业库存现金存放部门有两处或两处以上的，应同时进行盘点。在账面库存现金为零的情况下，仍然检查保险柜，查看是否有白条、员工的工资卡及其他异常文件。

2) 审阅库存现金日记账并同时与现金收付凭证相核对：一方面检查日记账的记录与凭证的内容和金额是否相符；另一方面了解凭证日期与日记账日期是否相符或接近。

3) 由出纳员根据库存现金日记账加计累计数额，结出现金结余。

4) 盘点保险柜的现金实存数，同时编制"库存现金盘点表"(格式参见表14-1)，分币种、面值列示盘点金额。

表14-1 库存现金盘点表

客　　户：　　　　　　　　　　　　　　编制人：　　　　日期：　　　　索引号：
项　　目：库存现金监盘　　　　　　　　复核人：　　　　日期：　　　　页　次：
会计期间
盘点日期：　年　月　日

项目		检查盘点记录				实有现金盘点记录					
		项次	人民币	美元	某外币	面额	人民币		美元		某外币	
							张	金额	张	金额	张	金额
上一日账面库存余额		1				1000元						
盘点日未记账传票收入金额		2				500元						
盘点日未记账传票支出金额		3										
盘点日账面应有金额		项次4=项次1+项次2-项次3				100元						
盘点实有现金数额		5				50元						
盘点日应有与实有差异		项次6=项次4-项次5				10元						
差异原因分析	白条抵库(张)					5元						
						2元						
						1元						
						0.5元						
						0.2元						
						0.1元						
						合计						
追溯调整	报表日至查账日现金付出总额					情况说明及审计结论：						
	报表日至查账日现金收入总额											
	报表日库存现金应有余额											
	报表日账面汇率											
	报表日余额折合本位币金额											
本位币合计												

盘点人：　　　　　　　　　　监盘人：　　　　　　　　　　复核人：

5) 资产负债表日后进行盘点时，应调整至资产负债表日的金额，并对变动情况实施程序。

6) 将盘点金额与库存现金日记账余额进行核对，如有差异，应查明原因，并进行记录或适当调整。

7) 若有冲抵库存现金的借条、未提现支票、未作报销的原始凭证，应在"库存现金盘点表"中注明或进行必要调整。

(三) 抽查大额现金收支

注册会计师应抽查大额现金收支的原始凭证内容是否完整，有无授权批准，并核对相关账户的进账情况，如有与被审计单位生产经营业务无关的收支事项，应查明原因，并进行相应记录。针对大额现金收支，追踪来源和去向，核对至交易的原始单据，关注收付款方、收付款金额与合同、订单、出入库单相关信息是否一致。

(四) 检查现金收支的正确截止

客户资产负债表的货币项目中的库存现金数额，应以结账日实有数额为准。因此，注册会计师必须验证现金收支的截止日期。通常，注册会计师可考虑对结账日前后一段时期内现金收支凭证进行审计，以确定是否存在跨期事项，是否应考虑提出调整建议。

(五) 检查外币现金的合理性及合法性

关注各币种外币汇率变动趋势，判断存在大额外币现金余额及交易额的合理性，检查外币现金的折算方法是否符合规定，是否与上年度一致。

(六) 检查库存现金是否在资产负债表上恰当披露

根据有关规定，库存现金在资产负债表的"货币资金"项目中反映，注册会计师应在实施上述审计程序后，确定库存现金账户的期末余额是否恰当，进而确定库存现金是否在资产负债表上恰当披露。

第四节 银行存款审计的实质性程序

一、审计目标

银行存款审计的目标主要包括：
1) 确定被审计单位资产负债表中的银行存款在资产负债表日是否确实存在，是否为被审计单位所拥有。
2) 确定被审计单位在特定期间内发生的银行存款收支业务是否均已记录完毕，有无遗漏。
3) 确定银行存款的余额是否正确。
4) 确定银行存款在财务报表上的披露是否恰当。

二、实质性程序

银行存款的实质性程序一般如下。

(一) 核对银行存款日记账与总账的余额是否相符

注册会计师测试银行存款余额的起点，是核对银行存款日记账与总账的余额是否相符。如果不相符，应查明原因，并考虑是否应建议进行适当调整。

如果对被审计单位银行账户的完整性存有疑虑，例如，当被审计单位可能存在账外账或资金体外循环时，除实施其他审计程序外，注册会计师可以考虑实施以下审计程序：
1) 了解并评价被审计单位开立账户的管理控制措施。了解报告期内被审计单位开户银行的数量及分布，与实际经营需要进行比较，判断其合理性，关注其是否存在越权开立银行账户的情形。

2) 询问办理货币资金业务的相关人员(如出纳)，了解银行账户的开立、使用、注销等情况。必要时，获取被审计单位将银行存款账户信息全部提供给注册会计师的书面声明。如发现银行存款账户户名为个人，但记录在被审计单位账户清单或账簿中，考虑该个人与被审计单位的关系，并获取书面声明。

3) 注册会计师亲自到人民银行或基本存款账户开户行查询并打印《已开立银行结算账户清单》，以确认被审计单位面账记录的银行人民币结算账户是否完整，观察银行办事人员的查询、打印过程，并检查被审计单位账面记录的银行人民币结算账户是否完整。

4) 结合其他相关细节测试，关注原始单据中被审计单位的收(付)款银行账户是否包含在注册会计师已获取的开立银行账户清单内。

(二) 如有必要，对银行存款实施实质性分析程序

计算定期存款占银行存款的比例，了解被审计单位是否存在高息资金拆借。如存在高息资金拆借，应进一步分析拆出资金的安全性，检查高额利差的入账情况；计算存放于非银行金融机构的存款占银行存款的比例，分析这些资金的安全性。

(三) 检查银行存款账户的发生额

对货币资金的发生额进行审计，通常能够有效应对被审计单位编制虚假财务报告、管理层或员工非法侵占货币资金等舞弊风险。可以考虑对银行存款账户的发生额实施以下程序：

1) 分析不同账户发生银行日记账漏记银行交易的可能性，获取相关账户相关期间的全部银行对账单。

2) 如果对被审计单位银行对账单的真实性存有疑虑，注册会计师可以在被审计单位协助下亲自到银行获取银行对账单。在获取银行对账单时，注册会计师要全程关注银行对账单的打印过程。

3) 选取银行对账单中记录的交易与被审计单位银行日记账记录进行核对；从被审计单位银行存款日记账上选取样本，核对至银行对账单。

4) 浏览银行对账单，选取大额异常交易，如银行对账单上有一收一付相同金额，或分次转出相同金额等，检查被审计单位银行存款日记账上有无该项收付金额记录。

(四) 取得并检查银行存款对账单和银行存款余额调节表

取得并检查银行存款余额对账单和银行存款余额调节表是证实资产负债表中所列银行存款是否存在的重要程序。具体测试程序通常如下。

1) 取得并检查银行对账单：(1)取得被审计单位加盖银行印章的银行对账单，必要时，亲自到银行获取对账单，并对获取过程保持控制，如果是使用网银系统的客户，应观察客户人员登录并操作网银系统导出信息的过程，核对网银界面的真实性，核对网银中显示或下载的信息与提供给注册会计师的对账单中信息的一致性；(2)将获取的银行对账单余额与银行日记账余额进行核对，如存在差异，获取银行存款余额调节表；(3)将被审计单位资产负债表日的银行对账单与银行询证函回函核对，确认是否一致。

2) 取得并检查银行存款余额调节表：(1)检查银行存款余额调节表中的加计数是否正确，调节后银行存款日记账余额与银行对账单余额是否一致；(2)检查调节事项。对于企业已收付、银行尚未入账的事项，检查相关收付款凭证，并取得期后银行对账单，确认未达账项是否存在，银行是否已于期后入账；对于银行已收付、企业尚未入账的事项，检查期后企业入账的收付款凭证，确认未达账

项是否存在，必要时提请被审计单位调整；(3)关注长期未达账项，查看是否存在挪用资金等事项；(4)特别关注银付企未付、企付银未付中支付异常的领款事项，包括没有载明收款人、签字不全等支付事项，如只签姓、不签名，或只签姓名、不签金额等情形，确认是否存在舞弊。对于银付企未付情形，往往预示着有挪用资金行为；对于企付银未付情形，通常预示着有隐瞒资金、伺机挪用资金贪污行为。

实例14-1 多选题

被审计单位2019年12月31日的银行存款余额调节表包括一笔"企业已付、银行未付"调节项，其内容为以支票支付赊购材料款。下列审计程序中，能为该调节项提供审计证据的有( )。

A. 检查付款申请单是否经适当批准
B. 就2019年12月31日相关供应商的应付账款余额实施函证
C. 检查支票开具日期
D. 检查2020年1月的银行对账单

分析：选项A，付款申请单即使被批准，也并不能表明该款项已通过支票支付，因此无法提供审计证据，正确答案是选项BCD。

(五) 函证银行存款余额

银行存款函证是指注册会计师在执行审计业务过程中，需要以被审计单位名义向有关单位发函询证，以验证被审计单位的银行存款是否真实、合法、完整。

函证银行存款余额是证实资产负债表所列银行存款是否存在的重要程序。通过向往来银行函证，注册会计师不仅可了解企业资产的存在，还可了解企业账面反映所欠银行债务的情况。注册会计师应当对银行存款(包括零余额账户和在本期内注销的账户)以及与金融机构往来的其他重要信息实施函证程序，除非有充分的证据表明某一银行存款以及与金融机构往来的其他重要信息对财务报表不重要且与之相关的重大风险很低。如果不对这些项目实施函证程序，注册会计师应当在审计工作底稿中说明理由。

注册会计师需要考虑是否对在本期内注销的账户的银行进行函证，这通常是因为有可能存账户已注销但仍有银行借款或其他负债存在。例14-1列示了银行询证函的格式，可供参考。

【例14-1】银行询证函(企业与银行间)

审计业务银行询证函(通用格式)

编号：

××(银行)：

本公司聘请的××会计师事务所正在对本公司_____年度(或期间)的财务报表进行审计，按照中国注册会计师审计准则的要求，应当询证本公司与贵行相关的信息。下列第1~14项信息出自本公司的记录：

- 如与贵行记录相符，请在本函"结论"部分签字、签章。
- 如有不符，请在本函"结论"部分列明不符项目及具体内容，并签字和签章。

本公司谨授权贵行将回函直接寄至××会计师事务所，地址及联系方式如下：

回函地址：

联系人： 电话： 传真： 邮编：

电子邮箱：

本公司谨授权贵行可从本公司××账户支取办理本询证函回函服务的费用。

截至_____年___月___日，本公司与贵行相关的信息列示如下：

1. 银行存款

账户名称	银行账号	币种	利率	账户类型	余额	起止日期	是否用于担保或存在其他使用限制	备注

除以上所述，本公司并无其他在贵行的存款。

2. 银行借款

借款人名称	银行账号	币种	余额	借款日期	到期日期	利率	抵(质)押品/担保人	备注

除以上所述，本公司并无其他在贵行的借款。

注：如存在本金或利息逾期未付行为，请在"备注"栏中予以说明。

3. 自_____年___月___日起至_____年___月___日期间内注销的账户

账户名称	银行账号	币种	注销账户日

除以上所述，本公司并无其他截至函证日的一个年度内已注销的账户。

4. 本公司作为贷款方的委托贷款

账户名称	银行账号	资金借入方	币种	利率	余额	贷款起止日期	备注

除以上所述，本公司并无其他通过贵行办理的委托贷款。

5. 本公司作为借款方的委托贷款

账户名称	银行账号	资金借出方	币种	利率	余额	贷款起止日期	备注

除以上所述，本公司并无其他通过贵行办理的委托贷款。

6. 担保(包括保函)

(1) 本公司为其他单位提供的、以贵行为担保受益人的担保。

被担保人	担保方式	担保金额	担保期限	担保合同编号	备注

除以上所述，本公司并无其他向贵行提供的担保。

注：如采用抵押或质押方式提供担保的，应在"备注"栏中说明抵押或质押物情况；如被担保方存在本金或利息逾期未付行为，请在"备注"栏中予以说明。

(2) 贵行向本公司提供的担保。

被担保人	担保方式	担保金额	担保期限	担保合同编号	备注

除上述列示的担保外，本公司并无贵行提供的其他担保。

第十四章 货币资金审计

7. 本公司为出票人且由贵行承兑而尚未支付的银行承兑汇票

银行承兑汇票号码	承兑银行名称	结算账户账号	票面金额	出票日	到期日

除以上所述，本公司并无其他由贵行承兑而尚未支付的银行承兑汇票。

8. 本公司向贵行已贴现而尚未到期的商业汇票

商业汇票号码	付款人名称	承兑人名称	票面金额	出票日	到期日	贴现日	贴现率	贴现净额

除以上所述，本公司并无其他向贵行已贴现而尚未到期之商业汇票。

9. 本公司为持票人且由贵行托收的商业汇票

商业汇票号码	承兑人名称	票面金额	出票日	到期日

除以上所述，本公司并无其他由贵行托收的商业汇票。

10. 本公司为申请人、由贵行开具的、未履行完毕的不可撤销信用证

信用证号码	受益人	信用证金额	到期日	未使用金额

除以上所述，本公司并无其他由贵行开具而不能撤销之信用证。

11. 本公司与贵行之间未履行完毕的外汇买卖合约

类别	合约号码	买卖币种	未履行之合约买卖金额	汇率	交收日期

除以上所述，本公司并无其他与贵行未完成之外汇买卖合约。

12. 本公司存放于贵行托管的有价证券或其他产权文件

有价证券或其他产权文件名称	产权文件编号	数量	金额

除以上所述，本公司并无其他存放贵行之有价证券或其他产权文件。

13. 本公司购买的由贵行发行的未到期银行理财产品

产品名称	产品类型	认购金额	购买日	到期日	币种

除上述列示的银行理财产品外，本公司并无购买其他由贵行发行的理财产品。

14. 其他事项

注：此项应填列注册会计师认为重大且应予函证的其他事项，如欠银行的其他负债或者或有负债、除外汇买卖外的其他衍生交易、贵金属交易等。

(预留印鉴) 年 月 日

经办人：
职　务：
电　话：

结论:

经本行核对，所函证项目与本行记载信息相符。特此函复。			
			年　月　日
	经办人:	职务:	电话:
	复核人:	职务:	电话:
			(银行盖章)
经本行核对，存在以下不符之处。			
			年　月　日
	经办人:	职务:	电话:
	复核人:	职务:	电话:
			(银行盖章)

说明:

1. 本询证函(包括回函)中所列信息应严格保密，仅用于注册会计师审计目的。

2. 注册会计师可根据审计需要，从本函所列第1~14项中选择所需询证的项目，对于不适用的项目，应当将这些项目中的表格用斜线划掉。

3. 本函应由被审计单位加盖骑缝章。

(六) 抽查大额银行存款的收支

注册会计师应抽查大额银行存款(含外埠存款、银行汇票存款、银行本票存款、信用证存款)收支的原始凭证内容是否完整，有无授权批准，并核对相关账户的进账情况。如有与被审计单位生产经营业务无关的收支事项，应查明原因并进行相应记录。

(七) 检查银行存款收支的正确截止

抽查资产负债表日前后若干天的银行存款收支凭证并实施截止测试，关注业务内容及对应项目，如有跨期收支事项，应考虑是否应提出调整建议。

(八) 检查定期存款或限定用途的存款

对定期存款或限定用途的存款，应查明情况，进行记录。对被审计单位的定期存款，注册会计师可以考虑实施以下审计程序:

1) 如果定期存款占银行存款的比例偏高，或同时负债比例偏高，注册会计师需要向管理层询问定期存款存在的商业理由并评估其合理性。

2) 获取定期存款明细表，检查是否与账面记录金额一致，存款人是否为被审计单位，定期存款是否被质押或限制使用。

3) 监盘定期存款凭据，或实地观察被审计单位，登录网银系统查询定期存款信息，并将查询信息截屏保存。如果被审计单位在资产负债表日有大额定期存款，基于对风险的判断，考虑选择在资产负债表日实施监盘。

4) 对存款期限跨越资产负债表日的未质押定期存款，检查开户证实书原件而非复印件，以防止被审计单位提供的复印件是未质押或未提现前原件的复印件，特别关注被审计单位在定期存单到期之前，是否存在先办理质押贷款或提前套现，再用质押贷款所得货币资金或套取的货币资金虚增收入、挪作他用或从事其他违规业务的情形。在检查时，还要认真核对相关信息，包括存款人、金额、期限等，如有异常，就实施进一步的审计程序。

5) 对已质押的定期存款，检查定期存单复印件，并与相应的质押合同核对，核对存款人、金额、期限等相关信息；对于用于质押借款的定期存单，关注定期存单对应的质押借款有无入账；对于超过借款期限但仍处于质押状态的定期存款,还需要关注相关借款的偿还情况,了解相关质权是否已被行使;对于为他人担保的定期存单,关注担保是否逾期及相关质权是否被行使。

6) 结合银行存款函证回函信,检查函证定期存款相关信息,关注银行回函是否对包括"是否用于担保或存在其他使用限制"在内的项目给予完整回复。

7) 结合财务费用和投资收益审计,分析利息收入的合理性,判断定期存款是否真实存在,或是否存在体外资金循环的情形。如果账面利息收入远大于根据定期存款计算的应得利息,很可能表明被审计单位存在账外定期存款。如果账面利息收入远小于根据定期存款计算的应得利息,很可能表明被审计单位存在转移利息收入或挪用、虚构定期存款的情况。

8) 对于在报告期内到期结转的定期存款、资产负债表日后已提取的定期存款,检查、核对相应的兑付凭证、银行对账单或网银记录等。

(九) 关注客户变现有限制的银行存款

关注是否有质押、冻结等对变现有限制或存放在境外的款项。如果存在,是否已提请被审计单位进行必要的调整和披露;对不符合现金及现金等价物条件的银行存款在审计工作底稿中予以列明,以考虑对现金流量表的影响。

(十) 关注客户银行存款的资金池业务

资金池业务属于商业银行和其他金融机构为客户建立的用于资金集中管理的账户架构,是根据客户需求进行各账户间资金归集、余额调剂、资金计价、资金清算的现金管理产品。资金池业务的客户一般为采用总分公司架构的统一法人客户和采用母子公司形式的集团客户。

如果被审计单位存在资金池业务,注册会计师需要了解和评估被审计单位加入资金池业务的合法合规性、资金池资金在各企业之间和集团层面的集中方式、是否采取了适当措施保证资金安全等。

特别注意:(1)各方是否存在资金紧张或长期占用被审计单位资金的情况,是否存在被审计单位资金可能被占用无法按期归还的情况,是否需要计提坏账准备;(2)是否存在被审计单位为应付注册会计师的函证程序而突击划转资金的情况;(3)考虑是否存在控股股东或实际控制人通过资金池业务套取资金,配合被审计单位虚构销售交易的可能性。

实例14-2 上市公司资金池业务案例

康得新公司是一家经营高分子复合材料等产品的企业(简称康得新),2010年7月在深市中小板上市(股票代码:002450)。2018年年度报表中反映的"货币资金"余额为153.16亿元,2019年1月15日到期需要偿还的债券本息10.41亿元却违约、无力偿还,原因何在?

2019年7月,我们在证监会下发的《事先告知书》认定的诸多违法事实中找到了原因。2014年,康得集团与北京某银行西单支行(以下简称北京××银行)签订了《现金管理服务协议》,对康得集团控制的下属公司在北京××银行开立的银行账户进行统一管理,将子公司账户资金实时归集到康得集团北京银行西单支行3258账户,如需付款再从母账户下拨。各子账户实际余额为0,但北京××银行提供的银行对账单上不显示母子账户间自动上存和自动下拨等归集交易,显示余额为累计上存金额扣减下拨金额后的余额。康得新及其合并财务报表范围内3家子公司的5个银行账户资金被实时归集到康得集团。

国内龙头大所RH会计师事务所是康得新2014—2018年年度报告的审计人,在2015—2017年出具了标准的无保留意见,在2018年出具了无法表示意见。据RH会计师事务所称,其完全按照审计准则实施了"充分独立的银行存款函证程序"。在2015—2017年年报审计中，北京××银行都确认了相关账户余额(如2017年货币资金为185.04亿元)；而在2018年年报审计中，在审计结束之后的2019年4月29日收到银行的回函，回函显示："该账户余额为0元，该账户在我行有联动账户业务，银行归集金额为12 209 443 476.52元"。至此事实清楚了，康得新控制的账户没有任何资金，全部被归集到康得集团了，去哪里了无人交代清楚。此后，审计人RH会计师事务所被证监会立案调查，康得新起诉北京××银行和康得集团，要求赔偿由此给公司造成的全部损失，事件尚在进行中。

问题：

(1) 从证监会网下载《事先告知书》(处罚字〔2019〕90号)，结合康得新2015—2018年年报、审计报告等资料了解康得新案例的具体过程。

(2) 从法规和会计主体假设等视角讨论这种资金池业务的合法性，结合有关函证、货币资金审计等职业规范讨论注册会计师应如何应对此类风险？

分析提示：本案例在2019年度证券市场影响非常大，对RH会计师事务所影响也较大，大量上市公司客户解聘，IPO客户被终止，RH会计师事务所大量业务骨干人才流失。因诸多事件尚在进行中，本案例的讨论为开放性的话题，不设具体答案。

(十) 确定银行存款的反映和披露是否恰当

据有关规定，企业的银行存款在资产负债表的"货币资金"项目中反映。所以，注册会计师应在实施上述审计程序后，确定银行存款账户的期末余额是否恰当，进而确定银行存款是否在资产负债表中恰当反映和披露。特别需要注意：

1) 关注被审计单位是否在财务报表附注中对定期存款及其受限情况(如有)给予充分披露。

2) 检查外币银行存款的折算是否符合有关规定，折算是否准确。

3) 对变现有限制或存放在境外是否做了正确调整和反映。

4) 关注被审计单位是否将资金池资金按照企业会计准则的要求在财务报表中予以恰当列报，是否在财务报表附注中对资金池业务及其相关余额、由此产生的关联方交易(如有)进行充分披露。在资产负债表中，如被审计单位通过资金池业务向其他关联公司提供融资，已上存资金余额可能并不符合货币资金的定义，不应在货币资金项目中列报，而应列报为其他应收款等相关项目；在现金流量表中，已上存资金余额可能并不符合现金及现金等价物的定义。

实例14-3 单选题

下列审计程序中，通常不能够为定期存款的存在性认定提供可靠审计证据的是(　　)。

A. 函证定期存款的相关信息

B. 对于未质押的定期存款，检查开户证实书原件

C. 对于未质押的定期存款，检查定期存单复印件

D. 对于资产负债表日后已到期的定期存单核对兑付凭证

分析：选项A，函证的证据可靠性较高，选项B、D均属于独立来源的证据，可靠性较高，选项C属于复印件，注册会计师还需要和质押合同核对，答案是选项C。

实例14-4 银行存款函证审计失败案例

金亚科技(股票代码：300028)是一家2009年在深市创业板上市的公司，2014年合并财务报表中虚增银行存款21791万元，虚增营业收入7363万元，虚增营业成本1925万元，因而受到证监会的处罚，其审计人LX会计师事务所因为在诸多审计程序上的失败也受到了处罚。2015年1月20日，审计

人员在对金亚科技基本账户开户行函证时，审计人员未对询证函保持控制，未确认询证函信息，银行询证函仅有个人签章，没有加盖银行的印章，审计人员事后才取得银行回函，且取得回函后未实施验证程序，导致LX会计师事务所未能发现银行回函系金亚科技伪造、虚增银行存款2.17亿元的事实。尽管审计人员申辩是从银行窗口取回的询证函回函等，本身就是银行工作人员提供的"假材料"，但是审计报告签字审计师仍然因缺乏勤勉尽责而受到警告、罚款10万元的处罚。(资料来源：中国证监会行政处罚决定书第(2018)78号。)

问题：从中国注册会计师协会网站下载中国注册会计师审计准则问题解答第2号—函证(2019年12月31日修订)，并搜寻"九好集团""康华农业""富贵鸟""证监会行政处罚决定书第(2018)78号"等案例资料，结合本案例资料，讨论并分析总结银行存款函证审计失败的原因及治理措施。

第五节 其他货币资金审计的实质性程序

一、审计目标

其他货币资金审计的目标主要包括：

1) 确定被审计单位资产负债表中的其他货币资金在资产负债表日是否确实存在，是否为被审计单位所拥有。
2) 确定被审计单位在特定期间内发生的其他货币资金收支业务是否均已记录完毕，有无遗漏。
3) 确定其他货币资金的余额是否正确。
4) 确定其他货币资金在财务报表上的披露是否恰当。

二、实质性程序

其他货币资金的实质性程序主要包括：

1) 核对外埠存款、银行汇票存款、银行本票存款、信用卡存款、信用证保证金存款和存出投资款等各明细账期末合计数与总账数是否相符。
2) 获取所有其他货币资金明细的对账单，与账面记录核对，如果存在差异，应查明原因，必要时应提出调整建议。特别关注下列事项：

(1) 对于保证金账户，应将取得的对账单与相应的交易进行核对。检查保证金与相关债务的比例和合同约定是否一致。要检查信用证的开立协议与保证金是否相符，检查保证金与相关债务的比例是否与合同约定一致，特别关注是否存在有保证金发生而被审计单位无对应保证事项的情形。

(2) 获取存出投资款全部交易流水单，从中抽取若干笔资金存取记录，审查有关原始凭证，关注资金的来源和去向是否正常，是否已正确入账。审查存出投资款时要特别注意，跟踪资金流向，并获取董事会决议等批准文件、开户资料、授权操作资料等。如果投资于证券交易业务，通常结合相应金融资产项目审计，核对证券账户户名是否与被审计单位相符，获取证券公司证券交易结算资金账户的交易流水，抽查大额的资金收支，关注资金收支的账面记录与资金流水是否相符。

(3) 检查因互联网支付留存于第三方支付平台的资金。了解是否开立支付宝、微信等第三方支付账户。如果开立了此类账户，获取相关开户信息资料，了解其用途和使用情况，获取与第三方支付平台签订的协议，了解第三方平台使用流程等内部控制，比照验证银行存款或银行交易的方式对第三方平台支付账户函证交易发生额和余额(如可行)。获取第三方支付平台发生额及余额明细,并与账面记录进行核对,对大额交易考虑实施进一步的检查程序。

3) 函证其他货币资金期末余额,并记录函证过程。

4) 关注是否有质押、冻结等对变现有限制,或存放在境外,或有潜在回收风险的款项;检查期末余额中有无较长时间未结清的款项;若信用卡持有人是被审计单位职员,应取得该职员提供的确认书,必要时提出调整建议。

5) 抽取若干大额的或有疑问的原始凭证进行测试,检查内容是否完整、有无授权批准,并核对相关账户的进账情况。

6) 抽取资产负债表日前后若干天的其他货币资金收支凭证实施截止测试,如有跨期收支事项,应考虑是否应提出调整建议。

7) 对不符合现金及现金等价物条件的其他货币资金在审计工作底稿中予以列明。

8) 确定其他货币资金的披露是否恰当。

实例14-5 案例分析题

ABC会计师事务所负责审计甲公司2019年年度财务报表,审计项目组认为货币资金的存在和完整性认定存在舞弊导致的重大错报风险,审计工作底稿中与货币资金审计相关的部分内容摘录如下:

(1) 2020年2月2日,审计项目组要求甲公司管理层于次日对库存现金进行盘点,2月3日,审计项目组在现场实施了监盘,并将结果与现金日记账进行了核对,未发现差异。

(2) 因对甲公司管理层提供的银行账户清单的完整性存有疑虑,审计项目组前往当地中国人民银行查询并打印了甲公司已开立银行结算账户清单,结果满意。

(3) 因对甲公司提供的银行对账单的真实性存有疑虑,审计项目组要求甲公司管理层重新取得所有银行账户的对账单,并现场观察了对账单的打印过程,未发现异常。

(4) 审计项目组未对年末余额小于10万元的银行账户实施函证,这些账户年末余额合计小于实际执行的重要性,审计项目组检查了银行对账单原件和银行存款余额调节表,结果满意。

(5) 针对年末银行存款余额调节表中企业已开支票银行尚未扣款的调节项,审计项目组通过检查相关的支票存根和记账凭证予以确认。

(6) 审计项目组发现X银行询证函回函上的印章与以前年度的不同,甲公司管理层解释X银行于2019年中变更了印章样式,并提供了X银行的收款回单,审计项目组通过比对印章样式,认可了甲公司管理层的解释。

问题:针对上述第(1)至第(6)项,逐项指出审计项目组的做法是否恰当,如不恰当,提出改进建议。

分析:

第(1)项不恰当。改进建议:监盘最好实施突击性盘点,时间最好选在上午上班前或下午下班时。

第(2)项恰当。

第(3)项不恰当。改进建议:注册会计师可以在被审计单位的协助下,亲自到银行获取对账单,并对获取过程保持控制,全程关注银行对账单的打印过程。

第(4)项不恰当。改进建议:注册会计师应当对所有银行存款以及与金融机构往来的其他重要信息实施函证程序,除非有充分的证据表明某一银行存款以及与金融机构往来的其他重要信息对财务报表不重要且与之相关的重大风险很低。

第(5)项不恰当。改进建议：注册会计师应检查相关付款凭证，并取得期后银行对账单，确认未达账项是否存在，银行是否已于期后入账。

第(6)项不恰当。改进建议：仅被审计单位的解释和收款回单证据不充分，注册会计师应亲自到银行进行核实。

习 题

一、复习思考题

1. 货币资金有哪些主要内部控制？
2. 货币资金审计有哪些主要目标？
3. 监盘库存现金应注意哪些要点？
4. 审计人员取得银行存款余额调节表后，应当进行哪些审计程序后才能作为工作底稿？
5. 银行存款函证主要有哪些要点？
6. 试述定期存款的审计程序？
7. 试考虑存在质押、冻结等对变现有限制的银行存款如何在报表中反映和披露。

二、单项选择题

1. 监盘库存现金是注册会计师证实被审计单位资产负债表所列现金是否存在的一项重要程序，被审计单位必须参加盘点的人员是(　　)。
   A. 会计主管人员和内部审计人员　　B. 出纳员和会计主管人员
   C. 现金出纳员和银行出纳员　　　　D. 出纳员和内部审计人员

2. 在进行年度会计报表审计时，为了证实被审计单位在临近12月31日签发的支票未予入账，注册会计师实施的最有效审计程序是(　　)。
   A. 审查12月31日的银行对账单
   B. 审查12月份的支票存根
   C. 审查12月31日的银行存款余额调节表
   D. 函证12月31日的银行存款余额

3. 下列符合"确保办理货币资金业务的不相容岗位相互分离、制约和监督"原则的是(　　)。
   A. 由出纳人员兼任会计档案保管工作
   B. 由出纳人员保管签发支票所需全部印章
   C. 由出纳人员兼任收入总账和明细账的登记工作
   D. 由出纳人员同时负责现金日记账的登记

4. 库存现金的盘点一般采用(　　)。
   A. 不定期盘点　　　　　　B. 定期盘点
   C. 通知盘点　　　　　　　D. 突击盘点

5. 银行存款函证的对象是(　　)。
   A. 存款余额不为零的银行　　B. 所有银行
   C. 存款余额为零的银行　　　D. 所有存过款的银行

三、多项选择题

1. 以下审计程序中，属于货币资金实质性程序的有(　　)。
   A. 检查未达账项在资产负债表日后的进账情况
   B. 检查银行预留印鉴的保管情况
   C. 检查外币银行存款年末余额是否按年末汇率折算
   D. 检查现金是否定期盘点

2. 查证银行存款是否存在的重要程序有(　　)。
   A. 检查银行存款余额调节表　　　　B. 实施分析程序
   C. 函证银行存款余额　　　　　　　D. 检查银行存款发生额的大小

3. 注册会计师寄发的银行询证函要求(　　)。
   A. 以被审计单位的名义发往开户银行　　B. 采用积极式询证函
   C. 银行直接回函至会计师事务所　　　　D. 包括银行存款和借款余额

4. 函证银行存款余额，注册会计师主要是为了证实(　　)。
   A. 银行存款是否存在　　　　　　　B. 银行借款金额
   C. 是否存在企业未入账的负债　　　D. 是否存在或有负债

5. 下列审计程序中属于银行存款实质性测试程序的是(　　)。
   A. 核对银行存款日记账与总账的余额是否相符
   B. 检查是否存在未入账的利息收入和利息支出
   C. 抽取一定期间银行存款余额调节表，查验其是否按月正确编制并经复核
   D. 对未质押的定期存款，检查开户证实书原件

四、实训测试题

会计事务所的A注册会计师负责审计甲公司2019年年度财务报表。与货币资金审计相关的部分事项如下：

(1) 2020年1月5日，A注册会计师对甲公司库存现金实施了监盘，并与当日现金日记账余额核对一致，据此认可了年末现金余额。

(2) A注册会计师对甲公司人民币结算账户的完整性存有疑虑，A注册会计师检查了管理层提供的《已开立银行结算账户清单》，结果满意。

(3) A注册会计师对甲公司存放于乙银行的银行存款以及与该银行往来的其他重要信息寄发了询证函，收到乙银行寄回的银行存款证明，其金额与甲公司账面余额一致，注册会计师认为函证结果满意。

(4) 甲公司利用销售经理个人银行账户结算贷款，指派出纳保管该账户交易密码。A注册会计师检查了该账户的交易记录和相关财务报表列报，获取了甲公司的书面声明，结果满意。

(5) 甲公司年末余额为零的社保专户重大错报风险很低，A注册会计师核对了银行对账单，未对该账户实施函证，并在审计工作底稿中记录了不实施函证的理由。

(6) 为验证银行账户交易入账的完整性，A注册会计师在检验银行对账单的真实性后，从中选取交易样本与银行存款日记账记录进行了核对，结果满意。

要求：针对上述第(1)至第(6)项，逐项指出A注册会计师的做法是否恰当。如不恰当，简要说明理由。

第十五章

特殊事项审计

【导读】

尽管财务报表的会计期间是从公历年度的1月1日到当年年末的12月31日,但是,注册会计师的财务报表审计范围却不仅限于财务报表涵盖的会计期间的业务,既要关注期初余额,又要关注期后事项和或有事项。这些事项通常对企业财务报表具有重大影响,具有内容特殊、性质敏感、金额较大、情况复杂等特点,监管者对大部分项目分别制定了相关的企业会计准则,因此在审计实务中往往由专业理论知识比较扎实、执业经验比较丰富的审计人员专门实施,并单独编制相应的审计工作底稿。

【学习重点】

熟悉和掌握期初余额、期后事项、或有事项和会计估计等事项的审计目标和主要实质性程序。

【学习难点】

熟悉和掌握企业期后事项审计和会计估计审计的要点是本章的两个难点,两者都需要具备良好的会计业务知识水平和丰富的审计判断能力。

【教学建议】

第一节结合会计业务知识,以学生课堂讨论分析为主,第二节、第三节和第四节建议教师结合案例教学,以课堂讲授为主。

第一节　期初余额审计

本节主要针对注册会计师首次接受委托,对被审计单位的财务报表进行审计时所涉及的期初余额审计问题进行阐述。

注册会计师首次接受委托审计财务报表期初余额时,应当注意把握以下两个方面:一方面,注册会计师应当保持应有的职业谨慎,充分考虑期初余额对所审计财务报表的影响。另一方面,注册会计师接受委托审计的毕竟是被审计单位本期的财务报表,如果对期初余额审计过于详细,势必增加审计成本,延长审计时间,并给被审计单位带来审计费用过高等负担。因此,注册会计师对期初余额的审计应该遵循适度原则。

一、期初余额的含义

期初余额是指期初已存在的账户余额。期初余额以上期期末余额为基础,反映了以前期间的交易和上期采用的会计政策的结果。期初余额也包括期初存在的需要披露的事项,如或有事项和承诺事项。正确理解期初余额概念,需要把握以下三点:

1) 期初余额是期初已存在的账户余额。期初已存在的账户余额是由上期结转至本期的金额,或是上期期末余额调整后的金额。期初余额与上期期末余额是一个事物的两个方面。通常而言,期初余额是上期账户结转至本期账户的余额,在数额上与相应账户的上期期末余额相等。但是,由于受上期期后事项、会计政策变更、前期会计差错更正等诸因素的影响,上期期末余额结转至本期时,有时须经过调整或重新表述。

2) 期初余额反映了以前期间的交易和上期采用的会计政策的结果。期初余额应以客观存在的经济业务为根据,是被审计单位按照上期采用的会计政策对以前会计期间发生的交易和事项进行处理的结果。

3) 期初余额与注册会计师首次接受委托相联系。首次接受委托是指注册会计师在被审计单位财务报表首次接受审计,或上期财务报表由前任注册会计师审计的情况下接受的审计委托。

虽然注册会计师的责任是对被审计单位的财务报表发表审计意见,一般无须专门对期初余额发表审计意见,但因为期初余额是本期财务报表的基础,所以要对期初余额实施适当的审计程序。

二、审计目标

(一) 确定期初余额是否含有对本期财务报表产生重大影响的错报

要确定期初余额是否存在对本期财务报表产生重大影响的错报,主要是判断期初余额的错报对本期财务报表使用者进行决策的影响程度,是否足以改变或影响其判断。如果期初余额存在对本期财务报表产生重大影响的错报,则注册会计师在审计中必须对此提出恰当的审计调整或披露建议;反之,注册会计师无须对此予以特别关注和处理。

(二) 确定期初余额反映的会计政策是否恰当

确定期初余额反映的恰当的会计政策是否在本期财务报表中得到一贯运用,或会计政策的变更是否已按照适用的财务报告编制基础做出恰当的会计处理和充分的列报与披露。

在审计期初余额时，注册会计师应当按照会计准则的有关要求，评价被审计单位是否一贯运用恰当的会计政策，或是否对会计政策的变更做出正确的会计处理和恰当的列报。

实例15-1　单选题

甲公司2018年年度财务报表已经XYZ会计师事务所的X注册会计师审计。ABC会计师事务所的A注册会计师负责审计甲公司2019年年度财务报表。下列有关期初余额审计的说法中，错误的是（　　）。

A. A注册会计师应当阅读甲公司2018年年度财务报表和相关披露，以及X注册会计师出具的审计报告

B. 为确定期初余额是否含有对本期财务报表产生重大影响的错报，A注册会计师需要确定适用于期初余额的重要性水平

C. A注册会计师评估认为X注册会计师具备审计甲公司需要的独立性和专业胜任能力，因此，可能通过查阅2018年年度审计工作底稿，获取关于非流动资产期初余额的充分、适当的审计证据

D. A注册会计师未能对2018年12月31日的存货实施监盘，因此，除对存货的期末余额实施审计程序，有必要对存货期初余额实施追加的审计程序

分析：要确定期初余额是否存在对本期财务报表产生重大影响的错报，主要是判断期初余额的错报对本期财务报表使用者进行决策的影响程度，因而无须确定适用于期初余额的重要性水平，答案是选项B。

三、期初余额的一般审计程序

(一) 确定上期期末余额是否已正确结转至本期，或在适当的情况下已做出重新表述

上期期末余额已正确结转至本期，主要是指：(1)上期账户余额计算正确；(2)上期总账余额与各明细账余额合计数或日记账余额合计数相等；(3)上期各总账余额和相应的明细账余额或日记账余额已经分别恰当地过入本期的总账和相应的明细账或日记账。

上期期末余额通常应直接结转至本期。但在出现某些情形时，上期期末余额不应直接结转至本期，而应当做出重新表述。例如，企业会计准则和相关会计制度的要求发生变化；或者上期期末余额存在重大的前期差错，如果前期差错累积影响能够确定，按规定应当采用追溯重述法进行更正。

(二) 确定期初余额是否反映对恰当会计政策的运用

注册会计师首先应了解、分析被审计单位所选用的会计政策是否恰当，是否符合适用的财务报告编制基础的要求，按照所选用会计政策对被审计单位发生的交易或事项进行处理，是否能够提供可靠、相关的会计信息；其次，如果认定被审计单位所选用的会计政策恰当，应确认该会计政策是否在每一会计期间和前后各期得到一贯执行，有无变更；最后，如果发现会计政策发生变更，应审核其变更理由是否充分，是否按规定予以变更，或者由于具体情况发生变化，会计政策变更能够提供更可靠、更相关的会计信息，并关注被审计单位是否已经按照适用的财务报告编制基础的要求，对会计政策变更做出适当的会计处理和充分披露。

如果被审计单位上期适用的会计政策不恰当或与本期不一致，注册会计师在实施期初余额审计时应提请被审计单位进行调整或予以披露。

(三) 实施一项或多项审计程序

注册会计师实施的一项或多项审计程序如下。

1) 如果上期财务报表已经审计，查阅前任注册会计师的审计工作底稿，以获取有关期初余额的审计证据。

(1) 查阅前任注册会计师的工作底稿。在执行首次审计业务时，如果被审计单位上期财务报表已经前任注册会计师审计，后任注册会计师在对被审计单位本期财务报表进行审计时，就应当在征得被审计单位同意后，考虑与前任注册会计师沟通，利用前任注册会计师的工作。沟通的方式包括举行会谈、电话询问或发送调查问卷等，但最有效和常用的方式是查阅前任注册会计师的审计工作底稿。查阅的重点通常限于对本期审计产生重大影响的事项，如前任注册会计师对上期财务报表发表的审计意见的类型和主要内容，针对上期财务报表的审计计划和审计总结等。

(2) 考虑前任注册会计师的独立性和专业胜任能力。如果认为前任注册会计师不具有独立性，或者不具有应有的专业胜任能力，则无法通过查阅其审计工作底稿获取有关期初余额的充分、适当的审计证据。

(3) 与前任注册会计师沟通时的考虑。注册会计师无论在接受委托前、接受委托后，还是在发现前任注册会计师审计的财务报表可能存在重大错报时，均应当采取相应的措施。这些同样是注册会计师在与前任注册会计师沟通时所必须遵守的。

2) 评价本期实施的审计程序是否提供有关期初余额的审计证据。

3) 实施其他专门的审计程序，以获取有关期初余额的审计证据。

如果获取的审计证据表明期初余额存在可能对本期财务报表产生重大影响的错报，注册会计师应当实施适合具体情况的追加的审计程序，以确定对本期财务报表的影响。如果认为本期财务报表中存在这类错报，注册会计师应当就这类错报与适当层级的管理层和治理层进行沟通。

如果上期财务报表已由前任注册会计师审计，并发表了非无保留意见，注册会计师应当在评估本期财务报表重大错报风险时，评价导致对上期财务报表发表非无保留意见的事项的影响。

实例15-2　多选题

下列有关注册会计师首次接受委托时就期初余额获取审计证据的说法中，正确的有(　　)。

  A. 对非流动资产和非流动负债，注册会计师可以通过检查形成期初余额的会计记录和其他信息获取有关期初余额的审计证据

  B. 对流动资产和流动负债，注册会计师可以通过本期实施的审计程序获取有关期初余额的审计证据

  C. 如果上期财务报表已经审计，注册会计师可以通过审阅前任注册会计师的审计工作底稿获取有关期初余额的审计证据

  D. 注册会计师可以通过向第三方函证获取有关期初余额的审计证据

分析：四个选项均正确，答案是选项ABCD。

四、审计结论和审计报告

在对期初余额实施审计程序后，注册会计师应当分析已获取的审计证据，区分不同情况下对被审计单位期初余额的审计结论，在此基础上确定其对本期财务报表出具审计意见的影响。

(一) 审计后不能获取有关期初余额的充分、适当的审计证据

如果不能针对期初余额获取充分、适当的审计证据，注册会计师需要在审计报告中发表下列类型之一的非无保留意见：

1) 发表适合具体情况的保留意见或无法表示意见。
2) 除非法律法规禁止，对经营成果和现金流量(如相关)发表保留意见或无法表示意见，而对财务状况发表无保留意见。

(二) 期初余额存在对本期财务报表产生重大影响的错报

如果期初余额存在对本期财务报表产生重大影响的错报，注册会计师应当告知管理层；如果上期财务报表由前任注册会计师审计，注册会计师还应当考虑提请管理层告知前任注册会计师。如果错报的影响未能得到正确的会计处理和恰当的列报，注册会计师应当对财务报表发表保留意见或否定意见。

(三) 会计政策变更对审计报告的影响

如果认为按照适用的财务报告编制基础与期初余额相关的会计政策未能在本期得到一贯运用，或者会计政策的变更未能得到恰当的会计处理或适当的列报与披露，注册会计师应当对财务报表发表保留意见或否定意见。

(四) 前任注册会计师对上期财务报表发表了非无保留意见

如果前任注册会计师对上期财务报表发表了非无保留意见，注册会计师应当考虑该审计报告对本期财务报表的影响。如果导致出具非标准审计报告的事项对本期财务报表仍然相关和重大，注册会计师应当对本期财务报表发表非无保留意见。

前任注册会计师对上期财务报表出具了非标准审计报告，对本期财务报表可能产生影响，也可能不再产生影响，注册会计师在审计中应当对具体问题进行具体分析，不能一概而论。

实例15-3　单选题

下列有关注册会计师期初余额审计的说法中，正确的有(　　)。

A. 如果上期财务报表已经前任注册会计师审计，或未经审计，注册会计师可以在审计报告中增加其他事项段以说明相关情况。
B. 如果不能获取有关期初余额的充分、适当的审计证，注册会计师应发表保留意见。
C. 如果认为按照适用的财务报告编制基础与期初余额相关的会计政策未能在本期得到一贯运用，注册会计师应当对财务报表发表保留意见或否定意见。
D. 如果期初余额存在对本期财务报表产生重大影响的错报，且错报的影响未能得到正确的会计处理和恰当的列报，注册会计师应当对财务报表发表保留意见。

分析：选项A可能出具无法表示意见，选项D还可能出具否定意见，答案是选项C。

第二节　期后事项审计

注册会计师在审计被审计单位某一会计年度的财务报表时，除了对所审计会计年度内发生的交易和事项实施必要的审计程序外，还必须考虑所审会计年度之后发生和发现的事项对财务报表和审计报告的影响，以保证一个会计期间的财务报表的真实性和完整性。

一、期后事项的概念和种类

期后事项是指资产负债表日至审计报告日之间发生的事项以及审计报告日后知悉的事实。为了确定期后事项对被审计单位财务报表公允性的影响，有两类期后事项需要被审计单位管理层考虑，并需要注册会计师审计：一是资产负债表日后调整事项，即对资产负债表日已经存在的情况提供新的或进一步证据的事项。这类事项影响财务报表金额，须提请被审计单位管理层调整财务报表以及与之相关的披露信息；二是资产负债表日后非调整事项，即表明资产负债表日后发生的情况的事项。这类事项虽不影响财务报表金额，但可能影响对财务报表的正确理解，须提请被审计单位管理层在财务报表的附注中作适当披露。

(一) 资产负债表日后调整事项

这类事项既为被审计单位管理层确定资产负债表日账户余额提供信息，也为注册会计师核实这些余额提供补充证据。如果这类期后事项的金额重大，应提请被审计单位对本期财务报表及相关的账户金额进行调整。诸如：

1) 资产负债表日后诉讼案件结案，法院判决证实企业在资产负债表日已经存在现时义务，需要调整原先确认的与该诉讼案件相关的预计负债，或确认一项新负债。

例如，被审计单位由于某种原因在资产负债表日前被起诉，法院于资产负债表日后判决被审计单位应赔偿对方损失。因为这一负债实际上在资产负债表日之前就已存在，所以如果赔偿数额比较大，注册会计师应考虑提请被审计单位调整或增加资产负债表有关负债项目的数额，并加以说明。

2) 资产负债表日后取得确凿证据，表明某项资产在资产负债表日发生了减值或者需要调整该项资产原先确认的减值金额。

例如，被审计单位原先对某库存商品未计提存货跌价准备，在资产负债表日后不久的销售情况显示其可变现净额低于库存商品期末成本，表明该库存商品在资产负债表日发生了减值，需要在被审计的财务报表中补记该项存货的跌价准备。

3) 资产负债表日后进一步确定了资产负债表日前购入资产的成本或售出资产的收入。

例如，被审计单位在资产负债表日前购入一项固定资产，并投入使用。由于购入时尚未确定准确的购买价款，因此先以估计的价格考虑其达到预定可使用状态前所发生的可归属于该项固定资产的运输费、装卸费、安装费和专业人员服务费等因素，暂估入账，并按规定计提固定资产折旧。如果在资产负债表日后商定了购买价款，取得了采购发票，被审计单位就应该据此调整该固定资产原价。

4) 资产负债表日后发现了财务报表舞弊或差错。

例如，在资产负债表日以前，被审计单位根据合同规定所销售的商品已经发出，当时认为与该项商品所有权相关的风险和报酬已经转移，货款能够收回，根据收入确认原则确认了收入并结转了相关成本，即在资产负债表日被审计单位确认为已经销售，并在财务报表上反映。但在资产负债表日后至审计报告日之间所取得的证据证明：该批已确认为销售的商品确实已经退回。如果金额较大，注册会计师应考虑提请被审计单位调整财务报表有关项目的数额。

利用期后事项审计以确认被审计单位财务报表所列金额时，应对资产负债表日已经存在的事项和资产负债表日后出现的事项严加区分，不能混淆。如果确认发生变化的事项直到资产负债表日后才发生，就不应将资产负债表日后的信息并入财务报表本身。

(二) 资产负债表日后非调整事项

这类事项因不影响资产负债表日财务状况，所以不需要调整被审计单位的本期财务报表。但如果被审计单位的财务报表因此可能受到误解，就应在财务报表中以附注的形式予以适当披露。

被审计单位在资产负债表日后发生的，需要在财务报表中披露而非调整的事项通常包括：
1) 资产负债表日后发生重大诉讼、仲裁、承诺。
2) 资产负债表日后资产价格、税收政策、外汇汇率发生重大变化。
3) 资产负债表日后因自然灾害导致资产发生重大损失。
4) 资产负债表日后发行股票和债券以及其他巨额举债。
5) 资产负债表日后资本公积转增资本。
6) 资产负债表日后发生巨额亏损。
7) 资产负债表日后发生企业合并或处置子公司。
8) 资产负债表日后企业利润分配方案中拟分配的以及经审议批准宣告发放的股利或利润。

根据期后事项上述定义，期后事项可以按时段划分为三个时段：第一个时段是资产负债表日后至审计报告日，可以把在这一期间发生的事项称为"第一时段期后事项"；第二个时段是审计报告日后至财务报表报出日，可以把这一期间发现的事实称为"第二时段期后事项"；第三个时段是财务报表报出日后，可以把这一期间发现的事实称为"第三时段期后事项"，如图15-1所示。

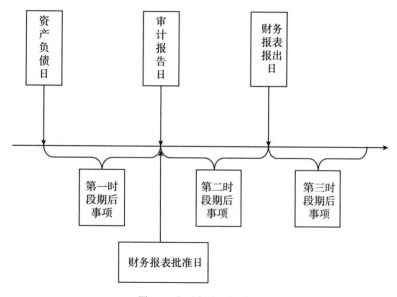

图15-1 期后事项分段示意图

在图15-1中，资产负债表日是指财务报表涵盖的最近期间的截止日期；财务报表批准日是指被审计单位董事会或类似机构批准财务报表报出的日期；财务报表报出日是指被审计单位对外披露已审计财务报表的日期；审计报告日不应早于注册会计师获取充分、适当的审计证据(包括管理层认可对财务报表的责任且已批准财务报表的证据)，并在此基础上对财务报表形成审计意见的日期，因而，在实务中审计报告日通常与财务报表批准日是相同的日期。

二、财务报表日至审计报告日发生的事项

(一) 主动识别第一时段期后事项

注册会计师应当实施必要的审计程序,获取充分、适当的审计证据,以确定截至审计报告日发生的、需要在财务报表中调整或披露的事项是否均已得到识别。

资产负债表日至审计报告日之间发生的期后事项属于第一时段期后事项。对于这一时段的期后事项,注册会计师负有主动识别的义务,应当设计专门的审计程序来识别这些期后事项,并根据这些事项的性质判断其对财务报表的影响,进而确定是进行调整还是披露。

(二) 用以识别期后事项的审计程序

注册会计师应当尽量在接近审计报告日时,实施旨在识别需要在财务报表中调整或披露事项的审计程序。用以识别第一时段期后事项的审计程序通常包括:

1) 了解被审计单位管理层建立的用于确保识别期后事项的程序。
2) 询问管理层和治理层(如适用),确定是否已发生可能影响财务报表的期后事项。注册会计师可以询问根据初步或尚无定论的数据做出会计处理的项目的现状,以及是否已发生新的承诺、借款或担保,是否计划出售或购置资产等。
3) 取得并审阅股东大会、董事会和管理层的会议记录以及涉及诉讼的相关文件等,查明识别资产负债表日后发生的对本期财务报表产生重大影响的调整事项和非调整事项。
4) 在尽量接近审计报告日时,查阅股东会、董事会及其专门委员会在资产负债表日后举行的会议的纪要,并在不能获取会议纪要时询问会议讨论的事项。
5) 在尽量接近审计报告日时,查阅最近的中期财务报表、主要会计科目、重要合同和会计凭证;如认为必要和适当,还应当查阅预算、现金流量预测及其他相关管理报告。
6) 在尽量接近审计报告日时,查阅被审计单位与客户、供应商、监管部门等的往来信函。
7) 在尽量接近审计报告日时,向被审计单位律师或法律顾问询问有关诉讼和索赔事项。
8) 考虑是否有必要获取涵盖特定期后事项的书面声明以支持其他审计证据,从而获取充分、适当的审计证据。

(三) 知悉对财务报表有重大影响的期后事项时的考虑

在实施相应的审计程序后,如果知悉对财务报表有重大影响的期后事项,注册会计师应当考虑这些事项在财务报表中是否得到恰当的会计处理或予以充分披露。

如果所知悉的期后事项属于调整事项,注册会计师应当考虑被审计单位是否已对财务报表做出适当的调整。如果所知悉的期后事项属于非调整事项,注册会计师应当考虑被审计单位是否在财务报表附注中予以充分披露。

三、注册会计师在审计报告日后至财务报表报出日前知悉的事实

(一) 被动识别第二时段期后事项

在审计报告日后,注册会计师没有责任针对财务报表实施审计程序或进行专门查询。审计报告日后至财务报表报出日前发现的事实属于"第二时段期后事项",注册会计师针对被审计单位的审

计业务已经结束，要识别可能存在的期后事项比较困难，因而无法承担主动识别第二时段期后事项的审计责任。但是，在这一阶段，被审计单位的财务报表并未报出，管理层有责任将发现的可能影响财务报表的事实告知注册会计师。当然，注册会计师还可能从媒体报道、举报信或证券监管部门告知等途径获悉影响财务报表的期后事项。

(二) 知悉第二时段期后事项时的考虑

在审计报告日后至财务报表报出日前，如果知悉了某事实，且在审计报告日知悉可能导致修改审计报告，注册会计师应当：(1)与管理层和治理层(如适用)讨论该事项；(2)确定财务报表是否需要修改；(3)如果需要修改，询问管理层将如何在财务报表中处理该事实。

1. 管理层修改财务报表时的处理

如果管理层修改了财务报表，注册会计师应当根据具体情况实施必要的审计程序，并将审计程序延伸至新的审计报告日。此时，注册会计师需要获取充分、适当的审计证据，以验证管理层根据期后事项做出的财务报表调整或披露是否符合企业会计准则和相关会计制度的规定，并针对修改后的财务报表出具新的审计报告，新的审计报告日不应早于修改后的财务报表被批准的日期。例如，被审计单位在财务报表报出日前取得了法院关于诉讼赔偿案的最终判决，因此，管理层根据企业会计准则的相关规定，将应支付的该笔赔偿款反映于财务报表中，在这种情况下，注册会计师就应当实施与预计负债相关的审计程序。

2. 管理层不修改财务报表且审计报告未提交时的处理

如果注册会计师认为应当修改财务报表而管理层没有修改，并且审计报告尚未提交给被审计单位，注册会计师应当按照审计准则的规定，出具非无保留意见的审计报告，然后提交审计报告。

3. 管理层不修改财务报表且审计报告已提交时的处理

如果注册会计师认为应当修改财务报表而管理层没有修改，并且审计报告已提交给被审计单位，注册会计师应当通知治理层在财务报表做出必要修改前不要将财务报表和审计报告向第三方报出。

如果财务报表仍被报出，注册会计师应当采取措施防止财务报表使用者信赖该审计报告。例如，针对上市公司，注册会计师可以利用证券传媒，刊登必要的声明，防止使用者信赖审计报告。注册会计师采取的措施取决于自身的权利和义务以及所征询的法律意见。

四、财务报表报出日后发现的事实

(一) 没有义务识别第三时段的期后事项

在财务报表报出后，注册会计师没有义务针对财务报表做出查询。财务报表报出日后发现的事实属于第三时段期后事项，注册会计师没有义务针对财务报表做出查询。但是，并不排除注册会计师通过媒体等其他途径获悉可能对财务报表产生重大影响的期后事项的可能性。

(二) 知悉第三时段期后事项时的考虑

在财务报表报出后，如果知悉在审计报告日已存在的、可能导致修改审计报告的事实，注册会计师应当考虑是否需要修改财务报表，并与管理层进行讨论。同时，注册会计师还需要根据管理层是否修改财务报表、是否采取必要措施确保所有收到原财务报表和审计报告的人士了解这一情况、是否临近公布下一期财务报表等具体情况采取适当措施。

应当予以指出的是，需要注册会计师在知悉后采取行动的第三时段期后事项是有严格限制的：(1)这类期后事项应当是在审计报告日已经存在的事实；(2)该事实如果被注册会计师在审计报告日前获知，可能影响审计报告。只有同时满足这两个条件，注册会计师才需要采取行动。

1. 管理层修改财务报表时的处理

如果管理层修改了财务报表，注册会计师应当采取如下必要措施：

1) 实施必要的审计程序。例如，查阅法院判决文件、复核会计处理或披露事项，确定管理层对财务报表的修改是否恰当。

2) 复核管理层采取的措施能否确保所有收到原财务报表和审计报告的人士了解这一情况。在修改财务报表的情况下，管理层应当采取恰当措施(如上市公司可以在证券类报纸、网站刊登公告，重新公布财务报表和审计报告)，让所有收到原财务报表和审计报告的人士了解这一情况。注册会计师需要对这些措施进行复核，判断它们能否达到这样的目标。

3) 延伸审计程序，针对修改后的财务报表出具新的审计报告。新的审计报告应当增加强调事项段，提请财务报表使用者注意财务报表附注中对修改原财务报表原因的详细说明，以及注册会计师出具的原审计报告。

2. 管理层未采取任何行动时的处理

如果管理层既没有采取必要措施确保所有收到原财务报表和审计报告的人士了解这一情况，又没有在注册会计师认为需要修改的情况下修改财务报表，注册会计师应当采取措施防止财务报表使用者信赖该审计报告，并将拟采取的措施通知治理层。注册会计师决定采取的具体措施取决于自身的权利和义务以及所征询的法律意见。

3. 临近公布下一期财务报表时的处理

如果知悉此类期后事项，已临近公布下一期财务报表或下一期财务报表已编制完成，且能够在下一期财务报表中进行充分披露，注册会计师应当根据法律法规的规定确定是否仍有必要提请被审计单位修改财务报表，并出具新的审计报告。

实例15-4 多选题

下列有关期后事项审计的说法中，正确的有( )。

A. 注册会计师应当设计和实施审计程序，获取充分、适当的审计证据，以确定所有在财务报表日至财务报表报出日之间发生的、需要在财务报表中调整或披露的事项均已得到识别

B. 注册会计师应当恰当应对在审计报告日后知悉、且在审计报告日知悉可能导致注册会计师修改审计报告的事实

C. 注册会计师应当要求管理层提供书面声明，确认所有在财务报表日后发生的、按照适用的财务报告编制基础的规定应予调整或披露的事项均已得到调整或披露

D. 在财务报表报出后，注册会计师没有义务针对财务报表实施任何审计程序

分析：财务报表日至财务报表报出日包括两个时段，在第一时段(财务报表日至审计报告日之间)发生的事项，注册会计师有主动识别的义务；在第二时段(审计报告日至财务报表报出日前)知悉的事实，注册会计师负有被动识别的义务，所以选项A错误，答案是选项BCD。

第三节 或有事项审计

一、或有事项的概念

或有事项，是指过去的交易或事项形成的、其结果须由某些未来事项的发生或不发生才能决定的不确定事项。常见的或有事项主要包括：未决诉讼或仲裁、债务担保、产品质量保证(含产品安全保证)、承诺、亏损合同、重组义务、环境污染整治等。其突出特点是具有较大的不确定性。由于或有事项本质上属于不确定事项，相应地，其重大错报风险较高，需要注册会计师予以充分关注。

二、或有事项的种类

或有事项根据其性质和内容，可以分为两大类：一类是直接或有事项，另一类是间接或有事项。

(一) 直接或有事项

这类或有事项是指由于客户自身原因而可能发生的事项，如客户的未决诉讼、未决索赔、税务纠纷、产品质量保证等。

1) 未决诉讼或未决仲裁。未决诉讼或未决仲裁案件是法庭或仲裁机构尚未做出最后判决或仲裁的案件，客户有可能由于败诉而承担赔偿的责任，因而构成客户的一项或有事项。

2) 未决索赔。在客户的未决索赔中，凡客户提出起诉，须经法庭裁决的，其检查和处理方法与未决诉讼相同。若客户未提出起诉，审计人员应直接向客户了解有关情况。

3) 税务纠纷。如税务部门决定追加税款但尚未最后定案，或客户不同意追加而尚未缴纳税款。

4) 产品质量保证。产品质量保证是企业对已售出商品或已提供劳务的保证。客户有可能由于产品质量问题而承担维修、调换甚至赔偿的责任，因而构成客户的一项或有事项。

(二) 间接或有事项

这类或有事项是指客户因第三者的原因可能发生的、与客户有间接关系的事项，如客户的应收票据贴现、应收账款抵借、通融票据背书以及为他人的债务担保等。

1) 应收票据贴现。客户以未到期商业票据向银行贴现，如果贴现的票据将来到期时债务人因故不能付款，客户作为票据的背书人往往负有代为偿付的责任。因而，客户向银行贴现商业票据，就构成了一项或有事项。

2) 应收账款抵借。客户以应收账款作抵押，向银行取得借款，则一旦将来债务人因故无法还款，客户对银行借款仍负有偿还的责任。可见，应收账款的抵借也属于一种或有事项。

3) 通融票据背书和其他债务担保。所谓通融票据，是指因开具票据的人信用较差而由他人背书作为担保人的票据。客户一旦在通融票据上背书，即负有连带偿还的责任。因此，如果客户在通融票据上背书，就构成客户的一项或有事项。客户对其他债务的担保，因同样负有连带偿还的责任，也属于或有事项。

三、或有事项的一般审计程序

注册会计师对或有事项进行审计所要达到的审计目标一般包括：确定或有事项是否存在和完整；确定或有事项的确认和计量是否符合企业会计准则的规定；确定或有事项的列报或披露是否恰当。

在审计或有事项时，注册会计师尤其要关注财务报表反映的或有事项的完整性。由于或有事项的种类不同，注册会计师在审计被审计单位的或有事项时，所采取的程序也各不相同。但总结起来，针对或有事项的审计程序通常包括：

1) 了解被审计单位与识别有关的内部控制。向被审计单位管理层询问其确定、评价与控制或有事项方面的有关方针政策和工作程序。

2) 审阅截至审计工作完成日被审计单位历次董事会纪要和股东大会会议记录，确定是否存在未决诉讼或仲裁、未决索赔、税务纠纷、债务担保、产品质量保证、财务承诺等方面的记录。

3) 向与被审计单位有业务往来的银行函证，或检查被审计单位与银行之间的借款协议和往来函件，以查找有关票据贴现、背书、应收账款抵借、票据背书和担保。

4) 检查与税务征管机构之间的往来函件和税收结算报告，以确定是否存在税务纠纷。

5) 向被审计单位的法律顾问和律师进行函证，分析被审计单位在审计期间所发生的法律费用，以确定是否存在未决诉讼、索赔等事项。

6) 向被审计单位管理层获取书面声明，声明其已按照企业会计准则的规定，对全部或有事项做了恰当反映。

四、获取律师声明

在对被审计单位期后事项和或有事项等进行审计时，注册会计师往往要向被审计单位的法律顾问和律师进行函证，以获取其对资产负债表日业已存在的，以及资产负债表日至他们复函日这一时期内存在的期后事项和或有事项等的确认证据。被审计单位律师对函证问题的答复和说明，就是律师声明书。

如果律师声明书表明或暗示律师拒绝提供信息，或隐瞒信息，注册会计师应将其视为审计范围受到限制。对律师的函证，通常以被审计单位的名义，通过寄发审计询证函的方式实施。律师声明书所用的格式和措辞并没有定式。单位不同或情况不同，律师出具的声明书也不相同。

第四节 会计估计审计

一、会计估计的性质

会计估计是指在缺乏精确计量手段的情况下，采用的某项金额的近似值。会计估计一般包括存在估计不确定性时以公允价值计量的金额，以及其他需要估计的金额。其中，涉及公允价值计量的会计估计简称公允价值会计估计。

由于经营活动具有内在不确定性，某些财务报表项目只能进行估计。进一步讲，某项资产、负债或权益组成部分的具体特征或财务报告编制基础规定的计量基础或方法，可能导致有必要对某一财务报表项目做出估计。

1. 不确定性相对较低的会计估计

某些会计估计涉及相对较低的估计不确定性,并可能导致较低的重大错报风险。例如:

1) 从事不复杂的经营活动的实体做出的会计估计。
2) 因与常规交易相关而经常做出并更新的会计估计。
3) 从较易获得的数据(如公布的利率或证券交易价格)中得出的会计估计,这些数据在公允价值会计估计中可能被称为"可观察到的"。
4) 在适用的财务报告编制基础规定的公允价值计量方法简单且容易使用的情况下,对需要以公允价值计量的资产或负债做出的公允价值会计估计。
5) 在模型的假设或输入数据是可观察到的情况下,采用广为人知或被普遍认可的计量模型做出的公允价值会计估计。

2. 不确定性相对较高的会计估计

某些会计估计可能存在相对较高的估计不确定性,尤其是当这些会计估计以重大假设为基础时。例如:

1) 与诉讼结果相关的会计估计。
2) 非公开交易的衍生金融工具的公允价值会计估计。
3) 采用高度专业化的、由被审计单位自主开发的模型,或采用难以在市场上观察到的假设或输入数据做出的公允价值会计估计。

3. 估计不确定性程度的取决因素

估计不确定性的程度取决于下列三个因素:

1) 会计估计的性质。
2) 做出会计估计所使用的方法或模型被普遍认可的程度。
3) 做出会计估计所使用的假设的主观程度。

在某些情况下,与某项会计估计相关的估计不确定性可能太大,以致无法满足适用的财务报告编制基础规定的确认标准,因而难以做出会计估计。

做出会计估计的难易程度取决于估计对象的性质。例如,估计预提租金费用可能只需要简单的计算,而对滞销或过剩存货跌价准备的估计则包括对现有数据的详细分析和对未来销售的预测。复杂的会计估计可能对特定的知识和判断有较高要求。被审计单位管理层应当对其做出的包括在财务报表中的会计估计负责。而按照中国注册会计师审计准则的规定,获取充分、适当的审计证据,评价被审计单位做出的会计估计是否合理、披露是否充分,则是注册会计师的责任。

会计估计通常是被审计单位在不确定情况下做出的,其准确程度取决于管理层对不确定的交易或事项的结果做出的主观判断。由于会计估计的主观性、复杂性和不确定性,管理层做出的会计估计发生重大错报的可能性较大,注册会计师应当按照审计准则的规定,确定会计估计的重大错报风险是否属于特别风险。

但同时需要提醒的是,会计估计的结果与财务报表中原来已确认或披露的金额存在差异,并不必然表明财务报表存在错报。这对于公允价值会计估计而言尤其如此,因为任何已观察到的结果都不可避免地受到做出会计估计的时点后所发生事项或情况的影响。

二、风险评估程序和相关活动

在实施风险评估程序和相关活动,以了解被审计单位及其环境时,注册会计师应当了解下列内容,作为识别和评估会计估计重大错报风险的基础。

(一) 了解适用的财务报告编制基础的要求

了解适用的财务报告编制基础的要求,有助于注册会计师确定该编制基础是否:(1)规定了会计估计的确认条件或计量方法;(2)明确了某些允许或要求采用公允价值计量的条件(如与管理层执行与某项资产或负债相关的特定措施的意图挂钩);(3)明确了要求做出或允许做出的披露。

了解适用的财务报告编制基础的要求,也为注册会计师就下列方面与管理层进行讨论提供了基础:(1)管理层如何运用与会计估计相关的要求;(2)注册会计师对这些要求是否得到恰当运用的判断。

管理层的点估计,是指管理层在财务报表中确认或披露一项会计估计而选择的金额。当存在可供选择的点估计时,财务报告编制基础可能为管理层确定点估计提供指引。例如,某些财务报告编制基础要求所选择的点估计应当反映管理层对最可能出现的结果的判断;其他一些财务报告编制基础则要求使用预期概率加权折现价值。在某些情况下,管理层可能有能力直接做出点估计;在其他情况下,管理层只有在考虑了各个据以确定点估计的可供选择的假设或结果后,才可能做出可靠的点估计。

(二) 了解管理层如何识别是否需要做出会计估计

编制财务报表要求管理层确定是否有必要对某项交易、事项和情况做出会计估计,以及确定是否已按照适用的财务报告编制基础确认、计量和披露所有必要的会计估计。

管理层可能通过对被审计单位经营情况和所在行业的了解,对当前期间实施经营战略情况的了解,结合以前期间编制财务报表所积累的经验,识别需要做出会计估计的交易、事项和情况。对此,注册会计师主要通过询问管理层,就可以了解管理层如何识别需要做出会计估计的情形。询问的内容可以包括:

1) 被审计单位是否已从事可能需要做出会计估计的新型交易。
2) 需要做出会计估计的交易的条款是否已改变。
3) 由于适用的财务报告编制基础的要求或其他规定的变化,与会计估计相关的会计政策是否已经相应变化。
4) 可能要求管理层修改或做出新会计估计的外部监管变化或其他不受管理层控制的变化是否已经发生。
5) 是否已经发生可能需要做出新估计或修改现有估计的新情况或事项。

而当管理层做出会计估计的流程更为结构化时(如管理层设有正式的风险管理职责),注册会计师可以针对管理层定期复核导致会计估计的情况以及在必要时重新估计会计估计的方法及惯常做法实施风险评估程序。会计估计(特别是与负债相关的会计估计)的完整性,通常是注册会计师考虑的重要因素。

(三) 了解管理层如何做出会计估计

编制财务报表也要求管理层建立针对会计估计的财务报告过程(包括适当的内部控制)。这些过程通常包括：(1)选择适当的会计政策，并规定做出会计估计的流程，包括适当的估计或估值的方法或模型(如适用)；(2)形成或识别影响会计估计的相关数据和假设；(3)定期复核需要做出会计估计和在必要时重新做出会计估计的情形。

管理层做出会计估计的方法和依据如下。

1. 用以做出会计估计的方法，包括模型(如适用)

有时，适用的财务报告编制基础可能规定会计估计的计量方法，如计量公允价值会计估计的特定模型。但在许多情况下，适用的财务报告编制基础没有规定计量方法，或可能规定了多种可供选择的计量方法。

当适用的财务报告编制基础没有规定具体环境下采用的特定计量方法时，注册会计师在了解管理层做出会计估计所采用的方法或模型(如适用)时可能考虑的事项包括：

1) 在选择特定方法时，管理层如何考虑需要做出估计的资产或负债的性质。
2) 被审计单位是否在某些业务领域、行业或环境中从事经营活动，而这些业务领域、行业或环境存在用于做出特定类型会计估计的通用方法。

如果管理层做出会计估计时采用了内部开发的模型或偏离了某一特定行业或环境中所采用的通用方法，则可能存在更大的重大错报风险。

2. 相关控制

在了解相关控制时，注册会计师可能考虑的事项包括做出会计估计的人员的经验与胜任能力，以及与下列情况相关的控制：

1) 管理层如何确定做出会计估计所使用数据的完整性、相关性和准确性。
2) 由适当层级的管理层和治理层(如适用)对会计估计(包括使用的假设或输入数据)进行复核和批准。
3) 将批准交易的人员和负责做出会计估计的人员进行职责分离，包括职责分配是否恰当地考虑了被审计单位的性质以及产品或服务的性质(例如，对于大型金融机构，相关职责分离可能包括设置负责对自有金融产品的公允价值做出估计和验证的独立部门，且该部门职员的薪酬不与这些产品挂钩)。

其他与做出会计估计相关的控制取决于具体情况。例如，如果被审计单位使用特定模型做出会计估计，管理层可能针对该模型建立专门的政策和程序。相关控制可能包括对下列事项的控制：(1)为特定目的而设计和开发或选择特定模型；(2)该模型的使用；(3)该模型可靠性的维护和定期验证。

3. 管理层是否利用专家的工作

管理层可能拥有做出点估计必要的经验和胜任能力，或者被审计单位可能雇用那些具备做出点估计必要的经验和胜任能力的人员。但在某些情况下，管理层可能需要聘请专家做出或者帮助其做出会计估计。这些情况可能包括：

1) 需要做出会计估计的事项(如在采掘行业对矿产或油气储量的测量)具有特殊性质。
2) 满足适用的财务报告编制基础相关要求的模型(如对某些公允价值计量采用的模型)具有一定的技术含量。
3) 需要做出会计估计的情况、交易或事项具有异常性或偶发性。

4. 会计估计所依据的假设

假设是会计估计不可或缺的组成部分。在了解构成会计估计基础的假设时，注册会计师可能考虑的事项包括：

1) 假设(包括重大假设)的性质。
2) 管理层如何评价假设是否相关和完整(即考虑了所有相关变量)。
3) 管理层如何确定所采用假设的内在一致性(如适用)。
4) 假设是否与管理层所能控制的事项相关(如对可能影响资产使用年限的维修计划的假设)，以及这些假设是否与被审计单位的经营计划和外部环境相关，或者假设与管理层控制之外的事项相关(如对利率、死亡率、潜在的司法或监管行为或未来现金流量的变动和时间安排的假设)。
5) 支持假设的文件记录(如存在)的性质和范围。

管理层可能使用来源于内部和外部不同类型的信息来支持假设，这些信息的相关性和可靠性各不相同。在某些情况下，假设可能可靠地建立在来源于外部(如公布的利率或其他统计数据)或内部(如历史信息或被审计单位以前经历过的情况)适用的信息的基础上。在其他情况下，假设可能更具主观性，如被审计单位缺乏经验或没有获取信息的外部来源。

对于公允价值会计估计，提醒注意以下两点：

1) 假设反映熟悉情况且自愿的公平交易参与方(有时称为市场参与方或类似称谓)在交换资产或清偿债务时用以确定公允价值可能使用的信息，或者假设与熟悉情况且自愿的公平交易与方使用的信息一致。特定假设也可能因被估值资产或负债的特征、估值方法(如市场或收益法)和适用的财务报告编制基础的要求的不同而不同。

2) 假设或输入数据其来源和基础的不同而不同。例如：

(1) 依据从独立于报告主体以外的渠道获得的市场数据(有时称为"可观察到的输入数据"或类似称谓)得出的假设或输入数据，反映了市场参与方在确定资产或负债价格时使用的信息。

(2) 依据具体情况下可获得的最佳信息(有时称为"不可观察到的输入数据"或类似称谓)得出的假设或输入数据，反映了被审计单位自身对市场参与方在确定资产或负债价格时使用何种假设做出的判断。

在审计实务中，上面两者之间的差别并不总是明显的，管理层可能有必要从不同市场参与方使用的假设中做出选择。

假设或输入数据的主观程度(如是否可观察到)影响估计不确定性的程度，并由此影响注册会计师对会计估计的重大错报风险的评估。

5. 用以做出会计估计的方法是否已经发生或应当发生不同于上期的变化，以及变化的原因

在评价管理层如何做出会计估计时，注册会计师需要了解用以做出会计估计的方法与前期相比是否已经发生变化或应当发生变化。当影响被审计单位的环境或情况或者适用的财务报告编制基础的要求发生变化时，需要改变估计方法加以应对。如果管理层改变了用于做出会计估计的方法，则注册会计师需要确定管理层能够证明新方法更加恰当，或者新方法本身就是对变化的应对。例如，如果管理层将做出会计估计的依据从盯市法转为模型法，注册会计师需要根据经济环境质疑管理层关于市场的假设是否合理。

6. 管理层是否评估以及如何评估估计不确定性的影响

在了解管理层是否以及如何评估估计不确定性的影响时，注册会计师可能考虑的事项包括：

1) 管理层是否已经考虑以及如何考虑各种可供选择的假设或结果，如通过敏感性分析确定假设变化对会计估计的影响。

2) 当敏感性分析表明存在多种可能结果时,管理层如何做出会计估计。

3) 管理层是否监控上期做出会计估计的结果,以及管理层是否已恰当应对实施监控程序的结果。

注册会计师应当复核上期财务报表中会计估计的结果,或者复核管理层在本期财务报表中对上期会计估计做出的后续重新估计(如适用)。在确定复核的性质和范围时,注册会计师应当考虑会计估计的性质,以及复核时获取的信息是否可能与识别和评估本期财务报表中会计估计的重大错报风险相关。但是,注册会计师复核的目的不是质疑上期依据当时可获得的信息而做出的判断。

对公允价值会计估计和其他以计量日情况为基础的会计估计,上期财务报表中确认的公允价值金额与本期结果或为实现本期目的而重新做出估计的金额之间的差异可能更大。这是因为这些会计估计的计量目标是确定某一时点的价值,该价值可能随被审计单位经营环境的变化而发生显著和快速的变化。因此,注册会计师在复核时,可将重点放在获取与识别和评估重大错报风险相关的信息上。例如,在某些情况下,如果市场参与方假设发生的变化影响上期公允价值会计估计的结果,则了解该变化可能难以提供与本期审计目的相关的信息。在这种情况下,注册会计师在对上期公允价值会计估计结果进行考虑时,可能着重了解管理层上期会计估计流程(即管理层的历史记录)的有效性,并据此判断管理层本期估计流程可能的有效性。

会计估计的结果与上期财务报表中已确认金额之间的差异,并不必然表明上期财务报表存在错报。但是,由于没有运用或错误运用下列两类信息而产生的差异,可能表明上期财务报表存在错报:(1)在上期财务报表编制完成阶段管理层可以获得的信息;(2)合理预期管理层已经获得并在编制和列报财务报表时已予以考虑的信息。

三、识别和评估重大错报风险

在识别和评估重大错报风险时,注册会计师应当评价与会计估计相关的估计不确定性的程度,并根据职业判断确定识别出的具有高度估计不确定性的会计估计是否会导致特别风险。

(一) 估计不确定性

与会计估计相关的估计不确定性的程度受下列因素的影响:
1) 会计估计对判断的依赖程度。
2) 会计估计对假设变化的敏感性。
3) 是否存在可以降低估计不确定性的经认可的计量技术(当然,作为输入数据的假设,其主观程度仍可导致估计不确定性)。
4) 预测期的长度和从过去事项得出的数据对预测未来事项的相关性。
5) 是否能够从外部来源获得可靠数据。
6) 会计估计依据可观察到或不可观察到的输入数据的程度。

与会计估计相关的估计不确定性程度,可能影响会计估计对管理层偏向的敏感性。

在评估重大错报风险时,注册会计师考虑的事项也可能包括:
1) 会计估计的实际或预期的重要程度。
2) 会计估计的记录金额(即管理层的点估计)与注册会计师预期应记录金额的差异。
3) 管理层在做出会计估计时是否利用专家工作。
4) 对上期会计估计进行复核的结果。

(二) 具有高度估计不确定性的会计估计

存在高度估计不确定性的会计估计的例子很多，比如：

1) 高度依赖判断的会计估计，例如对未决诉讼的结果或未来现金流量的金额和时间安排的判断，而未决诉讼的结果或未来现金流量的金额和时间安排取决于多年后才能确定结果的不确定事项。

2) 未采用经认可的计量技术计算的会计估计。

3) 注册会计师对上期财务报表中类似会计估计进行复核的结果，表明最初会计估计与实际结果之间存在很大差异，在这种情况下管理层做出的会计估计。

4) 采用高度专业化的、由被审计单位自主开发的模型，或在缺乏可观察到的输入数据的情况下做出的公允价值会计估计。

在某些情况下，估计不确定性非常高，以致难以做出合理的会计估计。因此，适用的财务报告编制基础可能禁止在财务报表中对此进行确认或以公允价值计量。在这种情况下，特别风险不仅与会计估计是否应予确认或以公允价值计量相关，而且与披露的充分性相关。针对这种会计估计，适用的财务报告编制基础可能要求披露会计估计和与之相关的高度估计不确定性。如果认为会计估计导致特别风险，注册会计师需要了解与会计估计相关的控制，包括控制活动。

实例15-5 单选题

下列关于与会计估计相关的错报的说法中，正确的是(   )。

A. 当审计证据支持注册会计师的点估计时，该点估计与管理层的点估计之间的差异构成错报

B. 如果会计估计的结果与上期财务表中已确认的金额存在重大差异，表明上期财务报表存在错报

C. 如果管理层的点估计在注册会计师的区间估计内，表明管理层的点估计不存在错报

D. 会计估计具有主观性，与会计估计相关的错报是判断错误

分析：选项B并不表明上期财务报表必然存在错报，答案是选项A。

四、应对评估的重大错报风险

(一) 评估的重大错报风险的应对内容

基于评估的重大错报风险，注册会计师应当确定如下事项。

1. 管理层是否恰当运用与会计估计相关的适用的财务报告编制基础的规定

许多财务报告编制基础规定会计估计的确认条件，并详细说明做出会计估计的方法和需要做出的披露。这些规定可能较为复杂，并要求运用判断。根据实施风险评估程序时了解的情况，注册会计师需要重点关注适用的财务报告编制基础中容易被误用或产生不同解释的相关要求。

注册会计师确定管理层是否恰当地遵守适用的财务报告编制基础的要求，在某种程度上依赖其对被审计单位及其环境的了解。例如，对某些项目(如在企业并购中获得的无形资产)的公允价值进行计量需要特别考虑被审计单位的性质及其经营活动的影响。

在某些情况下，为了确定管理层是否恰当地遵守适用的财务报告编制基础的要求，注册会计师有必要实施追加的审计程序，如检查资产当前实物状况。

2. **做出会计估计的方法是否恰当,并得到一贯运用,以及会计估计或做出会计估计的方法不同于上期的变化是否适合于具体情况**

在情况没有发生变化或没有出现新的信息时,对会计估计或估计方法做出改变是武断的。武断的变化导致各期财务报表不一致,并可能产生财务报表重大错报,或显示存在管理层偏向。因此,注册会计师考虑会计估计或其估计方法自上期以来发生的变化是非常重要的。

管理层通常能够为不同期间基于环境的变化对会计估计或其估计方法的改变提供很好的理由。注册会计师需要根据判断确定该理由支持管理层观点(即环境已经发生变化,需要对会计估计或其估计方法做出改变)的充分性。

(二) 评估的重大错报风险的应对程序

在应对评估的重大错报风险时,注册会计师应当考虑会计估计的性质,并实施下列一项或多项程序。

1. **确定截至审计报告日发生的事项是否提供有关会计估计的审计证据**

截至审计报告日发生的事项有时可能提供有关会计估计的充分、适当的审计证据。例如,期后不久出售某被替代的产品的全部存货,可能提供有关其可变现净值估计的审计证据。如果截至审计报告日可能发生的事项预期发生并提供用以证实或否定会计估计的审计证据,确定这些事项是否提供有关会计估计的审计证据可能是恰当的应对措施。在这种情况下,可能没有必要对会计估计实施追加的审计程序。

而对于某些会计估计,截至审计报告日发生的事项不可能提供审计证据。例如,与某些会计估计相关的情况或事项需要较长时间才有进展;同样,由于公允价值会计估计的计量目标,期后信息可能不反映财务报表存在的事项或情况,因而可能与公允价值会计估计的计量无关。注册会计师对此可能采取的应对重大错报风险的其他措施将在后文谈及。并且,即使决定对特定会计估计不采取这种方法,注册会计师也仍然需要遵守《中国注册会计师审计准则第1332号——期后事项》及其应用指南的相关规定。注册会计师需要实施审计程序,获取充分、适当的审计证据,以确定财务报表日至审计报告日之间发生的、需要在财务报表中调整或披露的事项是否已经按照适用的财务报告编制基础在财务报表中得到恰当反映。

2. **测试管理层如何做出会计估计以及会计估计所依据的数据**

在下列情况下,测试管理层如何做出会计估计和会计估计所依据的数据,可能是恰当的应对措施:

1) 会计估计是依据模型(使用可观察到的或不可观察到的输入数据)做出的公允价值会计估计。
2) 会计估计源于被审计单位会计系统对数据的常规处理。
3) 注册会计师对上期财务报表中类似的会计估计的复核,表明管理层本期的会计估计流程可能是有效的。
4) 会计估计建立在性质相似、单项不重要但数量众多的项目的基础上。

在进行测试时,注册会计师应当评价采用的计量方法在具体情况下是否恰当,以及根据适用的财务报告编制基础确定的计量目标,管理层使用的假设是否合理。测试管理层如何做出会计估计还可能涉及下列方面:

1) 测试会计估计所依据数据的准确性、完整性和相关性,以及管理层是否使用这些数据和假设恰当地做出会计估计。

2) 考虑外部数据或信息的来源、相关性和可靠性，包括从管理层聘请的、用以协助其做出会计估计的外部专家那里获取的数据或信息。

3) 重新计算会计估计，并复核有关会计估计信息的内在一致性。

4) 考虑管理层的复核和批准流程。

3. 评价计量方法

当适用的财务报告编制基础没有规定计量方法时，评价计量方法(包括适用的模型)是否适用于具体情况属于职业判断。为了评价计量方法是否适用于具体情况，注册会计师可能需要考虑如下事项：

1) 管理层选择计量方法的理由是否合理。

2) 管理层是否充分评价和恰当运用适用的财务报告编制基础提供的、用以支持所选择计量方法的标准(如存在)。

3) 根据被估计的资产或负债的性质和适用的财务报告编制基础的要求，评价计量方法是否适用于具体情况。

4) 计量方法相对于被审计单位开展的业务、所处行业和环境是否恰当。

在某些情况下，管理层可能已确定采用不同的估计方法会导致一系列显著不同的会计估计。在这种情况下，了解被审计单位如何调查导致这些差异的原因可能有助于注册会计师评价管理层所选择方法的恰当性。

4. 评价模型的使用

在某些情况下，特别是做出公允价值会计估计时，管理层可能使用模型。使用的模型是否适用于具体情况，可能取决于多种因素，如被审计单位的性质及其环境，包括被审计单位所处的行业和需要计量的特定资产或负债。

根据所处的不同环境，在测试模型时，注册会计师可能需要考虑一些事项，这些事项的相关程度取决于具体情况，包括模型是否公开出售供特定部门或行业使用，或是专有的模型。在某些情况下，被审计单位可能利用专家来开发和测试模型。这些事项包括：

1) 在使用前是否验证模型，并定期复核以确保其能持续满足预定用途。被审计单位的验证流程可能是指：(1)评价模型理论上的合理性和数学上的可靠性，包括模型参数的恰当性；(2)评价模型输入数据相对于市场惯例的一致性和完整性；(3)与实际交易相比，评价模型的输出数据。

2) 是否存在针对模型变更的恰当控制政策和程序。

3) 是否定期校准和测试模型的有效性，特别是当输入数据具有主观性时。

4) 是否对模型输出数据做出调整，包括做出公允价值会计估计时，这些调整是否反映市场参与方在类似环境中所使用的假设。

5) 模型是否得到恰当记录，包括模型的特定用途、局限性和关键参数、要求的输入数据和实施验证分析的结果。

5. 评价管理层使用的假设

首先应当明确的是，注册会计师对管理层使用的假设的评价，仅以其在审计时可获得的信息为基础。针对管理层假设而实施审计程序是为了财务报表审计，而不是为了针对假设本身发表意见。

在评价管理层使用的假设的合理性时，注册会计师可能需要考虑：

1) 单项假设是否显得合理。

2) 假设是否相互依赖且具有内在一致性。

3) 当将这些假设汇总起来考虑或结合其他假设考虑时，无论是对于特定会计估计还是其他会计估计，这些假设是否显得合理。

4) 对于公允价值会计估计，假设是否恰当反映可观察到的市场假设。

在评价管理层使用的构成公允价值会计估计基础的假设的合理性时，注册会计师除了考虑上述事项，在使用时还可能考虑下列事项：管理层是否以及如何在做出假设时加入特定市场输入数据(如相关)；假设是否与可观察到的市场情况和以公允价值计量的资产或负债的特征一致；市场参与方假设的来源是否相关和可靠，以及当存在多种市场参与方假设时管理层如何选择假设；管理层是否以及如何考虑在可比较的交易、资产或负债中使用的假设或有关信息(如适用)。

进一步讲，公允价值会计估计可能依据可观察到的和不可观察到的输入数据。当公允价值会计估计依据不可观察到的输入数据时，注册会计师可能考虑的事项包括管理层是如何为下列方面提供合理支持的：识别与会计估计相关的市场参与方的特征；修改自有假设以反映市场参与方可能他用的假设；是否包括在具体情形下可获得的最佳信息；管理层的假设是如何考虑可比较的交易、资产或负债的(如适用)。

当存在不可观察到的输入数据时，注册会计师需要在评价假设时结合审计准则提出的其他应对措施，以获取充分、适当的审计证据。在这种情况下，注册会计师有必要实施其他审计程序，如检查适当层级的管理层和治理层(如适用)复核和批准会计估计的文件。

此外，在评价支持会计估计的假设的合理性时，注册会计师有可能识别出一个或多个重大假设，这可能表明会计估计存在高度估计不确定性并由此可能产生特别风险。

6. 测试与管理层如何做出会计估计相关的控制的运行有效性，并实施恰当的实质性程序

审计准则规定，当存在下列情形之一时，注册会计师需要测试控制运行的有效性：

1) 在评估认定层次重大错报风险时，预期针对会计估计流程的控制的运行是有效的；

2) 仅实施实质性程序不能提供认定层次充分、适当的审计证据。

如果管理层做出会计估计的流程的设计、执行和维护良好，测试管理层如何做出会计估计相关的控制运行的有效性可能是适当的。这样的例子比如：存在适当层级的管理层和治理层(如适用)对会计估计进行复核和批准的控制；会计估计源于被审计单位会计系统对数据的常规处理。

7. 做出注册会计师的点估计或区间估计，以评价管理层的点估计

注册会计师应当针对下列两种情况分别予以处理。

1) 如果使用有别于管理层的假设或方法，注册会计师应当充分了解管理层的假设或方法，以确定注册会计师在做出点估计或区间估计时已考虑相关变量，并评价与管理层的点估计存在的任何重大差异。

注册会计师的点估计或区间估计，是指从审计证据中得出的、用于评价管理层点估计的金额或金额区间。当注册会计师做出点估计或区间估计并使用有别于管理层的假设或方法时，注册会计师需要充分了解管理层在做出会计估计时使用的假设或方法。这种了解可能向注册会计师提供与其做出恰当点估计或区间估计相关的信息，并有助于了解和评价任何有别于管理层点估计的重大差异。例如，差异可能源于注册会计师与管理层使用不同但同样有效的假设。这可能显示出会计估计对某些假设高度敏感，因此，受高度估计不确定性的影响，这意味着会计估计可能存在特别风险。此外，差异也可能由于管理层造成的事实错误所致。根据具体情况，注册会计师在得出结论时，与管理层就使用的假设的基础及其有效性以及做出会计估计的方法差异(如存在)进行讨论可能是有帮助的。

2) 如果认为使用区间估计是恰当的，注册会计师应当基于可获得的审计证据来缩小区间估计，直至该区间估计范围内的所有结果均可被视为合理。

如果注册会计师认为运用区间估计(注册会计师的区间估计)来评价管理层点估计的合理性是恰当的，做出的区间估计需要包括所有"合理"的结果而不是所有可能的结果。这是因为包括所有可能结果的区间估计太宽泛，以至于不能有效地确定会计估计是否存在错报。如果注册会计师的区间估计范围足够小，以至于能够确定会计估计是否存在错报，它就是有用和有效的。

通常情况下，当区间估计的区间已缩小至等于或低于实际执行的重要性时，该区间估计对于评价管理层的点估计是适当的。而对于某些特定行业，可能难以将区间缩小至低于某一金额。这并不必然否定管理层对会计估计的确认，但是可能意味着与会计估计相关的估计不确定性可能导致特别风险。

下列方法可以将区间估计的区间缩小至某一区域，使得在该区域内的所有结果都可被视为是合理的：

1) 从区间估计中剔除注册会计师认为不可能发生的极端结果。

2) 根据可获得的审计证据，继续缩小区间估计直至注册会计师认为该区间估计内的所有结果都可视为是合理的。在极其特殊的情况下，注册会计师可能缩小区间估计直至审计证据指向点估计。

五、实施进一步实质性程序以应对特别风险

在审计导致特别风险的会计估计时，注册会计师在实施进一步实质性程序时需要重点评价：(1)管理层如何评估估计不确定性对会计估计的影响，以及这种不确定性对财务报表中会计估计的确认的恰当性可能产生的影响；(2)相关披露的充分性。

(一) 估计不确定性

对导致特别风险的会计估计，除实施《中国注册会计师审计准则第1231号——针对评估的重大错报风险采取的应对措施》规定的其他实质性程序外，注册会计师还应当实施以下审计程序：

1) 评价管理层如何考虑替代性的假设或结果，以及拒绝采纳的原因，或者在管理层没有考虑替代性的假设或结果的情况下，评价管理层在做出会计估计时如何处理估计不确定性。

管理层可能根据具体情况采用多种方法评价会计估计的可供选择的假设或结果。方法之一是敏感性分析，可能涉及确定会计估计的金额如何随着假设的不同而变化。即使对于公允价值会计估计，由于不同市场参与方使用不同的假设，会计估计仍然可能存在差异。敏感性分析可能针对"乐观"和"悲观"等不同情形得出一系列结果。敏感性分析结果可能表明会计估计对特定假设的变化不敏感，也可能表明会计估计对一个或多个假设敏感，因而这些假设成为注册会计师重点关注的对象。

在处理估计不确定性时，某种特定方法(如敏感性分析)并不一定比其他方法更合适，管理层也并不一定需要通过细致的过程和详尽的记录来体现对可供选择的假设或结果的考虑。重要的是管理层是否已评估估计不确定性影响会计估计的方式，而不是所采用的具体评估方法。相应地，当管理层没有考虑可供选择的假设或结果时，注册会计师有必要与管理层讨论其如何处理估计不确定性对会计估计的影响，并要求管理层提供支持性证据。

2) 评价管理层使用的重大假设是否合理。

如果在做出会计估计时运用的某些假设的合理变化可能对会计估计的计量产生重大影响，这些假设被视为重大假设。

注册会计师从管理层建立的持续战略分析和风险管理流程中可能获得相关信息，以支持管理层根据其了解的情况做出的重大假设。即使没有建立正式的流程(如在小型被审计单位)，注册会计师也可以通过询问管理层或与其讨论评价假设，并结合其他审计程序，获取充分、适当的审计证据。

3) 当管理层实施特定措施的意图和能力，与其使用的重大假设的合理性或对适用的财务报告编制基础的恰当应用相关时，评价这些意图和能力。

(二) 做出区间估计

如果根据职业判断认为管理层没有适当处理估计不确定性对导致特别风险的会计估计的影响，注册会计师应当在必要时做出用于评价会计估计合理性的区间估计。

在编制财务报表时，管理层可能确信已经适当地处理了估计不确定性对导致特别风险的会计估计的影响。但是，在某些情况下，注册会计师可能认为管理层的工作是不够的，例如，注册会计师可能做出以下判断：

1) 通过评价管理层如何处理估计不确定性的影响，不能获取充分、适当的审计证据。

2) 有必要进一步分析与会计估计相关的估计不确定性的程度，例如，注册会计师注意到类似环境下类似会计估计的结果存在较大差别。

3) 不大可能通过诸如复核截至审计报告日发生的事项等审计程序获得其他审计证据。

4) 可能有迹象表明管理层在做出会计估计时存在管理层偏向。

(三) 确认和计量的标准

对导致特别风险的会计估计，注册会计师应当获取充分、适当的审计证据，以确定下列方面是否符合适用的财务报告编制基础的规定：

1. 管理层对会计估计在财务报表中予以确认或不予确认的决策

如果管理层在财务报表中确认一项会计估计，注册会计师评价的重点是会计估计的计量是否足够可靠，能否满足适用的财务报告编制基础规定的确认标准。对于没有在财务报表中确认的会计估计，注册会计师评价的重点是会计估计是否在实质上已满足适用的财务报告编制基础规定的确认标准。即使某一项会计估计没有得到确认，且注册会计师认为这种处理是恰当的，也可能仍然有必要在财务报表附注中披露具体情况。注册会计师也可能认为有必要在审计报告中增加强调事项段，以提醒财务报表使用者关注重大不确定性的存在。

2. 做出会计估计所选择的计量基础

对于公允价值会计估计，某些适用的财务报告编制基础在要求或允许进行公允价值计量和披露时，是以公允价值可以可靠计量这一假定作为前提条件的。在某些情况下，如不存在恰当的计量方法或基础，这种假定可能不成立。在这种情况下，注册会计师评价的重点是管理层用以推翻适用的财务报告编制基础所规定的与采用公允价值相关的假定的依据是否恰当。

六、评价会计估计的合理性并确定错报

注册会计师应当根据获取的审计证据，评价财务报表中的会计估计在适用的财务报告编制基础下是合理的还是存在错报。根据获取的审计证据，注册会计师可能认为这些证据指向与管理层的点估计不同的会计估计。当审计证据支持点估计时，注册会计师的点估计与管理层的点估计之间的差

异构成错报。当注册会计师认为使用其区间估计能够获取充分、适当的审计证据时，在注册会计师区间估计之外的管理层的点估计得不到审计证据的支持。在这种情况下，错报不小于管理层的点估计与注册会计师区间估计之间的最小差异。

管理层根据其对环境变化的主观判断而改变某项会计估计，或者改变上期做出会计估计的方法时，基于获取的审计证据，注册会计师可能认为会计估计被管理层随意改变而产生错报，或者将其视为可能存在管理层偏向的迹象。

一项错报，无论是由于舞弊还是错误导致，当与会计估计相关时，可能是由于下列因素导致的：

1) 毋庸置疑地存在错报(事实错报)。
2) 由注册会计师认为管理层对会计估计做出的判断不合理，或认为管理层对会计政策的选择或运用不恰当而产生的差异(判断错报)。
3) 注册会计师对总体中错报的最佳估计，包括由审计样本中识别出的错报推断出总体中的错报(推断错报)。

在某些涉及会计估计的情形中，错报可能由上述因素共同导致，因此难以或不可能区分出由哪一具体因素导致。

评价财务报表附注中的会计估计和相关披露(无论是由适用的财务报告编制基础要求的还是属于自愿披露的)的合理性时考虑的事项，与在审计财务报表中确认会计估计时考虑的事项在实质上是相同的。

七、其他相关审计程序

(一) 关注与会计估计相关的披露

注册会计师应当获取充分、适当的审计证据，以确定与会计估计相关的财务报表披露是否符合适用的财务报告编制基础的规定。对导致特别风险的会计估计，注册会计师还应当评价在适用的财务报告编制基础下，财务报表对估计不确定性的披露的充分性。

1) 按照适用的财务报告编制基础做出的披露。按照适用的财务报告编制基础列报财务报表，包括对重大事项的充分披露。适用的财务报告编制基础可能允许或规定与会计估计相关的披露，并且某些实体可能在财务报表附注中自愿披露额外信息。这些披露可能包括：

(1) 使用的假设。
(2) 使用的估计方法，包括适用的模型。
(3) 选择估计方法的基础。
(4) 改变上期估计方法产生的影响。
(5) 估计不确定性的原因和影响。

这些披露与财务报表使用者理解在财务报表中确认或披露的会计估计相关，注册会计师需要就其披露是否符合适用的财务报告编制基础的规定获取充分、适当的审计证据。

在某些情况下，适用的财务报告编制基础可能对披露估计不确定性做出特别规定。例如：

(1) 披露关键假设以及产生估计不确定性的其他原因，估计不确定性具有导致对资产和负债账面价值做出重大调整的特别风险。这些要求可能用"估计不确定性的关键原因"或"关键会计估计"等术语表述。

(2) 对于区间估计,披露可能出现的结果的区间和用以确定该区间的假设。
(3) 披露关于公允价值会计估计相对被审计单位财务状况和经营成果的重要程度的信息。
(4) 披露定性信息(如受风险影响的情况、被审计单位管理风险的目标、政策和程序以及计量风险的方法),以及自上期以来这些定性信息的任何变化。
(5) 披露定量信息(如受风险影响的程度,以内部提供给关键管理人员的信息为基础),包括信用风险、流动性风险和市场风险。

2) 披露导致特别风险的会计估计的估计不确定性。对具有特别风险的会计估计,即使已按照适用的财务报告编制基础的要求进行了披露,注册会计师也仍可能根据所涉及的情况和事实认为对估计不确定性的披露是不充分的。会计估计可能结果的区间估计相对于重要性越大,注册会计师对估计不确定性的披露充分性的评价越重要。

在某些情况下,注册会计师可能认为鼓励管理层在财务报表附注中描述与估计不确定性相关的情况是适当的。当注册会计师认为管理层在财务报表中对估计不确定性的披露不充分或存在误导时,应当考虑其对审计报告的影响。

(二) 识别可能存在管理层偏向的迹象

注册会计师应当复核管理层在做出会计估计时的判断和决策,以识别是否可能存在管理层偏向的迹象。

在审计过程中,注册会计师可能注意到管理层做出的、可能导致出现管理层偏向迹象的判断和决策。这些迹象可能影响注册会计师对有关风险评估结果和相关应对措施是否仍然恰当的判断,并且注册会计师可能有必要考虑对审计其他方面的影响。进一步讲,这些迹象可能影响注册会计师对财务报表整体是否存在重大错报的评估。与会计估计相关的,可能存在管理层偏向迹象的例子包括:

1) 管理层主观地认为环境已经发生变化,并相应地改变会计估计或估计方法。
2) 针对公允价值会计估计,被审计单位的自有假设与可观察到的市场假设不一致,但仍使用被审计单位的自有假设。
3) 管理层选择或做出重大假设以产生有利于管理层目标的点估计。
4) 选择带有乐观或悲观倾向的点估计。

(三) 获取书面声明

注册会计师应当向管理层和治理层(如适用)获取书面声明,以确定其是否认为在做出会计估计时使用的重大假设是合理的。

根据估计不确定性的性质、重要性和程度,有关财务报表中确认或披露的会计估计的书面声明可能包括下列内容:

1) 计量流程(包括管理层在根据适用的财务报告编制基础做出会计估计时使用的相关假设和模型)的恰当性,以及流程的一贯运用。
2) 假设恰当地反映了管理层代表被审计单位执行特定措施的意图和能力(当这些意图和能力与会计估计和披露相关时)。
3) 在适用的财务报告编制基础下与会计估计相关的披露的完整性和适当性。
4) 不存在需要对财务报表中会计估计和披露做出调整的期后事项。

针对未在财务报表中确认或披露的会计估计，书面声明也可能包括下列内容：

1) 管理层用于确定不满足适用的财务报告编制基础规定的确认或披露标准的依据的恰当性。

2) 针对未在财务报表中以公允价值计量或披露的会计估计，管理层用于推翻适用的财务报告编制基础规定的与使用公允价值相关的假定的依据的恰当性。

在审计过程中，注册会计师应当将识别出的可能存在管理层偏向的迹象形成审计工作底稿，这有助于注册会计师确定风险评估结果和相关应对措施是否仍然恰当，以及评价财务报表整体是否存在重大错报。

习　　题

一、复习思考题

1. 审计人员在什么情况下需要对期初余额进行审计？期初余额的审计目标是什么？
2. 如何根据期初余额的审计结论确定其对本期审计意见类型的影响？
3. 什么是期后事项？理解期后事项的分类及其对财务报表的影响。
4. 注册会计师对不同时段期后事项的责任是什么？
5. 什么是或有事项？在审计中，应当对或有事项实施哪些审计程序？
6. 如何识别和评估会计估计中的重大错报风险？如何应对会计估计中的重大错报风险？

二、单项选择题

1. 下列有关注册会计师做出区间估计以评价管理层的点估计的说法中，错误的是(　　)。
   A. 注册会计师做出区间估计时可以使用与管理层不同的假设
   B. 注册会计师做出的区间估计需要包括所有可能的结果
   C. 如果注册会计师难以将区间估计的区间缩小至低于实际执行的重要性，可能意味着与会计估计相关的估计不确定性可能导致特别风险
   D. 在极其特殊的情况下，注册会计师可能缩小区间估计直至审计证据指向点估计

2. 在下列审计程序中，A注册会计师最有可能获取期后事项审计证据的是(　　)。
   A. 调查期后发生的长期负债的变化
   B. 重新计算在期后处置的固定资产的折旧费
   C. 确定期后人工费用率的变化是否已被授权
   D. 询问在资产负债表日前记录但在期后支付的预计负债

3. 下列有关期初余额审计的说法中，正确的是(　　)。
   A. 如果上期财务报表已经前任注册会计师审计，或未经审计，注册会计师可以在审计报告中增加其他事项段以说明相关情况
   B. 如果不能针对期初余额获取充分、适当的审计证据，注册会计师应当发表保留意见
   C. 如果按照适用的财务报告编制基础确定的与期初余额相关的会计政策未能在本期得到一贯运用，注册会计师应当发表保留意见或否定意见
   D. 如果期初余额存在对本期财务报表产生重大影响的错报，且错报的影响未能得到正确的会计处理和恰当的列表，注册会计师应当发表保留意见

4. 下列各项中，通常不能应对与会计估计相关的重大错报风险的是( )。
   A. 测试与管理层如何做出会计估计相关的控制的运行有效性
   B. 测试管理层在做出会计估计时采用的关键假设
   C. 确定截至审计报告日发生的事项是否提供有关会计估计的审计证据
   D. 复核上期财务报表中会计估计的结果

5. 下列与会计估计审计相关的程序中，注册会计师应当在风险评估阶段实施的是( )。
   A. 确定管理层是否恰当运用与会计估计相关的财务报告编制基础
   B. 复核上期财务报表中会计估计的结果
   C. 评价会计估计的合理性
   D. 确定管理层做出会计估计的方法是否恰当

三、多项选择题

1. B注册会计师负责对乙公司2019年年度财务报表进行审计。出具审计报告的日期为2020年3月15日，财务报表报出日为2020年3月20日，对于截至2020年3月15日发生的期后事项，B注册会计师的下列做法中正确的有( )。
   A. 设计专门的审计程序识别这些期后事项
   B. 尽量在接近资产负债表日时实施针对期后事项的专门审计程序
   C. 尽量在接近审计报告日时实施针对期后事项的专门审计程序
   D. 不专门设计审计程序识别这些期后事项

2. 下列各项会计估计中，可能具有高度估计不确定性的有( )。
   A. 未采用经认可的计量技术计算的会计估计
   B. 高度依赖管理层判断的会计估计
   C. 采用高度专业化的、由被审计单位自主开发的模型做出的公允价值会计估计
   D. 在缺乏可观察到的输入数据的情况下做出的公允价值会计估计

3. 下列各项审计工作中，可以应对与会计估计相关的重大错报风险的有( )。
   A. 测试管理层如何做出会计估计以及会计估计所依据的数据
   B. 测试与管理层做出会计估计相关的控制的运行有效性
   C. 确定截至审计报告日发生的事项是否提供有关会计估计的审计证据
   D. 做出注册会计师的点估计或区间估计，以评价管理层的点估计

4. 下列审计程序，有助于直接确定或有事项完整性的程序有( )。
   A. 审阅截至审计工作完成日被审计单位历次董事会纪要和股东大会会议记录
   B. 了解被审计单位与识别有关的内部控制
   C. 检查与税务征管机构之间的往来函件和税收结算报告
   D. 向被审计单位的法律顾问和律师进行函证

5. 下列各项因素中，影响会计估计的估计不确定性程度的有( )。
   A. 会计估计对假设变化的敏感性
   B. 管理层在做出会计估计时是否利用专家的工作
   C. 是否存在可以降低估计不确定性的经认可的计量技术
   D. 是否能够从外部来源获得可靠数据

第十六章

企业内部控制审计

【导读】

自2001年以来,美国资本市场上出现了一系列上市公司财务欺诈丑闻,安然、环球电讯、世界通信等一批企业巨擘相继成为丑闻主角。一系列丑闻催生了萨班斯法案(SOX Act)的出台,萨班斯法案高度重视内部控制对财务欺诈的预防和揭露作用,在404条款中强调了公司管理层建立和维护内部控制系统及相应控制程序充分有效的责任,以及发行人管理层于最近财政年度末对内部控制体系及控制程序有效性进行评价。同时规定,担任公司年报审计的会计公司应当对其进行测试和评价,并出具评价报告。美国这一规定被世界其他重要国家(包括中国)所借鉴,自此,在传统财务报表审计业务基础上,注册会计师又增加了一项重要的鉴证业务:内部控制审计。

【学习重点】

熟悉和掌握内部控制审计的含义、范围和基准,掌握内部控制审计总体审计策略和具体审计计划的内容,掌握在选择测试的控制中运用自上而下的方法所需要的步骤,掌握测试控制有效性的程序,掌握确定测试控制有效性的时间和范围时应考虑的因素,掌握内部控制审计报告的要素,掌握无保留意见、否定意见和无法表示意见的内部控制审计报告的出具条件。

【学习难点】

掌握在选择测试的控制中运用自上而下的方法所需要的步骤,以及理解和掌握无保留意见、否定意见和无法表示意见的内部控制审计报告的出具标准是本章的两个难点。

【教学建议】

第一节、第二节、第三节结合会计业务知识,以学生课堂讨论分析为主,第四节和第五节建议教师结合案例教学,以课堂讲授为主。

第一节 企业内部控制审计的含义及业务承接

2008年我国财政部等五部委发布《内部控制基本规范》，并于2010年发布《内部控制审计指引》，自2011年1月1日起在上市公司施行。该指引要求企业必须对其内部控制的有效性做出自我评价，披露年度自我评价报告，同时还应聘请会计师事务所对其内部控制的有效性进行评价，并出具审计报告。

一、企业内部控制审计的含义及范围

(一) 内部控制审计的含义

内部控制审计是指会计师事务所接受委托，对特定基准日内部控制设计与运行的有效性进行审计。建立健全和有效实施内部控制，评价内部控制的有效性是企业董事会的责任。按照指引的要求，在实施审计工作的基础上对内部控制的有效性发表审计意见，是注册会计师的责任。注册会计师应当保持应有的职业谨慎，关注内部控制的固有限制，获取充分、适当的证据，将审计风险降低至可接受的水平。

(二) 内部控制审计的范围

注册会计师基于特定基准日(如年末12月31日)内部控制设计与运行的有效性进行审计，而不是对财务报表涵盖的整个期间的内部控制的有效性发表意见。

注册会计师应当对财务报告内部控制的有效性发表审计意见，并对内部控制审计过程中注意到的非财务报告内部控制的重大缺陷，在内部控制审计报告中增加"非财务报告内部控制重大缺陷描述段"予以披露。注册会计师执行内部控制审计工作，应当获取充分、适当的证据，为发表内部控制审计意见提供合理保证。

注册会计师执行的内部控制审计严格限定于财务报告内部控制审计。所谓财务报告内部控制，是指由公司的董事会、监事会、经理层及全体员工实施的旨在合理保证财务报告及相关信息真实、完整而设计和运行的内部控制，以及用于保护资产安全的内部控制中与财务报告可靠性目标相关的控制。具体而言，财务报告内部控制主要包括下列方面的政策和程序：

1) 保存充分、适当的记录，准确、公允地反映企业的交易和事项。
2) 合理保证按照适用的财务报告编制基础的规定编制财务报表。
3) 合理保证收入和支出的发生以及资产的取得、使用或处置经过适当授权。
4) 合理保证及时防止或发现并纠正未经授权的、对财务报表有重大影响的交易和事项。

财务报告内部控制以外的其他内部控制，属于非财务报告内部控制。注册会计师考虑某一控制是否是财务报告内部控制的关键依据是控制目标，财务报告内部控制是那些与企业的财务报告可靠性目标相关的内部控制。例如，企业为应收款项建立的定期对账及差异处理控制与其往来款项的存在、权利和义务、计价和分摊等认定相关，属于财务报告内部控制；又如，企业为达到最佳库存的经营目标而建立的对存货采购间隔时间进行监控的相关控制与经营效率和效果相关，而不直接与财务报表的认定相关，属于非财务报告内部控制。

需要注意的是，相当一部分的内部控制能够实现多种目标，主要与经营目标或合规性目标相关的控制可能同时也与财务报告可靠性目标相关。因此，不能仅仅因为某一控制与经营目标或合规性目标相关而认定其属于非财务报告内部控制，注册会计师需要考虑特定控制在特定企业环境中的目标、性质及作用，根据职业判断考虑该控制在具体情况下是否属于财务报告内部控制。

(三) 内部控制审计基准日

内部控制审计基准日是指注册会计师评价内部控制在某一时日是否有效所涉及的基准日，也是被审计单位评价基准日，即最近一个会计期间截止日(如年末12月31日)。注册会计师不可能对企业内部控制在某个期间(如一个会计年度)内每天的运行情况进行检查，然后发表运行是否有效的审计意见，这不切合实际。

注册会计师基于基准日内部控制的有效性发表意见，而不是对财务报表涵盖的整个期间(如一个会计年度)的内部控制的有效性发表意见，但这并不意味着注册会计师只关注企业基准日当天的内部控制，而是要考察企业一个时期(足够长的一段时间)内内部控制的设计和运行情况。对控制有效性的测试涵盖的期间越长，提供的控制有效性的审计证据越多。

二、内部控制审计业务承接

只有当内部控制审计的前提条件得到满足，并且会计师事务所符合独立性要求、具备专业胜任能力时，会计师事务所才能接受或保持内部控制审计业务。

(一) 内部控制审计的前提条件

在确定内部控制审计的前提条件是否得到满足时，注册会计师应当：(1)确定被审计单位采用的内部控制标准是否适当；(2)就被审计单位认可并理解其责任与治理层和管理层达成一致意见。

被审计单位的责任包括：(1)按照适用的内部控制标准，建立健全和有效实施内部控制，以使财务报表不存在由于舞弊或错误导致的重大错报；(2)对内部控制的有效性进行评价并编制内部控制评价报告；(3)向注册会计师提供必要的工作条件，包括允许注册会计师接触与内部控制审计相关的所有信息(如记录、文件和其他事项)，允许注册会计师在获取审计证据时不受限制地接触其认为必要的内部人员和其他相关人员等。

(二) 签订单独的内部控制审计业务约定书

如果决定接受或保持内部控制审计业务，会计师事务所应当与被审计单位签订单独的内部控制审计业务约定书。审计业务约定书应当至少包括下列内容：(1)内部控制审计的目标和范围；(2)注册会计师的责任；(3)被审计单位的责任；(4)指出被审计单位采用的内部控制标准；(5)提及注册会计师拟出具的内部控制审计报告的形式和内容，以及对在特定情况下出具的内部控制审计报告可能不同于预期形式和内容的说明；(6)审计收费。

注册会计师可以单独进行内部控制审计，也可将内部控制审计与财务报表审计整合进行，后者又称整合审计。在整合审计中，注册会计师应当对内部控制设计和运行的有效性进行测试，以同时实现下列目标：(1)获取充分、适当的证据，支持其在内部控制审计中对内部控制的有效性发表的意见；(2)获取充分、适当的证据，支持其在财务报表审计中对控制的风险评估结果。

第二节 计划审计工作

注册会计师应当贯彻风险导向审计的思路，恰当地计划内部控制审计工作，制定总体审计策略和具体审计计划，这有助于提高内部控制审计的效率，合理保证内部控制审计的效果。

一、计划审计工作应考虑的事项

制定审计计划前，注册会计师应当向被审计单位管理当局获取有关内部控制有效性的书面认定，以及内部控制手册、流程图、调查问卷和备忘录等文件。在制定审计计划时，注册会计师应当考虑以下主要因素对财务报告内部控制及审计工作的影响：

1) 与企业相关的风险。
2) 相关法律法规和行业概况。
3) 企业组织结构、经营特点和资本结构等相关重要事项。
4) 企业内部控制最近发生变化的程度。
5) 与企业沟通过的内部控制缺陷。
6) 重要性、风险等与确定内部控制重大缺陷相关的因素。
7) 对内部控制有效性的初步判断。
8) 可获取的、与内部控制有效性相关的证据的类型和范围。

二、制定总体审计策略

注册会计师应当在总体审计策略中体现下列内容：

1) 确定内部控制审计业务特征，以界定审计范围。例如，被审计单位采用的内部控制标准、注册会计师预期内部控制审计工作涵盖的范围、对组成部分注册会计师工作的参与程度、注册会计师对被审计单位内部控制评价工作的了解，以及拟利用被审计单位内部相关人员工作的程度等。内部控制审计范围应当包括被审计单位在内部控制评价基准日(最近一个会计期间截止日，以下简称基准日)或在此之前收购的实体，以及在基准日作为终止经营进行会计处理的业务。注册会计师应当确定是否有必要对与这些实体或业务相关的控制实施测试。如果法律法规的相关豁免规定允许被审计单位不将某些实体纳入内部控制评价范围，注册会计师可以不将这些实体纳入内部控制审计的范围。

2) 明确内部控制审计业务的报告目标，以计划审计的时间安排和所需沟通的性质。例如，被审计单位对外公布或报送内部控制审计报告的时间，注册会计师与管理层和治理层讨论内部控制审计工作的性质、时间安排和范围，注册会计师与管理层和治理层讨论拟出具内部控制审计报告的类型和时间安排以及沟通的其他事项等。

3) 根据职业判断，考虑用以指导项目组工作方向的重要因素。例如，财务报表整体的重要性和实际执行的重要性、初步识别的可能存在重大错报的风险领域、内部控制最近发生变化的程度、与被审计单位沟通过的内部控制缺陷、对内部控制有效性的初步判断、信息技术和业务流程的变化等。

4) 考虑初步业务活动的结果，并考虑对被审计单位执行其他业务时获得的经验是否与内部控制审计业务相关(如适用)。

5) 确定执行内部控制审计业务所需资源的性质、时间安排和范围。例如，项目组成员的选择以及对项目组成员审计工作的分派、项目时间预算等。

三、具体审计计划

注册会计师应当在具体审计计划中体现下列内容：
1) 了解和识别内部控制的程序的性质、时间安排和范围。
2) 测试控制设计有效性的程序的性质、时间安排和范围。
3) 测试控制运行有效性的程序的性质、时间安排和范围。

四、对应对舞弊风险的考虑

在计划和实施内部控制审计工作时，注册会计师应当考虑财务报表审计中对舞弊风险的评估结果。在识别和测试企业层面控制以及选择其他控制进行测试时，注册会计师应当评价被审计单位的内部控制是否足以应对识别出的、由于舞弊导致的重大错报风险，并评价为应对管理层和治理层凌驾于控制之上的风险而设计的控制。被审计单位为应对这些风险可能设计的控制包括：
1) 针对重大的非常规交易的控制，尤其是针对导致会计处理延迟或异常的交易的控制。
2) 针对期末财务报告流程中编制的分录和做出的调整的控制。
3) 针对关联方交易的控制。
4) 与管理层的重大估计相关的控制。
5) 能够减弱管理层和治理层伪造或不恰当操纵财务结果的动机和压力的控制。

如果在内部控制审计中识别出旨在防止或发现并纠正舞弊的控制存在缺陷，注册会计师应当按照审计准则的规定，在财务报表审计中制定重大错报风险的应对方案时考虑这些缺陷。

第三节 实施内部控制审计工作

注册会计师应当根据与内部控制相关的风险，确定拟实施审计程序的性质、时间安排和范围，获取充分、适当的证据。注册会计师应当按照自上而下的方法实施审计工作。自上而下的方法是注册会计师识别风险、选择拟测试控制的基本思路。注册会计师在实施审计工作时，可以将企业层面控制和业务层面控制的测试结合进行。

一、自上而下的方法

注册会计师应当采用自上而下的方法选择拟测试的控制。自上而下的方法始于财务报表层面，以注册会计师对内部控制整体风险的了解开始，然后，将关注重点放在企业层面的控制上，并将工作逐渐下移至重要账户、列报及其相关认定。随后，验证其对被审计单位业务流程中风险的了解，并选择能足以应对评估的每个相关认定的重大错报风险的控制进行测试。自上而下的方法分为下列步骤：从财务报表层面初步了解内部控制整体风险；识别、了解和测试企业层面控制；识别重要账户、列报及其相关认定；了解潜在错报的来源并识别相应的控制；选择拟测试的控制。

(一) 识别、了解和测试企业层面控制

注册会计师应当识别、了解和测试对内部控制有效性有重要影响的企业层面控制。注册会计师对企业层面控制的评价，可能增加或减少本应对其他控制进行的测试。

1. 企业层面控制的含义

企业的内部控制分为企业层面控制和业务流程、应用系统或交易层面的控制两个层面。企业层面控制通常为应对企业财务报表整体层面的风险而设计，或作为其他控制运行的基础，其作用比较广泛，通常不局限于某个具体认定。业务流程、应用系统或交易层面的控制为应对交易和账户余额认定的重大错报风险而设计，通常在业务流程内的交易或账户余额层面上运行，其作用通常能够对应到具体某类交易和账户余额的具体认定。

企业层面控制包括下列内容：(1)与控制环境(即内部环境)相关的控制；(2)针对管理层和治理层凌驾于控制之上的风险而设计的控制；(3)被审计单位的风险评估过程；(4)对内部信息传递和期末财务报告流程的控制；(5)对控制有效性的内部监督(即监督其他控制的控制)和内部控制评价。此外，集中化的处理和控制(包括共享的服务环境)、监控经营成果的控制以及针对重大经营控制及风险管理实务的政策也属于企业层面控制。

2. 企业层面控制对其他控制及其测试的影响

不同的企业层面控制在性质和精确度上存在差异，注册会计师应当从下列方面考虑这些差异对其他控制及其测试的影响：

1) 某些企业层面控制，如与控制环境相关的控制，对及时防止或发现并纠正相关认定的错报的可能性有重要影响。虽然这种影响是间接的，但这些控制仍然可能影响注册会计师拟测试的其他控制，以及测试程序的性质、时间安排和范围。例如，企业制定合适的经营理念及管理基调对于其他控制的有效运行，以及是否存在重大错报的风险评估带来普遍性的影响。因此，注册会计师可能需要考虑这些控制是否存在缺陷，以制定其他控制所执行的程序。

2) 某些企业层面控制旨在识别其他控制可能出现的失效情况，能够监督其他控制的有效性，但还不足以精确到及时防止或发现并纠正相关认定的错报。当这些控制运行有效时，注册会计师可以减少对其他控制的测试。例如，企业的财务总监定期审阅经营收入的详细月度分析报告，这个控制不可以完全替代注册会计师对其他控制的测试。如果这个控制有效，可能可以使注册会计师修改其原本对其控制所进行的测试程序。

3) 某些企业层面控制本身能够精确到足以及时防止或发现并纠正相关认定的错报。如果一项企业层面控制足以应对已评估的错报风险，注册会计师就不必测试与该风险相关的其他控制。例如，企业设立了银行存款余额调节表的监督审阅流程，并且对下属所有分支机构都做出定期检查，以确定所有下属单位已经做好银行存款余额调节表的编制、审阅及跟踪工作。如果这个程序有足够的精度以复核所有下属单位的工作是否恰当，那么注册会计师可以考虑这个层面的控制，并且不必对下属每个单位的银行存款余额调节表相关控制进行测试。

(二) 识别重要账户、列报及其相关认定

注册会计师应当基于财务报表层次识别重要账户、列报及其相关认定。如果某账户或列报可能存在一个错报，该错报单独或连同其他错报将导致财务报表发生重大错报，则该账户或列报为重要账户或列报。判断某账户或列报是否重要，应当依据其固有风险，而不应考虑相关控制的影响。如

果某财务报表认定可能存在一个或多个错报,并且这些错报将导致财务报表发生重大错报,则该认定为相关认定。

在识别重要账户、列报及其相关认定时,注册会计师还应当确定重大错报的可能来源。注册会计师可以通过考虑在特定的重要账户或列报中错报可能发生的领域和原因,确定重大错报的可能来源。

在内部控制审计中,注册会计师在识别重要账户、列报及其相关认定时应当评价的风险因素,与财务报表审计中考虑的因素相同。因此,在这两种审计中识别的重要账户、列报及其相关认定应当相同。

(三) 了解潜在错报的来源并识别相应的控制

1. 了解潜在错报的来源

注册会计师应当实现下列目标,以进一步了解潜在错报的来源,并为选择拟测试的控制奠定基础:

1) 了解与相关认定有关的交易的处理流程,包括这些交易如何生成、批准、处理及记录;
2) 验证注册会计师识别出的业务流程中可能发生重大错报(包括由于舞弊导致的错报)的环节。
3) 识别被审计单位用于应对这些错报或潜在错报的控制。
4) 识别被审计单位用于及时防止或发现并纠正未经授权的、导致重大错报的资产取得、使用或处置的控制。

注册会计师应当亲自执行能够实现上述目标的程序,或对提供直接帮助的人员的工作进行督导。

2. 实施穿行测试

穿行测试通常是实现上述目标的最有效方式。穿行测试是指追踪某笔交易从发生到最终被反映在财务报表中的整个处理过程。注册会计师在执行穿行测试时,通常需要综合运用询问、观察、检查相关文件及重新执行等程序。

在执行穿行测试时,针对重要处理程序发生的环节,注册会计师可以询问被审计单位员工对规定程序及控制的了解程度。实施询问程序连同穿行测试中的其他程序,可以帮助注册会计师充分了解业务流程,识别必要控制设计无效或出现缺失的重要环节。为有助于了解业务流程处理的不同类型的重大交易,在实施询问程序时,注册会计师不应局限于关注穿行测试所选定的单笔交易。

(四) 选择拟测试的控制

注册会计师应当针对每一相关认定获取控制有效性的审计证据,以便对内部控制整体的有效性发表意见,但没有责任对单项控制的有效性发表意见。注册会计师应当对被审计单位的控制是否足以应对评估的每个相关认定的错报风险形成结论。因此,注册会计师应当选择对形成这一评价结论具有重要影响的控制进行测试。

对特定的相关认定而言,可能有多项控制用以应对评估的错报风险;反之,一项控制也可能应对评估的多项相关认定的错报风险。注册会计师没有必要测试与某项相关认定有关的所有控制。在确定是否测试某项控制时,注册会计师应当考虑该项控制单独或连同其他控制,是否足以应对评估的某项相关认定的错报风险,而不论该项控制的分类和名称如何。

二、测试控制的有效性

(一) 内部控制的有效性

内部控制的有效性包括内部控制设计的有效性和内部控制运行的有效性,注册会计师应当测试控制设计的有效性和内部控制运行的有效性。

1. 测试控制设计的有效性

注册会计师应当测试控制设计的有效性。如果某项控制由拥有有效执行控制所需的授权和专业胜任能力的人员按规定的程序和要求执行,能够实现控制目标,从而有效地防止或发现并纠正可能导致财务报表发生重大错报的错误或舞弊,则表明该项控制的设计是有效的。

2. 测试控制运行的有效性

注册会计师应当测试控制运行的有效性。如果某项控制正在按照设计运行,执行人员拥有有效执行控制所需的授权和专业胜任能力,能够实现控制目标,则表明该项控制的运行是有效的。

如果被审计单位利用第三方的帮助完成一些财务报告工作,注册会计师在评价负责财务报告及相关控制的人员的专业胜任能力时,可以一并考虑第三方的专业胜任能力。

注册会计师获取的有关控制运行有效性的审计证据包括:
1) 控制在所审计期间的相关时点是如何运行的。
2) 控制是否得到一贯执行。
3) 控制由谁或以何种方式执行。

(二) 与控制相关的风险和拟获取的审计证据之间的关系

在测试所选定控制的有效性时,注册会计师应当根据与控制相关的风险,确定所需获取的审计证据。与控制相关的风险包括一项控制可能无效的风险,以及如果该控制无效,可能导致重大缺陷的风险。与控制相关的风险越高,注册会计师需要获取的审计证据就越多。下列因素影响与某项控制相关的风险:
1) 该项控制拟防止或发现并纠正的错报的性质和重要程度。
2) 相关账户、列报及其认定的固有风险。
3) 交易的数量和性质是否发生变化,进而可能对该项控制设计或运行的有效性产生不利影响。
4) 相关账户或列报是否曾经出现错报。
5) 企业层面控制(特别是监督其他控制的控制)的有效性。
6) 该项控制的性质及其执行频率。
7) 该项控制对其他控制(如控制环境或信息技术一般控制)有效性的依赖程度。
8) 执行该项控制或监督该项控制执行的人员的专业胜任能力,以及其中的关键人员是否发生变化。
9) 该项控制是人工控制还是自动化控制。
10) 该项控制的复杂程度,以及在运行过程中依赖判断的程度。

(三) 测试控制有效性的程序

注册会计师通过测试控制有效性获取的审计证据，取决于所实施程序的性质、时间安排和范围的组合。此外，就单项控制而言，注册会计师应当根据与控制相关的风险对测试程序的性质、时间安排和范围进行适当的组合，以获取充分、适当的审计证据。

注册会计师测试控制有效性的程序，按其提供审计证据的效力，由弱到强排序通常为：询问、观察、检查和重新执行。询问本身并不能为得出控制是否有效的结论提供充分、适当的审计证据。

1) 询问。注册会计师可以向被审计单位适当员工询问，获取与内部控制运行情况相关的信息。例如，询问信息系统管理人员有无未经授权接触计算机硬件和软件，向负责复核银行存款余额调节表的人员询问如何进行复核，包括复核的要点是什么、发现不符事项如何处理等。然而，仅仅通过询问不能为控制运行的有效性提供充分的证据，注册会计师通常需要印证被询问者的答复，如向其他人员询问和检查执行控制时所使用的报告、手册或其他文件等。因此，虽然询问是一种有用的手段，但它必须和其他测试手段结合使用才能发挥作用。在询问过程中，注册会计师应当保持职业怀疑。

2) 观察。观察是测试不留下书面记录的控制(如职责分离)的运行情况的有效方法。例如，观察存货盘点控制的执行情况。观察也可运用于实物控制，如查看仓库门是否锁好，或空白支票是否妥善保管。通常情况下，注册会计师通过观察直接获取的证据比间接获取的证据更可靠。但是，注册会计师还要考虑其所观察到的控制在注册会计师不在场时可能未被执行的情况。

3) 检查。对运行情况留有书面证据的控制，检查非常适用。书面说明、复核时留下的记号，或其他记录在偏差报告中的标志，都可以被当作控制运行情况的证据。例如，检查销售发票是否有复核人员签字，检查销售发票是否附有客户订购单和出库单等。

4) 重新执行。通常只有当询问、观察和检查程序结合在一起仍无法获得充分的证据时，注册会计师才考虑通过重新执行来证实控制是否有效运行。例如，为了合理保证计价认定的准确性，被审计单位的一项控制是由复核人员核对销售发票上的价格与统一价格单上的价格是否一致。但是，要检查复核人员有没有认真执行核对，仅仅检查复核人员是否在相关文件上签字是不够的，注册会计师还需要自己选取一部分销售发票进行核对，这就是重新执行程序。如果需要进行大量的重新执行，注册会计师就要考虑通过实施控制测试以缩小实质性程序的范围是否有效率。

测试控制有效性的程序，其性质在很大程度上取决于拟测试控制的性质。某些控制可能存在反映控制有效性的文件记录，而另外一些控制，如管理理念和经营风格，可能没有书面的运行证据。对缺乏正式的控制运行证据的被审计单位或业务单元，注册会计师可以通过询问并结合运用其他程序，如观察活动、检查非正式的书面记录和重新执行某些控制，获取有关控制是否有效的充分、适当的书面记录和重新执行某些控制，获取有关控制是否有效的充分、适当的审计证据。

注册会计师在测试控制设计的有效性时，应当综合运用询问适当人员、观察经营活动和检查相关文件等程序，注册会计师执行穿行测试通常足以评价控制设计的有效性。注册会计师在测试控制运行的有效性时，应当综合运用询问适当人员、观察经营活动、检查相关文件以及重新执行等程序。

(四) 控制测试时间安排

控制测试时间安排包括对控制有效性的测试证据涵盖的期间长短安排，也包括对控制有效性测试的实施时间安排。

1. 对控制有效性测试涵盖的期间

对控制有效性测试涵盖的期间越长，提供的控制有效性的审计证据越多。单就内部控制审计业务而言，注册会计师应当获取内部控制在基准日之前一段足够长的期间内有效运行的审计证据。在整合审计中，控制测试所涵盖的期间应当尽量与财务报表审计中拟信赖内部控制的期间保持一致。

注册会计师执行内部控制审计业务旨在对基准日内部控制有效性出具报告。如果已获取有关控制在期中运行有效性的审计证据，注册会计师应当确定还需要获取哪些补充审计证据，以证实剩余期间控制的运行情况。在将期中测试结果更新至基准日时，注册会计师应当考虑下列因素以确定需要获取的补充审计证据：

1) 基准日之前测试的特定控制，包括与控制相关的风险、控制的性质和测试的结果。
2) 期中获取的有关审计证据的充分性和适当性。
3) 剩余期间的长短。
4) 期中测试之后，内部控制发生重大变化的可能性。

2. 对控制有效性测试的实施时间

对控制有效性测试的实施时间越接近基准日，提供的控制有效性的审计证据越有力。为了获取充分、适当的审计证据，注册会计师应当在下列两个因素之间做出平衡，以确定测试的时间：

1) 尽量在接近基准日实施测试。
2) 实施的测试需要涵盖足够长的期间。

整改后的内部控制需要在基准日之前运行足够长的时间，注册会计师才能得出整改后的内部控制是否有效的结论。因此，在接受或保持内部控制审计业务时，注册会计师应当尽早与被审计单位沟通这一情况，并合理安排控制测试的时间，留出提前量。例如，注册会计师在基准日前3个月完成期中测试工作。此外，由于对企业层面控制的评价结果将影响注册会计师测试其他控制的性质、时间安排和范围，注册会计师可以考虑在执行业务的早期阶段对企业层面控制进行测试。

(五) 控制测试的范围

注册会计师在测试控制的运行有效性时，应当在考虑与控制相关的风险的基础上，确定测试的范围(样本规模)。注册会计师确定的测试范围，应当足以使其获取充分、适当的审计证据，为基准日内部控制是否存在重大缺陷提供合理保证。

1. 测试人工控制的最小样本规模

在测试人工控制时，如果采用检查或重新执行程序，注册会计师测试的最小样本量区间参见表16-1。

表16-1 测试人工控制的最小样本量区间

控制运行频率	控制运行的总次数	测试的最小样本规模区间
每年1次	1	1
每季1次	4	2
每月1次	12	2~5
每周1次	52	5~15
每天1次	250	20~40
每天多次	大于250	25~60

在运用表16-1时，注册会计师应当注意下列事项：
1) 测试的最小样本量是指所需测试的控制运行次数。
2) 注册会计师应当根据与控制相关的风险，基于最小样本量区间确定具体的样本规模。
3) 表16-1假设控制的运行偏差率预期为零。如果预期偏差率不为零，注册会计师应当扩大样本规模。
4) 如果注册会计师不能确定控制运行频率，但是知道控制运行总次数，仍可根据"控制运行的总次数"一列确定测试的最小样本规模。

2. 测试自动化应用控制的最小样本规模

信息技术处理具有内在一贯性，在信息技术一般控制有效的前提下，除非系统发生变动，注册会计师只要对自动化应用控制的运行测试一次，即可得出所测试自动化应用控制是否运行有效的结论。

(六) 发现偏差时的处理

在测试控制有效性的过程中，如果发现控制偏差，注册会计师应当确定其对下列事项的影响：
- 与所测试控制相关的风险的评估。
- 需要获取的审计证据。
- 控制运行有效性的结论。

评价控制偏差的影响需要注册会计师运用职业判断，并受到控制的性质和所发现偏差数量的影响。如果发现的控制偏差是系统性偏差或人为有意造成的偏差，注册会计师应当考虑舞弊的可能迹象以及对审计方案的影响。

在评价控制测试中发现的某项控制偏差是否为控制缺陷时，注册会计师可以考虑的因素包括：
1) 该偏差是如何被发现的。例如，如果某控制偏差是被另一项控制发现的，则可能意味着被审计单位存在有效的发现性控制。
2) 该偏差是与某一特定的地点、流程或应用系统相关，还是对被审计单位有广泛影响。
3) 就被审计单位的内部政策而言，该控制出现偏差的严重程度。例如，某项控制在执行上晚于被审计单位政策要求的时间，但仍在编制财务报表之前得以执行，还是该项控制根本没有得以执行。
4) 与控制运行频率相比，偏差发生的频率大小。由于有效的内部控制不能为实现控制目标提供绝对保证，单项控制并非一定要毫无偏差地运行，才被认为有效。在按照表16-1所示的样本规模进行测试的情况下，如果发现控制偏差，注册会计师应当考虑偏差的原因及性质，并考虑采用扩大样本量等适当的应对措施以判断该偏差是否对总体不具有代表性。例如，对每日发生多次的控制，如果初始样本量为25个，当测试发现一项控制偏差，且该偏差不是系统性偏差时，注册会计师可以扩大样本规模进行测试，所增加的样本量至少为15个。如果测试后再次发现偏差，则注册会计师可以得出该控制无效的结论。如果扩大样本量没有再次发现偏差，则注册会计师可以得出控制有效的结论。

第四节　内部控制缺陷评价

一、内部控制缺陷的分类

内部控制存在的缺陷包括设计缺陷和运行缺陷。设计缺陷是指缺少为实现控制目标所必需的控制，或现有控制设计不适当，即使正常运行也难以实现预期的控制目标；运行缺陷是指现存设计适当的控制没有按设计意图运行，或执行人员没有获得必要授权或缺乏胜任能力，无法有效地实施内部控制。

内部控制存在的缺陷，按其严重程度分为重大缺陷、重要缺陷和一般缺陷。重大缺陷是内部控制中存在的、可能导致不能及时防止或发现并纠正财务报表出现重大错报的一项控制缺陷或多项控制缺陷的组合；重要缺陷是内部控制中存在的、其严重程度不如重大缺陷但足以引起负责监督被审计单位财务报告的人员(如审计委员会或类似机构)关注的一项控制缺陷或多项控制缺陷的组合；一般缺陷是内部控制中存在的、除重大缺陷和重要缺陷之外的控制缺陷。

二、评价控制缺陷的严重程度

注册会计师应当评价其识别的各项控制缺陷的严重程度，以确定这些缺陷单独或组合起来，是否构成内部控制的重大缺陷。但是，在计划和实施审计工作时，不要求注册会计师寻找单独或组合起来不构成重大缺陷的控制缺陷。

控制缺陷的严重程度取决于：
- 控制不能防止或发现并纠正账户或列报发生错报的可能性的大小。
- 因一项或多项控制缺陷导致的潜在错报的金额大小。

控制缺陷的严重程度与错报是否发生无关，而取决于控制不能防止或发现并纠正错报的可能性的大小。

在评价一项控制缺陷或多项控制缺陷的组合是否可能导致账户或列报发生错报时，注册会计师应当考虑的风险因素包括：
- 所涉及的账户、列报及其相关认定的性质。
- 相关资产或负债易于发生损失或舞弊的可能性。
- 确定相关金额时所需判断的主观程度、复杂程度和范围。
- 该项控制与其他控制的相互作用或关系。
- 控制缺陷之间的相互作用。
- 控制缺陷在未来可能产生的影响。

评价控制缺陷是否可能导致错报时，注册会计师无须将错报发生的概率量化为某特定的百分比或区间。

如果多项控制缺陷影响财务报表的同一账户或列报，错报发生的概率会增加。在存在多项控制缺陷时，即使这些缺陷从单项看不重要，但组合起来也可能构成重大缺陷。因此，注册会计师应当确定，对同一重要账户、列报及其相关认定或内部控制要素产生影响的各项控制缺陷，组合起来是否构成重大缺陷。

在评价因一项或多项控制缺陷导致的潜在错报的金额大小时，注册会计师应当考虑的因素包括：
- 受控制缺陷影响的财务报表金额或交易总额。
- 在本期或预计的未来期间受控制缺陷影响的账户余额或各类交易涉及的交易量。

在评价潜在错报的金额大小时，账户余额或交易总额的最大多报金额通常是已记录的金额，但其最大少报金额可能超过已记录的金额。通常，小金额错报比大金额错报发生的概率更高。

在确定一项控制缺陷或多项控制缺陷的组合是否构成重大缺陷时，注册会计师应当评价补偿性控制的影响。在评价补偿性控制是否能够弥补控制缺陷时，注册会计师应当考虑补偿性控制是否有足够的精确度以防止或发现并纠正可能发生的重大错报。

三、表明可能存在重大缺陷的迹象

如果注册会计师确定发现的一项控制缺陷或多项控制缺陷的组合将导致审慎的管理人员在执行工作时，认为自身无法合理保证按照适用的财务报告编制基础记录交易，应当将这项控制缺陷或多项控制缺陷的组合视为存在重大缺陷的迹象。下列迹象可能表明内部控制存在重大缺陷：

1) 注册会计师发现董事、监事和高级管理人员的任何舞弊。
2) 被审计单位重述以前公布的财务报表，以更正由于舞弊或错误导致的重大错报。
3) 注册会计师发现当期财务报表存在重大错报，而被审计单位内部控制在运行过程中未能发现该错报。
4) 审计委员会和内部审计机构对内部控制的监督无效。

实例16-1　单选题

下列各项中，属于对控制监督的是(　　)。
　A. 授权与批准
　B. 业绩评价
　C. 内审部门定期评估控制的有效性
　D. 职权与责任的分配

分析：选项ABD均属于控制活动，选项C属于控制监督，正确选项是C。

四、被审计单位对存在缺陷的控制进行整改

如果被审计单位在基准日前对存在缺陷的控制进行了整改，整改后的控制需要运行足够长的时间，才能使注册会计师得出其是否有效的审计结论；注册会计师应当根据控制的性质与控制相关的风险，合理运用职业判断，确定整改后控制运行的最短期间(或整改后控制的最少运行次数)以及最少测试数量。

如果被审计单位在基准日前对存在重大缺陷的内部控制进行了整改，但新控制尚没有运行足够长的时间，注册会计师应当将其视为内部控制在基准日存在重大缺陷。

实例16-2　单选题

在执行企业内部控制审计时，下列有关评价控制缺陷的说法中，错误的是(　　)。
　A. 如果某项内部控制缺陷存在补偿性控制，注册会计师不应将该控制缺陷评价为重大缺陷
　B. 注册会计师在评价控制缺陷是否可能导致错报时，无须量化错报发生的概率
　C. 注册会计师在评价控制缺陷导致的潜在错报金额大小时，应考虑本期或未来期间受控制缺陷影响的账户余额或各类交易涉及的交易量
　D. 注册会计师在评价控制缺陷的严重程度时，无须考虑错误是否已经发生

分析：即使存在补偿性控制，在满足一定条件时，也可能评估为重大缺陷。答案是选项A。

第五节 完成内部控制审计工作

一、形成审计意见

注册会计师应当评价从各种来源获取的审计证据,包括对控制的测试结果、财务报表审计中发现的错报以及已识别的所有控制缺陷,形成对内部控制有效性的意见。在评价审计证据时,注册会计师应当查阅本年度涉及内部控制的内部审计报告或类似报告,并评价这些报告中指出的控制缺陷。

在对内部控制的有效性形成意见后,注册会计师应当评价企业内部控制评价报告对相关法律法规规定的要素的列报是否完整和恰当。

二、获取书面声明

注册会计师应当获取经被审计单位签署的书面声明。书面声明的内容应当包括:
1) 被审计单位董事会认可其对建立健全和有效实施内部控制负责。
2) 被审计单位已对内部控制进行了评价,并编制了内部控制评价报告。
3) 被审计单位没有利用注册会计师在内部控制审计和财务报表审计中执行的程序及其结果作为评价的基础。
4) 被审计单位根据内部控制标准评价内部控制有效性得出的结论。
5) 被审计单位已向注册会计师披露识别出的所有内部控制缺陷,并单独披露其中的重大缺陷和重要缺陷。
6) 被审计单位已向注册会计师披露导致财务报表发生重大错报的所有舞弊,以及其他不会导致财务报表发生重大错报,但涉及管理层、治理层和其他在内部控制中具有重要作用的员工的所有舞弊。
7) 注册会计师在以前年度审计中识别出的且已与被审计单位沟通的重大缺陷和重要缺陷是否已经得到解决,以及哪些缺陷尚未得到解决。
8) 在基准日后,内部控制是否发生变化,或者是否存在对内部控制产生重要影响的其他因素,包括被审计单位针对重大缺陷和重要缺陷采取的所有纠正措施。

如果被审计单位拒绝提供或以其他不当理由回避书面声明,注册会计师应当将其视为审计范围受到限制,解除业务约定或出具无法表示意见的内部控制审计报告。此外,注册会计师应当评价拒绝提供书面声明这一情况对其他声明(包括在财务报表审计中获取的声明)的可靠性的影响。

三、内部控制审计报告的要素

审计报告应当包括以下基本内容:(1)标题,审计报告的标题统一规范为"内部控制审计报告";(2)收件人;(3)引言段,在引言段中应当说明被审计单位管理当局对特定日期与会计报表相关的内部控制有效性的认定、被审计单位管理当局的责任、注册会计师的责任;(4)范围段,范围段应当说明审计依据、审计程序以及实施的审计程序为注册会计师发表审计意见提供了合理的基础;(5)固有限制段,应当说明内部控制的固有限制、根据内部控制评价结果推测未来内部控制有效性的风险；(6)意见段，应当说明被审计单位于特定日期在所有重大方面是否保持了与会计报表相关的有效的内部控制；(7)签章和会计师事务所地址；(8)报告日期，即注册会计师完成外勤审计工作的日期。

四、内部控制审计报告的类型

注册会计师在完成内部控制审计工作后，应当出具内部控制审计报告，在报告中要清楚表达对内部控制有效性的意见，并对出具的审计报告负责。在整合审计中，注册会计师在完成内部控制审计和财务报表审计后，应当分别对内部控制和财务报表出具审计报告，并签署相同的日期。注册会计师可以视情况不同对被审计单位内部控制有效性出具无保留意见、带强调事项段的无保留意见、否定意见或无法表示意见的审计报告。

(一) 无保留意见内部控制审计报告

1. 出具无保留意见内部控制审计报告的条件

如果符合下列所有条件，注册会计师应当对内部控制出具无保留意见的内部控制审计报告：

1) 在基准日，被审计单位按照适用的内部控制标准的要求，在所有重大方面保持了有效的内部控制。

2) 注册会计师已经按照《企业内部控制审计指引》的要求计划和实施审计工作，在审计过程中未受到限制。

2. 无保留意见内部控制审计报告，参考格式见例16-1

【例16-1】无保留意见内部控制审计报告

××股份有限公司全体股东：

按照《企业内部控制审计指引》及中国注册会计师执业准则的相关要求，我们审计了××股份有限公司(以下简称××公司)××××年××月××日的财务报告内部控制的有效性。

一、企业对内部控制的责任

按照《企业内部控制基本规范》、《企业内部控制应用指引》、《企业内部控制评价指引》的规定，建立健全和有效实施内部控制，并评价其有效性是企业董事会的责任。

二、注册会计师的责任

我们的责任是在实施审计工作的基础上，对财务报告内部控制的有效性发表审计意见，并对注意到的非财务报告内部控制的重大缺陷进行披露。

三、内部控制的固有局限性

内部控制具有固有局限性，存在不能防止和发现错报的可能性。此外，由于情况的变化可能导致内部控制变得不恰当，或对控制政策和程序遵循的程度降低，根据内部控制审计结果推测未来内部控制的有效性具有一定风险。

四、财务报告内部控制审计意见

我们认为，××公司按照《企业内部控制基本规范》和相关规定在所有重大方面保持了有效的财务报告内部控制。

五、非财务报告内部控制的重大缺陷

在内部控制审计过程中，我们注意到××公司的非财务报告内部控制存在重大缺陷[描述该缺陷的性质及其对实现相关控制目标的影响程度]。由于存在上述重大缺陷，我们提醒本报告使用者注意相关风险。需要指出的是，我们并不对××公司的非财务报告内部控制发表意见或提供保证。本段内容不影响对财务报告内部控制有效性发表的审计意见。

  ××会计师事务所　　　　　　　　中国注册会计师：×××(签名并盖章)
  (盖章)　　　　　　　　　　　　　中国注册会计师：×××(签名并盖章)
  中国××市　　　　　　　　　　　××××年××月××日

(二) 带强调事项段的无保留意见内部控制审计报告

  如果认为内部控制虽然不存在重大缺陷，但仍有一项或多项重大事项需要提请内部控制审计报告使用者注意，注册会计师应当在内部控制审计报告中增加强调事项段予以说明。注册会计师应当在强调事项段中指明，该段内容仅用于提醒内部控制审计报告使用者关注，并不影响对内部控制发表的审计意见。

  如果确定企业内部控制评价报告对要素的列报不完整或不恰当，注册会计师应当在内部控制审计报告中增加强调事项段，说明这一情况并解释得出该结论的理由。

  带强调事项段的无保留意见内部控制审计报告，参考格式见例16-2。

【例16-2】带强调事项段的内部控制审计报告

××股份有限公司全体股东：

  按照《企业内部控制审计指引》及中国注册会计师执业准则的相关要求，我们审计了××股份有限公司(以下简称××公司)××××年××月××日的财务报告内部控制的有效性。

  ["一、企业对内部控制的责任"至"五、非财务报告内部控制的重大缺陷"参见标准内部控制审计报告相关段落表述。]

  六、强调事项

  我们提醒内部控制审计报告使用者关注，(描述强调事项的性质及其对内部控制的重大影响)。本段内容不影响已对财务报告内部控制发表的审计意见。

  ××会计师事务所　　　　　　　　中国注册会计师：×××(签名并盖章)
  (盖章)　　　　　　　　　　　　　中国注册会计师：×××(签名并盖章)
  中国××市　　　　　　　　　　　××××年××月××日

实例16-3　带强调事项段的内部控制审计报告举例

  西格玛会计师事务所审计了百花村(股票代码：600721)2016年12月31日的财务报告内部控制的有效性，出具了无保留意见的内部控制审计报告，以下是该报告关于"五、强调事项"段的内容：

  我们提醒内部控制审计报告使用者关注，根据贵公司2016年3月25日召开的2015年度股东大会决议以及中国证券监督管理委员会证监许可〔2016〕1676号文《关于核准新建百花村股份有限公司向张孝清等发行股份购买资产并募集配套资金的批复》，核准贵公司增发人民币普通股(A股)100 458 816股用于购买南京华威医药科技开发有限公司股东所持该公司100%股权。南京华威于2016年8月完成了股权交割并纳入贵公司合并报表范围。鉴于南京华威纳入合并范围非完整的财务报告年度，同时截至2016年12月31日与贵公司一致的财务报告内部控制尚在建立之中，因此本年度与财务报告相关的内部审计未包含上述新并购公司。本段内容不影响已对财务报告内部控制发表的审计意见。

问题:根据以上案例体会和思考注册会计师在内部控制审计中增加强调事项段的条件,并收集年度内部控制审计报告中所有带强调事项段的案例,进行讨论和学习。

(编者注:本教材引用实际审计工作中的一些案例,仅为学习参考,并不代表编者个人的任何观点倾向)

(三) 否定意见内部控制审计报告

如果认为内部控制存在一项或多项重大缺陷,除非审计范围受到限制,注册会计师应当对内部控制发表否定意见。否定意见的内部控制审计报告还应当包括重大缺陷的定义、重大缺陷的性质及其对内部控制的影响程度。

如果重大缺陷尚未包含在企业内部控制评价报告中,注册会计师应当在内部控制审计报告中说明重大缺陷已经识别、但没有包含在企业内部控制评价报告中。如果企业内部控制评价报告中包含重大缺陷,但注册会计师认为这些重大缺陷未在所有重大方面得到公允反映,注册会计师应当在内部控制审计报告中说明这一结论,并公允表达有关重大缺陷的必要信息。此外,注册会计师还应当就这些情况以书面形式与治理层沟通。

如果对内部控制的有效性发表否定意见,注册会计师应当确定该意见对财务报表审计意见的影响,并在内部控制审计报告中予以说明。参考格式见例16-3。

【例16-3】否定意见内部控制审计报告

××股份有限公司全体股东:

按照《企业内部控制审计指引》及中国注册会计师执业准则的相关要求,我们审计了××股份有限公司(以下简称××公司)××××年××月××日的财务报告内部控制的有效性。

["一、企业对内部控制的责任"至"三、内部控制的固有局限性"参见标准内部控制审计报告相关段落表述。]

四、导致否定意见的事项

重大缺陷,是指一个或多个控制缺陷的组合,可能导致企业严重偏离控制目标。

[指出注册会计师已识别出的重大缺陷,并说明重大缺陷的性质及其对财务报告内部控制的影响程度。]

有效的内部控制能够为财务报告及相关信息的真实完整提供合理保证,而上述重大缺陷使××公司内部控制失去这一功能。

五、财务报告内部控制审计意见

我们认为,由于存在上述重大缺陷及其对实现控制目标的影响,××公司未能按照《企业内部控制基本规范》和相关规定在所有重大方面保持有效的财务报告内部控制。

六、非财务报告内部控制的重大缺陷

[参见标准内部控制审计报告相关段落表述。]

××会计师事务所	中国注册会计师:×××(签名并盖章)
(盖章)	中国注册会计师:×××(签名并盖章)
中国××市	××××年××月××日

实例16-4 否定意见内部控制审计报告举例

瑞华会计师事务所(特殊普通合伙)审计了一汽轿车(股票代码:000800)2016年12月31日的财务

报告内部控制的有效性，出具了否定意见的内部控制审计报告，以下是该报告关于"四、否定意见的事项"段的内容：

四、导致否定意见的事项

重大缺陷是指一个或多个控制缺陷的组合，可能导致企业严重偏离控制目标。

一汽轿车股份有限公司2016年度日常关联交易议案未获股东大会通过，但一汽轿车公司仍在未获得股东大会授权的情况下与关联方进行了该议案所涉及的日常关联交易。上述情况表明一汽轿车公司与关联交易的授权和批准相关的内部控制存在重大缺陷，该重大缺陷具有广泛影响。

有效的内部控制能够为财务报告及相关信息的真实完整提供合理保证，而上述重大缺陷使一汽轿车公司内部控制失去这一功能。

问题：根据以上案例体会和思考注册会计师出具否定意见内部控制审计报告的条件，并收集年度内部控制审计报告中所有否定意见的案例，进行讨论和学习。

(四) 无法表示意见内部控制审计报告

注册会计师只有实施了必要的审计程序，才能对内部控制的有效性发表意见。如果审计范围受到限制，注册会计师应当解除业务约定或出具无法表示意见的内部控制审计报告。

如果法律法规的相关豁免规定允许被审计单位不将某些实体纳入内部控制的评价范围，注册会计师可以不将这些实体纳入内部控制审计的范围。这种情况不构成审计范围受到限制，但注册会计师应当在内部控制审计报告中增加强调事项段或者在注册会计师的责任段中，就这些实体未被纳入评价范围和内部控制审计范围这一情况，做出与被审计单位类似的恰当陈述。注册会计师应当评价相关豁免是否符合法律法规的规定，以及被审计单位针对该项豁免做出的陈述是否恰当。如果认为被审计单位有关该项豁免的陈述不恰当，注册会计师应当提请其做出适当修改。如果被审计单位未做出适当修改，注册会计师应当在内部控制审计报告的强调事项段中说明被审计单位的陈述需要修改的理由。

在出具无法表示意见的内部控制审计报告时，注册会计师应当在内部控制审计报告中指明审计范围受到限制，无法对内部控制的有效性发表意见，并单设段落说明无法表示意见的实质性理由。注册会计师不应在内部控制审计报告中指明所执行的程序，也不应描述内部控制审计的特征，以避免报告使用者对无法表示意见的误解。如果在已执行的有限程序中发现内部控制存在重大缺陷，注册会计师应当在内部控制审计报告中对重大缺陷做出详细说明。

只要认为审计范围受到限制将导致无法获取发表审计意见所需的充分、适当的审计证据，注册会计师不必执行任何其他工作即可对内部控制出具无法表示意见的内部控制审计报告。在这种情况下，内部控制审计报告的日期应为注册会计师已就该报告中陈述的内容获取充分、适当的审计证据的日期。

在因审计范围受到限制而无法表示意见时，注册会计师应当就未能完成整个内部控制审计工作的情况，以书面形式与管理层和治理层沟通。参考格式见例16-4。

【例16-4】无法表示意见内部控制审计报告

××股份有限公司全体股东：

我们接受委托，对××股份有限公司(以下简称××公司)××××年××月××日的财务报告内部控制进行审计。

[删除注册会计师的责任段，"一、企业对内部控制的责任"和"二、内部控制的固有局限性"参见标准内部控制审计报告相关段落表述。]

三、导致无法表示意见的事项

[描述审计范围受到限制的具体情况。]

四、财务报告内部控制审计意见

由于审计范围受到上述限制，我们未能实施必要的审计程序以获取发表意见所需的充分、适当证据，因此，我们无法对××公司财务报告内部控制的有效性发表意见。

五、识别的财务报告内部控制重大缺陷(如在审计范围受到限制前，执行有限程序未能识别出重大缺陷，则应删除本段)

重大缺陷，是指一个或多个控制缺陷的组合，可能导致企业严重偏离控制目标。

尽管我们无法对××公司财务报告内部控制的有效性发表意见，但在我们实施有限程序的过程中，发现了以下重大缺陷：

[指出注册会计师已识别出的重大缺陷，并说明重大缺陷的性质及其对财务报告内部控制的影响程度。]

有效的内部控制能够为财务报告及相关信息的真实完整提供合理保证，而上述重大缺陷使××公司内部控制失去这一功能。

六、非财务报告内部控制的重大缺陷

[参见标准内部控制审计报告相关段落表述。]

××会计师事务所　　　　　　　中国注册会计师：×××(签名并盖章)
(盖章)　　　　　　　　　　　　中国注册会计师：×××(签名并盖章)
中国××市　　　　　　　　　　××××年××月××日

五、考虑期后事项的影响

在企业内部控制自我评价基准日并不存在、但在该基准日之后至审计报告日之前(以下简称期后期间)，内部控制可能发生变化或出现其他可能对内部控制产生重要影响的因素。注册会计师应当询问是否存在这类变化或影响因素，并获取企业关于这些情况的书面声明。

注册会计师知悉对企业内部控制自我评价基准日内部控制有效性有重大负面影响的期后事项的，应当对财务报告内部控制发表否定意见；注册会计师不能确定期后事项对内部控制有效性的影响程度的，应当出具无法表示意见的内部控制审计报告。

六、注意到的非财务报告内部控制缺陷

注册会计师对在审计过程中注意到的非财务报告内部控制缺陷，应当区别具体情况予以处理：

1) 注册会计师认为非财务报告内部控制缺陷为一般缺陷的，应当与企业进行沟通，提醒企业加以改进，但无须在内部控制审计报告中说明。

2) 注册会计师认为非财务报告内部控制缺陷为重要缺陷的，应当以书面形式与企业董事会和经理层沟通，提醒企业加以改进，但无须在内部控制审计报告中说明。

3) 注册会计师认为非财务报告内部控制缺陷为重大缺陷的，应当以书面形式与企业董事会和经理层沟通，提醒企业加以改进；同时应当在内部控制审计报告中增加非财务报告内部控制重大缺陷描述段，对重大缺陷的性质及其对实现相关控制目标的影响程度进行披露，提示内部控制审计报告使用者注意相关风险。

实例16-5　非财务报告内部控制重大缺陷审计报告举例

西格玛会计师事务所(特殊普通合伙)审计了ST大有(股票代码：600403)2016年12月31日的财务报告内部控制的有效性，出具了无保留意见的内部控制审计报告，以下是该报告关于"五、非财务报告内部控制重大缺陷"描述段的内容：

五、非财务报告内部控制重大缺陷

在内部控制审计过程中，我们注意到大有能源的非财务报告内部控制存在重大缺陷，包括：大有能源全资子公司天峻义海因青海省政府"一个矿区一个开发主体"的整合原则，于2013年5月20日将其所有的聚乎更矿区一露天首采矿区采矿权(以下简称聚乎更采矿权)以零价款转让给青海省木里煤业开发集团有限公司(以下简称木里煤业集团)。2014年9月11日木里煤业集团与天峻义海签订协议，将聚乎更采矿权以零对价转让给天峻义海，协议约定本次采矿权转让事宜在取得相关主管部门合法有效的批准后生效。截至2016年12月31日，该转让事项尚未取得相关主管部门批准。天峻义海聚乎更采矿权仍未取得采矿许可证。

由于存在上述重大缺陷，我们提醒本报告使用者注意相关风险。需要指出的是：我们并不对大有能源非财务报告内部控制发表意见或提供保证，本段内容不影响对财务报告内部控制发表的审计意见。

问题：根据以上案，例体会和思考注册会计师在内部控制审计中如何处理注意到的非财务报告内部控制缺陷问题。

习　题

一、复习思考题

1. 什么是企业内部控制审计？内部控制审计的范围和基准日分别是什么？
2. 计划内部控制审计工作应考虑哪些事项？
3. 内部控制审计总体审计策略包括哪些事项？
4. 内部控制审计具体审计计划包括哪些事项？
5. 在选择测试的控制中运用自上而下的方法需要哪些步骤？
6. 测试控制有效性的程序包括哪些？
7. 测试控制有效性的时间和范围应考虑哪些因素？
8. 一般缺陷和重大缺陷的分类标准是什么？
9. 内部控制审计报告的要素包括哪些？
10. 无保留意见、否定意见和无法表示意见内部控制审计报告出具的条件各是什么？

二、单项选择题

1. 下列说法中正确的是(　　)。
   A. 内部控制审计对特定基准日内部控制进行审计
   B. 内部控制审计对特定期间的内部控制进行审计
   C. 内部控制审计是对财务报表涵盖的整个期间的内部控制进行审计
   D. 注册会计师只关注与财务报告内部控制相关的重大缺陷

2. 如果确定企业内部控制评价报告对要素的列报不完整或不恰当，注册会计师应当(   )。
   A. 在内部控制审计报告中增加强调事项段，说明这一情况并解释得出该结论的理由
   B. 对内部控制发表否定意见
   C. 对内部控制发表保留意见
   D. 对内部控制发表无法表示意见

3. 注册会计师测试控制有效性的程序，按其提供审计证据的效力，由弱到强排序正确的是(   )。
   A. 检查、重新执行、观察和询问　　B. 重新执行、检查、观察和询问
   C. 观察、询问、检查和重新执行　　D. 询问、观察、检查和重新执行

4. 在内部控制审计中，下列说法中错误的是(   )。
   A. 选择拟测试的控制时注册会计师选择自上而下的方法
   B. 测试控制的有效性时注册会计师选择自上而下的方法
   C. 首先从财务报表层次初步了解内部控制整体风险
   D. 需要识别、了解和测试企业层面控制

5. 在内部控制审计中，注册会计师为实现了解潜在错报来源的目标，最有效的程序是(   )。
   A. 观察和询问　　B. 重新执行　　C. 检查　　D. 穿行测试

三、多项选择题

1. 下列关于注册会计师执行的内部控制审计说法中错误的是(   )。
   A. 关注企业基准日当天的内部控制，不需要考察企业一个时期内的内部控制
   B. 注册会计师需要对注意到非财务内部控制缺陷发表审计意见
   C. 注册会计师需要对注意到非财务内部控制缺陷增加描述段予以披露
   D. 内部控制的有效性包括设计和运行的有效性

2. 注册会计师内部控制审计注意到的非财务报告内部控制缺陷，以下应对中正确的是(   )。
   A. 一般缺陷的，提醒企业加以改进，无须在内部控制审计报告中说明
   B. 重要缺陷的，提醒企业加以改进，须在内部控制审计报告中说明
   C. 重要缺陷的，提醒企业加以改进，无须在内部控制审计报告中说明
   D. 重大缺陷的，提醒企业加以改进，须在内部控制审计报告中说明

3. 控制缺陷的严重程度取决于(   )。
   A. 控制不能防止或发现并纠正账户或列报发生错报的可能性的大小
   B. 因一项或多项控制缺陷导致的潜在错报的金额大小
   C. 账户或列报错报是否发生
   D. 错报发生的概率能否量化

4. 下列迹象可能表明内部控制存在重大缺陷的是(   )。
   A. 注册会计师发现董事、监事和高级管理人员的任何舞弊
   B. 被审计单位重述以前公布的财务报表，以更正由于舞弊或错误导致的重大错报
   C. 注册会计师发现当期财务报表存在重大错报，而被审计单位内部控制在运行过程中未能发现该错报
   D. 审计委员会和内部审计机构对内部控制的监督无效

5. 在企业内部控制审计中,如果审计范围受到限制,注册会计师应当采取的合理措施包括( )。

A. 解除业务约定
B. 对内部控制发表否定意见
C. 对内部控制发表保留意见
D. 对内部控制发表无法表示意见

参考文献

[1] 财政部注册会计师考试委员会办公室. 审计[M]. 北京：中国经济科学出版社，2020

[2] 陈汉文. 实证审计理论[M]. 北京：中国人民大学出版社，2012

[3] 陈汉文. 审计学：第3版[M]. 北京：中国人民大学出版社，2019

[4] 黄世忠. 会计数字游戏-美国十大财务舞弊案例剖析[M]. 北京：中国财政经济出版社，2004

[5] 李晓慧. 审计学：实务与案例[M]. 北京：中国人民大学出版社，2014

[6] 刘华. 审计理论与案例[M]. 上海：复旦大学出版社，2005

[7] 李若山. 注册会计师：经济警察吗？[M]. 北京：中国财政经济出版社，2004

[8] 刘明辉. 审计与鉴证服务[M]. 北京：高等教育出版社，2007

[9] 刘华. 审计理论与案例[M]. 上海：复旦大学出版社，2005

[10] 刘桂良、郑毅. 审计教学案例[M]. 大连：东北财经大学出版社，2019

[11] 刘明辉. 审计学[M]. 北京：首都经济贸易大学出版社，2007

[12] 刘圣妮. 审计学[M]. 武汉：湖北科学技术出版社，2006

[13] 文硕. 世界审计史[M]. 北京：企业管理出版社，1996

[14] 麦克尔·C.科纳普. 当代审计学：真实的问题与案例[M]. 北京：经济科学出版社，2006

[15] 杨庆英. 审计案例与分析[M]. 北京：首都经济贸易大学出版社，2001

[16] 杨明增. 审计学[M]. 北京：清华大学出版社，2018

[16] 杨明增. 审计报告模式改革对投资者感知及其经济决策影响研究[M]. 北京：经济科学出版社，2018

[17] 张继勋. 审计学[M]. 北京：清华大学出版社，2015

[18] 中国注册会计师协会. 财务报表审计工作底稿编制指南[M]. 北京：中国经济科学出版社，2012

[18] 中国财经网、上海国家会计学院网站、中国会计视野网站、审计署网站、中国注册会计师协会网站等。

[19] Dusenbury R B, Reimers J L, and Wheeler S W. The audit risk model: an empirical test for conditional dependencies among assessed component risks[J]. Auditing: A Journal of Practice & Theory, 2000(19): 105-117

[20] Waller W S. Auditors'assessments of inherent and control risk in field settings[J]. The Accounting Review, 1993, Vol.68(October), No. 4: 783-803

[21] Whittington O.Ray, Kurt Pany. 审计学原理(英文版)[M]. 19版. 北京：中国人民大学出版社，2015